财富管理的中国实践

张帅帅◎著

中信出版集团｜北京

图书在版编目（CIP）数据

财富管理的中国实践 / 张帅帅著. -- 北京：中信出版社，2024.2
ISBN 978-7-5217-6244-0

Ⅰ.①财… Ⅱ.①张… Ⅲ.①金融业－研究－中国 Ⅳ.①F832

中国国家版本馆 CIP 数据核字（2023）第 241846 号

财富管理的中国实践

著者： 张帅帅
出版发行： 中信出版集团股份有限公司
（北京市朝阳区东三环北路 27 号嘉铭中心　邮编　100020）
承印者： 北京通州皇家印刷厂

开本：787mm×1092mm 1/16　　印张：35.5　　字数：423 千字
版次：2024 年 2 月第 1 版　　印次：2024 年 2 月第 1 次印刷
书号：ISBN 978-7-5217-6244-0
定价：128.00 元

版权所有·侵权必究
如有印刷、装订问题，本公司负责调换。
服务热线：400-600-8099
投稿邮箱：author@citicpub.com

推荐序

就老百姓的财富规模而言，中国已经成为世界第二大财富管理市场，但中国的财富管理行业还很年轻，仍有许多问题需要在发展中解决。近年来，虽然财富管理净值化的方向已成为行业共识，但在实践中如何通过理念宣导、组织架构、平台建设来抓住机遇，仍有非常多的讨论。张帅帅作为中金公司研究部银行首席分析师，带领团队出版了《财富管理的中国实践》，可谓正当其时。

张帅帅是研究部"智商高、情商高、颜值高"的青年才俊，虽然很年轻，但已经深耕金融行业多年，并且和多位银行行长、财富部门负责人有过非常深入、密集的讨论和交流，带领团队多次发布关于财富管理行业的重磅报告。同时，也曾多次应邀为多家银行、券商的重要中高层管理岗位的同事，就财富管理的行业趋势和战略机遇进行授课培训。中金公司在制定和更新财富管理战略规划时，也曾多次邀请张帅帅共同研讨。借此机会，对张帅帅在中金财富的战略讨论中做出的卓越贡献表示感谢。

2023 年财富管理行业也发生了诸多变化，一方面保险渠道佣金显著下调，另一方面公募基金交易管理的相关征求意见稿也已出台，行业降费降佣成为大势所趋，竞争越发激烈，如何在这样的新环境下应对新挑战，抓住新机遇？在这里分享三点思考与大家交流。

一是回归客户利益至上的初心，践行买方投顾理念。行业的变化无一不表明，简单以渠道为王的时代已经过去，未来的核心是如何为客户创造价值。近几年买方投顾已经成为财富管理机构的转型方向，中金财富也是较早一批向买方投顾业务转型的机构，2019年至今，通过实际的平台客户行为数据，我们的确看到了通过买方投顾服务的客户盈利概率显著提升，客户赎回概率也大大下降。书中也回顾了欧美财富管理行业的商业模式演变，能够清晰地看到殊途同归，行业都在进行从产品销售到投顾模式的转型。2023年6月，新的基金投顾业务管理规定正式征求意见，这标志着行业的共识正在不断强化，如何在实操中更好地践行买方投顾理念，书中也提供了不少组织结构、资源投入上的国内外实操案例，尤其是对于如何平衡短期投入和长期效益之间的关系做了思考和论述。这些执行意义较强的信息，值得财富管理行业从业人员，尤其是掌舵人一读。

二是财富管理机构如何有效利用金融科技的力量。近年来，无论是互联网平台在公募基金保有量上的逆袭，还是东方财富在交易市场份额的快速提升，都让我们对于科技的力量有目共睹。金融科技的运用，不仅仅带来了客户体验的提升，也是提升下一代年轻客户的渗透率的关键，更是财富管理机构如何创新获客、弯道超车的关键。同时，最近一年AIGC（生成式人工智能）的加速应用更让我们看到了未来的无限可能，科技必将成为财富机构核心竞争力中最重要的一环，也可能是高质量普惠金融服务的关键。而传统财富管理机构发展金融科技能力应该是内生、外延还是合作？目前这一尚无标准答案的问题，也可能是行业未来格局重构的关键。

三是资产管理和财富管理如何协同发展。 强大的资产管理，无疑是对财富管理业务的巨大助力，反过来资产管理的发展，又离不开财富管理的支持。可在实践中我们会发现，财富管理要协同资产管理，但最重要的是以客户利益为中心，因此绝大部分财富管理机构都致力于打造开放的产品平台，以满足客户全方位的需求。同时，一家优秀的财富管理机构既能够为资管机构匹配合适的长期资金，让其专注于投资、研究、业绩提升，又能长期助力资产管理的健康发展。可以说，一流的投资机构离不开一流的财富管理的支持，两者都是整体生态中不可或缺、密切相关的环节，最终的目标是一致的，那就是提高客户的获得感。只有相互尊重，相互合作，理清边界，形成合力，才能最终完成以客户为中心的使命。

2024年是中央金融工作会议之后的开局之年，新形势下如何让老百姓来之不易的财富在财富管理行业中得到真正需要的服务，满足老百姓朴实的保值增值、老有所依的需求，相信这也是每一名财富管理从业人员的共同初心和使命。后续希望能与张帅帅这样优秀的同事以及各位业内同人继续学习、交流、探讨。

吴　波

中金公司总裁

自序

资管财富费率是否一定趋势性下降？如何打造开放且有竞争力的产品货架？如何解决基金赚钱基民不赚钱的行业痛点？什么是更具竞争力的商业模式？哪类机构可以获得更高市场份额？

过去几年，上述讨论不绝于耳，范畴涵盖费率、AUM（资产管理）总量与结构、新阶段客户收获感、商业模式重塑等。为何最近几年这些问题被频频探讨？我想，原因可能是财富管理已经在一定程度上成为居民的"必选消费品"，诸多机构躬身入局，行业发展进入传统模式缺陷暴露和尝试构建解决方案的转型阶段。

财富管理业务逐渐成为中国经济高质量发展阶段的金融新机遇，近几年需求端主要变化包括：①我国依然是主要经济体中颇具成长性的一个，居民收入与财富不断积累，2022年人均GDP（国内生产总值）达到8.6万元人民币。②人口老龄化带来的养老难题，催生了更复杂的财富管理需求，包括更为全面的财务规划。③房地产政策对于居民财富配置也产生了深远影响，非房产金融产品成为资产配置的重要方向。④2018年"资管新规"发布以来，非标、信托和银行理财逐渐失去刚兑属性，市场迎来全面净值化时代。我们看到，市场短期收益的确定性下降、无风险收益率下行、居民财富管理难度加大，相比传统模式，客户迫切需要更为专业的财富管理产品服务解决方案。截至2023年6月底，样本上市金融机构客户AUM同比增长10%，财富管理业务需求增长保持高位。

中资金融机构纷纷布局财富管理业务，丰富了投资者的机构、产品和方案的选择。金融机构业务布局是宏观经济、监管政策、科技进步和客户需求共同作用的结果。回顾美国20世纪70～90年代，金融机构传统业务利润率大幅下行，财富管理业务成为利润表的"新生力量"，帮助机构平滑业绩的周期性波动；2008年金融危机进一步冲击后，更多欧美机构布局或加码财富业务，而当前的中国市场也可能进入了类似阶段。我们基于各类资管产品的前、中、后端收费情况，对国内财富管理行业收入规模进行匡算，考虑公募降费、银保渠道降佣后，2022年广义口径财富管理行业收入池在1.3万亿元。此外，值得注意的是，因中资机构展业时间有限，财富管理业务多以松散的一、二级部门形式存在，收入口径以手续费为主，相比海外财富管理机构净利息收入贡献约1/4的营收，国内财富机构收入池可能被低估。从收入匡算和市场份额分布来看，财富管理业务未来可能成为部分金融机构的战略业务。

然而，供给与需求共振并未带来行业的"高歌猛进"，过去2～3年财富资管机构与投资者体验反而是另一番滋味：资本市场乏力，投资者焦虑，资管机构战战兢兢，AUM中存款类产品占比增加，财富机构营收并未与投入同比例增长。这背后发生了什么？我们认为，目前卖方销售为主的财富管理模式难以为继，无法协同客户、资管机构、财富机构的商业利益。部分机构已深刻感受到客户焦虑所传导的压力，亦认识到商业模式转型的迫切性，但为何转型迟迟无法推进？我们的理解是，政策法规层面还需要继续出台以完善行业监管框架和基础设施，尤其是投顾牌照广泛化，为银行、券商、基金公司等参与机构的买方投顾转型提供法律依据以及清晰的商业模式选项。部分机构率先开始转型，但"报表效果"欠佳，可能要进一步考虑战略业务的投入产出周期。对管理者而言，财富资管业务发展的不同阶段关注点差异较大：战略投入初期，更加关注能力建设，即队伍搭建的完成度；继而关注 AUM 增长，即规模总量的增长；随后才逐渐关注人均产能、成本节约等内容。

以上是过去几年中资机构在展业中碰到的短期问题或发展困局，是中国财富管理发展的现状，也是成长期的烦恼。如何推动财富管理高质量发展，高效服务于中国居民的财产性收入，是监管机构、从业机构以及研究机构的重大议题。为此，我们深入调研中资机构的展业实践，考虑到财富管理业务在欧美展业百年之久，我们就欧美银行、投行、平台等不同类型机构的商业模式、业务逻辑、组织架构、薪酬考核等诸多层面进行研究。之后，基于欧美经验与中国实践，我们针对 C 端财富管理业务提出中金公司财富管理 3×3 分析框架，希望建立一套可操作的展业或评估体系。特将部分研究成果整理成册，以期为中资机构提供务实的经验借鉴，也供各位读者讨论指正。

最后，感谢诸多监管机构、银行、券商、理财子公司、公募基金、第三方机构业务负责人的支持和帮助，让我们可以深入业务内里，也感谢研究部团队同事的高效工作！

张帅帅

目录

第一章　欧美国家财富管理行业　　3
欧美国家财富管理行业的发展历程和竞争格局　　3
欧美国家基金销售渠道的演变：从简单基金销售到泛财富管理　　39

第二章　欧美国家财富管理头部企业　　59
瑞银：财富管理20年，从营收增长到运营效率　　59
摩根士丹利：综合金融能力对接财富客群需求　　97
AMP：财富前台与中后台弱绑定，传统金融机构服务中产阶级的范式　　124
富达投资与嘉信理财：零售型综合财富管理平台带来的启示　　149

第三章　欧美国家财富管理机构组织架构　　176
欧美国家综合类财富管理机构组织架构　　176

| 瑞银与摩根士丹利独立财富管理部门运行机制 | 180 |

第四章　海外资管机构的商业模式变迁　　194

海外头部资管机构商业模式的现状与未来	194
普信：长期主义信徒，价值投资标杆	205
贝莱德：风控立身，并购＋平台化建设突破增长边界	212
黑石：投后管理带来超额回报，多管齐下吸引长期投资	225
以人为本：海外头部资管机构的共性特征	230

第五章　国内财富管理市场　　243

| 资产规模：供需共振下的快速增长 | 243 |
| 收入规模：广义大财富收入体量达万亿元级 | 245 |

第六章　中资财富管理企业发展　　261

市场竞争格局研判：尝试引入 3×3 分析矩阵	261
客群渠道：客群定位差异化——立体化与线上优势	264
产品服务：优质产品是基础，增值服务匹配客群诉求	270
服务体系：综合类中后台赋能客户经营，平台类中后台经营客户	277

第七章　中资财富管理行业展望　　289

| 行业规模展望：高增长的万亿元级市场 | 289 |

费率趋势展望：未必下行，客群分层经营是核心   290

竞争格局展望：头部财富管理机构有望获得更高的市场份额和更快的

   业务增长空间   302

第八章   财富管理机构布局个人养老业务   307

个人账户养老业务透视   307

海外各财富管理机构个人账户养老业务展业经验   320

个人养老业务展业建议   333

第九章   银行系资管母子联动创新模式   340

资管市场空间广阔，早期需要得到战略性投入   340

市场化薪酬体系建设刻不容缓   346

母行渠道与联动模式定位——实现可持续的规模增长   352

组织架构建设——市场化竞争与母行联动的平衡   370

金融科技须得到资源投入与内部联动的双重支持   374

风险：理财子公司在商业模式变革下的转型不及预期   378

第十章   聚焦财富平台，整合产品服务体系   381

不同的资源禀赋，相似的经营目标   381

财富开放平台三要素   386

第十一章　厘清基金投顾关系，推动买方投顾转型　410

基金投顾监管框架逐渐明晰，规范化发展未来可期　410

基金投顾再辨析——服务流程视角　415

中资投顾行业展望——基于中美对比视角　433

第十二章　异军突起的第三方机构　475

C端：以盈米为代表，深耕个人投顾业务　478

B端：针对机构客户的投顾服务及技术支持　486

第十三章　保险公募渠道降费与财富资管机构的选择　493

公募保险降费对大财富产业链的影响与应对措施　493

美国大财富产业链的价值转移　515

资管产品费率创新模式展望　536

海外财富管理

第一章
欧美国家财富管理行业

欧美国家财富管理行业的发展历程和竞争格局

广义的财富管理内涵丰富，既包含基础类的账户管理、经纪业务、金融产品销售，也包含更加复杂的定制化资产配置、财富规划、非金融权益等。财富管理形态受宏观经济、金融环境、监管体系、居民习惯等诸多因素影响，难以一概而论，目前全球主流的财富管理模式以北美和欧洲等国为代表。

在欧洲，尤其是私人银行的发源地瑞士，中立国、保密制度、税收制度等特殊的政治经济环境吸引了离岸财富的大量汇集，催生了具有百年以上历史的财富管理业和银行业。其财富管理业务以全能型银行和传统独立私人银行为主，提供的服务除了全面的投资理财产品和负债产品，还包括大量建议和规划、高端非金融权益和"管家式"家族及企业管理服务。

在美国，通过资本市场创造的新财富比重更大，金融产品投资交易特征更为明显。行业参与机构以经纪或投行业务起家的证券公司为主导，凭借全牌照优势，所提供的财富管理业务也覆盖了传统的"存、贷、汇"银行业务，而优势在于投资领域。

考虑到财富管理行业的发展空间、投资属性等因素，我们认为，美国市场更具代表意义。所以此部分从欧美国家财富管理业务的起源、转型历程出发，进而详细拆解美国市场竞争格局及演化，并从赢利模式和经营细节上探究不同阶段表现突出的企业如何取得成功，期望为国内财富管理机构提供借鉴。

总结欧美国家经验，我们认为有几点值得关注：一个核心目标，区别于传统业务，财富管理强调以客户为中心，凭借专业能力获得客户信任；两类商业模式，AUM构成差异化决定了商业模式的不同，综合型机构聚焦构建金融能力以帮助客户实现财富增值，平台型公司旨在吸引增量资金；三个核心价值链条，两类商业模式的区别主要体现在客群渠道、产品服务和财富体系上。

欧洲国家财富管理行业的发展历程

在欧洲，尤其是私人银行的发源地瑞士，永久中立国的特殊政治地位、悠久的财富管理历史和发达的银行体系、严格的保密制度及税收优惠、开放融合的多元文化，吸引了全球财富到此聚集，产生了大量财富管理需求。

中立国地位带来相对稳定的政治经济环境，促进财富聚集，带来了银行和财富管理服务需求。 由于瑞士国土面积小且处于欧洲中心，被多个大国包围，立国以来就尽量避免与别国的冲突。因为其地理位置具有很高的军事和经济意义，所以1815年维也纳会议正式确立了瑞士的中立国地位。因为中立的立场,瑞士未牵涉中世纪的教派之争,16世纪中叶吸引了大量的新教教徒将财富迁移过来;因为中立的立场,一战和二战期间,瑞士不仅经济发展没有受损,反而成为为交战双方提供经济服务的主要场所,提高了自身在国际金融中的地位,吸引了更多的财富流入。稳定的政治环境也为经济的发展提供了良好的土壤,瑞士的经济在整个20世纪都很繁荣,货币坚挺、通胀率低、利率低,在全球经济波动时期又吸引了更多避险资金的流入,直到今天,瑞士仍然是全球第一大离岸中心,2019年年末离岸财富达到2.4万亿美元。大量的财富流入产生的对银行和财富管理服务的需求,为金融机构提供了业务机会,并且提供了触达全球客户的途径。

瑞士悠久的银行及财富管理发展历史,形成了财富管理的文化底蕴以及机构日益积累的服务能力。如图1.1所示,瑞士的银行业历史可以追溯到欧洲中世纪。12世纪已经开始出现了与银行业务相关的活动,1574年随着交易批发以及为别国提供雇佣兵服务,财富开始积累,出现了财富管理的萌芽,之后的历史时期,瑞士凭借其中立国地位带来的优势吸引了大量资金,对银行业务和理财建议的需求逐渐提高。19世纪,第一批储蓄银行、州立银行、大型商业银行等相继成立,如瑞士信贷银行(1856)、瑞士联合银行(1912,前身"Bank in Winterhur"于1862年成立)和瑞士银行公司(1897,前身"Bankverein"于1856年成立),而专注财富管理的私人银行甚至出现得更早,如1815年建立的Bonhôte银行。财富积累的加剧带来的大量业务需求,促使瑞士的银行业迅速发展。到20世纪末,瑞士银行数量有400多家,平均每个银行服务的国民数量不到2万人,而银行业的总资产达到国民生产总值的5倍左右,奠定了瑞士"银行之国"的地位,到2019年年底,银行业经济增加值占比7%、税收占比4.1%,是对国民

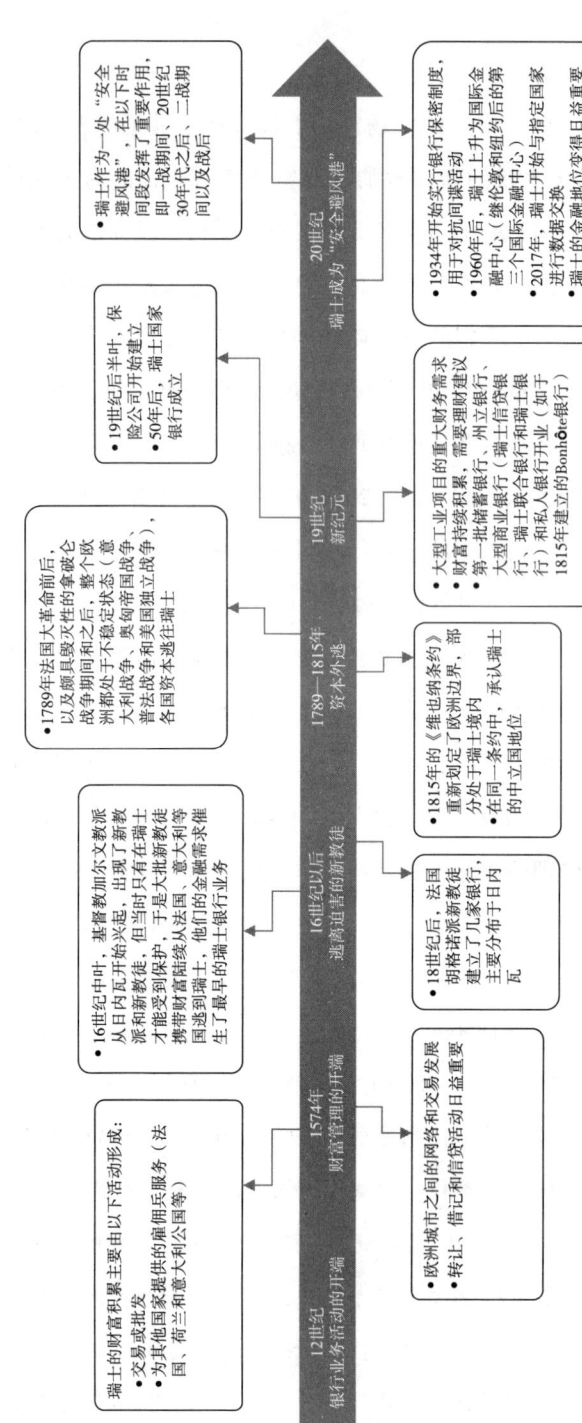

图 1.1 瑞士的金融业发展历程

资料来源：瑞士金融中心，瑞士雷梭勒家族办公室，中金公司研究部。

经济贡献最大的行业。所以说，瑞士银行以及财富管理行业发展至少有200年的历史，考虑萌芽时期的话时间则更长。在漫长的发展过程中，群众对于财富管理业务的认知逐渐成熟、需求逐渐增加和日常化，而机构在为客户管理财富的过程中也积累了宝贵的经验、培养了大批成熟的人才，因此整个国家形成了财富管理的文化底蕴。瑞银集团的前身瑞士联合银行和瑞士银行公司正是第一批成立的瑞士银行，经历了财富积累和财富管理业务兴起的全过程，在开展该业务方面具有丰富的经验。

由银行保密制度树立起来的私密、安全的声誉以及客户信任是瑞士银行最宝贵的财富。真正的财富管理是在客户的全生命周期内为其规划财富，不仅仅是资产管理，还包括规避经济及政治风险的资产保护、税务筹划等，这就意味着，政府必须充分尊重银行和客户的私密性，因此瑞士根深蒂固的银行保密制度是其私人银行业务繁荣发展的重要保障。瑞士的银行保密制度起源于16世纪中叶对从欧洲其他国家迁移过来寻求庇护的新教教徒的保护，1713年，瑞士日内瓦议会将银行保密制度上升到地方制度层面，二战期间，为了充分保护犹太客户，瑞士政府加强了银行保密制度建设，于1934年颁布《银行保密法》，其中特别加入了银行信息保密及泄密处罚等条款，至此银行保密制度正式成为国家法律。该法规定，瑞士银行一律实行密码制，储户被允许使用化名或者数字来代替真实姓名，甚至可以使用虚拟的办事处、公司和代理机构等形式开户，其他业务也会完全按照与客户事先约定的章程办理，财产的真正拥有者可以永不露面，并且银行办理秘密存款业务只限于2~3名高级职员，其他工作人员不得过问，对于泄漏存款机密的人给予监禁6个月和罚款2万瑞士法郎或更严厉的处罚。不仅如此，该法还保护银行免受行政权力的干扰，任何外国人和外国政府，甚至瑞士的国家元首都无权干涉、调查和处理任何个人在瑞士银行的存款,除非可以证明该存款人有犯罪行为。因此,瑞士成为金融资产最安全和最隐蔽的国家,赢得了众多富人的信任,他们将财富转移到这里,以避免在本国缴纳的大量税款。除了保密制度外,瑞士对非本国居民的税收要求也更加宽松,总税率较低而且长期保持稳定,成为富裕人群的"避税天堂"。但是在2008年金融危机和2009年欧债危机爆发后,一些陷入财政危机的国家开始加强对本国富人税收的征讨以及联合打击瑞士帮助富人避税的行为,2014年7月,经合组织(OECD)在二十国集团(G20)的委托下,发布了《金融账户信息自动交换标准》(AEOI),为各国加强国际税收合作、打击跨境逃避税提供了强有力的信息工具,瑞士被迫加入其中,并且根据这一标准,在2018年9月底同部分国家(或地区)的税务机关交换了金融账户信息,此举标志着瑞士已不具备"避税天堂"的优势,不过瑞士银行的保密传统和意识仍然是其赢取客户信任的重要优势。

瑞士在各个方面都保持着向全世界高度开放的状态,形成的多元文化有利于瑞士银行服务国际客户。瑞士地处欧盟中心且国土面积小,完全对外开放,国内主要语言有四种,货币可以自由兑换,这种国际化的开放态度和多元化的观念为瑞士银行服务国际客户提供了有利的环境,通晓客户语言又懂得其文化惯例的金融服务者对于跨国客户来说意义重大。从20世纪末开始,瑞士银行中近50%是外资银行,近几年有所下降,但仍然高达40%,国内也有很多大型跨国企业,经济金融开放程度高。

受欧洲财富管理行业起源和发展的历史背景、客户的财富来源、财富管理需求等因素的影响,欧洲形成了以私人银行为主的财富管理业态。全球各个地区客户特征不尽相同,决定了需要采取不同的财富管理业务模式。在财富来源方面,欧洲的财富多与土地和房地产相联系，美国居民的财富主要源于工作收入和商业经营，中亚与亚太地区居民的财富多来源于中小企业。在财富管理偏好方面，瑞士客户以旧财富为主、投资风格更加保守、资产配置更均衡，而美国客户的财富大多是公司经营等活动创造的新财富，更喜欢将财富管理业务交给投行系的公司，风险偏好更高，资产配置更加集中，并且大多数资产会投入股市。上述客户特征决定了欧洲的财富管理业务以全能型银行和传统独立私人银行为主，提供的服务不仅是全面的投资理财、负债产品，更多涵盖了大量金融和非金融的规划建议、高端权益以及"管家式"的家族和企业管理服务。

美国财富管理行业发展历程

20世纪70年代中后期，供给与需求的成功匹配触发了美国财富管理以代销产品形态进入行业视野并快速发展。从基于交易额收费（flow-based）到基于存量规模收费（AUM-based）商业模式转变，美国的财富管理行业经历了2000年和2008年两次跃升。

起源于财富管理需求释放与金融产品供给创新的成功匹配

美国财富管理行业的快速发展，与20世纪70年代中后期资产管理行业的大发展相伴而生，究其原因，主要是居民财富积累、资产配置结构改变催生的财富管理需求增加，同时，金融改革及创新背景下产品种类和数量都明显丰富，供给与需求的成功匹配触发了财富业务的快速发展（见图1.2）。其中，资产管理行业负责从资产到产品的创设工作，更接近客户的证券公司、银行等机构则扮演了分销渠道角色，以金融产品代销形式开启了财富管理业务。

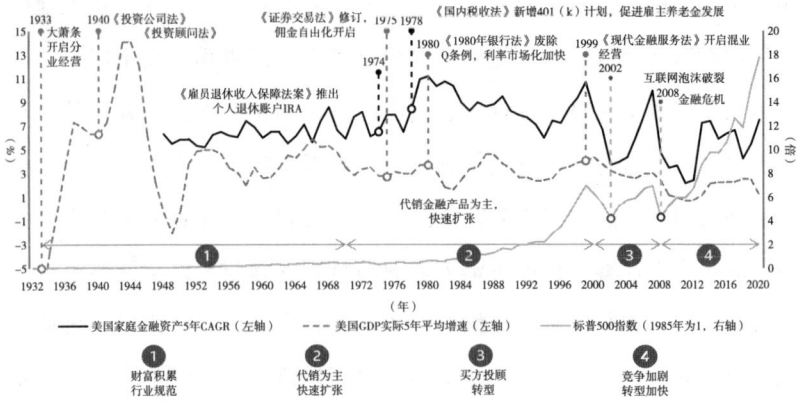

图 1.2　美国财富管理行业发展历程

资料来源：美联储，美国经济分析局，SEC（美国证券交易委员会），中金公司研究部。

从需求端看，财富积累与养老金体系改革推动的资产配置结构改变产生了大量投资和财富管理需求。

从 20 世纪 60 年代开始，美国经济进入稳定快速增长的黄金阶段，1959—1969 年 10 年平均 GDP 增速达到 4.7%；另外，婴儿潮时期出生的人口也逐步进入了财富创造和积累的黄金期——中年阶段。宏观经济的稳定发展和人口结构的双重红利促进了居民财富的积累，1980 年美国家庭总资产/净资产达到 11.8 万亿美元/10.4 万亿美元，10 年间年均复合增速高达 10.5%/10.3%，居民的理财意识和需求随着财富的积累而增长。

1974 年开启的养老金制度改革所形成的三支柱养老金体系，推动了居民财富向资本市场的转移，增量资金促进了 20 世纪 70 年代中后期以共同基金为代表的资管行业以及作为渠道端的财富管理行业的大发展。1975—1995 年，养老金资产规模迅速增长，以年均 14.4% 的复合增速从 0.5 万亿美元增长到 6.9 万亿美元，在居民资产中的配置比例也从17.8%提高到21.4%（见图1.3）。而共同基金成为其重要的投资产品，2000年DC计划和IRA（个人退休账户）中46%的资产都投资于共同基金（2020年上升至51%），且共同基金总规模的37%都由养老金持有（2020年上升至47%，如图1.4所示）。除此之外，养老金入市推动的股市繁荣使得居民投资兴趣和需求提升，直接投资基金的配置比例也大幅上升，从1975年的0.6%提升到2000年的7.4%（2020年上升至9.3%）。

从供给端看，金融改革推动了两类事件的发生：①传统经营模式压力递增，金融机构积极进行业务和产品创新以对冲经营压力；②利率市场化等金融改革推动了金融产品创新。

20世纪70~90年代，在利率市场化、佣金自由化等掀起的金融市场改革创新浪潮下，涌现出了大量普通投资者可选的创新型金融产品。

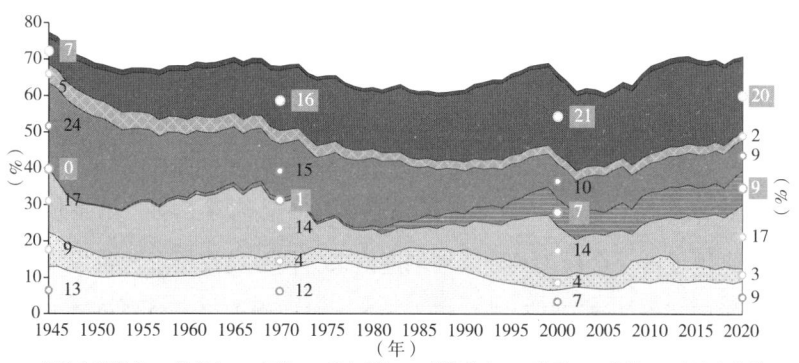

图1.3　美国居民家庭资产配置结构

注：此处的养老金包括私营和政府部门发起的DB和DC计划以及保险公司提供的年金储蓄，不包含社会保障和非保险公司IRA资产。
资料来源：美联储，中金公司研究部。

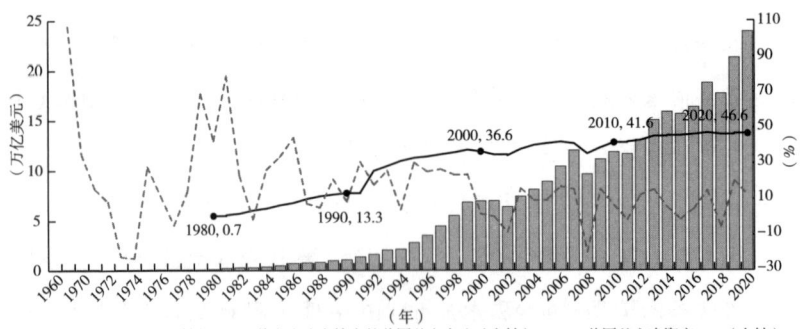

图1.4 美国共同基金规模及养老金账户持有共同基金情况

资料来源：ICI（美国投资公司协会），中金公司研究部。

（1）70年代，美国通胀高企、市场利率大幅上升，但同时商业银行受限于Q条例而无法提高存款利率，导致存款收益不足以跑赢通胀，投资者对短期、高流动、收益更高的投资产品需求大幅上升。在此背景下，金融机构和企业大力进行业务创新，针对机构客户大额资金的商业票据和可转让存单等各类货币市场工具逐步繁荣，针对零售客户的货币市场基金也于1972年被创建出来，集合零散资金投资于起投门槛高的高利差货币市场工具，使普通投资者也能间接享受货币市场的利率价差收益。由此，货币市场基金迎来黄金发展期，在共同基金中的比例由1974年的5%迅速提升至1981年的77%。

（2）80年代伊始，监管顺应市场趋势出台《1980年银行法》，正式废除Q条例，加速了利率市场化进程，零息债券、动产抵押债券、可变期限债券等金融工具陆续被创造出来，债券类投资资产得以丰富。同时美国利率持续下行导致货币市场基金吸引力下降、债券价格上升，吸引大量资金流入债券型基金。1982—1992年，债券型基金规模增长2 070%，在共同基金中占比提升23ppt[①]至31%。

---

① ppt指百分点。

（3）90年代，美国经济开始复苏，相对稳健的基本面与持续低利率环境促使补充养老金不断提升权益基金配置，与股市繁荣形成良性循环，使得权益型基金规模快速增长成为共同基金的主要品类，1999年时在共同基金中占比达到59%，与1990年相比提高了37ppt。

从大型银行/投行的角度来说，传统赢利业务受到冲击使其发展财富业务的迫切性提高。佣金自由化带来投行之间的佣金价格战，传统的经纪业务利润空间收窄，佣金收入占比和ROE（净资产收益率）都明显下滑，分别从1975年的46%和24%下降至1990年的17%和2%，而利率市场化改革同样对银行利息收入形成冲击。恰逢资产管理行业大发展，凭借客户渠道优势充当销售渠道赚取佣金逐步成为一项重要业务条线。1976—1986年证券行业代销金融产品收入以年均39%的复合增速增长，在营收中的占比提高5ppt至7%。

产品端变化是财富管理业务模式和理念升级的重要推动力量

美国财富管理业务的商业模式从代销金融产品到真正为客户提供投资顾问服务，经历了2000年和2008年两次跃升，资产管理作为财富管理的上游产品供给端，其行业规模以及产品类型的变化都深刻影响了财富管理行业为客户进行的资产配置以及定价方式。

2000年前后美国资管行业增量资金流入放缓，如图1.5所示，1999—2004年市场规模年均增速与前一个5年相比下降了22ppt至4%，2004—2007年虽然增速反弹，但增长中枢明显大幅下降。资管机构纷纷开始通过降低费率来吸引客户，同时市场有效性提升导致低费率被动投资和高费率但总量有限、业务难度大的另类投资备受推崇，压缩了作为代销渠道的财富管理机构的利润空间，从1993年开始美国

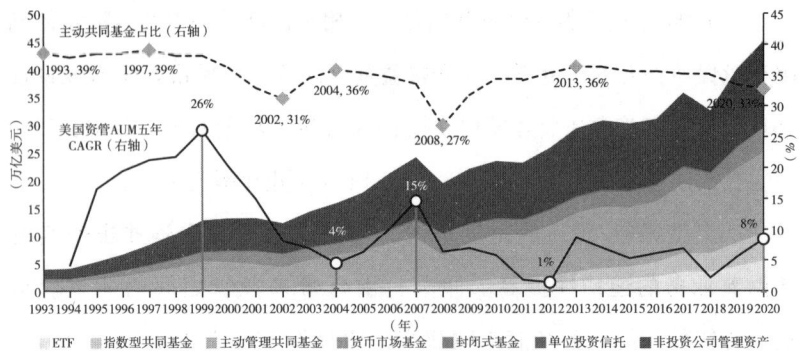

图 1.5　美国资管行业 AUM 规模及产品分布

注：投资公司指的是 ETF（交易型开放式指数基金）、共同基金、封闭式基金、单位投资信托机构。

资料来源：ICI，Preqin（睿勤），BCG（波士顿咨询），中金公司研究部。

证券行业代销产品收入对营收的贡献结束快速上升阶段趋于稳定，并且受资本市场波动的影响，2000 年时一度下滑至 5.5%。另外，经历了 1987 年美国股市的"黑色星期一"以及 2000 年的互联网泡沫破裂，投资者的风险厌恶程度提高，投资理念更加成熟，认识到了资本市场的复杂多变以及个人投资实现超额收益的难度，因此对专业、深度、定制化的投资咨询服务的需求大幅提升，并且更加愿意为这些专业的咨询建议服务付费。以上宏观环境和客户需求的变化迫使财富管理机构在经营理念和定价方式等多方面转变为"以客户为中心"的模式。通过更严格的产品筛选、更优质的投资建议或资产配置方案，为客户创造更多的收益以留住客户，表现出色的机构甚至可以从咨询建议服务中获取一定的收益，同时收费方式也逐渐从容易引起机构与顾客利益冲突的根据流量收取佣金模式转变为更加容易获得客户信任的根据存量收取服务费模式。

在这一阶段，虽然财富管理机构都在转型，在量和价两方面都采取了升级措施，但不同类型的机构选择了各自特殊的路径，赢利模式开始出现分化。在量的方面，一些资本实力足够的大型企业通过收购兼并迅速做大 AUM，短期内用量的迅速增加对冲价格的下行带来的营收压力，稳住营收，而小型的机构则在互联网浪潮中转型线上获取流量和规模。在价的方面，不同的机构在代销产品类别和提供服务类别上也做出了不同的选择。有的选择主动销售低费率产品，但由于需要同时大量压低成本，故而放弃了直接提供高成本的咨询服务，将咨询服务外包以满足客户的需求，例如嘉信理财（SCHW）。而有的机构则选择了不在产品类型上做取舍，不通过降低费率的方式吸引客户，而是提高自身专业顾问咨询能力，通过资产配置、为客户进行产品的"二次创设"，在原有资管产品的基础上注入自己的智力因素，以提高客户的收益率或满足其个性化需求，在此基础上收取较高的费率来弥补提供复杂服务的高成本，例如摩根士丹利（MS）和瑞银（UBS）。

2008 年金融危机加剧了已有的各种挑战，使得财富管理机构在原有业务方向上进行了进一步升级。金融危机期间大型投行和银行压降杠杆需求带来的 ROE 大幅下滑也进一步加强了其内部发展财富管理业务的紧迫意识，开启了新一轮对财富管理业务的加码，加剧了行业竞争，各类财富管理机构面临着与 2000 年相似但更为严峻的挑战。它们纷纷在各自原有的发展路径上进一步升级，成本更低的智能投顾出现了，咨询顾问业务专业性和复杂性也进一步提高了，定价模式更加从佣金向服务费转变。麦肯锡 2018 年的全球调查显示，过去 10 年，收费账户的资产占比从原先的 39% 上升至 51%。

但值得一提的是，不同于资产管理行业的存量竞争格局，财富管理行业在居民投资和资产中的渗透率并不高，尤其是高端客户。如图 1.6 和图 1.7 所示，直到 2020 年，代销基金产品和高端客户服务的财富管理机构渗透率都未超过50%，意味着财富管理机构只要真正具有为客户创造超额收益的能力，就仍然有很大的业务增长空间。

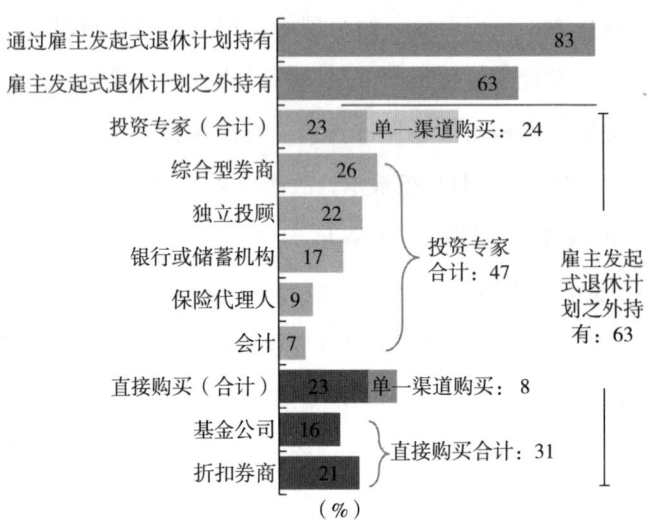

图1.6 美国居民购买共同基金各渠道占比

注：数据时间为2020年，其中各个渠道之间存在重合，因此分项目相加不等于总数；其中的23表示在雇主发起式退休计划之外购买共同基金的家庭中有23%既通过投资专家购买，也会直接购买。

资料来源：ICI，BCG，中金公司研究部。

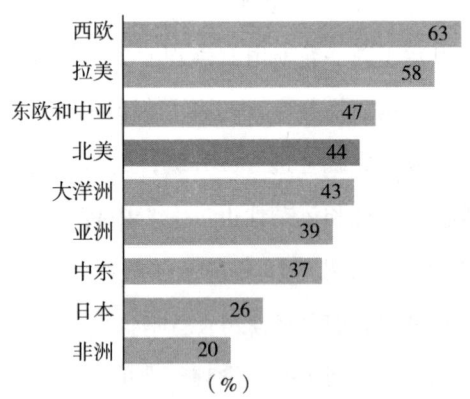

图1.7 高端和超高端客户财富管理机构渗透率

注：数据时间为2020年；此处的亚洲数据不包含日本。
资料来源：ICI，BCG，中金公司研究部。

客户谱系拉长是财富管理机构业务模式分化的加速器

客户作为财富管理业务最终的落脚点，其范围及需求的改变都将深刻影响财富管理机构的业务运营。美国普通大众的财富增长和投资、理财意识的觉醒，在很大程度上拉长了财富管理的目标客户谱系，是主要定位为大众客户，主打低费率低成本的平台型财富管理机构、互联网券商、智能投顾等出现和快速增长的重要加速器。

财富管理行业的诞生源自拥有大量财富的高净值人群强烈的管理自身财富的需求，在很长一段时间内财富管理也主要服务于财富水平非常高的客户。但是随着社会经济、金融和资本市场的发展，居民的财富逐渐积累、财富管理意识觉醒，普通大众的财富管理需求会在特定的历史时期出现阶段性的快速增长。与传统的高净值人群不同，他们的财富并没有达到需要一个专职投顾团队服务的水平，而只是一些简单的标准化金融产品投资需求，可以说这类客户需要的财富管理业务与传统的更偏向私人银行的业务是两种形态。这些客群的单客财富不高，但是客群庞大的数量足以使其财富管理需求成为一个利润可观的业务机遇，因此出现了传统的财富管理机构或传统财富管理业态之外的、专门定位于这些客群的大众财富管理。

美国财富管理行业的发展历程与居民财富增长节奏有密切关系。大多数时间财富增速与财富存量成正比，因此高端客户始终是财富管理行业收入池的首要贡献者。但在20世纪90年代，美国净资产水平位于底部50%人群的金融资产高速增长，增速仅次于净资产前1%的人群。而在更加标准化的股票和基金资产方面，1995年之前的增速甚至超过了最富裕的人群（净资产前1%）。也正是在这一时期，不同于传统财富管理业态的大众财富管理崛起，嘉信理财等折扣券商抓住大众客群的理财需求转型线上、平台型财富管理机构的机遇，实现了较快发展。同样的情况在 2013 年后又初现端倪，在 2015 年之后表现则更加明显，虽然从金融资产整体来看，大众客群增速并不突出，但是股票和基金类资产再次出现快速增长，尤其是 2018 年以来甚至超过了最富裕的人群。受益于此，大众财富管理机构再次实现较快增长，嘉信理财的客户资产份额迅速上升，于 2014 年和 2016 年分别超过了摩根士丹利和瑞银；2015 年，智能投顾开始兴起；2019 年以来，综合型财富管理机构，如摩根士丹利、摩根大通等，纷纷通过收购互联网券商、数字化财富管理公司等布局大众财富管理。

财富管理机构的两类主要商业模式

欧美等国的财富管理市场参与机构类型多样，主要包括折扣/互联网券商、注册投资/第三方财富管理机构、全能型银行/投行、私人银行等，参与机构在客群定位、产品服务等方面有较大差异。

- 折扣/互联网券商。主要服务大众和富裕人群，向客户提供经纪、金融产品代销、简单的咨询顾问等服务，业务主要通过互联网完成，并且发展出了智能投顾服务。其特点是在低费率的基础上利用科技提供一定程度的个性化服务。代表性的机构有嘉信理财、TD Ameritrade（德美利证券）、E*TRADE（亿创理财）、Betterment 等。
- 注册投顾/第三方财富管理机构。包括独立投资顾问及其联合组织等，目标客户为富裕人群，产品和服务以咨询建议类的投顾服务为主，业务开展非常依赖接受过良好训练、高度激励的顾问人员与客户建立信任关系。代表性机构有 Edelman Financial Engines 等。

- 全能型银行/投行。以富裕人群和高净值人群为目标，向客户提供涵盖其资产负债表全部的产品以及综合性的财富管理解决方案和遗产继承、税务筹划等规划类服务。代表性机构有瑞银和摩根士丹利等。
- 私人银行。目标客户是高净值人群，产品服务与全能型银行/投行类似，但在非金融高端权益服务以及家族和企业相关的解决方案方面布局更多。在瑞士，私人银行既可以是全能银行的一个部门，例如瑞银的私人银行部门，也存在像 Julius Baer（宝盛银行）和 EFG（伊兰金融集团）此类独立私人银行。而在美国，私人银行一般为全能银行/投行的子部门。

按照业务模式和赢利特点，我们尝试将参与机构分为两大类：一类是为广义高净值客群提供高质量全方位服务的综合型财富管理机构，主要是私人银行和全能银行/投行，体现为更高的成本投入和资产费率；另一类是为中低净值客群提供相对标准化产品服务的平台型财富管理机构，例如智能投顾、折扣券商等，体现为更低费率和更好体验，以推动目标客群增长。

差异化的 AUM 增长路径和赢利模式

财富管理利润的主要驱动因素是 AUM 与资产端费率，两类机构呈现出差异化的发展路径。

在 AUM 策略层面，平台型机构更加依赖新增资金流入，综合型机构则是在规模效应凸显后赋能客户 AUM 增值，当然兼并收购也是必不可少的部分。平台型机构的AUM增长比较依赖并购和净流入，后者包括新增客户和存量客户资金迁徙两部分。平台型机构的复杂定制化产品服务提供比例较低，有能力不断降低资产端费率，因此，利润增长需要适配AUM迅速增长，其相对标准化的产品服务和舒适的线上流程体验使低成本批量获客成为可能。如图1.8所示，在2004—2007年、2007—2014年、2014—2020年三个阶段中，嘉信理财的AUM主要增长来源分别是净流入、净流入与并购，贡献度分别达到60.6%、65.9%、39.3%。综合型财富管理机构在发展初期，客户资产增长主要依靠新资产流入，一旦形成规模效应，则主要是靠存量资产市值变动贡献AUM，这意味着财富机构需要提供财富增值的金融产品服务。高端客户复杂定制化产品服务的商业模式很难实现客户规模快速增长，财富机构必须在充分了解客户需求、投资目的和偏好之后才能开展业务，并且要通过真正为客户创造收益来获取客户的信任，从而使得客户将更多的资产交给机构管理，因此资金净流入贡献可能小于存量AUM增值。2004—2007年瑞银在扩张业务规模时期，AUM增长的主要来源是资产净流入，增长贡献为46.0%，而此后两个阶段的AUM增

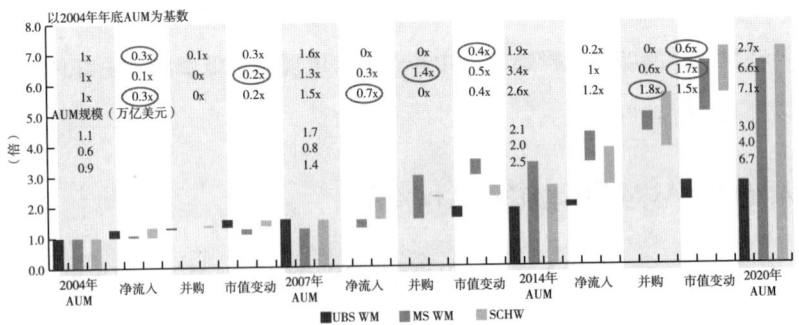

图1.8　不同类型财富管理公司客户资产增长情况

注：四舍五入可能导致数据标签相加不等。
资料来源：公司公告，中金公司研究部。

长则主要依靠市值变动,增长贡献分别为111.4%、78.2%。对于摩根士丹利来说,2007—2014年收购花旗美邦是其建立规模的关键时期,该阶段AUM增长的68.1%都来自收购,而此前和此后的两个业务稳定期,AUM增长都主要依靠市值变动,占比分别为70.6%和50.9%。

在赢利模式层面,综合型财富管理机构的全方位产品服务意味着大量的成本投入,同时,客户黏性也带来了资产端高收益率。对比之下,平台型机构则避免了繁重的网点和人力投入,走出一个"低成本、低费率、产品服务标准化"的业务模式。 值得注意的是,科技深度应用为综合型机构成本投入下降提供了可能性,尤其是薪酬成本之外的其他成本。摩根士丹利正是抓住这一机遇,在维持高端财富管理业务模式的同时实现了成本率的下降,推动公司在2015年之后客户资产净收益率反超瑞银(见图1.9)。

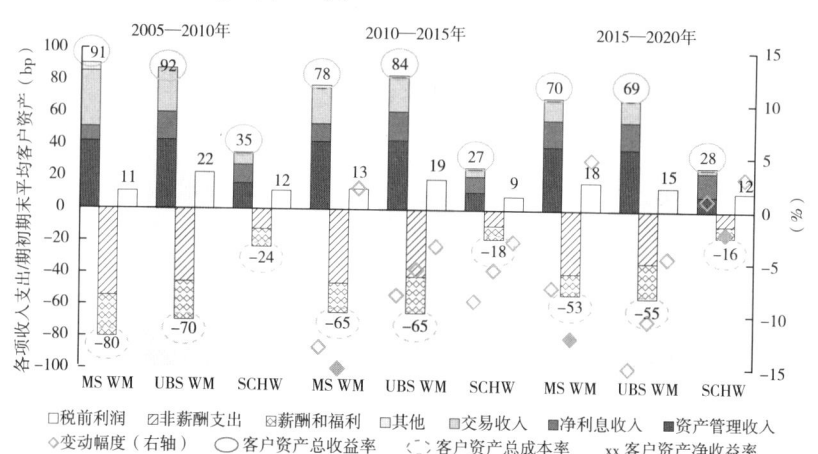

图1.9 不同类型财富管理公司赢利模式拆分

注:四舍五入可能导致数据标签相加不等。
资料来源:公司公告,中金公司研究部。

收入端,综合型机构客户资产总收益率相差无几,但明显高于平台型。如图1.9所示,2015—2020年,摩根士丹利和瑞银的平均客户资产总收益率分别为70bp（基点）和69bp，嘉信理财录得28bp，体现了综合型财富管理机构的高费率优势。拉长时间维度，当行业发展速度放缓，资产端费率的长期下行趋势难以改变，但头部综合型机构可以通过提高产品服务的质量和丰富度对冲压力，同时通过成本端优化控制，最终实现净收益率稳定甚至小幅上升。从收入结构上看，摩根士丹利和瑞银净利息收入占比稳定在1/4左右，佣金收入和资产管理收入此消彼长，并且资产管理类收入始终是收入中贡献最大的部分，2015—2020年摩根士丹利和瑞银的资产管理收入、净利息收入、交易类收入占比分别为57%、24%、18%，56%、25%、19%；嘉信理财2015年前收入结构与瑞银等相似，但呈现出不同趋势，净利息收入占比不断提升，其他两类收入占比萎缩，2015—2020年净利息收入占比超过资产管理收入成为营收的主要来源，占比53%（相比之下，资产管理收入占比34%和交易类收入占比9%）。以上数据反映了平台型公司费率不断走低后的商业模式和收入结构：以低费率和标准化金融产品服务吸引客户及其资产，基于庞大客户资产进行多元化创收，例如融资融券业务、基于交易沉淀的低成本存款进行生息资产扩张、依靠渠道优势提高对基金公司的议价能力等。

在成本端，摩根士丹利和瑞银的客户资产成本率是嘉信理财的3倍以上。对成本投入进行拆分可以看到，综合型机构的高成本主要体现在人力资源上，以专业投顾人员的薪酬支出为主，嘉信理财成本结构则相对均衡。从长期趋势来看，成本率也普遍下行，综合型机构成本下降空间和潜力更大，尤其是科技发展和应用加速了这一趋势。摩根士丹利抓住机遇实现了成本率大幅下行，如图1.9所示，2010—2015年、2015—2020年客户资产成本率分别大幅下降了14.9bp和12.0bp，同期瑞银成本控制效果相对有限，因此摩根士丹利的成本率从2005—2010年高于瑞银,到接下来的 5 年与瑞银持平,再到最近 5 年低于瑞银,最终成本控制优势帮助公司客户资产净收益率反超瑞银 2.9bp。

财富管理行业市场竞争格局

在财富管理行业中,其实两类参与机构的竞争并没有想象中的激烈,我们推测可能是因为相对差异化的目标客群定位。反而单一类型的财富管理机构间的竞争更加激烈,头部机构市场份额逐步提升。这显示了财富管理分层客群价值诉求的差异化,客群谱系拉长覆盖需要参与机构相应的能力建设。我们选择了瑞银、摩根士丹利、嘉信理财分别作为银行基因的综合型财富管理机构、投行基因的综合型财富管理机构以及平台型财富管理机构的代表,尝试从客户资产在全球及本土市场份额、营收的市场份额以及客户资产/总资产三个维度描绘美国财富管理行业的竞争格局演变。

按照客户资产规模划分,2008 年之前综合型财富管理机构占主导,2008 年之后嘉信理财市场份额迅速扩大,并在 2014 年和 2016 年相继超过摩根士丹利和瑞银。如图 1.10 所示,2008 年前以瑞银为代表的主要服务高端客户的传统私行市场份额较高,并且呈现上升趋势,2000—2007 年,瑞银财富管理客户资产全球份额上升了 31bp 至 2.1%。2008 年金融危机后头部金融机构纷纷转型轻资产的财富管理业务,摩根士丹利通过收购花旗美邦一举实现了规模化,市场份额大幅提升至 2009 年的 1.5%,但众多机构入局使得定位高端客户的综合财富管理机构之间竞争更加激烈,市场份额保持稳定。而定位大众富裕人群进行差异化服务的互联网券商凭借大量的客户流量迅速发展,市场份额快速提高。从资产管理和财富管理全口径的客户资产来看,

2020年年底嘉信理财客户资产6.7万亿美元，在全球个人财富中的占比为2.7%，而瑞银和摩根士丹利的客户资产分别为4.2万亿美元和4.8万亿美元，占比为1.7%和1.9%。如果将比较范围缩小到各个机构的本土市场，如图1.11所示，2020年瑞银在瑞士的市场占有率高达

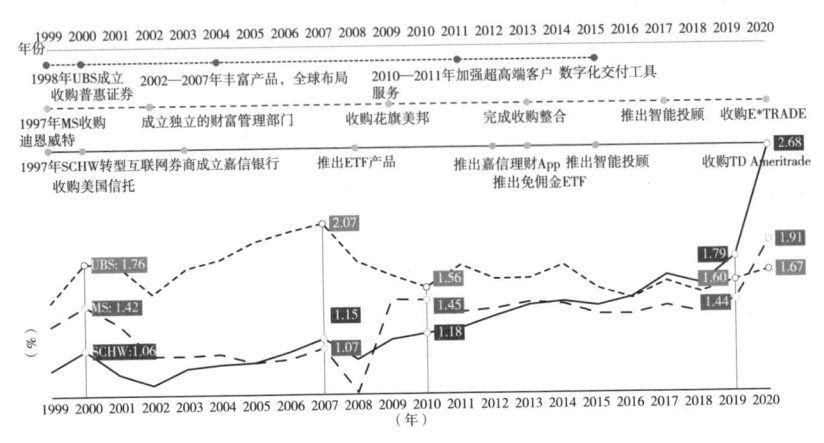

图1.10 头部金融机构全口径客户资产占全球个人财富比例

注：瑞银使用整个集团的投资资产做计算，包括管理或以投资为目的存放的所有客户资产，不包括纯交易目的持有的资产、仅托管资产、非银行资产和第三方银行融资或交易目的的存款；摩根士丹利使用财富管理部门的客户资产与资产管理部门的管理资产规模相加；嘉信理财采用整个集团的客户资产总规模计算。

资料来源：公司年报，BCG《2020年全球财富报告》，中金公司研究部。

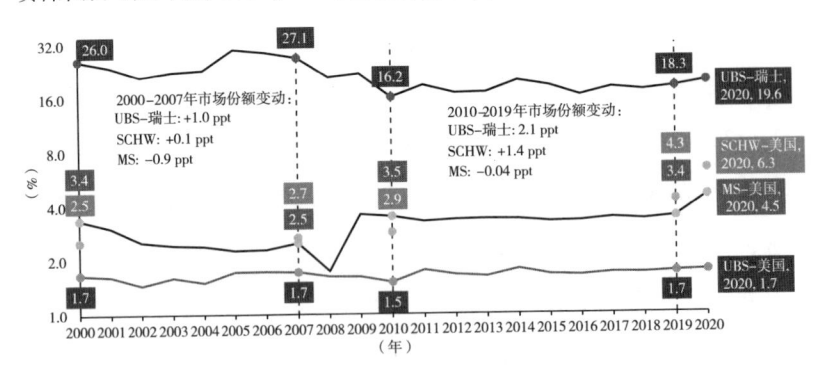

图1.11 全口径客户资产占本土市场个人财富的比例

注：标签中公司名后的地区表示计算时使用的本土市场定义。
资料来源：美联储，瑞士信贷，公司公告，中金公司研究部。

19.6%，而摩根士丹利、嘉信理财在美国市场的占有率录得4.5%、6.3%，瑞银美国业务在美国市场的占有率录得1.7%。

由于目标客群不同，我们认为评价各类机构市场份额时使用其目标客群，尤其是核心目标客群作为基数或许是更好的方法。我们的测算显示，头部机构核心目标客户市场份额都有不同程度的提升。瑞银和摩根士丹利的主要核心客群是超高净值客户，如图1.12所示，瑞银在全球超高净值人群中的市场份额从2002年的1.5%提升2.2ppt至2020年的3.6%，而摩根士丹利的全球超高净值客群市场份

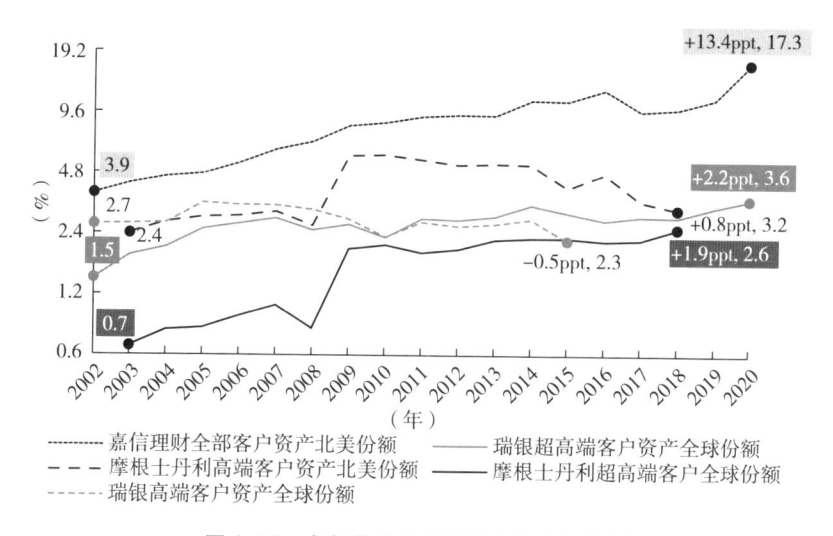

图1.12　各机构在目标客群中的市场份额

注：瑞银高端客户资产全球份额＝瑞银100万瑞郎以上（2013年及以后美国分部使用美元划分）客户资产/全球100万美元以上客群金融财富，摩根士丹利高端客户资产北美份额＝摩根士丹利100万美元以上客户资产/北美100万美元以上客群金融财富，嘉信理财全部客户资产北美份额＝嘉信理财全部客户资产/北美100万美元以下客户金融财富，瑞银超高端客户资产全球份额＝瑞银1 000万瑞郎（2013年及以后美国分部使用美元划分）客户资产/全球500万美元以上客群可投资金融资产，摩根士丹利超高端客户全球份额＝摩根士丹利1 000万美元以上客户资产/全球500万美元以上客群可投资金融资产。

资料来源：公司公告，BCG，Capgemini & Merrill Lynch（凯捷与美林），中金公司研究部。

额也从2003年的0.7%提升1.9ppt到2018年的2.6%。在次核心的高端客户方面，摩根士丹利的经营范围主要是美国国内，而瑞银仍然放眼全球，在各自匹配的目标客群资产池中，2015年瑞银的市场份额与2002年相比下降了0.5ppt至2.3%，而摩根士丹利2003年以来实现了0.8ppt的提升，2018年在北美高端客群中的市场份额达到3.2%。

按照营业收入划分，由于赢利模式的差异，综合型财富管理机构获得更大市场份额。2020年年底在头部20家财富管理公司中，摩根士丹利和瑞银的营收市场份额分别为11.7%和10.3%，嘉信理财录得6%。另外，数据显示财富管理行业存在明显的头部效应，2010—2020年，排名前10位的机构合计市场份额从67%提升至75%。

按照我们此前创设的"AUM/资产规模"指标划分，如图1.13所示，截至2020年，嘉信理财凭借其平台化业务模式撬动了资产规模3.7倍的AUM规模，其时间序列显示数据逐渐走低，可能是因为报表

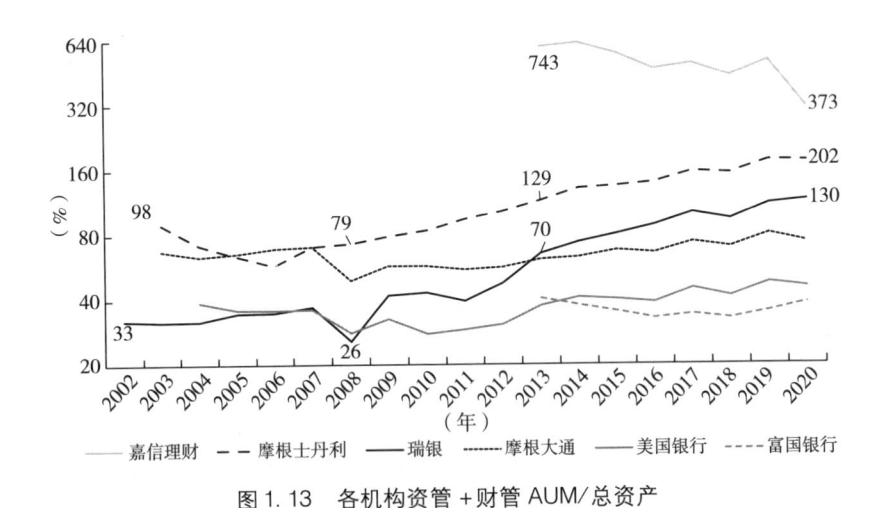

图1.13 各机构资管+财管 AUM/总资产

注：图中的AUM口径为按照资产规模收费的客户资产，不包含经纪业务佣金。瑞银使用全权委托资产，口径更为严格。
资料来源：彭博资讯，公司公告，中金公司研究部。

类业务占比提升；综合型财富管理机构由于提供的产品服务更加复杂，需要公司条线间的协作赋能，除资管财富部门业务，还包括商行、投行等重资产业务，故该指标相对较低，瑞银、摩根士丹利分别录得130%和200%。

关键价值链条：客群渠道 – 产品服务 – 财富体系

差异化的客群定位与渠道布局：必选项与加分项

正如前文所述，不同的目标客群定位，决定了渠道建设、产品服务和赢利模式等方面的差异。如图1.14所示，2015年瑞银、摩根士丹利可投资产100万美元以下、100万~1 000万美元、1 000万美元以上的客户资产占比分别为13%、37%、51%，22%、40%、39%，100万美元以下的客户资产占比为20%或以下，并且2005年以来呈现明显的下降趋势，而嘉信理财的户均资产则以30万美元为中枢，最高时为2019年的32.7万美元，2020年收购TD Ameritrade之后户均资产又下降至22.6万美元。

网点布局是综合型机构的必选项，线上渠道是平台型机构的加分

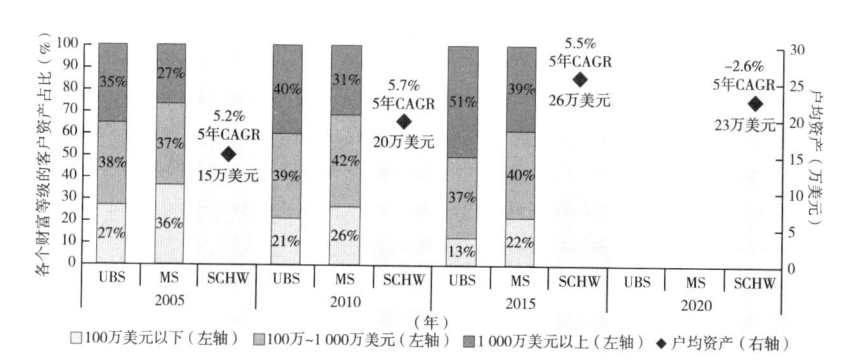

图1.14 不同财富管理机构客群定位对比

资料来源：公司公告，中金公司研究部。

项。复杂定制化的产品服务很难通过简单的线上渠道解决,所以线下网点布局和面对面沟通是必选项,可以帮助财富机构深入了解客户需求,以提供定制化的服务,这也就导致线下网点数量相对较多,如图1.15和图1.16所示,2020年瑞银、摩根士丹利全球网点数量分别达到1 000个和584个。2020年嘉信理财在美国国内布局线下网点360个,其获客渠道主要源自线上,流量优势明显。2021年7月嘉信理财全球网站访问量接近4 337万次,而同期瑞银和摩根士丹利仅为1 248万次和570万次。

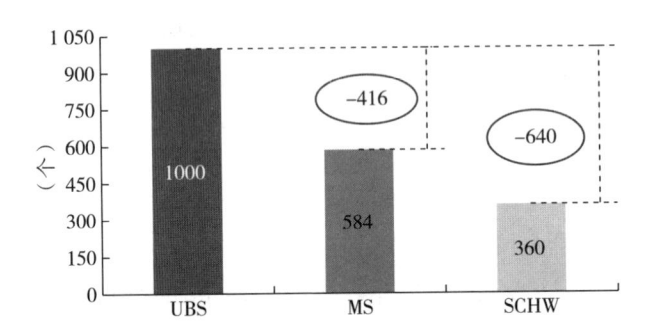

图1.15 2020年线下网点数量对比

资料来源:Crunchbase,SEMrush,公司公告,公司官网,中金公司研究部。

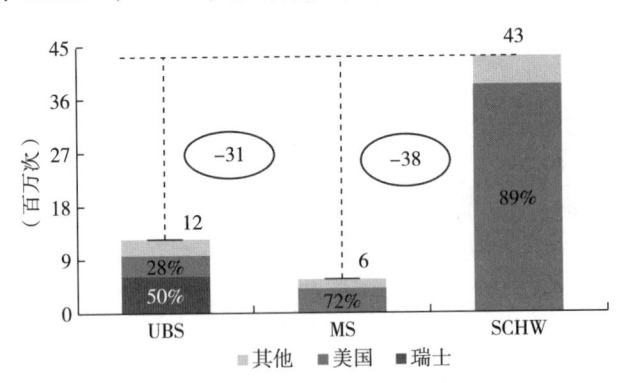

图1.16 2021年7月网站访问量

注:柱形中的比例表示各国访问量占比。
资料来源:Crunchbase,SEMrush,公司公告,公司官网,中金公司研究部。

产品服务聚焦满足分层次客户价值需求：全品类与标准化

从产品和服务的角度来看，资产管理是财富管理的核心，但绝不是全部。财富管理需要同时关注客户的资产端和负债端，高度重视各种咨询建议，不仅仅是金融投资建议，而是围绕客户财富的聚集、维持、保存、增值和传承的一系列咨询建议和解决方案，还应当包含匹配客户生活习惯的高端非金融权益服务。

以瑞银和摩根士丹利为代表的综合型机构，为客户提供全品类的金融和非金融产品服务，尤其是瑞士私人银行出身的瑞银，在超高端客户的"管家式"服务和高端权益类服务方面布局最多。以嘉信理财为代表的平台型机构则更多聚焦于金融产品的投资管理，以标准化单品居多，资产配置、组合管理咨询和规划类产品占比较低。综合型财富管理机构产品服务全品类供给意味着更高的成本，而根据不同财富水平客户对产品服务的需求进行分层供给，有针对性地"精准营销"，不仅可以提高客户体验，也可减轻成本投入压力。

从覆盖客户资产端的产品看，综合型财富管理机构客户的资产投向更加多元化，复杂定制化产品比例更高，而平台型机构客户资产投资大都聚集在标准化产品上，股票和基金产品是主要类别。如图1.17所示，2015年年底，瑞银的客户资产中投资于货币市场、债券、股票、共同基金的比例分别为13%、15%、31%、30%，其余的11%投资于结构化产品和另类投资等非传统产品，同期嘉信理财客户资产的6%、7%、32%、55%分别投资于货币市场、债券、股票和共同基金，基金和股票的投资比例明显高于瑞银。再看服务端，综合型机构提供更多的个性化、复杂化的咨询解决方案类服务实现深度经营，有利于提高客户黏性，平台型机构对客户的服务则停留于交易层面。如图1.18所示，2020年摩根士丹利接受投顾服务的客户资产占比为79%，

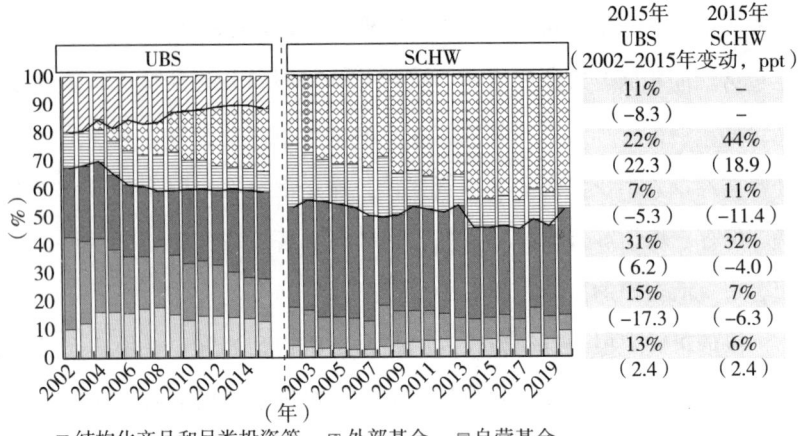

图 1.17 不同类型财富管理机构客户资产产品分布

注：此处的基金主要指共同基金和 ETF。
资料来源：公司公告，中金公司研究部。

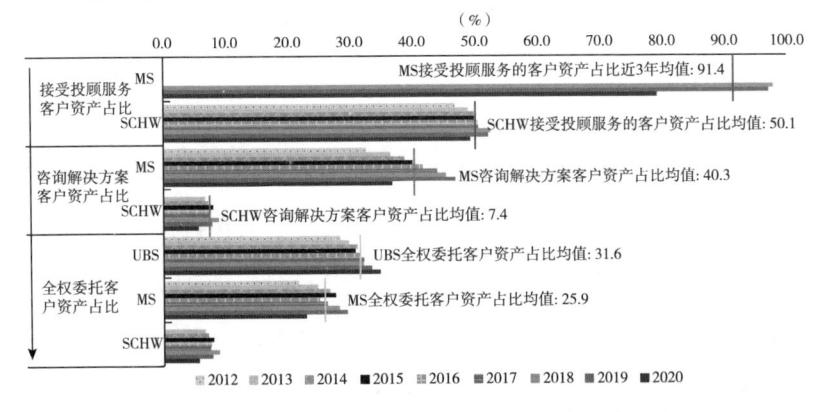

图 1.18 不同类型财富管理机构客户服务深度对比

注：MS 的咨询解决方案指的是投顾服务资产中按资产规模收费的管理账户资产；嘉信理财咨询解决方案指自营的咨询解决方案账户中的资产，其他投顾服务资产大部分是第三方独立投顾托管的客户资产；假设嘉信理财自营的咨询解决方案全部是全权委托类型计算全权委托资产占比，可能高估。
资料来源：公司公告，中金公司研究部。

更深层次的咨询解决方案类客户资产占比为 37%，而同期嘉信理财两类服务占比仅分别为 49%、6%，并且拉长时间来看未有明显提升。如

30　　财富管理的中国实践

果对比复杂度更高的全权委托服务,瑞银等擅长私人银行服务的综合型财富管理机构表现突出,2020年瑞银全权委托类客户资产占比为35%,高于摩根士丹利的23%,明显超出嘉信理财咨询解决方案客户资产占比为6%的数据。

平台型机构的产品服务货架更加开放,并且依赖第三方机构。2020年嘉信理财客户资产的49%是共同基金,其中84%源自第三方;投顾服务开放程度也非常高,2020年接受投顾服务的客户资产的89%由第三方投顾管理。对于综合型机构而言,开放产品服务货架也是必要的,但范围不宜无限扩张,仅包括标准化的基金产品等。2015年瑞银客户共同基金资产中75%来自第三方机构,但更加复杂和定制化的产品需要财富管理机构介入。在投顾服务方面,综合型机构主要依靠自身培养的投顾团队,引入第三方的比例较小,2020年摩根士丹利投顾管理资产中仅24%由独立第三方进行管理。

在客户资产端之外,综合型机构也同样很好地服务于客户负债管理。借贷关系能帮助机构与客户建立强联系,尤其是诉求由财富客户发起的时候,使其能更深入地理解客户,是客户经营的有效抓手。2020年,瑞银、摩根士丹利、嘉信理财的客户贷款规模分别为2 131亿美元、1 212亿美元、881亿美元,与客户资产相比的渗透率分别为7.1%、3.0%、1.3%,体现了各个机构深度挖掘和满足客户需求的能力差异。

产品服务定价的背后是财富管理机构的价值贡献。不难理解,复杂定制化的产品服务方案费率会明显高于简单标品和交易类服务,综合型机构也能够录得更好的资产端费率。如图1.19所示,2020年嘉信理财、摩根士丹利的咨询解决方案产品的费率分别为47bp和70bp,嘉信理财基金产品费率最高的OneSource平台基金也只有31bp,体现了其凭借强势渠道对基金公司的高议价能力，而其他大部分低于25bp。综合来看，更高比例的复杂定制化产品服务为综合型机构提升了客户资产总和收益率，如图1.20所示，2020年瑞银、摩根士丹利、嘉信理财的客户资产综合收益率分别为0.60%、0.57%和0.22%。从时间序列来看，综合型财富资产端费率下降幅度更小，2001—2020年，瑞银、摩根士丹利、嘉信理财的客户资产综合收益率分别下降26.8bp、14.2bp和32bp，显示了其对客户价值贡献的不可或缺性。

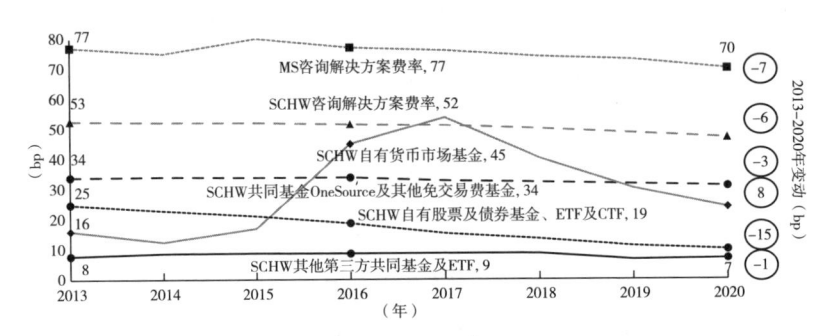

图1.19 不同产品和服务费率对比

资料来源：公司公告，中金公司研究部。

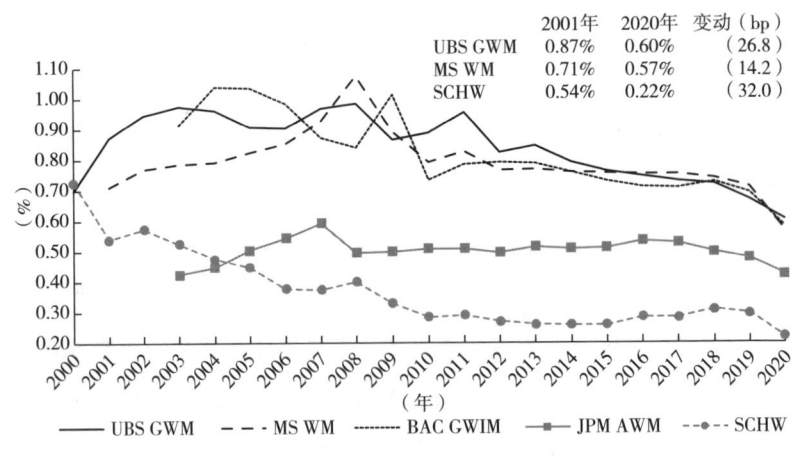

图1.20 不同类型财富管理机构客户资产综合收益率

资料来源：公司公告，中金公司研究部。

财富管理服务体系搭建：中后台赋能与中后台经营

相较于平台型公司，综合型机构拥有复杂的组织架构，通常会包含投资银行、商业银行、资产管理和财富管理等业务条线，部门间协同赋能是开展财富管理业务的重要优势。另外，在如何组织人力与科技为客户提供服务上，两类机构也各有侧重，综合型机构更加依赖高质量投顾，科技定位是优化产品和服务的交付方式，更多的是赋能前台。而平台型机构则更加依赖科技支持日常运营和服务客户。

在业务协同方面，平台型机构组织架构扁平化，业务协同空间有效；综合型机构拥有诸多部门（见图1.21），覆盖客户推介、资产捕捉、产品创设和观点共享等价值链条，通过适配制度激励可以调动组织资源为客户提供优秀的财富管理产品服务，也为公司带来可观的协同效应，主要体现在：

- 收入端。在开放性产品服务货架之外，综合型机构覆盖财富管理各个环节，获得从咨询、建议，到产品选择、制订解决方案，再到策略执行、绩效跟踪和检视的全产业链上的价值。同时也凭借真正意义上完整的财富管理业务吸引留存客户，各个部门之间相互介绍客户、交叉销售，扩大了获客范围和创收途径。瑞银集团估计，2007年，"一个公司"模式产生了约36亿瑞士法郎的增量收入，占当年总收入的11.3%。摩根士丹利财富管理2014—2018年每年约有110亿美元新增客户资产来自机构证券部门推介，占同期财富管理部门年平均净流入客户资产的14%；MSIM（摩根士丹利投资管理）为财富管理客户管理超750亿美元资产，占2018年年底投资管理AUM的16%。

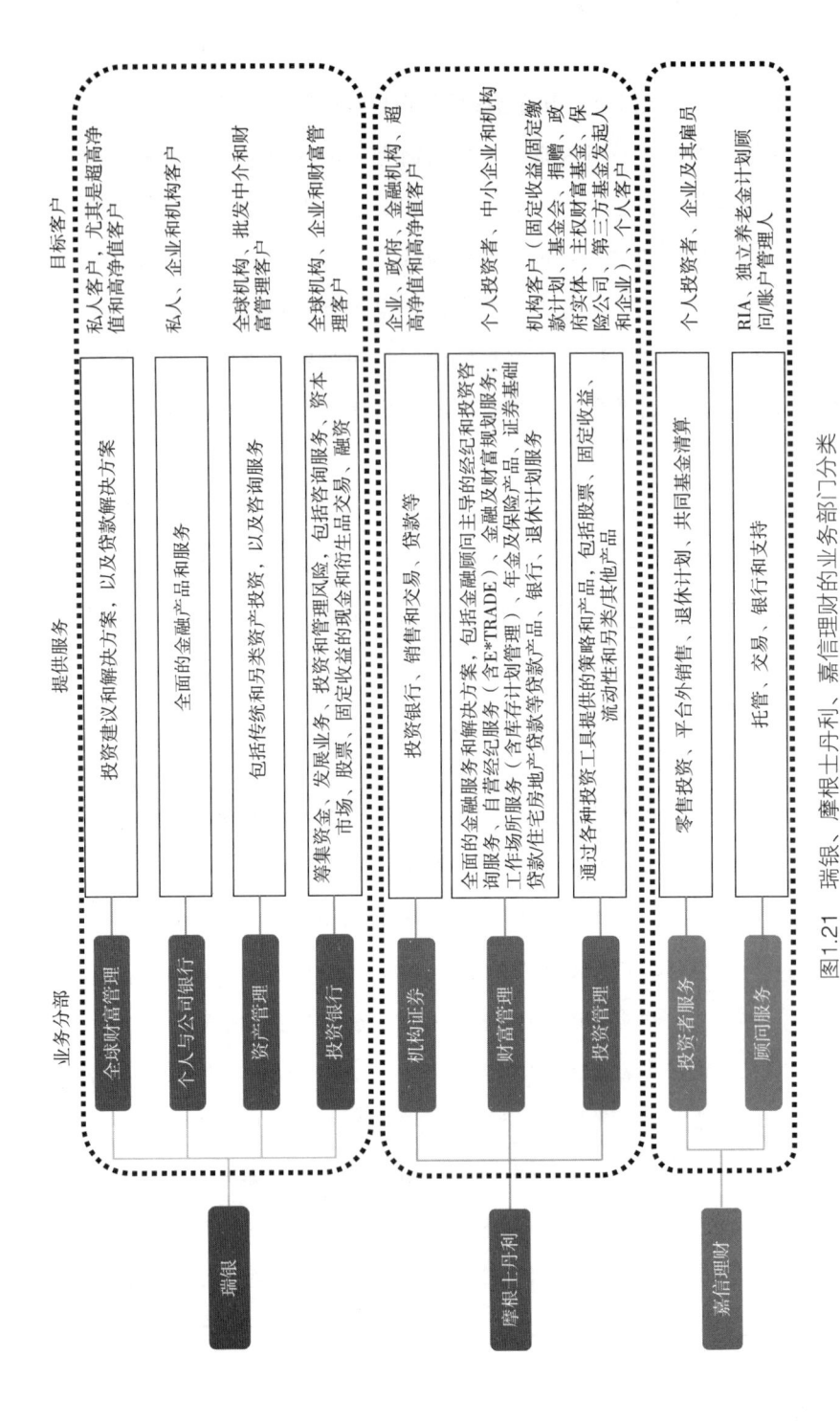

业务分部	提供服务	目标客户
瑞银		
全球财富管理	投资建议和解决方案，以及贷款解决方案	私人客户，尤其是超高净值和高净值客户
个人与公司银行	全面的金融产品和服务	私人、企业和机构客户
资产管理	包括传统和另类资产投资，以及咨询服务	全球机构，批发中介和财富管理客户
投资银行	筹集资金、发展业务，投资和管理风险，包括咨询服务，资本市场，固定收益的现金和衍生品交易，股票，融资	全球机构，企业和财富管理客户
摩根士丹利		
机构证券	投资银行，销售和交易，贷款等	企业、政府、金融机构、超高净值和高净值客户
财富管理	全面的金融服务和解决方案，包括同主导的经纪和投资咨询服务，自营经纪服务（含E*TRADE）、金融顾问服务（含年存计划管理）、年金及保险产品，证券基础工作和/住宅房地产贷款等贷款服务，银行、退休计划服务	个人投资者、中小企业和机构客户（固定收益/固定缴款计划、基金、捐赠、政府实体、主权财富基金、保险公司、第三方基金发起人和企业）、个人客户
投资管理	通过各种投资工具提供的策略和另类产品，包括股票、固定收益、流动性和另类其他产品	
嘉信理财		
投资者服务	零售投资、平台外销售、退休计划、共同基金清算	个人投资者、企业及其雇员
顾问服务	托管、交易、银行和支持	RIA、独立养老计划顾问/账户管理人

图 1.21　瑞银、摩根士丹利、嘉信理财的业务部门分类

资料来源：公司公告，公司官网，中金公司研究部。

- 成本端。业务协同推动各个业务条线共享基础架构和服务，尤其是财务、人力、风险管理等中后台职能，通过裁撤兼并冗余组织功能实现成本压控。2007年瑞银估计内部协同节省了约10亿瑞士法郎，相当于2006年税前利润的6.7%。

从成本投入端看机构财富管理服务体系的重点，如图1.22所示，

瑞银
- 折旧和摊销 1%
- 接受其他部门服务 31%
- 工资薪金及福利 28%
- 一般行政支出 9%
- 激励薪酬 31%

嘉信理财
- 折旧和摊销 6%
- 其他 7%
- 通信 4%
- 广告和市场开发 5%
- 场地和设备 9%
- 专业服务 12%
- 工资薪金及福利 43%
- 激励薪酬 14%

摩根士丹利
- 非人力成本 24%
- 人力成本 76%

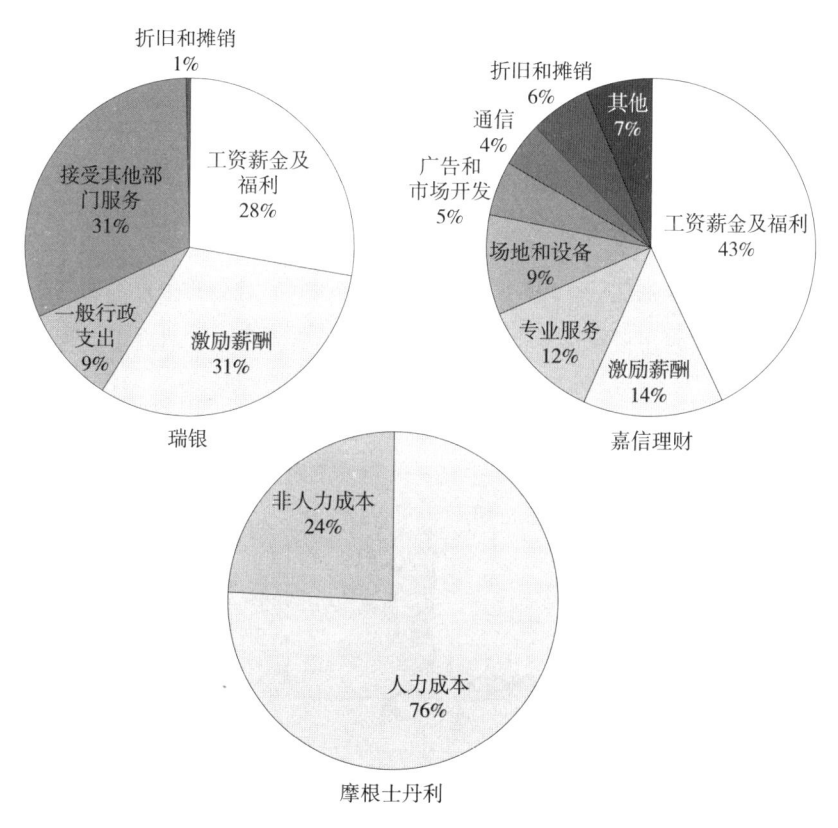

图1.22 瑞银、嘉信理财、摩根士丹利2019年成本结构对比
注：选择2019年的数据是因为2020年瑞银不再披露财富管理部门的成本细项；2020年嘉信理财收购TD Ameritrade，产生了较多的无形资产摊销，扰动成本结构；从历史数据来看成本结构短期内不会发生大幅变化。
资料来源：公司公告，中金公司研究部。

综合型机构人力成本占比更高（2019年瑞银59%、摩根士丹利76%、嘉信理财57%），其中，激励性薪酬占比更是明显高于平台型机构，2019年瑞银该部分成本占比为31%，而嘉信理财仅14%。在非人力成本端，瑞银主要集中于接受其他部门的服务而支付的成本，2019年占比高达31%，体现了集团内部财富管理协同体系的制度建设，部门之间有比较明确的收益分配机制；嘉信理财非薪酬成本则主要是专业服务（2019年占比为12%）、场地设备（2019年占比为9%）、广告和市场开发（5%）、通信（4%）等，这与其互联网券商和平台型机构的定位相契合，其投入更多聚焦于中后台能力建设、市场营销与客户获取等领域。

综合型机构更加重视投顾体系建设与激励。摩根士丹利和瑞银等综合型机构高度依赖于专业投顾，如图1.23所示，2020年年底瑞银和摩根士丹利分别拥有9 575名和约1.6万名投顾；嘉信理财产品服务标准化降低了对于投顾体系的依赖，在全口径管理客户资产高于摩根士

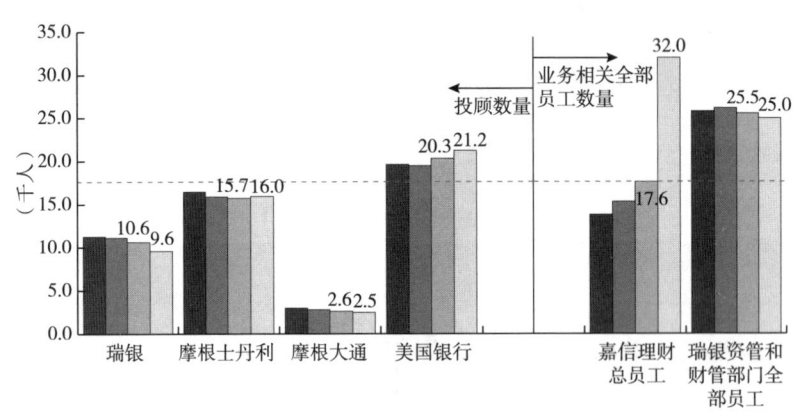

图1.23 各财富管理机构投顾人数对比

注："瑞银资管和财管部门全部员工"使用的是2019年数据，2020年数据公司未披露。嘉信理财2020年收购TD Ameritrade，导致员工人数快速上升。摩根大通的投顾数量只包括AWM部门私人银行和资产管理业务的投顾，不包含零售财富管理。
资料来源：公司公告，中金公司研究部。

丹利和瑞银的情况下，2019 年全公司员工规模录得 1.97 万人（略高于摩根士丹利投顾数量），2020 年收购 TD Ameritrade 后人员扩张至约 3.2 万人。因此，从人均管理客户资产来看，嘉信理财全部员工人均管理客户资产甚至高于美国银行和摩根士丹利专业投顾人均管理资产。2020 年年底嘉信理财所有员工人均管理客户资产 2.1 亿美元，是 2019 年年底瑞银 1.4 亿美元的 1.5 倍。人均薪酬数据可以更加直接地体现两类机构对投顾体系的定位：2019 年瑞银与大财富业务相关全部员工的人均薪酬为 33 万美元，是嘉信理财 12 万美元的 2.75 倍，而瑞银的财富管理投顾人均激励性薪酬则更高，2019 年年底达到 40 万美元。

科技投入与基因植入不可或缺，两类机构的投入侧重点不同。瑞银更重视中后台科技基础设施的升级与整合以降低成本，客户服务端将科技定位为辅助工具，主要利用科技为客户经理提供更多数字化工具，为客户提供必要的产品线上交付工具以改善客户体验。而嘉信理财除了中后台的科技赋能，还布局智能投顾等，依赖科技直接服务部分长尾客户。摩根士丹利的科技建设前期与瑞银相似，重点在于中后台基础架构和业务平台的搭建与升级，造就了其低成本优势，近几年开始发力大众客户后也基于此前的科技能力积累积极开发智能投顾。

- 嘉信理财非常重视科技的发展和前端应用，积极布局智能投顾。成立初期便将第一笔利润投入业内首个自动交易操作系统 BETA 的研发，后又乘势积极开拓互联网交易和智能投顾，从中后台科技运营，到为客户提供各种科技工具、算法模型等方面都走在行业前列。嘉信理财 2015 年推出智能投顾平台 Schwab Intelligent Portfolios，上线 3 个月获得了 30 亿美元的资产规模和 3.9 万个账户，平台客户评分较高，尤其是在客户体验、费率水平等方面优势明显，但投资组合能力欠缺。截至2019年6月，嘉信理财在美国智能投顾市场上的AUM份额达到9%，仅次于先锋集团，2020年收购TD Ameritrade之后市场份额预计上升至14%，与排名第三的Betterment拉开较大差距。

- 瑞银发展科技主要侧重于中后台系统升级与整合，前端只是将科技定位为投顾服务客户的辅助工具。在中后台应用方面，瑞银将科技投入研发集中到公司中心进行，重点开发人工智能、机器学习、区块链等技术以应用到银行运营中，提高中后台流程的自动化水平，降低错误率并提高效率，同时加快上云步伐，减少成本高昂的传统数据中心数量。在前端应用上，瑞银曾在2016年推出智能投顾平台，如今已停止运营，重点投入数字化工具方面，为财富管理顾问和客户提供了在线财富管理、财富管理平台等工具，方便客户随时查看和管理其投资组合，也使投顾有了更加便捷与客户交互的渠道，同时将一些数据收集、处理、报告等工作集成到电子平台上，使得顾问更加集中精力在挖掘客户需求和服务客户上，提高AUM净流入。但瑞银在科技投入上的滞后以及全球经营的复杂性使得其中后台系统和线上工具都存在割裂和冗余，除了客户和投顾使用体验不佳外，也给整个集团的成本控制带来较大挑战。2015年起，瑞银提高了对科技的重视，2017年提出每年将至少10%的营收投入科技（超过30亿美元），以升级基础设施、整合和打通全球中后台系统、简化面向客户的应用组合，从而改善客户、员工体验和提高运营效率。

- 科技是摩根士丹利的重要优势，其抓住机遇大力发展科技，赋能中后台运营与投顾服务客户，实现了成本明显降低，近几年发力大众客群后又积极布局智能投顾。摩根士丹利CEO（首席执行官）戈尔曼在2018年表示"公司每年约有40亿美元的科技投入"①，该数字占2020年营收的比重为8.3%。在中后台方面，摩根士丹利重视科技基础设施的构建，自2010年开始使用Hadoop技术等开源架构搭建敏捷系统生态，以处理和分析业务过程中积累的海量数据，并且正在探索用网络真实数据（wire data）来发现应用内部的错误。科技基础设施的升级使得其可以实时跟踪和分析客户投资组合，以及分析整个网站和数据库日志等，提高对各类事件的影响预判能力和响应速度。另外，摩根士丹利依托机器学习、预测分析等现代信息技术搭建了以NBA（Next Best Action）、GPS（Goals Planning System）、资产整合和风险分析平台为核心的数字化经营模式。2017年摩根士丹利提出未来财富管理增长的潜力在于代际财富转移、需要数字化建议的潜在客户等，因此依托此前在人工智能、机器学习等技术方面的积累，推出智能投顾平台Access Investment，服务于年轻客户与大众长尾客户。

欧美国家基金销售渠道的演变：从简单基金销售到泛财富管理

基金销售是财富管理业务中的重要一环，尤其是针对大众及富裕

---

① 资料来源：摩根士丹利CEO在2018年摩根士丹利美国金融会议上的讲话，https：//www.businessinsider.com/morgan-stanleys-ceo-let-it-slip-just-how-many-billions-the-bank-is-spending-on-tech-2018-6。

客群的销售,也是目前我国财富管理市场受众广、行业及投资者关注度都较高的一个领域,市场对于各类机构最终的竞争格局讨论颇多。另外,基金销售作为基金产业链上最靠近终端投资者的一环,也受到了众多基金公司的关注。因此,我们研究了美国和欧洲国家的基金分销体系,希望为国内机构和投资者提供借鉴。

总结来看,欧美国家基金销售渠道演变的经验有:

- 简单基金代销壁垒较低,多向泛财富管理转型。美国共同基金行业专业化分工产生了专注于产品创设和管理的基金管理机构与专注于客户经营和维护的基金销售机构。其中,大多数基金销售机构以自身禀赋为基础,跟随客户需求变化,纷纷从简单基金销售向提供投顾服务的买方机构转型,同时在牌照的加持下,协同拓展经纪、存贷等相关的多元业务,成为提供综合金融服务的泛财富管理机构。

- 投资者的基金购买渠道呈现多样化,一般会同时使用多个渠道,机构需要根据自身禀赋和客户画像建立核心场景。

- 退休计划渠道是新获客,尤其是新获年轻客户的重要渠道。

美国的基金销售渠道:以顾问渠道为主,其他渠道阶段性高增长

当前,美国的共同基金销售渠道体系呈现多元化特征。根据美国投资公司协会(Investment Company Institute,简写为ICI)的分类(见表1.1),共同基金销售渠道有直销、基金超市、咨询建议(投顾)、退休计划和机构渠道五种,不同的销售渠道面向的投资者类型与提供

表1.1 美国共同基金的销售渠道划分

渠道	主要投资者	交易服务提供方	交易方式	共同基金范围	基金份额及收费方式	投资者服务
直销渠道	个人投资者	共同基金公司	通过邮件、电话、互联网或客户服务中心直接向共同基金公司下达交易订单	提供直接交易的基金公司的共同基金	一般是单独的直销份额，不收取前后端手续费，只收取管理费	投资资讯
机构渠道	信托、企业、金融机构、捐赠基金和其他机构投资者	共同基金公司	与共同基金公司或基金公司的代理人直接联系	提供直接交易的基金公司的共同基金	机构份额：Inst 或 I 或 Y 类份额，不收销售费用，只收管理费	投资资讯
基金超市	个人投资者，代表个人投资者的注册投资顾问	折扣券商	向折扣券商下达交易订单，由其将订单传输给基金公司	来自大量基金公司的共同基金	大多是没有前后端手续费的份额，例如 D 类、C 类份额	·投资资讯 ·在同一个账户内交易多个基金公司的产品 ·部分头部机构提供少量单独收费的咨询建议服务

第一章 欧美国家财富管理行业

（续表）

渠道	主要投资者	交易服务提供方	交易方式	共同基金范围	基金份额及收费方式	投资者服务
投顾渠道	个人投资者	全能型券商、注册投资顾问公司、保险机构	向投顾公司代表下达交易订单，投顾公司将订单发送给基金公司	来自大量基金公司的共同基金	一般是多份额结构的基金，同时销售A、B、C类份额；A类份额主要收取前端销售费用；C类份额收取基于资产规模的12b-1费用；B类份额一般收取12b-1和递延赎回费用，但一般会收取0～50bp的12b-1费用	·投资资讯 ·在同一个账户内交易多个基金公司的产品 ·投资建议、持续的协助
退休计划	固定缴款退休计划的参与者	计划发起人或雇主	向计划管理人下达交易订单，这些计划管理人将订单发送给基金公司	计划发起人选择的数量有限的共同基金	多份额结构，除了A、B、C等类份额外，还有专门为退休计划设计的R份额。这类基金没有任何销售佣金。R份额收取的费用范围很广，不同计划之间差异较大，而有一些R份额是超低成本的，一些则包含了与运行该计划相关的记录保存和其他管理成本	·投资资讯 ·部分计划管理人（雇主选择的合作金融机构）提供可选的咨询建议服务

资料来源：ICI，MorningStar（晨星），中金公司研究部。

的附加服务有所差异，因此基金层面一般也会区分不同的份额、设计不同的收费方式来进行匹配。

美国的共同基金销售渠道以顾问渠道为主，包括传统的投顾渠道以及内嵌辅助投资选项的退休计划渠道，在特定的宏观环境和行业发展阶段下，直销、基金超市等渠道也会出现阶段性的较快增长。

20世纪20~60年代，美国的基金销售处于早期阶段，简单直销和传统的银行、保险公司代销相继诞生。20年代，美国的共同基金行业处于起步阶段，基金规模普遍较小，尚未形成真正意义上的基金销售渠道，主要由基金公司在自身关系圈内直接进行一对一销售。30~60年代，商业银行和保险公司成为基金销售的主要渠道，代销多家基金公司产品形成的规模效应加强了低成本优势，匹配60年代基金行业触底反弹后的快速增长。1933年美国颁布《联邦证券法》，1940年相继出台《投资公司法》和《投资顾问法》，有力规范了金融机构行为，保护投资者利益，共同基金也伴随着经济复苏和监管规范，从1929年股灾及其后的经济危机中复苏，获得高速发展。该阶段基金销售的专业分工开始出现，商业银行和保险公司凭借其已有的范围广泛的分支机构和营销人员，相对于基金公司直销具有低成本优势，并且代销多家基金公司产品获得的规模效应可以进一步摊薄销售成本，因此开始成为基金公司的重要营销渠道。

70~90年代，美国的基金销售体系进入快速、深入发展阶段。80年代，美国经济逐步走出滞胀，以债券型基金的高速增长为开端，此后伴随美股牛市而来的股票型基金高增长，使得共同基金行业经历了将近20年的快速发展，供需两端相互推动，促进了基金销售渠道的多元化。

- 80年代，在共同基金行业迅速扩容的大背景下，传统渠道都实现了较快增长，尤其是直销渠道份额明显提升。此外，全能券商、折扣券商、独立投顾也都纷纷加入基金销售市场，代销渠道多元化。该时期行业总规模从1970年的476亿美元上升到1985年的4 954亿美元，CAGR达到17%。在市场快速扩容、投资者的基金购买需求和机构的基金分销需求都比较旺盛的背景下，基金分销渠道已不局限于传统的商业银行或储蓄机构网点、保险公司推销员网络，全能型券商、折扣券商和理财顾问公司等纷纷介入基金销售业务，以期分享行业增长的红利，推动了美国基金代销渠道的多元化。除了代销外，基金公司直销基金也伴随着基金行业高速增长而经历了10年的快速发展，市场份额一度从1970年的10%上升18ppt而达到1980年年末的28%（见图1.24）。

- 90年代，企业退休计划、基金超市渠道出现并快速增长，基金公司直销份额降低。如图1.24所示，基金公司直销的非货币型基金保有量在美国家庭持有总规模中的占比从1980年的28%下降到2000年年末的15%，与之相反的是雇主发起式退休计划份额从1980年的7%迅速上升到2000年年末的24%，而1990年左右诞生的基金超市渠道的份额也已经增长到6%。

——共同基金超市的兴起。进入90年代，公募基金行业竞争加剧，一些不具有规模效应的基金公司面临销售困境；而需求端，养老金入市推动的居民投资需求有增无减，但同样面临投资效率低的痛点。因此，由嘉信理财和富达在1992年和1989年分别推出的基金超市应运而生。一方面，其以一个账户投资多家基金公司产品、零费率或低费率、不提供投资建议服务为主要特征，解决了个人投资者的痛点；另一方面，也为基金公司提供了低成本覆盖全网、全国投资者的销售渠道，并且承包了后期的投资者服务工作，因此大量基金公司愿意以失去与投资者的直接联系为代价，从基金直销转向了依靠基金超市等第三方机构代销。随后互联网技术的发展使基金超市渠道进一步降低运营成本，为投资者提供更多便捷的增值服务。

——伴随着美国养老金体系改革而迅速发展的企业退休计划渠道。80年代中后期到90年代，退休计划的蓬勃发展为共同基金行业注入了长期稳定增长的资金，由于企业配资、辅助投资计划、专设的R份额可比拟机构渠道的低费率，401（k）计划成为投资者购买基金的主要渠道之一。

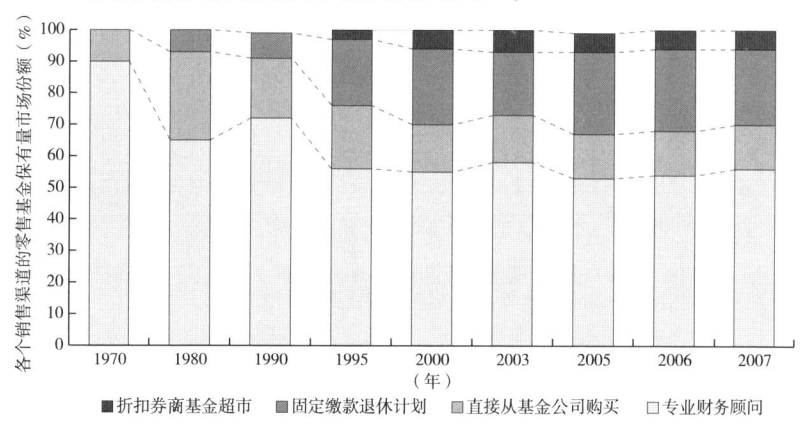

图1.24 美国家庭非货币共同资金资产购买渠道分布

注：四舍五入可能导致数据相加不等于100%。
资料来源：ICI工作论文"Ownership of Mutual Funds Through Professional Financial Advisers（Fundamentals；Vol14，No3），April 2005"，中金公司研究部。

进入21世纪，美国共同基金行业已经基本形成了符合各类投资者需求的多层次基金销售体系，包括投资成本低但相对烦琐，且门槛一般较高的直销渠道，便捷与相对低成本的基金超市，提供咨询建议但费率较高的投顾渠道以及同时服务企业与其员工的退休计划渠道。综合基金资产规模和客户数来看（见图1.25），各渠道的市场份额大体为退休计划渠道＞咨询顾问渠道＞直接市场渠道，咨询顾问渠道中独立投顾占比呈上升趋势。但需要注意的是，大多数退休计划渠道也是由传统顾问渠道提供商、折扣券商等作为计划管理人提供服务，且业务性质决定了服务类型多数包含咨询建议。

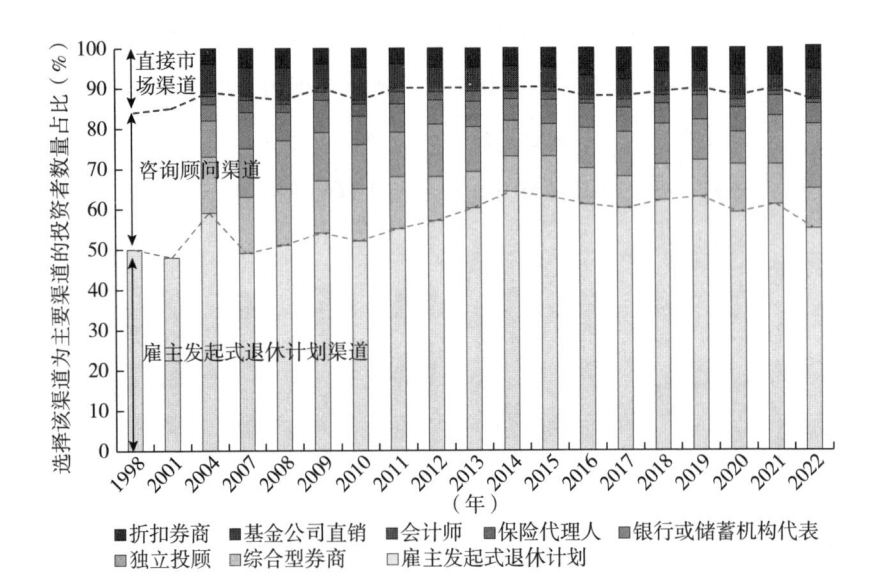

图1.25　美国居民的主要基金购买渠道

注：雇主发起式退休计划包括固定缴款退休计划［401（k）计划、403（b）计划以及457计划］和雇主发起式个人养老金计划［SAR-SEP IRA, SEP-IRA 和 SIMPLE IRA］。
资料来源：ICI，中金公司研究部。

（1）企业退休计划渠道重要性逐渐提升，尤其是成为众多投资者首次购买基金的渠道，在新获客方面具有重要地位。美国通过退休计划购买基金的投资者占比从1998年的64.4%增加到2021年的81.2%。在新增共同基金投资者中，退休计划的份额更高。2021年首次购买共同基金的投资者中63%是通过退休计划购买的，与1998年的47%相比提高16ppt。

（2）投资者使用的基金购买渠道呈现多元化。仅使用一种基金购买渠道的投资者占比从 2004 年的 41% 下降到 2021 年的 31%，而同期使用 4 种及以上渠道的投资者占比则从 8% 上升到 17%。投资者自身特征是影响其渠道选择的重要因素。如图 1.26 所示，一般而言，年龄越大的投资者将退休计划作为主要基金投资渠道的比例越低，使用顾问渠道的概率越高，可能的原因是随着年龄的增长，退休规划等复杂

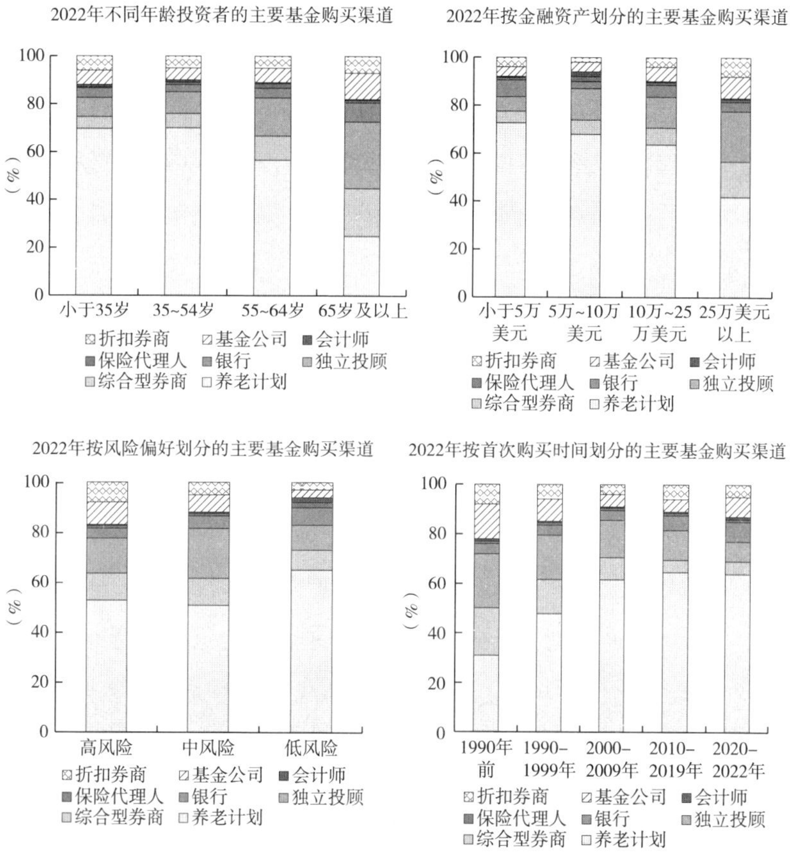

图 1.26 投资者的个人特征是影响其渠道选择的重要因素

注：图中数据为选择某渠道作为主要的基金购买渠道的投资者数量占比。
资料来源：ICI，中金公司研究部。

需求提升,需要更加专业的咨询顾问提供建议;金融资产更多、风险偏好更高、基金投资经验更丰富的投资者的基金投资渠道也更多样,对退休计划的依赖更低,是传统顾问渠道和直接市场渠道的主要客户池。2022年年底顾问渠道对此类人群的占有率相对更高,主要原因可能在于在资本市场环境愈加复杂的情况下,客户对咨询建议的需求提升。

基金销售渠道的多元化对投资者而言意味着更多的选择,但对基金销售机构而言则意味着竞争的加剧。为应对这种局面,基金销售机构首先在产品和服务价格上进行改革。短期内产品服务质量无法形成差异化竞争优势的情况下,改革产品价格能直接影响客户投资净收益的高低。因此,基金公司及销售机构一方面通过降低销售费用以吸引更多费率敏感客群,另一方面也推出更多样化的收费方式来满足各类投资者需求。

- 美国共同基金的收费及份额类型多样,为需求不同的各类投资者提供丰富的选择。从收费方式来看,美国共同基金分为有销售费用(load)和无销售费用(no-load)两大类,而有销售费用基金根据费用类别和收取时间又可以分为前端收费、后端收费和水平收费三种。1990年以来,无销售费用基金受到越来越多人的欢迎(见图1.27),在美国市场有效性提高、超额收益难创造的情况下,低投资成本对于投资者来说即意味着高收益,按照ICI的分类,2020年年底无销售费用基金占共同基金总规模的72%。从份额类型来看,如表1.2所示,美国共同基金的份额可以分为A、ADV、B、C等,不同的份额定位不同的投资者,收费方式、最低投资门槛及服务内容都有差异。多样化的收费及份额类型可以满足各类需求的投资者,让其根据自身的资金安排、投资目的等选择最合适的基金类型。

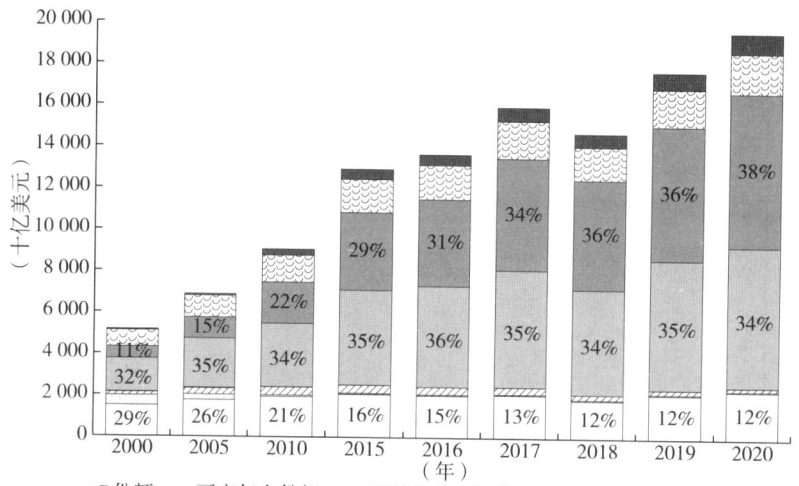

图 1.27 美国不同收费类型的基金规模

注：数据标签为规模占比。有销售费用的基金指的是收取销售佣金，或销售服务费（12b-1 费用）大于 0.25% 的基金，无销售费用的基金指的是不收取销售佣金且销售服务费低于 0.25% 的基金。此处的分类标准是：前端收费基金的前端佣金率 > 1%；后端收费基金的前端佣金率 = 0，或有递延销售佣金率 > 2%；水平收费基金的前端佣金率 ≤ 1%，或有递延销售佣金率 ≤ 2%，并且销售服务费率 > 0.25%，不包括机构份额基金；其他收费方式指不包含在以上三种收费方式中的基金。R 份额指的是通过退休计划购买的基金份额。

资料来源：ICI，中金公司研究部。

- 美国基金的总持有成本下降明显，销售费用下降是重要原因，其中一次性的销售佣金下降最多。如图 1.28 所示，美国权益基金的总持有成本从 1980 年的 2.32% 下降 137bp 到 2010 年的 0.95%，除了有销售费用和无销售费用基金结构切换外，有销售费用基金自身的投资成本也大幅下降，主要是销售费用中的一次性佣金下降所导致。如图 1.29 和图 1.30 所示，1980—2001 年有销售费用股权基金的年化一次性销售佣金率从 2.27% 下降到 0.47%，而同为销售费用，包含在基金费用率中

表 1.2 美国共同基金的主要份额类型

份额类型	份额特征	最大前端佣金	最大递延佣金	12b-1 费用	最低投资门槛
A	投资最低限额较低。前端收费用来支付顾问的销售佣金,这笔费用直接从投资中扣除。对于使用基于佣金收费的经纪人进行交易的长期投资者来说,A 份额通常是最具成本效益的	4%~5.75%	0%	0~50bp	≤2 500 美元
ADV	通常通过顾问购买的基金,但一般会要求更高的最低投资额,也称为"Adv Advisor"	0%	0%	0~50bp	≤2 500 美元
B	最低投资限额较低,并收取递延销售佣金(退出费用)的份额。如果投资者想要在特定的时间期限之前赎回(通常是 5 年内)需要支付一笔费用,持有期限越长,退出费用越低。B 份额通常不是最经济的选择,因为其每年支付的费用率通常高于 A 份额	0%	4%~5%	75~100bp	≤2 500 美元
C	具有较低的最低投资要求和水平费率结构,通常是 1%/年,用于补偿顾问。C 份额不包括前端销售费用,但其管理费率通常高于 B 份额	0%,偶尔为 1%	1%,偶尔为 0%	75~100bp	≤2 500 美元
D	具有较低的最低投资要求和水平费率结构,通常是 1%/年,用于补偿顾问。D 份额通常由证券等美国基金商店销售,在嘉信理财或德美利证券等可以买到的无销售费用基金。虽然 D 份额没有前端或后端费用,但投资者购买这类份额通常会收取交易费	0%	0%,偶尔为 1%	0%,偶尔 1~50bp	≥2 000 美元

（续表）

份额类型	份额特征	最大前端佣金	最大递延佣金	12b-1 费用	最低投资门槛
Inst/I/Y	通常由大型机构（如养老计划）购买的基金。这些份额通常只提供给投资100万美元或以上的投资者。任何共同基金中，机构份额的费用总是最低的	0%	0%	0%	≥25 000美元
Inv	可以由个人投资者购买，所以通常没有前端或递延销售佣金。然而，投资最低限额可能会稍高一些，也被称为Investor或Investment	0%	0%	有时为0%，有时为1~25bp	≤10 000美元
M	一般来说，M份额的前端佣金比A份额可能低，而且适合初始投资较大的投资者	0%，或1%~3.5%	0%	0%，或25~100bp	≥50 000美元
N	一般来说，初始投资较大的投资者可以购买N份额	0%	0%	25~50bp	≥50 000美元
R/K/J	通过退休计划购买的份额。R份额是由养老计划参与者购买的，通常没有任何差异销售佣金。这类基金收取的费用范围很广，一些R份额超低成本，而另一些则包含了与运行该计划相关的记录保存和其他管理成本	0%	0%	50~50bp	各有差异
S/Z	S份额是已经停止对新投资者开放的无销售费用基金份额。如果投资者首次想投资这只基金，必须通过经纪人选择A、B或C类份额。S份额与无销售费用基金类似，投资最低限额可能会稍高一些	0%	0%	0%	≥2 000美元
T	通常情况下，T份额的前端佣金比A份额低，可以提供给初始投资较大的投资者	0%，有时为3%~4.75%	0%	0%，或25~50bp	≥2 000美元

资料来源：晨星，中金公司研究部。

的12b-1费率却从0上升至0.43%。根据巴伯等人（Barber et al., 2005）的研究，原因或许是投资者对不太明显的费用（12b-1费用）的感知度不高，而对明显的一次性佣金更加排斥。

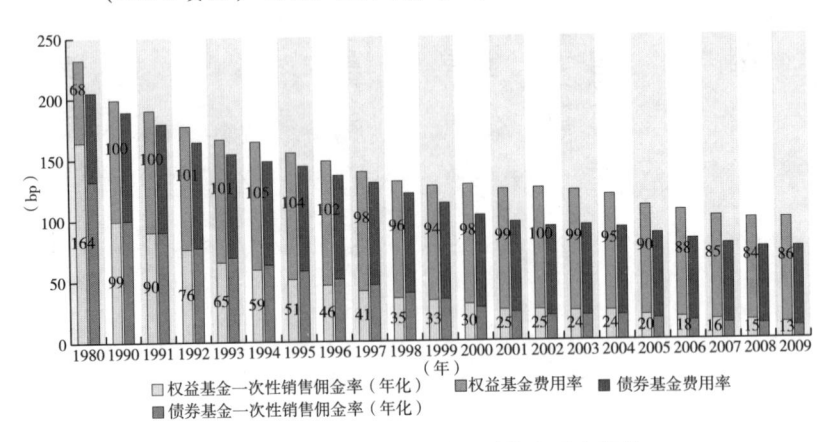

图1.28 美国不同类型基金总持有成本拆分

注：基金费用率指的是从基金资产中计提的各项费用率，包含管理费率、托管费率、销售服务费率等。

资料来源：ICI，中金公司研究部。

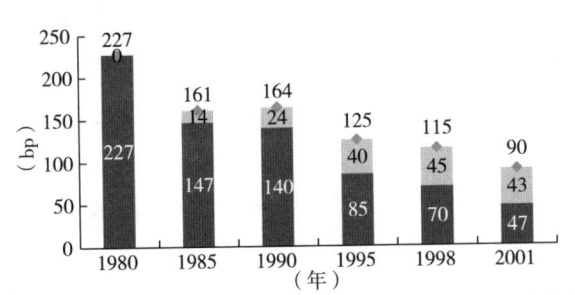

图1.29 有销售费用权益基金分销费率拆分

资料来源：ICI，中金公司研究部。

经过一段时间的费率竞争，尤其是20世纪90年代免佣基金盛行，基金代销机构从事简单基金销售业务的盈利空间被大幅压缩。另外，投资者需求日益复杂，仅仅通过降低费率而不在服务质量上进行提升、

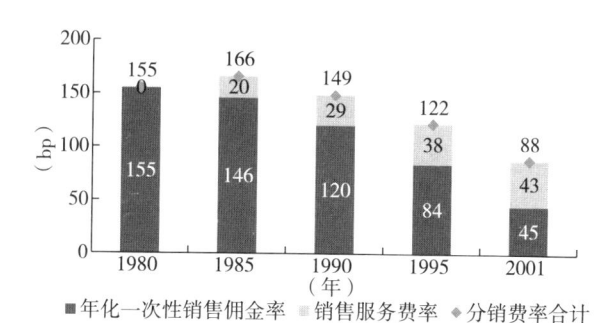

图1.30 有销售费用债券基金分销费率拆分

提供更好的赢利体验与问题解决体验，已经难以维系客户关系。因此基金销售机构纷纷推动自身发展的纵深化，围绕投资者的投资过程衍生出其他多元化的金融服务，从简单的基金销售向以投资者为中心的泛财富管理业务转变。

美国共同基金销售渠道的变化生动地体现了基金行业的专业化分工演变，最终产生了专注于产品创设和管理的共同基金行业与专注于客户经营和维护的基金销售（泛财富管理）行业。从最初的基金公司兼顾产品创设和销售，到以银行和保险公司为代表的代销机构出现，分担了一部分基金销售职能，再到基金超市模式的出现基本代替了基金公司的销售职能，使其更专注于产品的创设，基金公司逐步分离了客户经营职能；相应地，基金销售也成为与基金创设和管理差异明显的新行业，其更加关注客户，以投资者的需求为中心发展了更加多元化的产品货架和咨询建议服务，搭配以多样收费模式。这种高度分工的产品生产和销售体系能够更加灵活地满足各类不同投资者的投资需求，有助于充分发挥共同基金为居民财富保值增值的本质作用。

总结美国基金销售行业变迁的经验，国内资管和财富机构应当创新更多的收费模式和基金份额，同时提高资产配置硬实力，才能实现投资者净收益和机构利润的双赢。一方面，各种基金费用和收费模式没有绝对的好坏,要根据投资者的实际情况具体分析,因此,创新更多的收费方式和类型可以更好地匹配各类投资者需求,对于费率敏感的投资者,使用销售服务费替代一部分佣金,对于持有期限短的投资者,推出更多 C 类份额基金等。另一方面,从美国的数据来看,在渠道费用下降的前 20 年里,管理费用率反而上升,体现了机构对于投资者的价值,因此长期来看,提高资产管理和规划配置能力是机构获得可持续发展的重要方向。

欧洲国家的基金销售体系:以商业银行为主,多元化进程较慢

在欧洲大陆,不同于美国基金销售市场的多元化竞争格局,商业银行是大多数国家占据主导地位的基金销售渠道,例如德国、法国、意大利、西班牙等。而英国与欧洲大陆国家不同,其基金销售渠道以独立理财顾问和基金平台为主,相对多元化,与美国市场更加接近。

欧洲各国的基金分销渠道主要包括零售银行、私人银行、保险公司或保险信托、FOF 类管理人、养老基金或机构、基金超市/平台、独立投顾、券商等几大类。以 UCITS 基金[①]的销售渠道为例,2013 年德国、瑞士、奥地利、英国、瑞典可以实现全渠道销售,而其他国家上述渠道中或多或少有一些渠道不提供该类基金,例如法国的 FOF 类机构和养老金等,反映了这些国家的基金及资产管理行业开放性不强,

---

① 标准化公募基金产品,在 UCITS(Undertakings for Collective Investment in Transferable Securities)标准下将基金注册在任意一个参与该协议的国家,即可在全欧盟范围内销售基金。

对非本国管理的基金销售渠道不通畅。

从各销售渠道的市场份额来看，在欧洲大陆，商业银行在大多数国家都是占主导地位的基金销售渠道，虽然呈现出多元化的趋势，但发展较缓慢。如图1.31所示，1985年前，欧洲零售银行与私人银行基金保有量市场份额达87%，尽管随着基金市场的发展分销渠道逐渐多元化，但2005年年底商业银行的份额占比仍然有63%。相类似地，普华永道2012年的一项研究①指出，就整个欧洲而言，银行（包括零售银行和私人银行）仍然还是最大的销售渠道，市场份额约为75%。上述现象的原因在于，欧洲各国语言习惯、风土人情等存在明显差异，各个国家的金融体系还是以区域性银行为主，因此，传统的投融资体系也多以银行业为核心，众多基金公司诞生之初都依托于银行体系进行投资管理和分销制度设计。根据欧洲基金和资产管理委员会

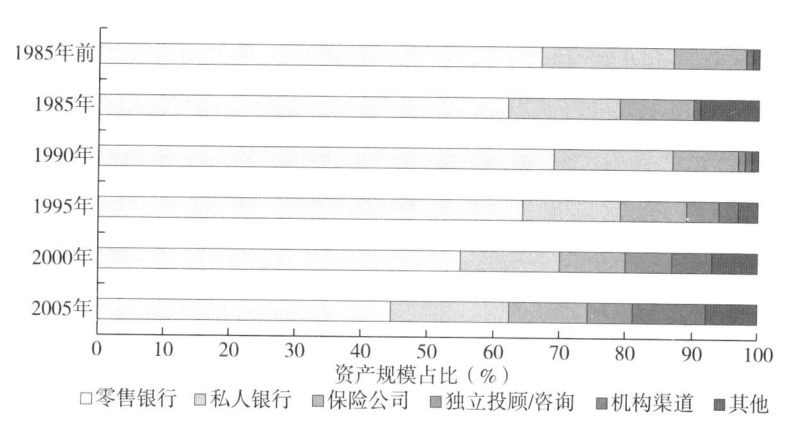

图1.31 基于基金保有量的欧洲分销渠道的历史变化

注：样本国家有法国、德国、意大利、西班牙、瑞士和英国；这里的机构渠道指的是慈善或捐赠基金会以及管理养老金账户的公司部门。
资料来源：Schröder M, Borell M, Davydoff D, 等. Current trends in the European asset management industry: Lot 1 [R]. ZEW Gutachten/Forschungsberichte, 2006., 中金公司研究部。

---

① 资料来源：UCITS fund distribution 2012。

(EFAMA)2020年的统计数据,欧洲各个国家资产管理公司中母公司是银行或者保险集团的数量占比都在20%以上,即使在占比最小的法国,该比例也达到了23%(银行系17.3%、保险系5.4%)。除此之外,欧洲很多国家的银行和保险公司销售渠道倾向于更加积极营销自己体系内管理的基金,开放性不足。欧洲大陆各国的基金销售甚至整个基金行业由商业银行主导的现象在一定程度上阻碍了其基金市场的发展壮大。

分国家来看,欧洲各个国家的基金销售渠道组合各有特色。如图1.32所示,西班牙、意大利、德国的零售银行渠道强势;私人银行在瑞士和奥地利尤为重要;法国市场则是零售银行、机构和公司①两大渠道各占约30%的市场份额(截至2005年年底)。英国与欧洲大陆国家的基金销售体系明显不同。几位专家的研究论文(Schröder M、Borell M、Davydoff D等,2006)显示,与大多数欧盟国家基金主要由银行销售相比,独立投顾(IFA)是英国的主要分销商(2005年年底占基金总资产的47%),其次是保险公司(2005年年底占基金总资产的14.8%),排名第三的是机构和公司渠道(12%),例如慈善机构/捐赠组织以及管理养老金义务的公司部门。具体到零售基金分销,如图1.33所示,2012年至今基金平台(包含独立投顾通过平台销售的基金资产)一直是最主要的销售渠道,2020年在零售基金销售总额中占比达48%;其他国内中介(含独立投顾)主要代表平台外的独立投顾,2012年以来其在零售基金总销售额中的份额也稳步上升,2020年年底达到了27%,是仅次于基金平台的第二大零售基金分销渠道。伴随着基金平台市场份额快速上升的是直销渠道、全权委托管理人等渠

---

① 公司包括慈善机构、基金会组织以及管理着养老金计划的公司部门。

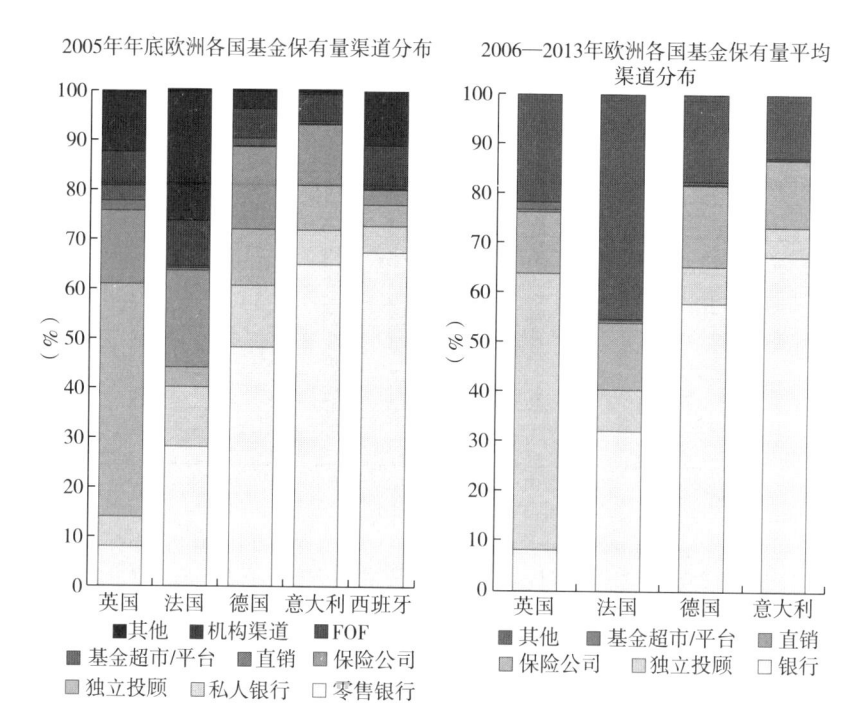

图1.32 欧洲各国按资产保有量计算的基金分销渠道市场份额情况

注：这里的机构渠道指的是慈善或捐赠基金会以及管理养老金账户的公司部门。

资料来源：Navone M, Nocera G. Unbundling the Expense Ratio: Hidden Distribution Costs in European Mutual Fund Markets [J]. European Financial Management, 2016, 22 (4): 640-666., Schröder M, Borell M, Davydoff D, 等. Current trends in the European asset management industry: Lot 1 [R]. ZEW Gutachten/Forschungsberichte, 2006., Cerulli Associates, 中金公司研究部。

道的份额下降，主要原因在于整个基金行业商业模式的改变，更多的资产管理人将基金的管理和营销工作移至基金平台上开展，因此其管理和销售的基金会统计为基金平台的销售额。

未来，大多数基金管理人认为欧洲的基金销售体系会在原来以银行为主导的结构下进一步多元化。在欧洲基金（Funds Europe）和Calastone的调研中，受访者预测，到21世纪20年代中期，通过基金平台进行在线分销将成为基金销售的主要渠道，直接面向投资者的销售

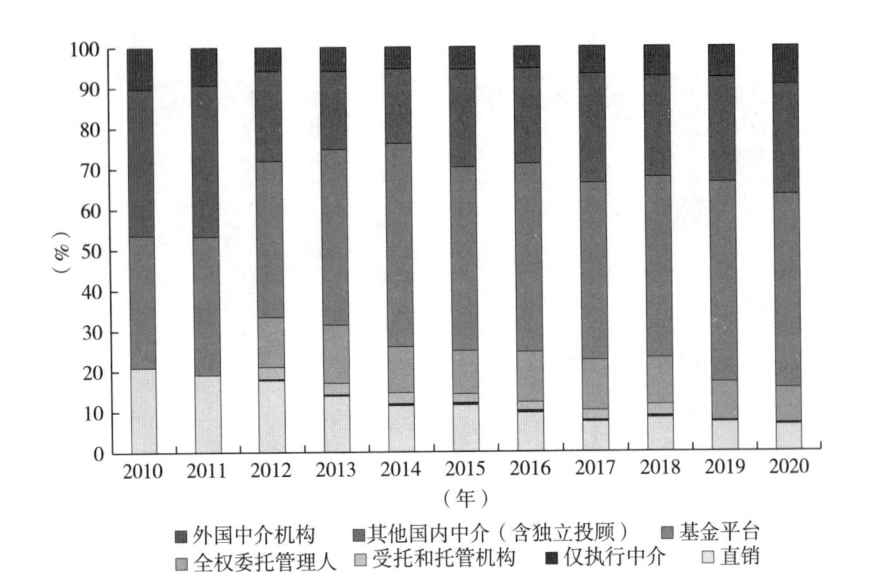

图 1.33 英国零售基金总销售额的渠道分布

注：此处的基金平台统计口径中包含独立投顾通过基金平台销售的基金资产，其他国内中介主要指的是基金平台之外的独立投顾。

资料来源：英国投资协会（The Investment Association），中金公司研究部。

渠道（D2C）的重要性也将提升，尤其是在英国市场。与目前在欧洲各国占主导地位的传统 B2B2C 模式不同，D2C 模式有利于实现大资管价值链的高度去中介化，将传统模式下分散在各个机构的托管、交易、清算结算、分销和客户管理等都集中至一个中央基金平台，使得资产管理机构可以通过该平台将产品直接分销给终端投资者，并且获得更多终端客户的反馈。调查数据也显示银行分销仍将是一些欧洲大陆国家（如德国和瑞士等）基金和 ETF 销售的主要渠道。

第二章
欧美国家财富管理头部企业

瑞银：财富管理 20 年，从营收增长到运营效率

瑞银（UBS）是 1998 年成立的全球顶级财富管理机构，截至 2019 年，财富管理 AUM 为 2.6 万亿美元。瑞银逾 20 年的财富管理历程为中资机构在核心客群定位、产品谱系建设、中后台能力建设甚至上层建筑自我变革等方面提供了借鉴。

中国的财富管理市场目前处于快速成长期，相关业务条线成本收入比可能再次进入提高通道，须大力增强客群渠道、产品服务、投资顾问、中后台等能力建设；包括组织架构、薪酬激励等上层建筑应适应财富管理智力资本驱动型业务特征，尤其是制度建设以打通零售类、公司投行类、理财子公司等业务条线壁垒，实现客户、资产、产品和思想的协调赋能。

以财富管理业务为核心战略

瑞银集团是全球顶级财富管理机构之一,并且是唯一一家以财富管理业务为核心发展战略的国际大行。2019年年底,财富管理业务仅占用集团32%的资产,但贡献了57%的营收和61%的税前利润(见图2.1)。瑞银特殊的战略定位与成功贯彻受到了瑞士有利的宏观环境、

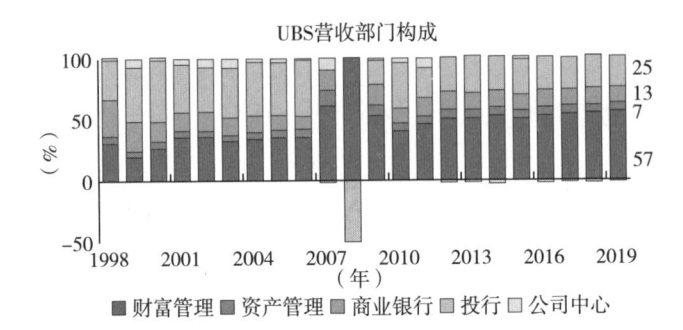

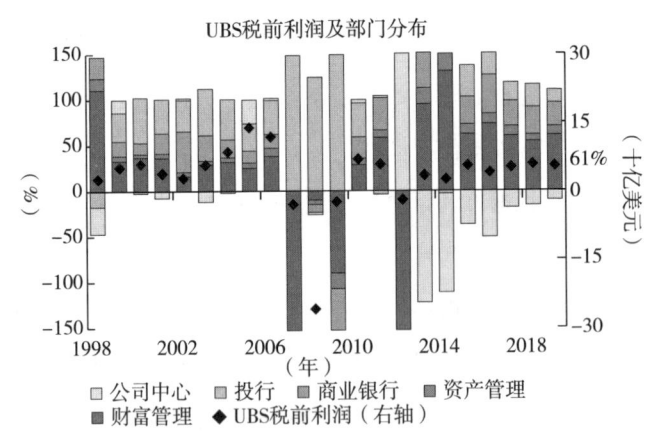

图2.1 金融危机后,瑞银集团营收和
税前利润的最大贡献业务从投行向财富管理转变

注:图表中对个别年份的极端数据进行了剔除。
资料来源:公司公告,中金公司研究部。

两家前身银行的资源禀赋以及金融危机期间经验教训的深刻影响。由于扎根于财富管理业务的发源地瑞士，1998年由瑞士的两大全能银行瑞士联合银行和瑞士银行公司合并而成，瑞银集团将财富管理业务放在重要的战略地位是必然的选择，但将其置于高于其他业务的绝对核心地位是在金融危机中受到重创后重新审视自身优劣势的结果。

瑞银成立之初在种种资源禀赋下确立了"全球性的综合投资服务公司和瑞士的领先银行"的发展战略，以面向客户的投资服务业务为核心。但其随后几年的发展并没有坚决落实该战略，而是在外部大环境的推动下将重心放在投行业务上，直到2008年金融危机巨额亏损276亿瑞士法郎后，高昂的"试错"成本使瑞银重新审视集团的发展，最终在2011年确立了沿用至今的"以全球财富管理和瑞士商业银行为核心，辅之以资产管理和投资银行"战略。并且在之后几年出台多项举措推动战略落地，成功实现了从投行为主的重资产模式向财富管理为主的轻资产模式的转型。

几经调整的战略重点

瑞银战略主要围绕全球财富增长、聚集，客户画像变化动态调整，金融危机是其重要拐点。金融危机以前，财富管理业务总体战略基调是强调增长，利用全球财富快速积累、投资活动活跃等宏观经济优势以及不断扩张的产品范围、增加的财富管理顾问人数，迅速做大业务规模。危机后，全球经济增速放缓、资本市场热度下降，同时监管对跨境业务、产品透明度等的要求逐步提高，客户更加厌恶风险。于是在这一阶段，公司逐渐将业务重心转移到财富管理业务上，开始采取一系列措施优化业务模式，以通过更精细化和高质量的产品服务来应对宏观环境和客户需求的变化。

- 聚焦高净值、超高净值等财富快速增长客群。对不同财富水平的客户予以细分，明确划分标准，瑞士及国际业务划分标准逐渐上移，而美国业务针对当地客户特征则适当降低了门槛。2006—2008年，在美国启动并建立了9家私人财富管理中心；2011年、2013年分别成立了全球和美洲家族办公室，旨在为全球最富裕的家族提供机构化的服务。公司推动产品创新以契合客户价值诉求，例如允许超高净值客户直接访问投资银行的交易平台，整合全球和美国的另类和量化投资业务以增强全球服务能力。2011年推出了影响力投资产品，在为投资者提供财务回报的同时产生积极的社会环境影响。

- 采取实质性措施贯彻"一个公司"的协同发展模式。以财富管理为中心，充分调动资管、投行和商行的业务能力，优化组织架构和服务流程。2010年、2011年分别在财富管理部门中成立新的投资产品和服务（investment products and services，简写为IPS）、首席投资办公室（CIO）等部门，聚合了来自各个业务的产品和研究专家，旨在连接集团各个业务部门，为具有复杂需求的财富管理客户提供全面的投资研究建议和定制化的产品。财富管理公司与投资银行合作成立全球和美洲家族办公室，充分运用投行的复杂产品能力和财富管理部门的客户关系管理专长，为全球最富裕的人群服务。

- 2014年后重视业务整合和效率提高。财富管理业务收入增长压力加大，行业聚焦高收益产品服务和成本控制。瑞银一方面开始大力发展收益率高的委托类服务和银行产品，另一方面通过整合业务、集中共用中后台功能、裁撤重复功能来降低成本。2014年开始对IT（互联网技术）平台进行重大投资，提升平台和技术的服务能力，并且拓展了瑞士的服务平台为德国业务提供基础设施支持；2015年引入关键绩效指标以提高对成本和利润的硬性要求；2018年合并了财富管理美国、国际和瑞士业务，管理层承诺到2021年总计节约6亿美元作为技术投资资金。

业务布局覆盖财富规模较大和高增长的区域，在金融危机前欧洲和美国是重点市场，2008年后亚洲的战略地位迅速上升。如图2.2所示，2008年以前，主要聚焦传统的发达国家，2000年开始发展在瑞士以外的欧洲地区的在岸业务，2006年基本成熟，开始持续赢利。同样是2000年，通过与美国普惠的合并，成功进入美国市场，之后积极扩张。2008年金融危机后，集团重新审视了在全球各个市场的业务，根据单个市场的赢利能力和增长潜力制定差异化战略，加快在新兴市场的发展。

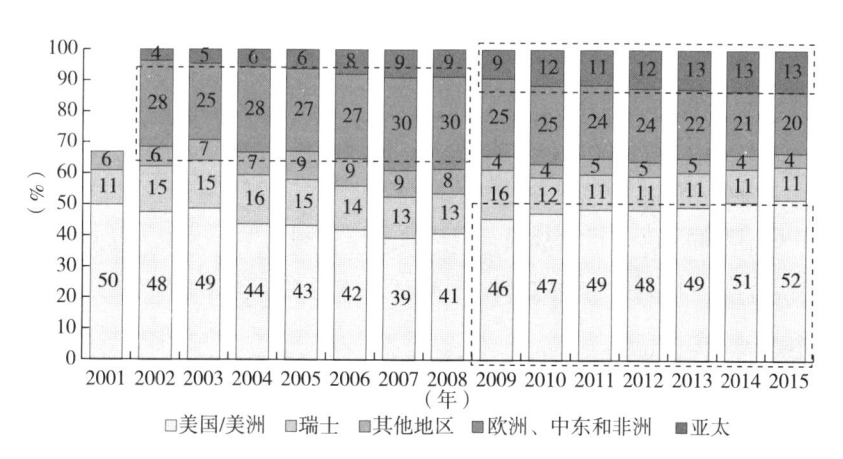

年份	美国/美洲	瑞士	其他地区	欧洲、中东和非洲	亚太
2001	50	11	6	—	—
2002	48	15	6	28	4
2003	49	15	7	25	5
2004	44	16	7	28	6
2005	43	15	9	27	6
2006	42	14	9	27	8
2007	39	13	9	30	9
2008	41	13	8	30	9
2009	46	16	4	25	9
2010	47	12	4	25	12
2011	49	11	5	24	11
2012	48	11	5	24	12
2013	49	11	5	22	13
2014	51	11	4	21	13
2015	52	11	4	20	13

图2.2 瑞银财富管理业务全球布局情况（AUM）

注：2001年欧洲、中东和非洲、亚太地区的数据缺失。
资料来源：公司公告，中金公司研究部。

- 在区域业务成熟且拥有高市场份额的国际、欧洲和瑞士市场，瑞银的业务重点是利润最大化。对于美国国内业务，激烈竞争且增长潜力较大，瑞银同样选择专注于持续的收入增长、追赶与美国同类公司相当的赢利能力。
- 在发展迅速的国际市场，例如亚洲、东欧、拉丁美洲和中东，瑞银的业务重点是继续加大投入力度以挖掘长期增长潜力。

匹配战略调整，财富管理部门考核指标也顺势做出调整。如表2.1所示，快速扩张期重点考核可投资资产、投资顾问人数等规模性指标，后期开始关注税前利润增长、可投资资产净流入等发展质量指标，并且总体上指标数量逐渐减少，业务重点明确化。另外，由于美国与国际和瑞士业务的差异，两者考核指标在2008年前相差较大：2000—2007年美国业务强调提高可持续性收入占比，而国际和瑞士业务对这一指标要求不高；2003年以后美国业务不再要求投顾数量的增长，而是开始重视投顾人均收入，但国际业务由于新开拓了亚洲市场，仍然维持对投顾人数的要求。

利润增长的驱动因素

财富管理业务盈利主要驱动因素为AUM、资产收益率和利润率，其税前利润＝客户资产规模×资产收益率×利润率。财富管理部门税前利润高可以归因为快速增长的AUM和高费率，利润率并不高，即成本投入处于高位。

- 成本科目主要体现在人力成本与接受其他部门提供的服务支出的成本上。如表2.2所示，人力成本在总成本中的占比约为60%，其中财富管理顾问相关薪酬超过一半，体现出业务的智力资本密集特征，尤其是当业务处于扩张期时。财富管理美国部门的人力成本在总成本

表 2.1 瑞银财富管理业务 KPI 的变化

KPI（关键绩效指标）	2000	2001	2002	2003	2004	2005	2006	2007	2008	2009	2010	2011	2012	2013	2014	2015	2016	2017	2018	2019
财富管理瑞士及国际																				
税前利润增长																	☑	☑	☑	☑
成本收入比	☑	☑	☑	☑	☑	☑	☑	☑	☑	☑	☑	☑	☑	☑	☑	☑	☑	☑	☑	☑
可投资资产总收益率	☑	☑	☑	☑	☑	☑	☑	☑												
可投资资产	☑	☑	☑	☑	☑	☑	☑	☑	☑	☑	☑	☑	☑	☑	☑	☑	☑	☑	☑	☑
可投资资产净流入	☑	☑	☑	☑	☑	☑	☑	☑	☑	☑	☑	☑	☑	☑	☑	☑	☑	☑	☑	☑
可持续性收入占比													☑	☑						
可投资资产净收益率				☑	☑	☑	☑	☑	☑	☑	☑	☑	☑	☑	☑	☑	☑	☑	☑	☑
财富顾问					☑	☑	☑	☑	☑											
顾问人均收入																				
顾问人均净资产流入																				
顾问人均管理可投资资产																				
财富管理美洲																				
税前利润增长																	☑	☑	☑	☑
成本收入比	☑	☑	☑	☑	☑	☑	☑	☑	☑	☑	☑	☑	☑	☑	☑	☑	☑	☑	☑	☑
可投资资产总收益率	☑	☑	☑	☑	☑	☑	☑	☑												
可投资资产	☑	☑	☑	☑	☑	☑	☑	☑	☑	☑	☑	☑	☑	☑	☑	☑	☑	☑	☑	☑
可投资资产净流入	☑	☑	☑	☑	☑	☑	☑	☑	☑	☑	☑	☑	☑	☑	☑	☑	☑	☑	☑	☑
可持续性收入占比													☑	☑						
可投资资产净收益率				☑	☑	☑	☑	☑	☑	☑	☑	☑	☑	☑	☑	☑	☑	☑	☑	☑
财富顾问	☑	☑	☑	☑	☑	☑	☑	☑	☑	☑	☑	☑	☑	☑	☑	☑	☑	☑	☑	☑
顾问人均收入				☑	☑	☑	☑	☑	☑	☑	☑	☑	☑	☑	☑	☑	☑	☑	☑	☑
顾问人均净资产流入									☑	☑	☑	☑	☑	☑	☑	☑	☑	☑	☑	☑
顾问人均管理可投资资产									☑	☑	☑	☑	☑	☑	☑	☑	☑	☑	☑	☑

注：2018年财富管理瑞士及国际以及财富管理美洲两个部门合作。

资料来源：公司公告，中金公司研究部。

表 2.2 瑞银财富管理部门的成本主要投在人力资源上

2019/12/31	全球财富管理	个人和公司银行	资产管理	投资银行
净利息收入	1.27	0.97	(0.08)	(0.22)
非利息收入	3.99	0.85	6.26	2.58
总收入	5.25	1.82	6.18	2.36
信用损失（费用）	0.01	0.01	0.00	0.01
人员开支	2.44	0.42	2.30	0.89
一般及行政开支	0.39	0.11	0.63	0.22
接受公司中心提供的服务	1.26	0.63	1.69	0.96
接受或提供给其他业务部门的服务费用	0.04	(0.06)	(0.14)	(0.02)
财产、设备和软件的折旧和减值	0.00	0.01	0.00	0.00
商誉和无形资产的摊销和减值	0.02	0.00	0.00	0.04
总营业费用	4.16	1.11	4.48	2.10
税前营业利润	1.09	0.70	1.70	0.25

杜邦分析（占平均总资产的比例，%）

资料来源：公司公告，中金公司研究部。

中的占比最高时可以达到2011年左右的81%，2017年合并时降低至72%，但仍然高于并购后整体财富管理业务的60%。接受公司中心提供服务的大量成本体现了集团中后台运营功能的逐步集中，另外，"接受或提供给其他业务部门的服务费用"一项中，其他部门皆为收入，即为别的部门提供服务，只有财富管理部门是支出，主要原因在于财富管理部门与其他部门密切合作，采用集团内其他部门的产品和服务为客户提供综合金融服务。

- 综合复杂产品服务的收益率更高。财富管理部门提供的是综合解决方案、财富规划等复杂服务；资产管理部门负责提供产品，也包括了根据客户需求设计的复杂产品；商行部门的财富管理和投资相关的业务主要是简单的投资组合管理、共同基金销售、仅托管资产等，因此三者的客户资产综合收益率逐级递减。

AUM和费率优势弱化，利润率是未来改善重点。如图2.3所示，对比瑞银、摩根士丹利以及摩根大通财富管理业务可以发现，2016年以前，瑞银的相对优势主要体现在AUM和资产收益率上。得益于强大的"财富管理基因"和有利的外部环境，瑞银财富管理业务成立之初就是顶级财富管理机构，并且通过2000—2008年频繁的收购扩张，在金融危机之前已经形成规模，同时也凭借种类全面的产品和解决方案，在供给相对稀缺的时期获得了高议价能力，客户资产收益率在2016年以前都高于摩根士丹利和富国银行，AUM和资产收益率共同保证了收入的迅速增加，尤其是在2002—2007年超过了成本的增加幅度，利润率也逐年上升。金融危机后，同业机构降低风险偏好，发展轻资产、盈利稳定的财富管理业务，行业竞争加剧。摩根士丹利在2000年通过收购花旗美邦推动财富管理AUM达到1.6万亿美元，一举超过瑞银，

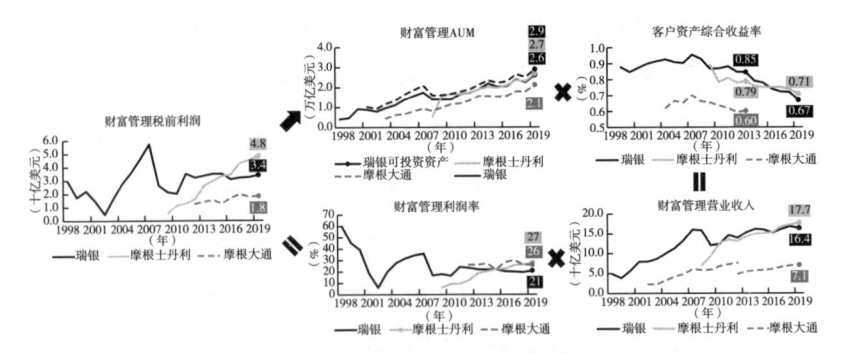

图2.3 瑞银财富管理业务的优势在于 AUM 和资产收益率

注：瑞银和摩根士丹利采用财富管理部门数据，摩根大通的财富管理业务和资产管理业务统一在资产与财富管理部门下核算，这里采用该部门下私人银行和零售客户的 AUM 和创造收入，以及财富管理业务的利润率。瑞银可投资资产指的是管理或以投资为目的存放的所有客户资产，不包括纯交易目的持有的资产、仅托管资产、非银行资产和第三方银行融资或交易目的的存款，客户资产收益率基于该口径的 AUM 计算。

资料来源：公司公告，中金公司研究部。

此后 AUM 与瑞银不相上下。同时，由于财富业务供给增多、产品服务趋同、客户要求提高等，财富机构的溢价能力下降，综合资产收益率逐年下滑，2019 年瑞银的客户资产综合收益率为 0.67%，较 2007 年峰值下滑了 28.6bp。2016 年后其业务优势逐渐被摩根士丹利追平，2019 年摩根士丹利财富管理税前利润为 48.3 亿美元，高出瑞银的 34 亿美元 42%。

从收入和成本对税前利润的贡献率数据来看（见图 2.4），金融危机前，收入驱动税前利润增长；金融危机后，成本控制对税前利润的贡献波动上升。财富管理是典型的智力资本驱动型业务，降低成本无法依靠削减投顾人均薪酬实现，只能聚焦提高中后台运营效率和提高投顾的创收能力。金融危机前，人力成本是瑞银财富管理总成本变动的主要因素；金融危机后，非人力成本成为主要因素。

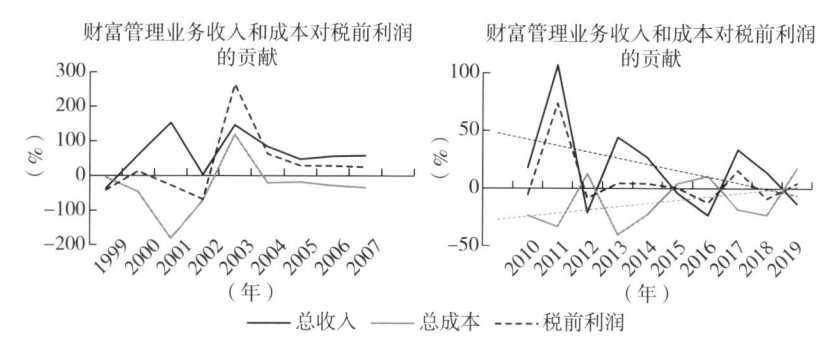

图 2.4 瑞银财富管理业务利润增长的主要驱动力从收入增长向成本降低转换
资料来源：公司公告，中金公司研究部。

AUM 策略：收购与聚焦高净值以上客群

在不同发展阶段中 AUM 的增长因素

瑞银是全球顶级财富管理机构，庞大的 AUM 为其带来可观的收入和规模效应下的成本节约。2017 年其财富管理业务行业可比口径 AUM 达到 2.4 万亿美元，全球排名第一，并且在历史上规模也始终排名全球前两位。按照集团内部的口径，2019 年财富管理可投资资产 2.6 万亿美元，2017 年以来年均增长 5%。回顾瑞银的发展历程我们可以看出，其前期依靠两大前身银行合并以及自身并购确立规模优势，之后通过聚焦高净值以上客户群体保证了稳定的资产净流入以巩固规模优势。

- 继承了两大前身银行的财富管理业务规模。1998 年刚成立公司 AUM 就达到 1.1 万亿美元，其中财富管理业务为 0.4 万亿美元，成为全球最大的财富管理机构。
- 发展早期 AUM 主要来自并购和新资产净流入。2000 年，瑞银并购美国头部券商 Paine Webber（潘恩韦伯），带来 8 900 亿瑞士法郎可投资资产，财富管理业务可投资资产总额一举增加 113%，再上新台阶。2000 年年底，其设立的欧洲财富管理子业务也遵循同样规律，在 2000—2006 年的迅速发展时期，AUM 大部分来自资产净流入，5 年间资产净流入 660 亿瑞士法郎，对 AUM 的增长贡献率为 57%，其次是收购，带来 252 亿瑞郎的 AUM，贡献率为 22%。

- 2008 年以后，AUM 主要来自市值变动，其次是资产净流入。金融危机后业务发展的外部环境恶化，大规模存量资产的市值变动成为影响 AUM 总规模的主要因素。但随着瑞银采取聚焦高净值和超高净值客户、大力开拓亚洲市场等策略，资产净流入也保持了稳定的持续增长，2011 年以来年均增长 430 亿美元，增速波动大幅减小。

收购整合，迅速扩大 AUM

瑞银在成立之初就制定了内生增长和精选并购并重的增长战略，在已有规模优势的地区重点是内部有机增长，而进入新市场则大多通过收购与自身战略一致、文化契合，具有财务价值的公司快速扩大规模，以实现新市场的规模效应。

2000 年收购潘恩韦伯无疑是 2000—2007 年瑞银多轮收购中意义重大的一次，帮助瑞银一举打开美国市场。潘恩韦伯的历史可以追溯到 1879 年，在资产管理、证券经纪业务方面享有盛名，是紧跟摩根士丹利、美林、摩根大通的头部券商。2001 年瑞银完成业务整合，将非美国私人客户业务划入了集团的国际和瑞士财富管理部门；美国私行业务单独成立瑞银潘恩韦伯运行部门，保留潘恩韦伯的金字招牌；资产管理业务分支 Mitchell Hutchins 并入资产管理部门；资本市场业务划入投行。此次收购交易的重要性体现在以下几个方面：

- 实现了国际化目标，AUM 再上新台阶。此次收购为瑞银带来了 8 900 亿瑞士法郎可投资资产和 23 000 名员工，使得瑞银的 AUM 大幅增长 113%，并且美国市场 AUM 占比从 4% 大幅上升至 49%，成为瑞银最大的财富管理市场，美国员工占比从 11% 上升至 40%，与瑞士本部平齐，国际化程度大幅提升。2001 年年底，瑞银潘恩韦伯成为美国第四大私人客户服务机构。
- 潘恩韦伯强大的客户网络与瑞银的产品能力相结合创造了机遇。2000 年 11 月合并后，瑞银即在美国推出一款由投行创建的与股票挂钩的证券 GOAL，2001 年向客户发行了 12 种不同的 GOAL 和 GOAL+债券以及其他几种结构性证券，都受到市场的追捧。
- 补强了集团投行业务。合并扩大了瑞银华宝在美国的销售能力，并且瑞银分析师覆盖了标普 500 和纳斯达克 100 公司中的 90%。除此之外，与潘恩韦伯的整合还使瑞银华宝在美国投资银行市场中的首选雇主地位更加强大。

瑞银还进行了一系列补强型收购以快速做大 AUM（见表 2.3）：2004 年年末收购了宝盛银行的北美财富管理业务，德累斯登银行拉丁美洲的财富管理业务以及美国运通银行在卢森堡的私人银行业务，增强了为国际或离岸客户服务的能力。在欧洲财富管理业务方面，也收购了德国、英国、意大利多个小而精的投资服务或私人银行公司，1996—2007 年进行的小额收购总计获得了 1 530 亿瑞士法郎资产，占 2007 年年底全球财富管理总资产的 36%。

表 2.3 瑞银 1996—2007 年进行的一系列财富管理业务方面的补强型并购

收购资产总额：1 530亿瑞士法郎

瑞银财富管理	收购公司简介
麦当劳投资公司的分支机构网络 (2007)	美国投资公司，总部位于俄亥俄州克利夫兰
Piper Jaffray私人客户业务 (2006)	美国跨国独立投行和财务顾问，专注于并购
Etra SIM / Dolfi (2006)	意大利独立金融中介公司，约4亿欧元的客户资产
德累斯登（Dresdner）拉丁美洲业务 (2005)	德国最大的银行之一
宝盛银行北美业务 (2005)	瑞士老牌私行，此次收购包括超40亿美元客户资产
索伯恩（Sauerborn）信托 (2005)	德国富豪家财富管理公司，有100余户德国最高端的客户
卢森堡美国运通 (2005)	
Laing & Cruickshank / SGH (2004)	英国领先的高净值客户财富管理服务提供商
美林证券（德国）(2004)	
劳埃德（Lloyds）法国业务 (2003)	劳埃德是英国最大的零售银行
Schröder Mün. Hengst (1998)	一家德国投资银行私人银行，总部设在汉堡
美国银行国际私行业务 (1998)	
渣打银行国际私行业务 (1996)	

资料来源：公司公告，中金公司研究部。

财富管理的中国实践

在客户选择和经营上围绕全球高净值客户

1. 目标客户定位于全球高净值客户

自成立起,瑞银私行和财富管理业务目标为拓展高净值客群,金融危机之后则进一步聚焦,专注于高资产净值和超高资产净值客户,仅在美国、瑞士和大中华地区这些或增速快或规模大的重点市场才将服务范围下沉到富裕客群。从客户分类标准来看,国际和瑞士业务客户门槛整体上呈现提高趋势,美国业务则逐渐下降(见图2.5)。

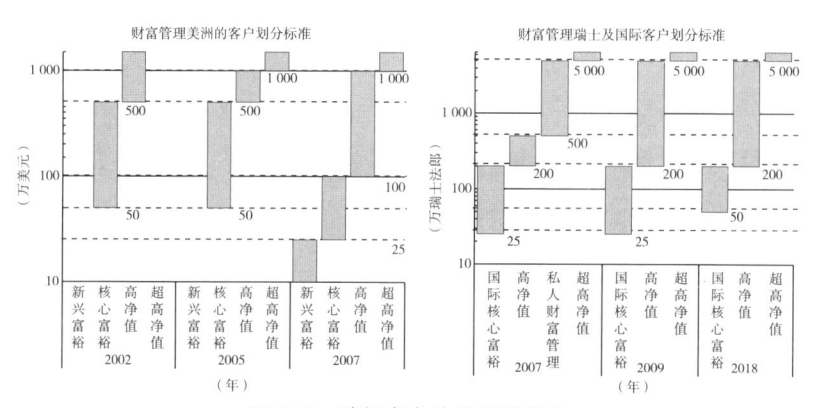

图2.5 瑞银客户分类标准演变

资料来源:公司公告,中金公司研究部。

(1) 2002年瑞银披露美国业务客户分类标准为,50万~500万美元可投资资产为核心富裕客户,500万美元以上为高净值客户;2005年进一步将高净值客户中可投资资产1 000万美元以上的划分为超高净值客户;金融危机后为了应对日渐激烈的竞争,瑞银将美国业务的核心富裕、高净值客户准入门槛分别降低到25万美元、100万美元,并成立了财富咨询中心,服务可投资资产25万美元以下的新兴富裕客户。此外,北美百万富翁人数多但人均财富较全球其他地区低,可能是瑞银美国业务下调客户门槛的另一个原因。

（2）国际和瑞士业务的核心富裕、高净值和超高净值客户可投资资产门槛分别为25万瑞士法郎（CHF）、200万瑞士法郎、5 000万瑞士法郎，其中后两者的标准远远高于美国业务，2018年将核心富裕客户门槛也调高至50万瑞士法郎。国际和瑞士业务高净值客户贡献了瑞银60%以上的AUM。瑞银定位于全球超高净值客户除了体现在高准入门槛外，还体现在准入客户的财富结构上。如图2.6所示，2015年瑞银国际和瑞士业务AUM的62%来自可投资资产大于1 000万瑞士法郎的上层高净值和超高净值客户，而发展相对滞后的美国业务40%的AUM来自超高净值客户，44%来自高净值客户。

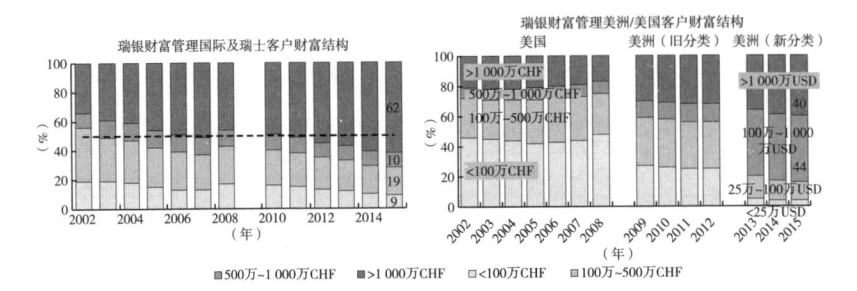

图2.6 瑞银的国际及瑞士业务客户与美国业务客户的财富结构比较
注：2008年瑞银将财富管理美国业务和美洲业务合并成立财富管理美洲部门，2013年修改了财富管理美洲的客户财富披露标准。
资料来源：公司公告，中金公司研究部。

全球高净值、超高净值人群定位，帮助了瑞银的AUM扩张和品牌建设。高净值和超高净值客户收益率空间并不大，处于不同财富水平的客户经济效益差别较大，越富裕的客户给财富管理机构带来的资产收益率越低，并且下降节奏更快。麦肯锡的相关调查[①]显示，2018年财富管理机构在财富水平为3 000万美元以上的客户中实现的

---

① 麦肯锡《欧洲私人银行调查2018》。

资产收益率仅31bp，远小于财富水平小于250万美元客户的133bp，并且2014—2018年下降了5bp，而后者上升了2bp。这主要是由于高净值和超高净值客户资产规模大，对机构具有很多其他业务协同变现价值，因此具备更强的溢价能力。2006年瑞银超高净值客户的ROA（资产收益率）为45~70bp，核心富裕客户达到130~155bp，但可以为公司带来快速的AUM增长，财富积累的马太效应愈发明显。根据BCG估计，全球财富水平由高到低的人群2018—2023年财富增长CAGR分别为7.7%、8.6%、5.9%和4.8%（见图2.7）。另外，相比其他客群，高净值、超高净值人群更愿意把财富交给专业机构管理，瑞银2005年曾披露可投资资产在500万美元以上的人群有35%增加了在其主要金融服务商处存放的资产，比例高于富裕人群整体13ppt。得益于前瞻性的正确战略，瑞银成功抓住了全球高净值客户（见图2.8），并且全球化布局使得瑞银抓住了世界各个地区的经济增长机遇，在某个地区经济周期性变化时可以依靠在其他地区的布局平稳AUM的增长，从而保证了AUM规模稳步提高。

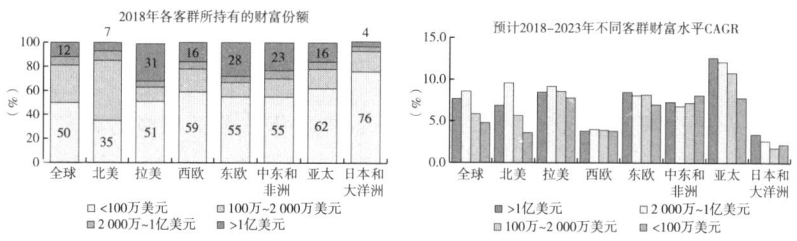

图2.7 全球财富的一半主要集中在高净值和超高净值人群，并且该部分人群财富增长最快

资料来源：BCG《2019年全球财富报告》，中金公司研究部。

2. 获取和经营超高净值客群

现有客户的推荐、外部合作方的推荐以及集团内部各个业务部门之间的推荐，是瑞银客户的主要来源，合计占比约为74%。除现有客

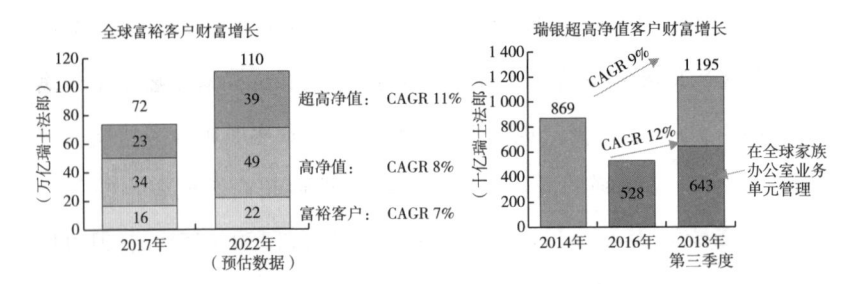

图 2.8　得益于前瞻性的正确战略，瑞银成功抓住了全球高净值客户

注：全球客户的财富分类标准与 BCG《2019 年全球财富报告》相同，即富裕客户为家庭可投资资产在 25 万~100 万美元的人群，高净值客户为家庭可投资资产在 100 万~2 000 万美元的人群，超高净值客户为家庭资产在 2 000 万美元以上的人群。

资料来源：瑞银 2018 年投资者日（investor update）材料，中金公司研究部。

户推荐新客户，外部资产管理经理以及其他高端服务的专业人士推荐也是有效的客户获取途径。成功的财富管理团队通常与会计师、律师、高端财务规划师等其他专业人士建立正式或非正式的良好关系，为彼此推荐客户。瑞银"一个公司"的模式为其集团内部其他业务条线推荐客户提供了便利，尤其是金融危机后公司更加强调一体化，推动业务条线之间协作赋能。

3. 多重客户分类及子客户群，提高客户经营效率和服务质量

瑞银经营客户的最重要的措施是客户分类精细化，不仅按照财富水平，还会按照职业、性别、宗教等多种标准对需求相似的客户进行分类，并成立专属专家咨询团队以提供精准服务。例如：

- **体育娱乐咨询团队**：瑞银在 2000 年第二季度就成立了体育娱乐咨询团队，满足顶尖运动员在生活特定阶段赚取了大部分收入而派生的财富管理需求，2020 年 11 月，瑞银全球财富管理进一步提高在运动员和艺人战略客户细分市场的专业能力，任命前职业橄榄球球星阿德沃尔·威尔·奥贡莱耶

（Adewale Wale Ogunleye）领导团队，瑞银认为威尔在行业内外的洞察力和经验将有助于形成该部门的总体战略，帮助瑞银更好地抓住运动员和艺人的需求，并提供针对性的财务计划和咨询服务。

- **伊斯兰银行**：2002年9月，瑞银率先在巴林开设子公司，为居住在波斯湾和世界各地的机构和高净值个人提供符合伊斯兰教义的产品。

- **全球家族办公室**：为了满足全球超高净值家族类机构化的复杂财富管理需求，瑞银财富管理和投行部门共同成立了全球家族办公室，向私人客户开放瑞银为机构客户提供的基础架构的访问权限，例如，直接访问投资银行的交易平台，享受机构解决方案专业团队的服务以及投行强大的投资组合管理能力，包括战略资产分配和整体投资组合监控，确保客户的投资组合与其投资策略保持一致。

- **专注于提高女性客户满意度的团队和产品**：2017年以来出现了明显的全球财富向女性群体转移的趋势，瑞银在2019年的报告《亿万富翁效应——亿万富翁见解2019》中指出，5年来女性亿万富翁的数量增长了46%，超过了男性亿万富翁的增长量（39%）。瑞银通过积极的细分管理策略努力成为这些客户的首选财富管理机构，其中包括定制产品，例如瑞银Unique计划，其重点是针对女性更倾向投资于能够带来积极的社会变革并实现共同利益的资产、更重视交流和对话等特点，提供定制化的产品和改革传统的服务流程，从而提高女性客户的满意度。

"一个公司"模式下的产品服务能力

资管、投行和财富管理协同作战的"一个公司"模式

瑞银的"一个公司"模式（见图 2.9）是指围绕财富管理业务这个核心，资产管理、投资银行和商业银行三个业务条线在服务各自的客户外，凭借各自的专业能力为财富管理客户提供最优服务，尤其是资产管理和投资银行，利用自身的产品和资管能力，根据财富管理客户的需求为其量身定制产品，最终由财富管理部门交付。在"一个公司"模式下，为财富管理客户提供服务的是整个集团，而财富管理机构在其中的角色则重点放在客户关系维护以及需求发现，并汇聚客户需求提供给其他部门进行产品开发，通过这种模式将瑞银在机构业务、资本市场业务等方面的优势能力开放给私人客户。"一个公司"模式对于瑞银的意义主要在于成本和收入两方面的协同效应。

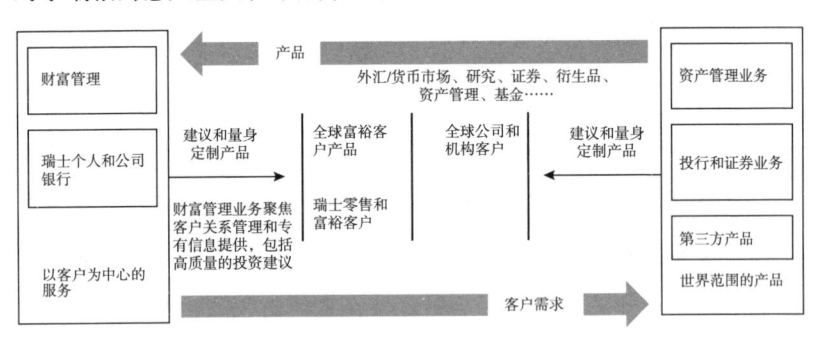

图 2.9 瑞银一体化的客户服务模式

资料来源：公司公告，中金公司研究部。

从收入端看，一个公司战略可以帮助瑞银尽可能覆盖财富管理各个环节，获得从咨询、建议，到产品选择、制订解决方案，再到策略

执行、绩效跟踪和检视的全产业链上的价值。同时也凭借真正意义上完整的财富管理业务吸引客户，各个部门之间相互介绍客户、交叉销售，扩大了获客范围和创收途径。瑞银集团估计，在 2007 年，其"一个公司"模式产生了约 36 亿瑞士法郎的增量收入，占当年总收入的 11.3%。具体如下所述：

- 商业银行赋能体现在客户推荐、信贷产品支持、技术等基础设施共享以及清算结算服务提供几方面。瑞银商业银行业务有 160 多年的历史和庞大的客户基础，服务了超过 400 万个人客户、18 万中小企业客户和几乎所有瑞士顶级大公司，超过一半的瑞士人口将瑞银作为其首选银行。富裕个人客户可以转移到财富管理部门，公司和机构客户被推介到资产管理部门获取养老金解决方案或被引荐到投行部门获取资本市场和公司交易等服务。另外，商业银行各类信贷产品是财富管理的重要一环，赋予财富管理涵盖客户资产负债的全面能力输出。截至 2019 年年底，全球财富管理部门为客户提供了 1 793 亿美元的贷款，产生了 39.5 亿美元的净利息收入，占全球财富管理部门 2019 年收益总额的 24.1%。
- 投行部门赋能体现在机构级别的发行和创设复杂产品的专业能力、企业及其高管相互推荐等方面（见图 2.10）。两个部门最成功的合作案例在于 2011 年成立的全球家族办公室，汇集了全球财富管理、资产管理和投资银行的能力，为寻求进入资本市场活动或就资本市场活动提供建议的超高净值家庭，提供定制的、机构属性的能力，将投资银行的交易平台直接开放给这部分类机构的私人客户。2017 年，全球家族办公室的收入中财

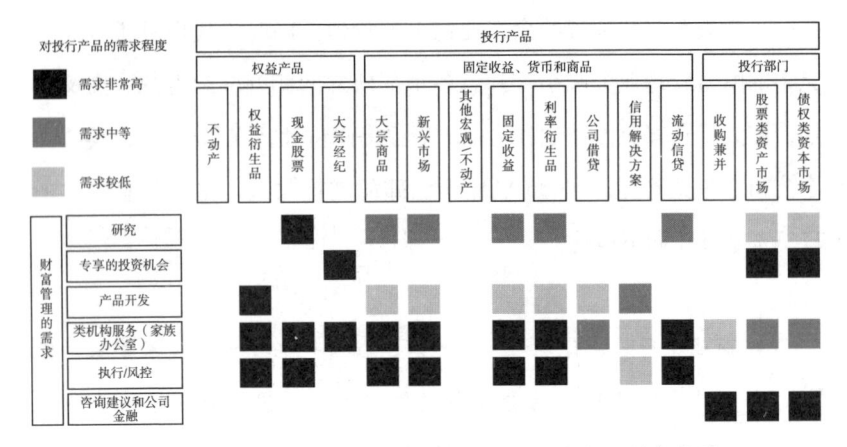

图 2.10　财富管理业务对投行的产品提供有很大的依赖性
资料来源：瑞银投资者日（investor update）资料，中金公司研究部。

富管理部门的产品贡献约25%，其他75%来自投行产品。除此之外投资银行在为公司客户进行IPO、发行债券等活动时，可以将公司高管介绍给财富管理部门，由客户经理就整个交易中与私人相关的问题提供咨询服务、运用复杂的产品为客户解决头寸问题。

- 资产管理部门赋能体现在产品领域，可以为财富管理客户设计和发行各类投资基金产品，财富管理部门则成为资管产品的重要分销渠道。2019年资产管理部门9 030亿美元管理资产中有28%通过集团财富管理业务分销。2015年年底，全球财富管理部门AUM的11%投资于瑞银内部基金产品。两部门合作的一个经典案例是设立了一款美国独立管理账户产品：全球财富管理部门确定了三种全球经济长期发展趋势——人口增长、城市化和老龄化，之后通过全球IPS组织，全球CIO团队和全球资产管理业务密切合作，设计了一个单独管理的账户产品，旨在长期投资于这些全球趋势的子主题并将其引入美国市场。

从成本端看,"一个公司"模式推动瑞银各个业务条线共享基础架构和服务,尤其是财务、人力、风险管理等中后台职能,消除了冗余组织功能,实现了成本压控。2007年公司估计内部协同节省了约10亿瑞士法郎,相当于2006年税前利润的6.7%。

涵盖客户资产负债表两端的一站式产品和解决方案

1. 以客户为中心的全面产品服务体系

根据收费和定价基准,分为基于资产定价、基于交易定价或两者结合三种模式,不同定价模式又包含差异化解决方案以满足相应客群诉求。

- 基于资产定价的管理账户下,瑞银提供全权委托和非全权委托的投资咨询计划:

    ——全权委托账户:客户通过委托专业投资人员管理投资组合的方式管理自身资产,对应的解决方案主要是瑞银管理(UBS Manage)全权委托解决方案,根据客户选择的委托类型,瑞银或第三方投资人员会预先与客户协定投资策略,随后代理客户进行资产配置和执行、审查等。

    ——非全权委托账户:客户保留了对所有账户交易的控制权,对应的解决方案为瑞银咨询(UBS Advice),客户经理会根据客户需求量身定制投资建议供其参考,并根据客户最终确定的投资策略,利用最先进的技术来系统地监控其自营账户中的投资组合,以检测风险,只要客户的投资组合违反先前定义的参数,就会收到新的投资建议。

- 选择基于交易定价的客户,瑞银提供瑞银Transact解决方案,这是一个客户自我控制账户,瑞银为其提供投资产品执行能力以及整体投资策略瑞银 House View 等信息。

瑞银将其产品根据全面性和综合性分为四个层级：投资产品、投资解决方案、财务规划、财富管理解决方案（见表2.4）。

- 投资产品主要提供给选择瑞银 Transact 解决方案的客户，瑞银凭借集团内强大的资产管理和投资银行业务部门的产品能力，为这类客户提供多种类型的单个证券投资产品，不仅包含传统的权益和固定收益工具，对于符合资质的客户，瑞银还提供结构性产品和另类投资产品。
- 投资解决方案、财务规划以及财富管理解决方案，主要是针对全权委托或顾问委托账户提供各类咨询服务、瑞银或第三方投资组合管理服务、各种目的的财务规划，以及更高端和个性化的企业咨询、房地产服务、葡萄酒、艺术品投资等。另外，瑞银也致力于在委托业务下为客户提供更多创新的、独家的投资机会，例如瑞银可持续投资解决方案，与 BMO 全球资产管理、发电投资管理和 KKR & Co. Inc. 等外部合作伙伴合作，为客户提供与可持续发展相关的创新投资机会。

除了投资产品，瑞银也结合其商业银行业务的优势，为客户提供丰富的借贷和现金管理产品，包括资源管理账户产品、信用卡、FDIC（美国联邦存款保险公司）保证金、证券抵押借贷和住房抵押贷款等，将产品范围拓展到覆盖客户的负债端，成为传统投资产品的有效补充，实现了从单纯的资产管理向真正涵盖客户全生命周期完整财富生活的财富管理的转变。

表 2.4 瑞银提供各个层级的金融和非金融产品与服务

瑞银投资产品	瑞银投资解决方案	瑞银财务规划	瑞银财富管理解决方案
直接投资	投资组合管理	财务规划	超高净值客户解决方案
货币市场	瑞银管理基金投资组合	税收规划	企业咨询服务
结构化产品/衍生品	瑞银主动咨询	退休规划	房地产服务
投资基金	瑞银基金咨询	继任规划	Wine Banking（葡萄酒投资）
另类投资		信托与基金会	Art Banking（艺术品投资）
准备金人寿保险			黄金和钱币学
信贷产品（抵押、保证金贷款）			企业高管金融服务

基础产品和服务	账户支付银行卡	托管账户服务	报告	UBS Key Club[1]
		电子银行		
特殊服务	国外银行	VIP中心[2]	瑞银Optimus基金会[3]	第三方托管
		研究		

注：1.使用瑞银信用卡或预付卡支付获得积分（1积分=1CHF）的项目。1:1兑换产品或服务（部分超高净值客户）提供的完全免费的定制旅行（确保客户得到想要的高端奢侈品、奢侈品（确保客户得到想要的高端奢侈品、娱乐服务（ATP总决赛、全球大赛、巴黎和米兰时装周、国际艺术博览会、流行音乐会、其他音乐会、高尔夫、时装秀、时装等顶级赛事）门票。
2.瑞银为其认为最有价值的客户（部分超高净值客户）提供的完全免费的定制旅行（确保客户得到想要的高端奢侈品、娱乐服务（ATP总决赛、全球大赛、巴黎和米兰时装周、国际艺术博览会、流行音乐会、其他音乐会、高尔夫、时装秀、时装等顶级赛事）门票。
3.瑞银创建的慈善基金会。
资料来源：瑞银手册2003/2004，公司官网，中金公司研究部。

除金融产品外,瑞银还为其高净值和超高净值客户提供了丰富的非金融附加服务,包括免费的定制旅行、奢侈品购买、各类高端时装周音乐会等的门票,还有通过瑞银牵头建立的 Optimus 基金会提供的慈善投资机会。

从产品的数量来看,瑞银财富管理为客户提供的产品不只是单只证券,而是主打注入瑞银智慧的投资解决方案。根据客户和市场的需求设计投资策略、遴选内外部产品落实策略,最终将针对某个具体问题或需求的整体解决方案以母基金、另类投资、多战略等形式交付市场。在这个过程中封装了瑞银自身的智力和各项能力,形成产品的附加值。

但是值得注意的是,瑞银全面的产品体系只是其产品优势和高费率的基石,以客户为中心的产品供给策略也是获得高费率的重要因素。简单地向所有客户开放所有产品,不仅会由于规模失控而增加公司在复杂产品设计和管理上的压力,而且不顾客户承受能力提供产品很容易造成客户投资的亏损,不利于客户体验和自身名誉建设。瑞银的产品供给策略是经过精心挑选,了解不同财富水平、不同地域的客户的价值诉求之后,针对客户的需求开放和提供最适合的产品,同时紧紧围绕客户的需求变化,及时改革产品交付方式,让客户以最便捷的方式获得最合适的服务。

2. 致力于提高委托服务渗透率和贷款渗透率,提高费率,获得稳定的可持续性收入

上述产品体系和定价方式设计决定了瑞银财富管理业务部门的收入结构。全球财富管理业务的收入主要分为三大类:净利息收入、可持续的手续费收入以及基于交易的收入(见图 2.11)。

图 2.11　瑞银财富管理业务收入结构

注：可持续性收入包括可持续的手续费收入与净利息收入。
资料来源：公司公告，中金公司研究部。

- 净利息收入主要来自瑞银财富管理业务提供的银行借贷服务。金融危机以来传统投资产品增长乏力，集团加大在银行信贷产品上的推广力度，由此带来净利息收入贡献度的逐步提高，2019 年实现净利息收入 39 亿美元，占部门收入的 24%，与 2009 年相比提高 4ppt。

- 可持续的手续费收入主要指的是投资组合管理费、账户管理费、基于资产的投资基金费、托管费等，产生于持续提供的服务，主要是委托类服务。此类服务基于客户资产规模定价，业务收入更加稳定，受市场行情波动影响小。2019 年年底可持续的手续费收入为 93 亿美元，对部门营收的贡献高达 57%，自 2009 年来占比上升了 8ppt，是主要的收入来源。

- 基于交易的收入主要包括经纪和基于交易的投资基金费用以及信用卡费用、佣金收入的非经常性部分等，此类收入主要产生于非委托类服务，基于交易量收费，容易受市场交易活跃度影响，稳定性差。2019 年该类业务收入占比为 18.7%，与 2009 年的 32.2% 相比下降了 13.5ppt。

基于客户资产的可持续性收入和净利息收入占比持续上升,其对应的委托类服务和银行产品就是瑞银致力于发展扩大的业务类型。第一是因为这两类收入质量较高,为可持续性收入,波动小。第二是由于这两类产品的费率相对较高,创收能力强。如图2.12所示,瑞银委托类产品的费率可以达到0.8%~0.9%,银行产品的净息差为2.4%,而交易性产品费率只有0.4%~0.5%;引用摩根士丹利更详细的各类服务的收益率数据也反映出了委托管理类账户费率更高的特点(见图2.13)。第三个原因在于,基于客户资产收费的定价方式下,客户经

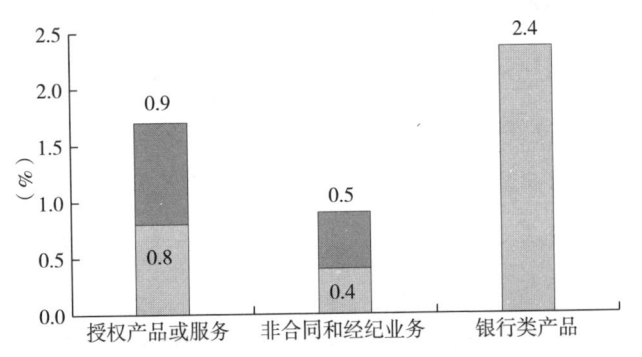

图2.12 瑞银不同类型产品或服务的收益率
资料来源:瑞银2018年投资者日材料,公司公告,中金公司研究部。

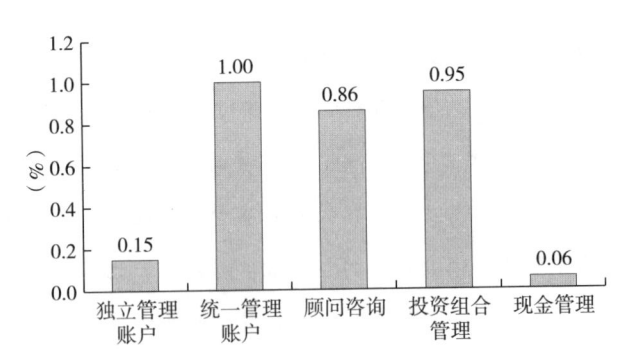

图2.13 2019年摩根士丹利各类财富管理账户平均费率
资料来源:瑞银2018年投资者日材料,公司公告,中金公司研究部。

理、财富管理机构以及客户三者的利益更加统一。公司基于客户 AUM 规模创收，客户经理基于其给公司创造收入获得薪酬，客户经理有足够的动力为客户取得更好的投资业绩和推动客户 AUM 增长，三方利益一致性推动公司与客户建立长期信任关系。

增加基于客户资产的可持续性收入，即提高委托渗透率。如图 2.14 所示，2009 年集团可投资资产中只有 5 460 亿美元是全权委托类型，占比为 26%，2019 年全权委托可投资资产达到 1.2 万亿美元，渗透率提高到 34%，10 年来年均增长 0.71ppt。提高委托渗透率和贷款渗透率的主要方式是提供更多的高附加值产品，包括稀缺的另类投资产品、结构化产品等，以及瑞银融合自身的投资能力、机构化投资工具等精心设计的综合性解决方案和创新投资方式等，提高委托类业务投资业绩，吸引更多客户。2002—2005 年，瑞银全权委托管理资产投资组合中对冲基金的使用比率从 5% 增加到 15%，在为客户创造收益的基础上也提高了自身的收益率。

图 2.14　瑞银可投资资产管理方式的管理资产规模及占比
资料来源：公司公告，中金公司研究部。

提高净利息收入则是积极推动交叉销售，为客户提供恰到好处的借贷服务，提高贷款渗透率。如图 2.15 所示，2009 年全球财富管理业

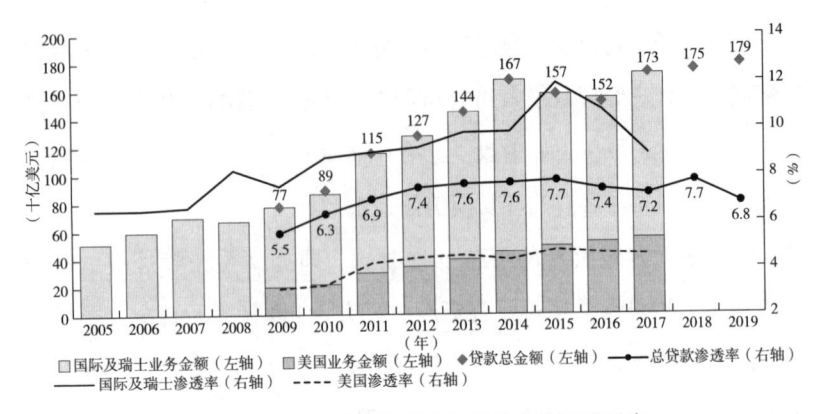

图 2.15 瑞银财富管理业务贷款金额及渗透率

资料来源：公司公告，中金公司研究部。

务贷款渗透率仅为 5.5%，2019 年年底提高到 6.8%。瑞银扩大贷款产品的货架，以便为客户提供更多信贷选择。例如，结合自身客户很多是企业主，包括医生或律师，或拥有制造业或初创企业的家庭，瑞银推出了企业家贷款计划，帮助在私人公司中拥有大量股份的客户为近期的流动性事件（如 IPO、并购交易或私人资本筹集）做准备。此外，这些客户中的许多人都在其经营业务的地方拥有房地产。通过与投行部门的合作，帮助这些客户设计融资解决方案，盘活房地产资产。另外，瑞银还加紧建立银行业务的专业咨询团队，提供世界一流的银行业经验以推出更多产品，2007 年银行业领域参与团队得到拓展，有大约 100 名专家，致力于教育客户并支持顾问提供更多贷款。

投顾人才为本，强大的中后台能力构建高效服务体系

客户服务体系的搭建主要是解决好谁来服务、怎么服务、用什么服务的问题，也就是客户经理、服务流程以及服务工具的问题，在这三者中，客户经理最为核心（见图 2.16）。他们直接面向客户，所有的

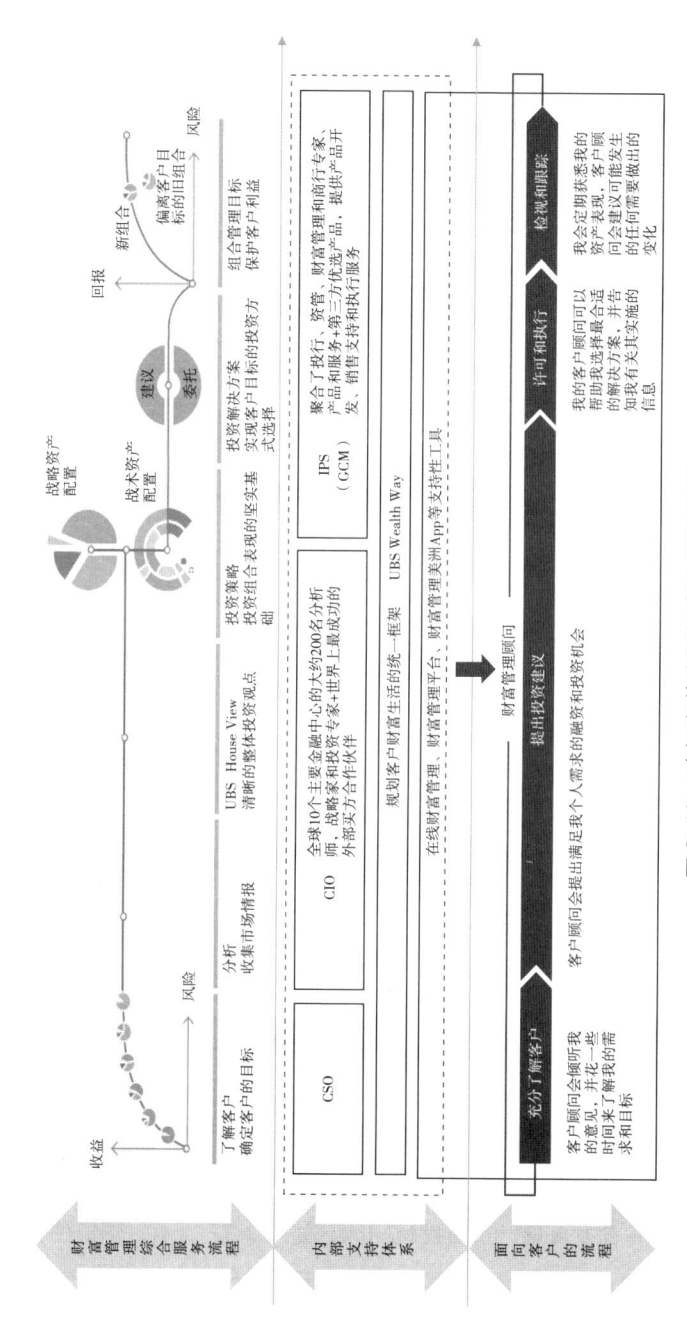

图 2.16 瑞银完整流畅的客户服务体系

资料来源：公司公告，中金公司研究部。

第二章　欧美国家财富管理头部企业　　89

服务流程和工具都是通过客户经理最终作用到客户身上,因此提高客户经理的效率和能力至关重要。瑞银通过精心搭建的客户经理组织架构实现了"1+1>2"的团队协同效应,同时以有竞争力的薪酬和与业绩紧密挂钩的薪酬体系来吸引高质量的投顾以及完成内部投顾的优胜劣汰。除此之外,瑞银足够大的业务规模使其有动力和能力为客户经理提供军校式的培养,其 Wealth Management Diploma(财富管理文凭)资格认证被认为是投顾行业的黄金证书。完善的人才培养体系不仅能提高内部投顾的能力,同时也是吸引新人才的重要优势。而在中后台能力上的投资,形成程式化的、畅通的服务流程与便捷高效的服务工具,一方面可以为客户提供更一体化和及时响应的财富管理体验,另一方面也将客户经理从繁杂的日常和行政事务中解脱出来,将更多时间用于与客户沟通交流或提高自身能力、提高生产力,这一点也使瑞银成为不少投顾眼中有吸引力的雇主。

上述服务体系在保证客户体验的同时,也使得公司在高投顾质量的基础上适当减少投顾人数、通过服务流程和工具的整合减少无效率的重复投资、提高对客户和客户经理的吸引力以减少获取成本,对降低中长期成本有较大的帮助,在收入增长显现疲态的情况下帮助公司保持可观的盈利。

投顾团队建设

瑞银的投顾团队建设主要围绕组织架构、薪酬激励和培训体系展开,通过这三方面投入,提高内部投顾的效率,吸引高质量的外部投顾加入,以质量换数量,精简投顾团队。如图 2.17 所示,瑞银的投顾人数经历了前期快速发展的两个阶段(2003—2006 年美国和欧洲地区、2008—2015 年亚太地区)后从 2015 年开始逐步下降,2019 年投顾人数 10 077 人，同比下降 5.6%，占部门人力的比例从 2013 年的高点降低 3.6ppt 到 44.4%，横向对比来看投顾人数也低于同业公司。与此同时，投顾的效率不断提升（见图 2.18），2019 年投顾人均管理客户资产 2.6 亿美元，人均创收 162 万美元，分别同比增长 24% 和 3.3%，投顾效率在行业中处于领先地位。

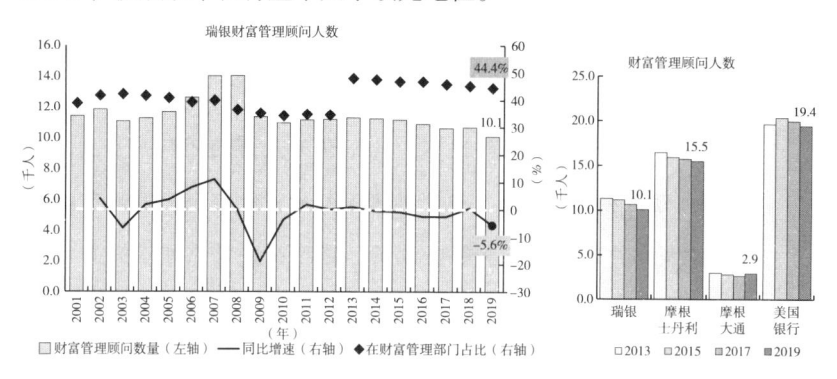

图 2.17　瑞银财富管理顾问人数的变化

注：2015 年瑞银修改了公司中心和业务部方面之间的人员分配方式，并重述了 2014 年和 2013 年的数据。
资料来源：公司公告，中金公司研究部。

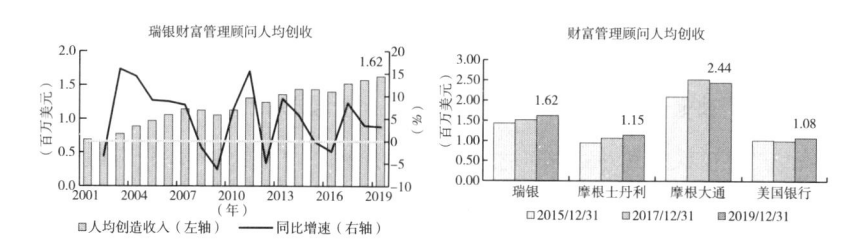

图 2.18　瑞银财富管理投顾效率不断提升，居行业领先地位
资料来源：公司公告，中金公司研究部。

1. 以客户为中心，以财富管理顾问为中心

瑞银早在 2005 年就开始关注优化服务人员的组织架构，从传统的所有专家都直接面向客户提供建议和服务的财富管理模式，向一体化的财富管理服务模式转变，即仍然将财富管理顾问作为直接接触客户的主体，

但各个领域的投资顾问专家则作为智囊团支持客户经理，以保证为客户提供的建议的系统性和一致性，并且鼓励客户经理以团队的形式为客户提供服务，为客户提供最好的服务。2016年，美国业务引入新的管理运营模式，改变了用高昂的代价招聘更多新顾问的行业惯例，而专注于通过支持、发展和留住瑞银已有的顾问来推动增长，以实现利润和净新资金增长。瑞银2016年的新管理运营模式主要包括以下几项措施：

- 创建更多高绩效的顾问团队。瑞银认为最好的团队应当由5~50位顾问和专家组成，他们具有互补的技能组合，因此可以为客户提供广泛的服务和解决方案。这种业务模式可以提高顾问工作效率，使其更加专注于业务增长活动，例如与现有客户更多地交流以挖掘更多业务需求。更重要的是，如果顾问退休或离开该行业，团队模式将为客户关系提供平稳过渡。瑞银的财务顾问客户传承计划（ALFA）可以帮助顾问在其职业生涯快要结束时将其客户过渡到职业生涯仍然很长的成长中的顾问手中。这种模式下投顾生产力提高，总人数需求减少，投顾招聘成本支出减少，客户流失减少。为了激励财富管理顾问积极组建团队，瑞银还修改了薪酬激励计划来奖励这一行为。在这项举措下，加入协作团队的财富管理顾问比例大幅提升，从2010年年底的39%提升11ppt到2018年第三季度的50%。
- 管理层级的裁撤。财富管理美国改革后由4个部门、43个市场和208个分支机构组成，而以前是2个部门、8个区域、63个综合区域和189个分支机构。通过移除区域层级以及划分更大范围的市场，财富管理美国部门的决策结构更加扁平化，每一层的决策者都有更大的决策权，同时也更加接近客户，可以做出更好的决策。当然,更大的决策权也要承担更大的责任,瑞银同样通过薪酬体系的设计,使区域领导既可以获得激励同时又为其决策负责。

2. 高薪酬和培养体系吸引、筛选和保留人力资本

(1)投顾薪酬体系。瑞银财富管理顾问一般的薪酬框架是由基础工资和奖金组成。如图2.19所示,基础工资根据个人的资历和职位有所差异,占比在40%~70%,而薪酬主要是基于指标考核,在集团不同发展阶段考核指标也会发生变化。以2006年为例,奖金的60%~

瑞银集团2006年财富管理顾问薪酬模型

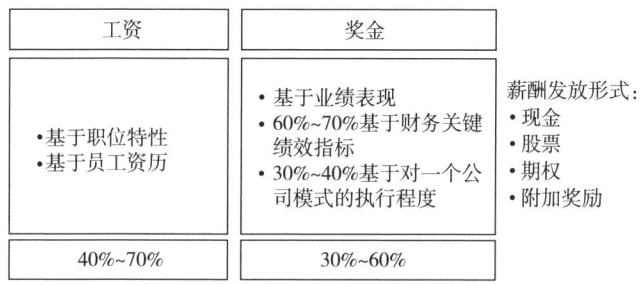

工资	奖金	薪酬发放形式:
• 基于职位特性 • 基于员工资历	• 基于业绩表现 • 60%~70%基于财务关键绩效指标 • 30%~40%基于对一个公司模式的执行程度	• 现金 • 股票 • 期权 • 附加奖励
40%~70%	30%~60%	

2019年瑞银财富管理部门人力成本结构

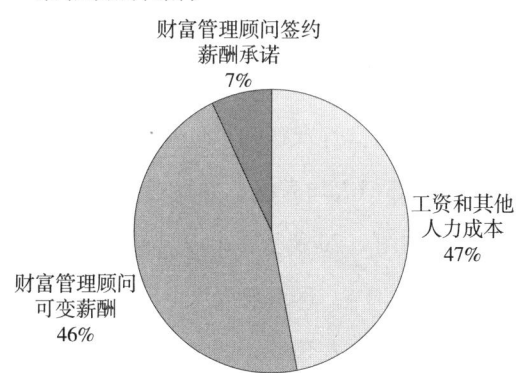

- 财富管理顾问签约薪酬承诺 7%
- 工资和其他人力成本 47%
- 财富管理顾问可变薪酬 46%

图 2.19 瑞银投顾的薪酬体系及财富管理部门的人力成本结构
资料来源:公司公告,中金公司研究部。

70%主要是基于业绩表现和关键绩效指标来决定，而30%~40%是基于对一个公司业务模式的执行程度。与集团薪酬框架相一致，投顾的薪酬会以现金、股权、期权、附加福利等多种形式发放。

至于美国地区的财富管理顾问，则是根据美国财富管理业务的市场惯例，薪酬包括生产力回报（Production Payout）和递延补偿金。

- 生产力回报每月支付，主要基于顾问创造的可奖励的收入。
- 财务顾问也可能获得递延补偿金。根据集团的薪酬激励政策，总薪酬超过30万美元或瑞士法郎的员工，其业绩奖励会以现金和递延奖励发放，现金当年发放，而递延奖金则会在或有资本金计划（DCCP）或股权奖励计划（EOP）下执行。递延奖励的发放又基于对战略绩效指标的考核，包括生产力、在公司的服务年限和新业务净额，递延时间通常为期6年，业绩奖励递延期间如果投顾出现业务上的重大失误，或者不遵守公司的规则、法律法规等，递延补偿金会被扣除。

除了设计合理的薪酬体系外，薪酬水平的高低是吸引和留住投顾的重要因素。2019年财富管理部门的人员平均薪酬为32.9万美元，在集团内部仅低于投行部门，但财富管理顾问不包含固定工资的可变薪酬达到39万美元，明显高于部门人均薪酬，如果考虑计入顾问工资，则薪酬水平或与投行相似。如图2.20所示，2019年年底财富管理顾问总体可变薪酬占集团营收的13.2%，3年来逐年上升，其中有80%是直接现金发放，签约薪酬承诺占比为10%，其他的10%通过股权和债券激励计划递延支付。这一比例既可以对顾问起到一定的业绩激励和约束作用，又不会导致其当下可获得的薪资过少而打击积极性。

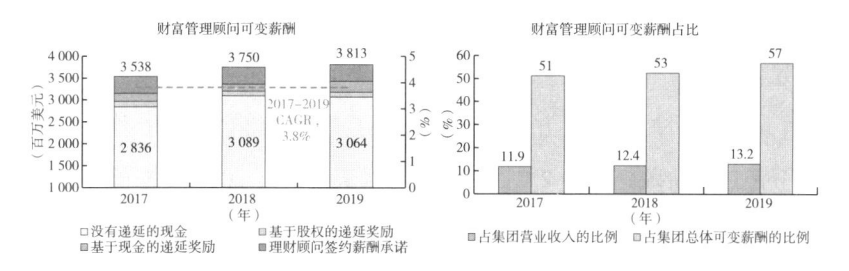

图 2.20　2019 年财富管理顾问的可变薪酬及在集团营收中的占比
资料来源：公司官网，公司公告，中金公司研究部。

（2）投顾人才的来源及培养。投顾人才的两大来源是引入外部人才和通过内部培训提升。瑞银自 2016 年开始更加专注对已有财富管理顾问的支持、培训和保留，2018 年第三季度与 2010 年相比财富管理顾问流失率从 6% 下降 3ppt 至 3%。瑞银作为全球顶级的财富管理机构，考虑前身银行则至少有 160 年财富管理的业务经验，其在财富管理业务方面积累的大量业务经验，通过顾问培训的方式代代传承。瑞银对投顾的培训包含两个维度，领导力和专业能力。培训过程从毕业生级员工开始参与初级人才计划，使用一致的标准来确定职业初期和中期的高潜力员工。担任高级领导职务的员工，包括被确定为关键职位持有人或高级管理职位继任者的员工，将参与由瑞银领导力研究所管理的领导力发展一系列培养课程和计划。而在专业方向发展的员工，瑞银通过定制培训计划为其提供持续的能力提升支持。例如，要求所有客户顾问都必须获得财富管理文凭，该文凭由瑞士国家经济事务秘书处（SECO）认可，一直被认为是私人银行业内的黄金证书。对于最高级的客户顾问，瑞银通过财富管理硕士课程提供广泛的培训，通过培训的人员可以升任客户经理组长。2007 年，为了应对金融危机后客户对高质量投资建议的大量需求，瑞银在新加坡开设了瑞银金融大学，邀请内部资深员工和世界顶级金融专家授课，为员工提供世界一流的商业和财富管理培训，提高其专业能力以提供客户需要的复杂建议。

在中后台能力建设方面，瑞银经历了分散、整合、功能整合但成本分散三个阶段。如图 2.21 所示，集团从成立至 2009 年期间，公司聚焦 AUM 快速增长，中后台功能散布在各个业务部门。2009 年，公司开启精细化发展模式，将集团范围内的共享服务和控制功能整合到了企业中心，提高有效性和效率，加强成本管理。2015 年，瑞银成立了瑞银商业解决方案集团（UBS Business Solutions AG），作为集团的服务子公司，并将大部分中端和后台流程转移到服务公司，中后台流程商业化有助于瑞银从规模经济中受益。2018 年，公司对中后台功能进行了进一步改革，将原本全部在公司中心部门核算的功能性成本更多地分摊到各个部门，以加强部门业务成本和收入的匹配性，激励各部门降低营运成本。2018 年财富管理和财富管理美洲的合并也是公司统一中后台功能的重要举措。通过两个部门合并，集团在 2018—2021 年每年节省 2.5 亿瑞士法郎，合计节约的 6 亿瑞士法郎被投入进一步拓展中后台能力的相关技术上，其中 1.5 亿瑞士法郎最先确定的成本节

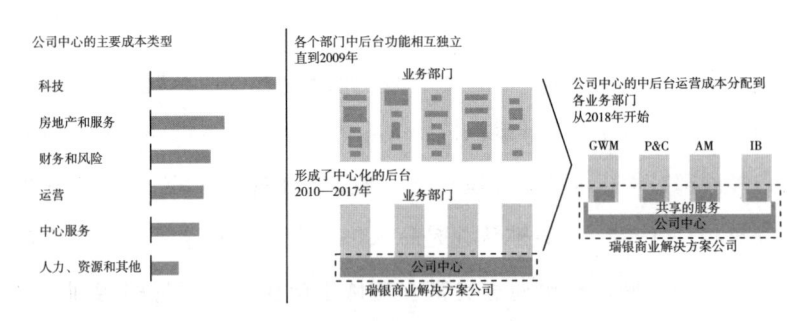

图 2.21 集团运营模式的升级变迁

注：中心服务包括集团传播与品牌、集团监管与治理、集团内部审计、集团总法律顾问。
资料来源：公司公告，中金公司研究部。

约中50%来自消除重复角色或功能,体现了集团整合中后台功能的必要性和未来的成本降低潜力。

摩根士丹利:综合金融能力对接财富客群需求

摩根士丹利成立于1935年,金融危机后成为银行控股公司,20世纪70年代开始发展财富管理业务,通过内生增长和外部收购,逐步成长为全球顶级财富管理机构,2020年财富管理收入191亿美元(2013—2020,CAGR 7.7%),AUM近4万亿美元(2013—2020,CAGR 11.1%)。其业务成功主要源自高端的目标客群定位、精细分层的客户服务体系、优秀的成本管控能力以及深度应用科技的能力。

目前中国的财富管理行业仍处于发展初期,参与机构仍然处于能力建设的窗口期,摩根士丹利的业务发展历程可能在客户经营策略、产品服务体系、组织架构体系、科技应用能力等方面为国内综合金融服务机构提供经验参考。

财富管理业务从0到N

财富管理业务发展回顾

摩根士丹利起初因《格拉斯—斯蒂格尔法》从摩根银行独立出来,成为一家纯粹的投资银行,总部位于美国纽约的曼哈顿,业务高度国际化,为政府、机构和个人提供资本咨询、筹集、交易、管理及配置等众多服务。摩根士丹利财富管理业务可以追溯到20世纪70年代、70~90年代，美国经济发展、证券市场繁荣、个人可投资资产增加、大量养老金入市驱动泛资产管理需求迅速增加，同时利率市场化、交易佣金自由化、金融创新等外部环境促使金融机构纷纷寻求转型，供需两端共同推动大资管行业，包括财富管理行业的快速发展，投行以代销资管产品的形式参与其中。摩根士丹利分别于1995年和1996年收购Miller Anderson和Van Kampen两家基金公司大力发展资产管理业务。伴随着零售客户的增长，前端财富管理业务的重要性日益凸显。1997年，摩根士丹利与零售证券行业的龙头企业迪恩威特（Dean Witter Reynolds）合并，借助其长期服务零售客户积累的渠道、投顾人才等优势提高零售证券市场份额，按客户经理人数计算，1998年成为美国第二大证券销售机构。

2000年前后寻求财富管理业务升级，从卖方模式向买方模式转型。随着市场有效性提高和资管行业发展成熟，主动管理产品业绩表现逐步趋近于市场，先锋领航等独立资产管理公司的低费率被动投资产品崛起，这些因素迫使美国券商重新思考大资产管理业务布局，纷纷选择战略收缩或出售资管业务，回归具有渠道优势的财富管理业务。摩根士丹利财富业务开始从卖方服务向买方服务转型，1999年推出ichoice服务平台，把传统的线下零售产品与服务和线上交易能力相结合，同时允许客户将投顾服务、自主交易服务与按单笔交易额或按资产规模两种定价方式进行自由组合，旨在提供最满足客户偏好的产品和服务。2002年，公司拆分出个人投资者事业群作为独立的业务部门，负责个人投资者包括财富管理在内的多种证券业务，而不再仅仅作为证券业务的一个附属销售部门，标志着公司对财富管理的业务定位的升级（见图2.22）。2004年，公司个人投资者事业群提出"成为大众富裕客户与高净值客户的第一选择"的战略目标，财富管理业务

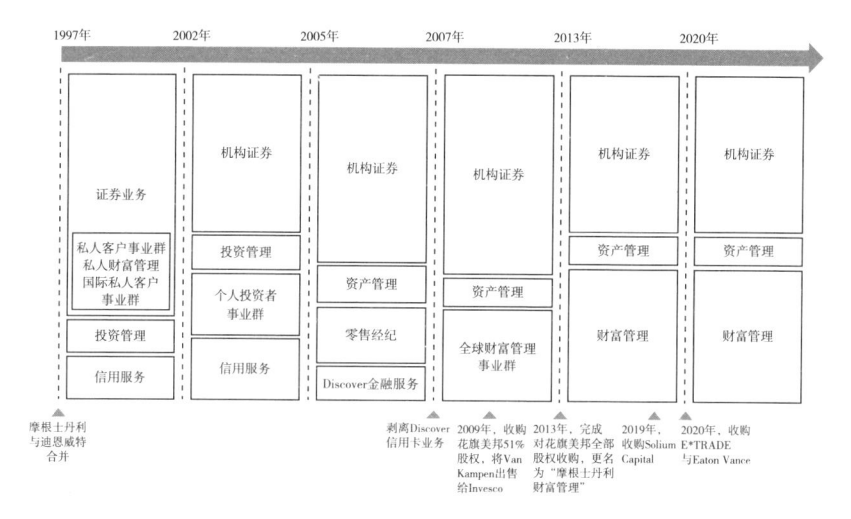

图 2.22　公司部门结构变迁

注：机构证券部门是为企业、政府、金融机构、高净值和超高净值客户提供投资银行业务（提供资金募集和财务咨询服务，具体包括与债务、股本和其他证券的承销有关的服务，以及有关并购、重组、房地产和项目融资的咨询），销售和交易服务（包括股票和固定收益产品的销售、融资、大宗经纪和做市活动），贷款和其他服务（贷款包括发起公司贷款、商业抵押贷款、资产支持的贷款以及向销售和贸易客户提供的融资，其他活动包括投资和研究）。财富管理部门是为个人投资者以及中小型企业和机构提供广泛的金融服务和解决方案（具体包含经纪和投资咨询服务、财务和财富规划服务、年金和保险产品、证券贷款/住宅房地产贷款和其他贷款产品、银行和退休计划服务等）。投资管理部门是为包括基金会、政府实体、主权财富基金、保险公司、第三方基金发起人和企业等在内的不同客户提供广泛的投资策略和产品，包括股权、固定收益、流动性和替代/其他产品。

资料来源：公司公告，中金公司研究部。

理念进一步成熟，制订了一系列方案，包括业务重点由基金代销与产品销售转向客户关系的建立与需求的解决，发展收费类资产，关注投资顾问招聘与培训，采取客户分级，个人客户服务与内部机构业务、投研和中后台资源相辅相成等。2006年，摩根士丹利将个人投资者事业群改名为环球财富管理事业群，同时决定出售信用卡业务，聚焦于更加具有协同效应的投资银行、资产管理和财富管理三大业务。

金融危机后反思商业模式，多次成功收购塑造财富管理。 2007—

2008年金融危机期间，摩根士丹利遭遇流动性危机，市值在一年半时间内蒸发超过80%，依靠外部资金注入才渡过难关，危机后公司转型为银行控股公司，银行牌照赋能了后续财富管理业务快速崛起。摩根士丹利抓住金融危机期间花旗集团迫于资金压力欲出售其财富管理业务的机遇，额外支付27亿美元与花旗美邦合资成立了摩根士丹利美邦（Morgan Stanley Smith Barney，简写为MSSB），后续3年逐渐收回了MSSB的全部股权。合并后业务规模翻倍，在投顾人数与客户资产规模方面均成为全球前三的财富管理机构。进一步剥离非核心业务，聚焦"投行—资产管理—财富管理"三大领域。2011年战略重新定位为解决遗留问题，退出非核心业务，专注于核心业务，完成信用卡业务剥离，并且将数据服务子公司MSCI、零售资产管理业务等全部出售。2017年公司看到了数字化以及企业服务中的业务机会，从而大手笔收购企业股权计划等服务提供商Solium Capital和互联网经纪公司E*TRADE，显著提升了触达更广谱系客群和有效服务的能力。

财富管理市场份额持续提升，跻身全球财富管理机构前列。如图2.23所示，2019年摩根士丹利财富管理（MSWM）AUM在全球个人财富中占比1.19%，超过瑞银成为市场份额第一的财富管理机构，在头部机构财富管理资产中的市场份额也持续提升，2010—2017年提高3.2ppt至18%。按营收规模计算，摩根士丹利财富与资产管理营收市占率也持续上升，2017年超过瑞银和美国银行成为第一，2019年增至11.6%，并且是少有的营收规模与增长兼具的机构，2019年摩根士丹利财富管理与资产管理合计实现营业净收入215亿美元，2015—2019年CAGR为4.1%。就公司内部来看，财富管理业务也是增长最强劲的业务条线，2000年至今，财富管理业务营收累计增长230%，税前利润累计增长390%，远高于其他业务条线。财富管理对公司整体盈利贡

图 2.23　摩根士丹利财富管理 AUM 在全球
个人财富以及头部机构财富管理资产中所占的市场份额

注：左图指的是不同机构财富管理部门客户资产在全球个人金融资产中的占比，右图指的是不同机构财富管理 AUM 在图示样本银行总和中的占比。
资料来源：公司公告，BCG《2019 年全球财富报告》，Scorpio Partnership 全球私人银行基准报告，中金公司研究部。

献度上升，业务战略地位得到提升。财富管理业务对公司整体营收和净利润的贡献持续上升，尤其是金融危机后，2020 年年底分别达到了 40% 和 30%，在全球头部金融机构中，财富管理业务营收贡献度仅次于瑞银，财富管理业务在公司战略上的重要性显著上升，2020 年薪酬成本和总资产分别占公司整体的 53% 和 32%，较 2007 年分别提高 28.9ppt 和 29.2ppt。2020 年财富管理部门普通股权益在全公司中占比仅为 26%，但 5 年平均 ROE 达到了 16.4%，ROE 在大多数时期明显高于其他业务。

成功收购整合花旗美邦

摩根士丹利财富管理部门和花旗美邦合并后业务规模翻倍，在投顾人数与客户资产规模方面均成为全球前三的财富管理机构，并且实现业务能力提升。如图 2.24 所示，与花旗美邦合并后，摩根士丹利财富管理业务的税前利润、投顾数量和客户资产分别增长 145%、142%、158%，实现规模翻倍，客户资产达到了 1.4 万亿美元，形成了财富管理业务的规模效应。另外，收购花旗美邦还给公司带来了大量存款，

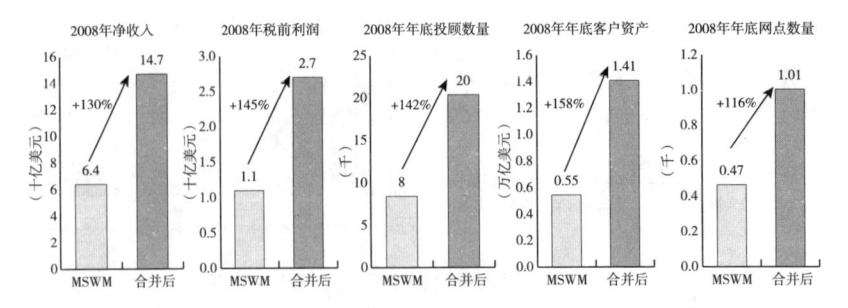

图 2.24 摩根士丹利财富管理和花旗美邦合并后的规模变化

资料来源：Morgan Stanley（2009）Presentations. Citigroup Financial Services Conference.，中金公司研究部。

2013 年完成摩根士丹利美邦（MSSB）全部股权回收后，摩根士丹利存款规模跻身全美前 10，并且财富管理部门的银行存款计划余额也在 2009—2015 年实现快速增长①，从 2008 年的 360 亿美元增长 314% 到 2015 年年底的 1 490 亿美元，低成本负债为公司财富管理业务拓展贷款类产品、提高贷款渗透率提供了空间，同时也为机构证券的资金业务提供了低成本支持。除此之外，作为合资公司的 MSSB 在业务上也继承了 MSWM 和花旗美邦的优势能力，对摩根士丹利财富管理业务来说，花旗美邦的加入在投资产品和市场、营销、客户体验等方面增强了公司业务能力，并且补强了在美国西部和东北地区的业务布局，实现了业务能力的提升。有序高效的整合保证了后续并购协同效应的落地。摩根士丹利收购花旗美邦从 2009 年开始，至 2013 年交易结束，历时将近 4 年，涉及大量复杂的并购整合工作，摩根士丹利凭借其丰富的投行并购咨询经验，从运营模式和薪酬体系入手，逐步拓展到业务平台的整合统一，2011 年已经基本完成业务运营方面的整合。有序

---

① 根据收购协议，MSSB 存放在花旗子公司的各类存款将于 2013—2015 年陆续转移至摩根士丹利的银行子公司。

高效的整合不仅保障了后续业务的顺利运行，而且带来大量成本节约空间，冲抵了整合相关的费用，降低了公司的收购成本。

入主 Solium Capital 与 E*TRADE，开拓获客新途径

摩根士丹利 2017 年开始逐步将财富管理业务的战略重心转移到数字化上，并且在客户资产竞争压力大、增长放缓的情况下积极寻求新的获客途径，企业服务便是其新的突破口。公司分别于 2019 年和 2020 年收购了企业股权计划等服务提供商 Solium Capital 和互联网经纪公司 E*TRADE，大力发展数字化和企业工作渠道财富管理业务。

- 2019 年 2 月，摩根士丹利与 Solium Capital 达成收购协议。Solium Capital 是一家为客户提供股权管理、财务报告和合规咨询业务的软件服务商。该收购使得摩根士丹利获得了 Solium Capital 超过 3 000 个股票计划客户与 100 多万名参与者，一举成为企业工作财富管理行业领跑者。公司 CEO 詹姆斯·戈尔曼表示，此次收购为公司提供了更广泛的企业客户接触以及直接与员工联系的渠道，为与年轻人建立和发展关系提供了更多机会，有助于渗透到他们早期的财富积累过程中。
- 2020 年 2 月，摩根士丹利与 E*TRADE 公司达成收购协议。E*TRADE 是一家互联网经纪服务商，并购达成后，摩根士丹利财富管理平台将新增 3 820 亿美元客户资产、530 万个零售客户账户和 190 万股票计划参与者，分别增长 14%、177% 和 71%。除了规模增长外，E*TRADE 科技和品牌加持帮助摩根士丹利提高了对下一代财富持有者的触达能力和吸引力，提高了公司的数字化能力，同时其在固定收益、金融衍生品以及数字银行方面的产品能力也补全了摩根士丹利相关领域的空白，助力公司向全渠道和细分领域的财富管理业务进军。

收购 Solium Capitals 与 E*TRADE 后，摩根士丹利实现财富管理全渠道覆盖，各个渠道资产规模都大幅提升。2020 年第四季度开始，摩根士丹利对客户资产类别进行了重新划分，按照渠道分为投顾服务渠道、自主渠道和企业工作渠道三类。收购 Solium Capitals 与 E*TRADE 补强了公司的自主渠道和企业工作渠道，如图 2.25 所示，2020 年年底自主渠道客户资产规模达到 8 320 亿美元，同比增长 981%，企业工作渠道客户资产规模达到 4 350 亿美元，2019 年和 2020 年分别增长 923% 和 227%。除此之外，由于触达了更多的基础客群，公司可以通过逐步深入的服务将这些基础客户转化为传统投顾服务渠道客户，2020 年年底传统投顾服务客户资产 3.2 万亿美元，也实现了 21% 的较快增速。

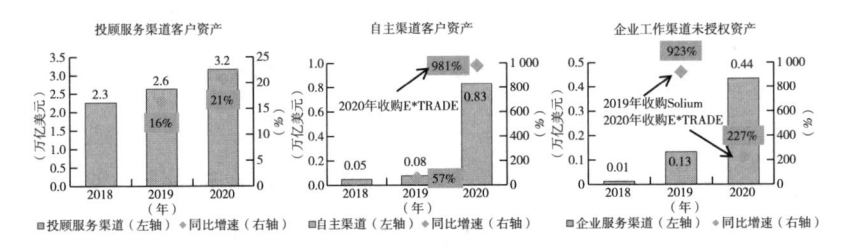

图 2.25　收购 Solium Capitals 与 E*TRADE 后，摩根士丹利各个渠道资产规模都大幅提升

注：投顾服务渠道与自主渠道客户资产相加为财富管理部门全部客户资产，企业服务渠道未授权资产不计入财富管理部门客户资产。
资料来源：公司公告，中金公司研究部。

- 投顾服务渠道。即公司多年经营的投顾服务，投资顾问会为客户提供财富规划、资产配置、投资建议、风险控制等多种服务。
- 自主渠道。客户资产主要来自公司对互联网经纪业务提供商

E*TRADE 的收购,该模式下客户可自主买卖包括股票、ETF、公募基金在内的多种金融产品。目前,公司仍在自主渠道保留 E*TRADE 品牌。

- 企业工作渠道。客户资产主要来自公司收购的 Solium Capital 以及 E*TRADE 的股权计划,为企业员工提供持股计划相关的管理服务,由于管理资产为股票期权,因此不计入公司客户资产。

企业工作渠道获客再升级是公司将自身服务机构客户的优势与财富管理业务相结合的产物,成为未来财富管理业务客户资产的重要增长点。摩根士丹利收购 Solium Capital 和 E*TRADE 获得了大量的股权计划企业客户以及相关的员工参与者,并在此基础上开拓了企业工作渠道获客模式。主要的步骤是获取更多的企业客户,为企业提供更多与员工相关的金融或非金融服务,增加员工参与度,并最终将其转化为摩根士丹利的财富管理客户(见图 2.26)。

企业工作渠道机会	将企业服务项目的参与员工转换为财富管理客户的步骤
Shareworks by Morgan Stanley	**1** 增加新的企业客户 新增企业客户数量:约110(2019年2~5月完成交易)、约245(2019年12月之后完成交易)、约355(累计)
约270万 股权计划参与者	
约3,900 Shareworks by Morgan Stanley 企业客户	**2** 提高相关员工参与度 转化为 Morgan Stanley at Work 模式的企业客户比例:5%(当前)、100%(2021年年底目标)
约1.5万亿美元 预计现有股权计划参与者持有的总财富	**3** 转化为财富管理客户 参与员工转化为有效财富管理客户的数量:约5 000(当前)、>100万(5~7年的目标)
财务健康和退休类产品拓展了除股权计划外触达企业员工的途径,带来了新机遇	

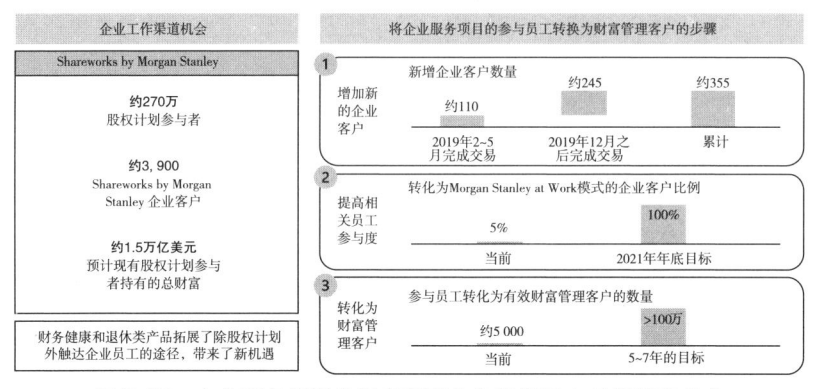

图 2.26 企业服务渠道为财富管理业务提供了大量新获客机会

注:预计现有股权计划参与者持有的总财富 1.5 万亿美元由摩根士丹利使用 2018 年 11 月的数据估计;Morgan Stanley at Work 模式指的是在 Shareworks 平台上启用经纪功能和教育内容;有效财富客户定义为通过摩根士丹利财务顾问、虚拟顾问、Access Investing 或 Access Direct 提供服务的财富管理客户。

资料来源:Morgan Stanley(2019)Presentations. 4Q19 Strategic Update.,中金公司研究部。

- 在获取企业客户方面，除了近两年大举收购直接获客外，摩根士丹利还通过集团内的其他机构业务来交叉引荐更多财富管理企业客户。获取企业客户是摩根士丹利的强项，但该获客模式最具挑战性的在于第二步。
- 为了增加企业员工的参与度，摩根士丹利一方面推出了财务健康和退休计划相关的产品，拓展除了股权计划外更多的触达企业员工的途径，另一方面大力推广 Morgan Stanley at Work 模式。Morgan Stanley at Work 是一套综合性的工作场所财务解决方案，在 Solium Capital 的 Shareworks（收购后改名为 Shareworks by Morgan Stanley）平台基础上增加了更多服务，提供与员工相关的建议、员工教育培训和技术支持等方面的服务。

资产费率与成本支出管控

拆分摩根士丹利财富管理业务 20 年数据显示，主要驱动力是快速增长的 AUM、稳定的资产端费率和成本管控能力（见图 2.27）。财富业务收入取决于 AUM 和综合费率，费率又取决于提供的资产和服务类别。摩根士丹利财富管理业务可根据收费模式拆分为三大类：投资顾问业务收入，经纪业务收入和利息类业务收入。从数据来看（见图 2.28），财富管理业务收入中资产管理收入和净利息收入占比上升，2000 年以来分别上升 26ppt 和 10ppt 至 2020 年年底的 57% 和 21%，交易类收入占比从 2000 年以来下降 41ppt 至 2018 年的 15%，但 2019 年以来公司大力拓展大众富裕客群，推动交易类收入占比反弹至 2020 年年底的 19%。

2008 年以前客户总资产收益率上升主要依靠资产管理收入和净利息收入拉动，而 2016 年摩根士丹利客户总资产收益率反超瑞银并保持

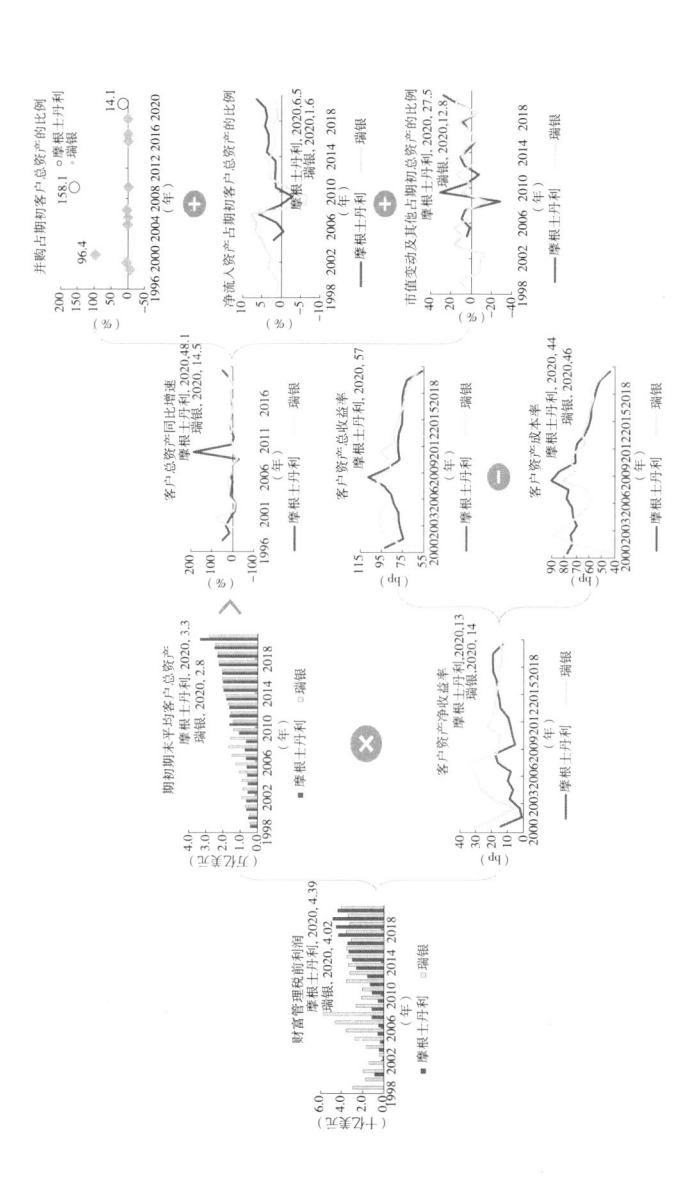

图 2.27 摩根士丹利与瑞银的财富管理业务各项数据对比

注：瑞银和摩根士丹利采用财富管理部门数据，摩根大通的财富管理业务和资产管理业务和资产管理业务与财富管理部门下私人银行和零售客户的 AUM 和创造收入，以及财富管理业务的利润率。瑞银可投资资产指的是管理或以投资为目的的所有客户资产，不包括纯交易目的持有的资产，仅托管资产；非银行资产和第三方银行融资或交易目的的存款，客户资产收益率基于该口径的 AUM 计算。

资料来源：公司公告，中金公司研究部。

第二章 欧美国家财富管理头部企业

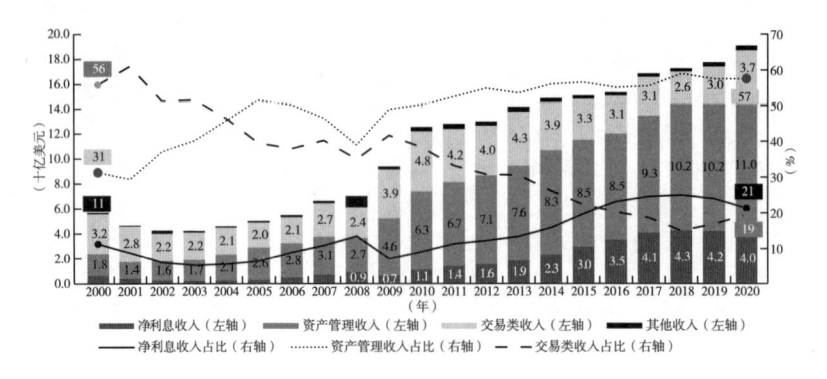

图 2.28　摩根士丹利财富管理收入结构

资料来源：公司公告，中金公司研究部。

较小降幅，主要得益于稳中有升的资产管理收入以及净利息收入持续上升冲抵交易类收入的下降（见图 2.29）。

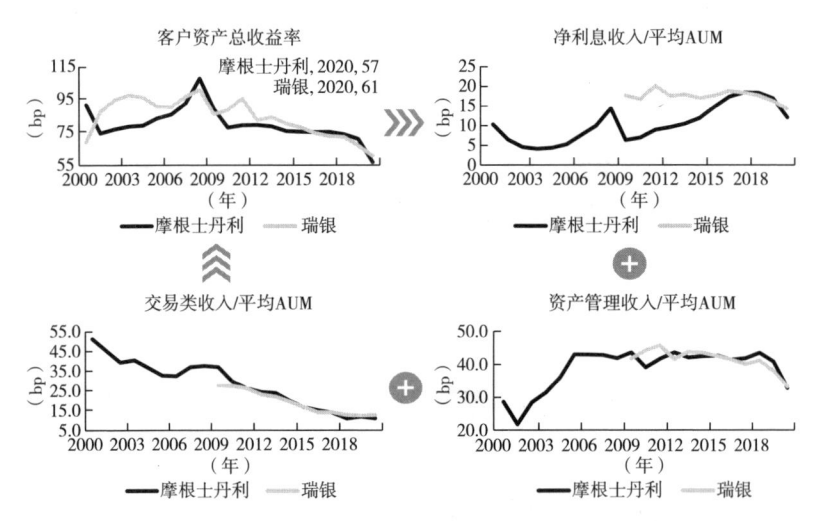

图 2.29　摩根士丹利客户资产总收益率按收入类型的拆分

资料来源：公司公告，中金公司研究部。

- 净利息收入的增长来自贷款渗透率与息差提升，2008—2018 年首要推动因素是息差，公司自金融危机以来大力发展"银行战略"，吸收低成本的存款资金支撑财富管理业务各类贷款产品的增长。

- 在资产管理收入方面，2008年以前资产管理收入的迅速增长主要由费率与收费类资产渗透率共同推动。2008年以后费率下滑与收费类资产渗透率提高相互抵销，资产管理收入相对AUM规模保持稳定。摩根士丹利可以保持稳定的资产管理收入率的主要原因在于其强大的综合账户管理能力，为客户赢得高收益的同时可以收取高费率，并且凭借亮眼的业绩和优质的服务吸引更多客户资产，提高收费类资产渗透率。

聚焦高净值/超高净值客群，精细化分层客户服务体系

摩根士丹利财富管理客户仍然以高净值和超高净值为主，可投资资产100万美元以上的客户占比80%以上。如图2.30所示，摩根士丹利客户结构中高净值个体与超高净值个体（客户资产＞100万美元）始终是公司的主要客户且增长较快，两类高端客户合计资产规模占比在2003与2018年分别为53%和82%，增长29ppt。并且大多数时间高端客户资产增速高于富裕客户（见图2.31），2003—2018年，可投资

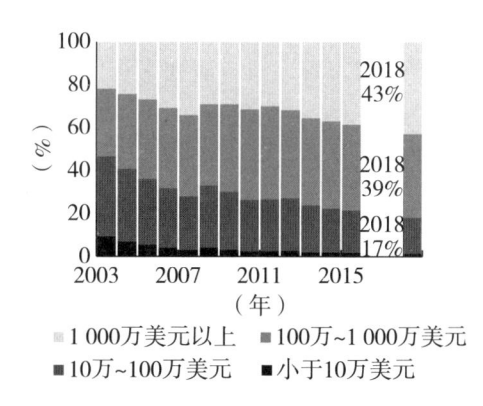

图2.30 摩根士丹利财富管理客户结构

注：2016年和2017年公司未披露客户结构。
资料来源：公司公告，中金公司研究部。

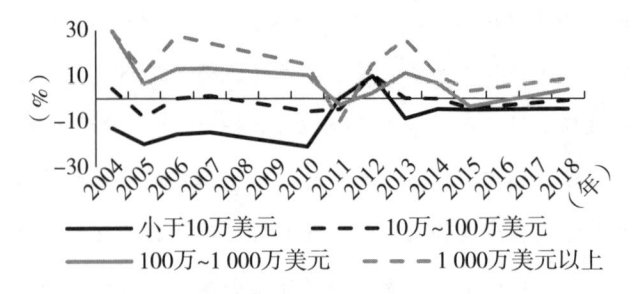

图 2.31 摩根士丹利各类财富客户资产增速

注：图中对 2008—2009 年的数据进行平滑处理以避免极端市场情况的干扰。
资料来源：公司公告，中金公司研究部。

资产 1 000 万美元以上、100 万～1 000 万美元的客户资产年均增速分别为 17%、13%，而可投资资产 10 万～100 万美元、小于 10 万美元的客户资产年均增速仅分别为 5% 和 –3%。

公司自 2002 年成立个人投资者事业群以来始终坚持客户分层经营的商业模式，且分层经营模式还逐步演变升级。2002 年公司分别由财务顾问、财富顾问和投资代表三类投顾为大众富裕、高净值与超高净值客户提供服务，产品服务丰富性与定制化程度随着客户资产的增加而增加。2020 年，公司仍按照客户资产规模提供分层服务，但针对大众富裕客户的财富管理服务演变为智能投顾平台 Access Investing；针对资产规模较小的高净值客户（例如 100 万美元左右）采用虚拟投顾与专属投顾相结合的模式，仅与客户远程沟通；而针对 1 000 万美元以上的超高净值客户，则仍然使用纯人工的专属投顾服务，辅之以科技工具，给予客户更多的沟通方式选择。从纯人工服务全资产规模客户演变成 AI、远程沟通与线下深度沟通相结合的服务方式，不断改变的是服务客户的工具与方式，而不变的是精细化分层客户经营。

多层次产品服务体系支撑稳定高费率

摩根士丹利为客户提供全谱系、多层次的财富管理产品和服务。摩根士丹利在财富管理产品供给方面具有明显的优势,可以为客户提供涵盖账户管理、资本市场交易、独家的另类投资产品以及各类财务规划等全谱系的产品与服务,并且根据不同客户资产规模进行产品的差异化供给。如图 2.32 所示,对于资产规模小于 100 万美元的客户,公司提供的管理账户解决方案只包括联合管理账户、独立管理账户与共同基金咨询,资本市场产品也是比较基础的标准化产品,但对于更高净值的客户,公司会提供信托资产管理、投资组合管理等更加复杂的账户管理服务,以及个性化的资本市场投资产品、独家的另类投资机会等。针对不同客户的需求提供不同的投资产品,一方面为公司各类产品找到了目标客群,降低了公司产品和服务销售难度;另一方面为客户提供适合其风险收益水平的产品,有利于优化客户投资体验。

<100万美元客户(18%)	100万~1 000万美元客户(39%)	1 000万美元以上客户(43%)	企业客户
・领先的管理账户解决方案:联合管理账户、独立管理账户、共同基金咨询 ・资本市场解决方案:跨种资产类别(例如,封闭式基金、企业固定收益、市政债券、股票)的高质量执行和新发产品的访问 ・多元化的投资产品,最好的基金经理:共同基金、529计划、单位投资信托、ETF ・财务规划、长期关注 ・灵活的证券和保证金借贷	・领先的管理账户解决方案:信托资产管理、信托服务、投资组合管理(投顾管理)、联合管理账户 ・资本市场解决方案:个性化的投资组合审查和股票挂钩衍生解决方案的设计、各种资产类别的质量执行以及获得新发行的产品 ・独家另类投资产品:管理期货、单一管理人对冲基金和母基金 ・财务和退休计划、人寿保险和捐助者建议基金 ・核心高净值贷款产品:包括抵押贷款、信用额度、保证金和基于证券的贷款 ・由美国运通发行的专属信用卡	・Wealth Strategies Group 致力于复杂的投资组合构建 ・领先的管理账户解决方案:信托资产管理、信托服务、投资组合管理(投顾管理)、联合管理账户 ・独家另类投资产品:私募股权、房地产和定制产品 ・家族财富咨询服务:家族治理与动态、慈善事业管理、财富规划中心和生活方式咨询 ・与私人银行家和贷款顾问协商提供量身定制的贷款产品	・股票计划管理和执行金融服务 ・退休服务 ・财务规划和访问财富规划中心 ・资本市场解决方案:为中间市场客户提供MSWM和摩根士丹利经纪商的完整产品,以及企业现金解决方案 ・Graystone咨询:其他机构咨询项目(信托资产管理、全球投资解决方案) ・战略管理

图 2.32　摩根士丹利针对不同的细分客户群体提供差异化的产品和服务
注:客户结构数据为 2018 年各类客户 AUM 占比。
资料来源:Morgan Stanley (2012) Presentations. Barclays Capital Financial Services Conference.,中金公司研究部。

现金管理和贷款产品是摩根士丹利"银行战略"下的特色产品。摩根士丹利在金融危机中转化为银行控股公司,为了更快地走出危机,提出了"银行战略",在财富管理业务层面及时加强现金管理产品和工具的供给并通过更多渠道触达客户,从而推动存款稳定增长,为发放贷款提供资金来源。在此战略下,现金管理产品和贷款产品的重要性逐渐提升。

- 为了吸收存款,公司推出了多种现金管理产品和服务,Cash-Plus Account便是其中之一。该产品是专门为客户现金管理需求定制的经纪类账户,虽然是经纪账户,但具备了线上支付、线上转账、存取现金等传统银行储蓄账户的功能,同时可以参与摩根士丹利的众多财富管理工具,如自主交易账户、Access Investing、退休规划等。通过简单的现金类业务吸纳闲散资金,并且为公司吸引更多的基础客户。
- 银行存款计划是公司增加存款的另一举措。该计划开始于2005年,在金融危机后迅速发展。银行存款计划是将公司客户经纪账户中的未投资资金全部自动归集到旗下银行子公司的存款账户,超过单个账户存款限额后会自动转入合作管理人的货币市场基金产品中。该项计划是公司所有客户账户的默认清仓投资,一方面帮助客户利用闲散资金赚取一定收益,另一方面也为公司创造了更多的存款和推荐类费用收入。2020年公司银行存款计划中存款余额2 321亿美元,从2009年来年均增速达到17%。
- 公司吸纳存款后致力于发展贷款产品,提高贷款产品渗透率。财富管理部门提供的贷款产品主要包括以证券为抵押的保证金贷款、住宅抵押贷款以及定制化贷款，其中定制贷款根据客户的复杂融资需求进行贷款方案设计，是公司吸引和保留超高净值客户的重要产品。2020年年底公司财富管理部门的贷款余额为1 212亿美元，2013年以来年均增速为19%。

管理账户解决方案是摩根士丹利为财富管理客户提供综合解决方案的核心产品。除了提供谱系全面的投资单品外，财富管理业务更重要的产品能力在于综合解决方案的供给，以满足客户更加个性化、复杂化的财富管理需求。摩根士丹利具有超过40年的管理账户解决方案供给经验，为客户提供多种服务模式、多种投资策略的账户管理解决方案，能够以较低的成本获取机构级别产品以提供给财富管理客户，并且拥有专业投顾团队以及数据库支持其在全市场遴选优质产品以构建投资组合。截至2012年，摩根士丹利财富管理在全行业管理账户总资产中的份额达到20%。

摩根士丹利为个人客户提供的管理账户解决方案主要包括联合管理账户、独立管理账户、顾问咨询和投资组合管理，以及向机构客户提供的现金管理账户。

- 联合管理账户。针对倾向于利用整体性方法制定资产调配的客户，从一系列专业管理者及投资组合中选择相关产品。客户可将共同基金、ETF合并到一个账户中。客户、投资顾问、基金经理均可行使投资决定和酌处权，同时客户还可以在众多共同基金之中系统分配资产，做出投资决定。
- 独立管理账户。将投资决策包给合格的第三方管理者，每个账户只能有一种第三方资产管理策略。

- 顾问咨询。该模式下，每次账户变动与投资决策均需获得客户批准。
- 投资组合管理。投资顾问可自行做出投资决策（由客户合同批准），账户变动时无须向客户申请批准。
- 现金管理账户。投资顾问向机构客户提供全权现金管理服务，根据客户的投资标准进行证券和收益的投资与再投资。通常，投资组合将投资于短期固定收益产品和现金等价物。

优异的资产管理能力一方面吸引了更多收费类客户资产的流入，提高收费类资产渗透率，另一方面也给予了公司收取高费率的溢价能力。如图2.33所示，不考虑2020年收购互联网经纪商 E*TRADE 的影响，摩根士丹利收费类资产渗透率在2019年年底达到47%，较刚开始大规模发展复杂财富管理业务的2001年提升了28ppt。2020年年底收费类资产在各个账户产品中的分布结构相对均匀，2020年年底独立管理账户、联合管理账户、咨询类账户和投资组合管理账户的收费类资产占比分别为24%、26%、12%、35%，但拉长时间周期来看，提供

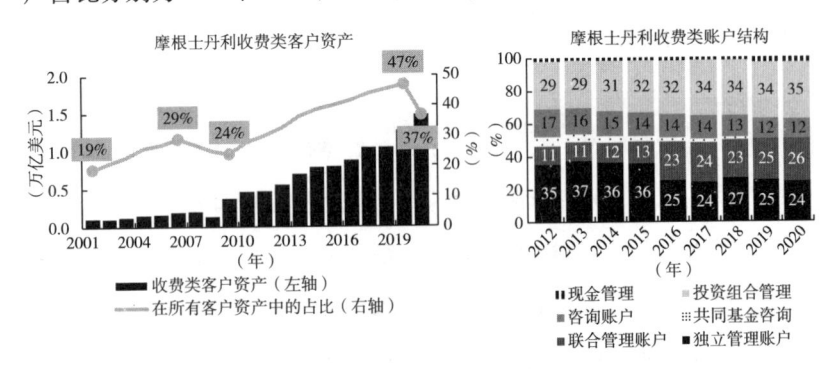

图2.33 摩根士丹利收费类资产规模、占比及账户结构

注：2019年将共同基金咨询账户与联合管理账户合并统计。
资料来源：公司公告，中金公司研究部。

更加复杂服务的联合管理账户、投资组合管理账户的资产占比逐渐上升，并且这两个账户的费率也是所有账户中较高的，2020 年分别为 99bp 和 94bp。虽然 2009 年以来各类账户的费率都呈下降趋势（见图 2.34），但公司通过调整收费类产品的内部配置结构，提高高费率服务占比，放缓收费类资产整体费率下滑速度。2020 年公司收费类资产整体费率为 70bp，较 2014 年的高点仅下降了 10bp，降幅远低于单个高费率账户产品的费率降幅。

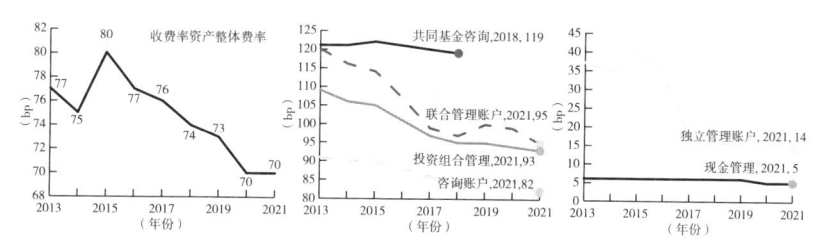

图 2.34 摩根士丹利收费类资产费率
注：2019 年将共同基金咨询账户与联合管理账户合并统计。
资料来源：公司公告，中金公司研究部。

优秀的成本管控能力

摩根士丹利财富管理业务税前利润快速增长的另一个重要原因在于优秀的成本控制能力。如图 2.35 所示，2020 年摩根士丹利客户资产成本率为 44bp，低于瑞银，2008 年以来大幅下降 46bp。其中薪酬成本虽然也在减少，但从绝对水平来看还是高于瑞银。摩根士丹利的成本优势主要体现在非薪酬成本上，2020 年客户资产非薪酬成本率仅 11bp，是瑞银的一半，自 2008 年高点以来下降了 20bp。

多项举措推动成本下降。由于财富管理的智力驱动业务属性，公司并不单纯强调压低成本，而是关注税前利润率这一综合指标。为了实现更高的财富管理税前利润率，公司采取了一系列合理降低成本的

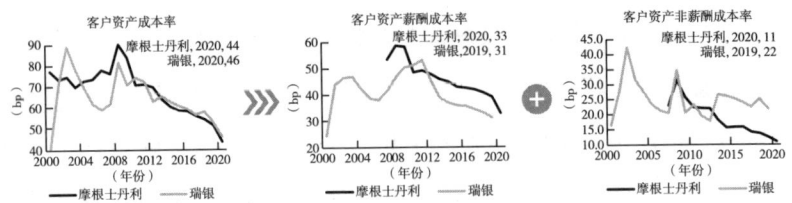

图 2.35　摩根士丹利与瑞银的客户资产成本率比较

注：客户资产成本率=财富管理业务对应的成本/平均客户资产规模。
资料来源：公司公告，中金公司研究部。

举措，其中最主要的是支持类功能和服务成本的压降，例如通过引入更高效率的科技工具代替人力和线下服务，从而减少高成本的线下网点和投顾数量。2020 年年底公司投顾数量 15 950 名，较 2009 年下降 13%，网点数量 584 个，较 2009 年下降 37%。或者通过整合中后台服务功能、整合流程，消除冗余成本。公司降低非薪酬成本的重要手段是科技，并且科技能力也是摩根士丹利财富管理业务的一个重要竞争力。

高效的内部协同与薪酬激励

制度安排合理推动内部协同

　　三大业务联动带来大量交叉销售业务机会（见图 2.36）。根据公司披露，2014—2018 年每年财富管理部门约 110 亿美元的新增客户资产来自机构证券部门推举，占财富管理部门年平均净流入客户资产的 14%，财富管理部门也为机构证券部门提供了约 320 万个额外分销渠道。同时，投资管理部门也得益于财富管理部门和机构证券部门的赋能，共有超 750 亿美元 AUM 来自财富管理客户，占 2018 年年底投资管理 AUM 的 16%，2018 年来自机构证券部门推举的 AUM 净流入约 70

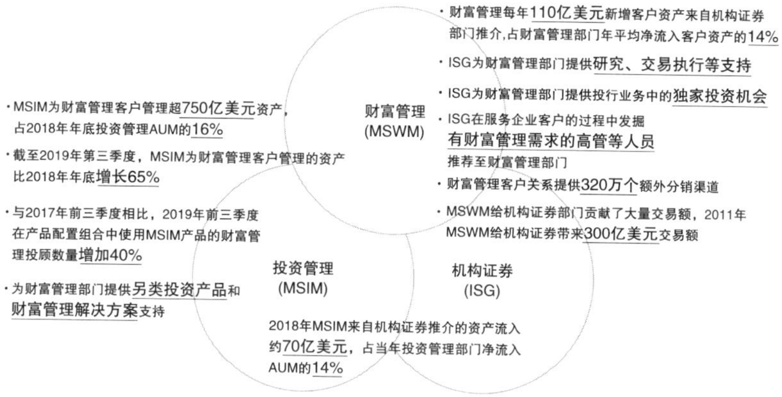

- MSIM为财富管理客户管理超750亿美元资产，占2018年底投资管理AUM的16%
- 截至2019年第三季度，MSIM为财富管理客户管理的资产比2018年底增长65%
- 与2017年前三季度相比，2019年前三季度在产品配置组合中使用MSIM产品的财富管理投顾数量增加40%
- 为财富管理部门提供另类投资产品和财富管理解决方案支持

财富管理(MSWM)
- 财富管理每年110亿美元新增客户资产来自机构证券部门推介，占财富管理部门年均净流入客户资产的14%
- ISG为财富管理部门提供研究、交易执行等支持
- ISG为财富管理部门提供投行业务中的独家投资机会
- ISG在服务企业客户的过程中发掘有财富管理需求的高管等人员推荐至财富管理部门
- 财富管理客户关系提供320万个额外分销渠道
- MSWM给机构证券贡献了大量交易额，2011年MSWM给机构证券带来300亿美元交易额

投资管理(MSIM)　机构证券(ISG)

2018年MSIM来自机构证券推介的资产流入约70亿美元，占当年投资管理部门净流入AUM的14%

图2.36　三大业务联动带来可观的交叉销售空间

注：年均指的是2014—2018年平均数据。
资料来源：Morgan Stanley（2019）Presentations. Bank of America Merrill Lynch Future of Financials Conference., Morgan Stanley（2019）Presentations. Barclays Global Financial Services Conference，中金公司研究部。

亿美元，占当年投资管理部门净流入AUM的14%。

摩根士丹利机构证券业务具有强大竞争力，长期贴近资本市场的交易业务培养了卓越的资本市场研究与交易执行能力，投行业务为其积累了丰富的企业高管等高净值客户资源，这些资源禀赋通过机构证券与财富管理部门的密切合作赋能财富管理业务，为其提供资产配置建议、投行业务中的独家投资机会、交易执行、客户推荐等多方位支持。

机构证券（ISG）与财富管理部门（WM）的协作逐渐深入，效率提升。ISG与WM的协作从简单的产品和投资机会供给、交易执行与分销深入客户与底层架构共享，并且通过收益分享协议以及组织架构改进等激励和推动措施，提高协作效率，充分挖掘业务机会与潜在客户。早在2007年，WM和ISG的投行部及自有资金投资部门就签订了收益分享协议，以推动产品的交叉销售和客户推荐。2012年收购花旗美邦接近尾声时，WM与ISG两部门又推出了35项行动计划以深化双方合作关系，例如，将机构和零售研究资源进行整合以推动产品和服务的统筹规划和交叉供给；合 WM 和 ISG 两部门之力进行更细分的客户覆盖和关系管理，将部分销售、交易管理和产品执行职能以及高级客户关系转移到 WM 部门，利用其客户关系管理专长加强对重点客户的覆盖强度，同时释放 ISG 部门的能力专注于其他业务。2016 年 7 月，WM 和 ISG 又签订了一项关于固定收益业务整合的协议，由 ISG 负责管理 WM 部门客户发起的固定收益交易活动和相关员工，并且 ISG 根据分销活动向 WM 部门支付费用。为了推动机构证券与财富管理部门协作，公司还成立了专门的中间协调部门。WM 和 ISG 的客户存在大量重叠，ISG 的机构客户是 WM 企业股权计划、养老金计划等服务的目标客户，机构客户高管又可以转化为 WM 的高净值客户，从 WM 到 ISG 的反向推荐也类似，WM 的企业客户存在融资需求的可以推荐给 ISG 部门，优质的企业家高净值客户的企业有融资、并购整合咨询等机构业务需求时同样可以推荐给 ISG 部门跟进。为了抓住这些交叉销售和引流的机会，除了在整个公司层面成立战略客户管理部门（SCM）外，在财富管理部门内部也建立了摩根士丹利策略咨询部（SAS）。

高薪精英化战略保障团队质量，科学激励释放生产力

投顾团队是摩根士丹利获取和经营高端客户的重要前提，投顾团队建设秉承精英化理念，高薪聘请优秀投顾，同时及时淘汰低效产能，个人能力强劲的投顾通过团队模式形成完整的服务能力，并且团队之间的灵活协作也进一步增强了公司应对各种客户需求的能力。此外，公司通过科学的薪酬体系和激励机制缓解投顾与客户、投顾与公司以及投顾团队之间的利益纠葛，充分释放投顾生产力。

致力提升投顾生产力。业务发展初期，投顾团队聚焦迅速提升市场份额，获取尽可能多的客户，该阶段投顾销售职能更为侧重，但业务后期工作重点从获客向经营客户迁徙时，投顾的专业化服务能力重要性迅速上升。如图2.37所示，2000年以前以及2009年左右业务快速发展和转型时期投顾人数快速增加，其他时间投顾人数基本处于缩减状态。2020年年底摩根士丹利拥有15 950名投顾，排除2020年新一轮业务扩张期，2017—2019年投顾人数年均下降0.6%，投顾生产力保持稳定上升（见图2.38），2020年年底投顾人均创收121万美元，2018—2020年年均增长4%。

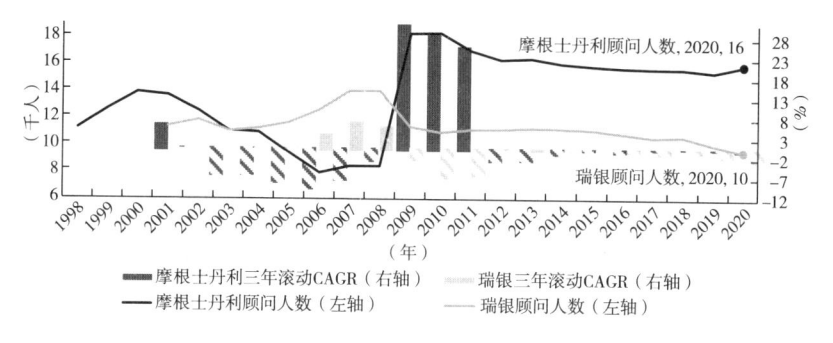

图2.37 摩根士丹利财富管理顾问人数及增速
资料来源：公司公告，中金公司研究部。

图2.38 摩根士丹利投顾生产力保持稳定上升
注：投顾人均创收＝财富管理部门收入/期初期末平均投顾人数。
资料来源：公司公告，中金公司研究部。

投顾有作为个人IP的专业服务领域，协作模式整合投顾专长为综合化的财富管理服务能力。摩根士丹利的投顾质量较高并且保持稳定，

2012年的《巴伦》100强财务顾问（Barron's Top 100 Financial Advisors）的评选中摩根士丹利有39位投顾获奖，排名第一；2020年《福布斯》250强投顾评选中摩根士丹利有61个团队入选，同样排名第一。就个人投顾的能力而言，摩根士丹利每一类投资顾问都有其专注研究和擅长的领域，例如私人财富顾问重点在超高净值客户服务和家族办公室业务上发展能力，而投资组合经理则专注研究资产配置和投资组合构建，在不同领域具有专长的投顾组成一个涵盖各类财富管理服务能力的投顾团队为客户提供服务，并且团队之间也会进行取长补短的合作，进一步提升摩根士丹利满足各类客户或复杂或独特的财富管理需求的能力。

  财富管理部门主要采用公式化薪酬，投顾薪酬与业绩高度挂钩，同时辅之以多样化的激励性薪酬和福利，赋予公司灵活调整激励制度的空间。由于财富管理的智力驱动业务属性，财富管理部门的薪酬大多是与业绩挂钩的公式化薪酬，从客户支付给摩根士丹利的费用中抽取一部分作为投顾的基础工资，不同产品的抽成比例有所不同，为公司提供了利用该比例灵活调整公司产品战略的空间。2020年财富管理部门人均薪酬69万美元，是公司人均薪酬的2.2倍，并且保持着比公司人均薪酬更快的增速。除了基础工资，投顾还根据其业绩享有众多薪酬和福利。基础收入的20%~55%会被作为激励性薪酬发放，并且该比例会随着基础收入的增长而增长；当基础收入超过一定标准后投顾还可以获得俱乐部会员资格，享受退休金增长等福利；另外投顾还有获得额外奖金的机会，具体金额结合客户资产净流入、存贷款增长等指标综合考虑。对于资质非常好的投顾，摩根士丹利还会提供入职薪酬承诺以吸引其在摩根士丹利入职，该薪酬承诺会根据后续投顾的业务兑现。灵活的激励机制使得公司可以根据发展战略和市场环境灵活调节投顾薪酬和激励，同时调节业务相关方的利益冲突。

传统牌照植入科技基因

金融科技成为银行业乃至金融业重点角逐的战场，摩根士丹利尤其高度重视科技能力建设。摩根士丹利 CEO 戈尔曼在 2018 年表示，公司每年约有 40 亿美元的科技投入，这一投入占 2020 年非人工成本的 34.1%，占 2020 年营收比重为 8.3%，且公司表示近年非人工成本的构成中科技投入比重仍在提高。相比之下，与摩根士丹利体量相似的大型公司（营收大于 20 亿美元），2020 年科技投入占营收比重仅为 3.3%，并且摩根士丹利的科技投入力度在同业中也位于较高水平，充分体现了公司对科技的重视程度（图 2.39）。

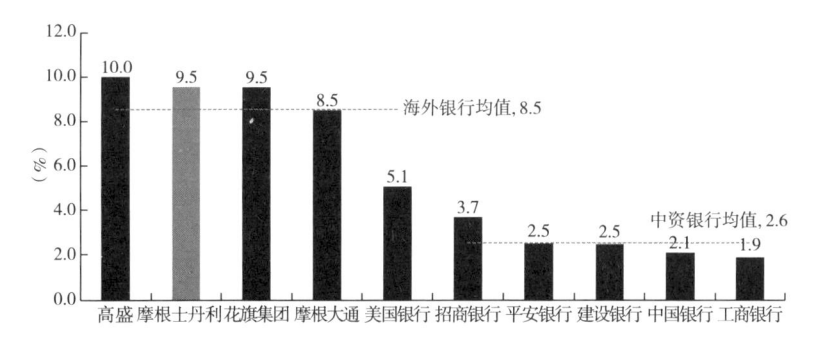

图 2.39 2019 年中外银行科技投入占营收的比重
注：摩根士丹利数据由公司每年约 40 亿美元 IT 投入和 2019 年经营数据估算得出。
资料来源：公司公告，中金公司研究部。

目前，公司初步形成了以 NBA、GPS、资产整合和风险分析平台为核心的数字化经营模式，已有超过 90% 的投顾使用至少其中两款数字化财富管理工具，发送 NBA 平台支持的推送超过 1 000 万条，GPS

推出后客户财务规划需求增长125%，手机客户端使用自2017年增长约50%，整体数字化战略为公司带来的资产整合机会约2.6万亿美元。

- 2018年，公司推出了帮助投资顾问提高生产力的重磅科技平台NBA。该平台由公司花费6年时间研发，经过多年系统迭代后于2018年11月发布新版本。2017年之前的版本基于特定规则向投资顾问和客户提供可供选择的投资建议，其规则的固定性使得公司很难为客户开展定制化服务。2017年，新版本则使用了分析预测、大数据、人工智能等现代信息技术，提高了投资顾问与客户的沟通能力，可以千人千面地服务不同用户。主要的三项功能为：一是推送市场新闻与投资建议，二是提供操作预警，三是能够辅助解决客户日常事务。当前智能投顾市场的竞争者通常只能提供NBA的第一项功能，但NBA的推送也不仅仅是简单的市场信息，其可根据具体事件为客户生成投资建议，如与客户相关的公募基金或ETF更换管理者时，NBA可推送提示客户与公司沟通决定是否仍购买该产品，推送的互动性被大大提高。

- 摩根士丹利财富管理计划系统，即GPS，是为客户提供上学、就业、旅行、家庭、购房、退休、遗产继承等方方面面的管理的数字化系统。该系统可以帮助投资顾问发现和量化客户的长期投资目标。主要功能包括：①为投资顾问提供满足客户需求的投资流程建议；②提供节税方案，让证券以更节税的方式进行管理；③周期性的跟踪进展，比如储蓄或消费偏离了预定的理财轨迹，会给出建设性意见和建议，适时调整路线。

在数字化战略的赋能下,投顾效率和公司整体服务效率大幅提高。如图 2.40 所示,摩根士丹利投顾人均管理 AUM 在 2020 年达到 2.5 亿美元,2018—2020 年年均提高 118%,虽然人均管理资产水平仍然低于瑞银,但增速更快。公司的整体服务效率也有所改善,总成本/AUM 5 年间下降 15bp,主要得益于"非薪酬成本/AUM"的下降,并且两种服务方式在服务 AUM 中的结构变化,即低成本的科技服务方式逐步替代了一部分高成本的投顾服务方式,也贡献了部分整体成本率的下降。

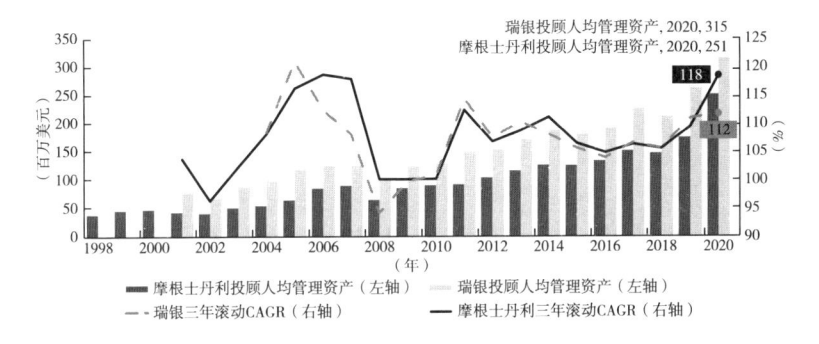

图 2.40 财富管理顾问人均管理资产

注:投顾人均管理资产 = 期末客户资产总额/期末投顾人数。
资料来源:公司公告,中金公司研究部。

寻求优质合作伙伴,加速科技赋能业务进程

2017 年 6 月,公司宣布与 Twilio 合作,以帮助众多投顾向客户发送有关其投资组合和时事的短信。这项伙伴关系实质上为公司的 NBA 平台提供了基础技术支持,同时是公司更广泛战略的一部分,即使用技术来增加投顾与客户的互动,瞄准新客户,并对耗时的流程进行数字化。Twilio 基于云端的架构提供可拓展的、安全的 API(应用程序编程接口),融合到摩根士丹利先进的数字应用程序中,从而供投顾与客户使用。作为一名高净值客户,由于工作繁忙,每天有获取金融市场新闻与时事热点的需求，但又缺少时间和精力去阅读烦琐的报道与观看新闻，因此客户更关心新闻对于自己的影响。与 Twilio 合作后，公司可通过机器学习引擎向投顾推送消息，经过投顾定制修改、审核后发送给客户。该平台同时支持社交媒体与视频聊天功能。NBA 与 Twilio 对生产力改善的重要性在 2020 年新冠疫情期间得到了充分体现，虚拟投顾业务近年的快速发展亦得益于公司与客户间通信系统的不断完善。除 Twilio 外，摩根士丹利还和 Cloudera、Addepar、Zelle® 等众多公司建立合作伙伴关系，并且举办了众多科技峰会发掘优秀的科技公司，寻求合作以推动公司在投顾运营、客户参与和客户获取等方面的数字化进程。

AMP：财富前台与中后台弱绑定，传统金融机构服务中产阶级的范式

特许经营顾问网络是阿默普莱斯金融（Ameriprise Financial，简写为 AMP）财富管理业务的一大核心优势，依托这些高质量的顾问与客户建立更深层次关系，同时公司不承担顾问固定薪酬及运营费用，因此可以兼顾规模，是服务中产阶级的可行商业模式。但具体如何在给予顾问的支持程度与顾问的展业自由度之间寻求平衡，美国市场上有多种范式。AMP 的做法值得国内传统金融机构借鉴：公司掌握中后台能力、品牌等核心竞争力，前台采用特许经营引入高质量顾问，使用平台思维运营，从传统的"产品平台"升级为"顾问的平台"。值得注意的是，以上商业模式一般适用于成熟的财富管理行业发展阶段，市场上有足够的独立顾问与中产阶级人群基础。另外，公司需要中后

台能力支持和约束顾问以保证客户体验，客户资产规模增速低于一般"平台模式"。

财富、资管业务为增长引擎，保险业务深化客户关系

财富、资管、年金和保险三大业务互补，既有资产增长的抓手，也有加深客户关系的工具。AMP 是一家拥有 125 年历史的多元金融服务公司，目前公司包含三个核心业务板块：咨询和财富管理（Advice & Wealth Management）、资产管理（Asset Management）、年金和保险（Annuities and Protection），三大业务板块相互配合良好，最终形成了围绕中产阶级客户的一体化大财富模式。公司的整体经营目标定位于建立长期深度的客户关系，以财富管理业务为核心，资产管理业务为另一个增长引擎，共同构成公司的客户资产和盈利增长来源；而保险和年金业务则作为服务客户退休养老等长期财富目标的重要载体，加深与客户的全生命周期、深层次的关系。多元互补的业务格局使得公司收入来源多样化，逐步减少对保险业务的依赖，同时资本消耗减少，ROE 升高。资本实力的增强不仅帮助公司实现了回馈股东现金的增加，而且面临业务机遇时有充足的资金进行收购，形成了内生增长与外延收购并举的良性发展模式。

以保险业务起家，成功转型为更轻资产的财富资管类机构。AMP 的前身为 1894 年成立的投资者财团（Investors Syndicate），之后在 1984 年被美国运通收购，作为其金融服务子公司，2005 年单独分拆上市，业务结构逐渐从重资产的保险业务转变为以财富管理和资产管理为主的轻资产模式。2021 年年底公司财富和资管合计客户资产规模达到 1.4 万亿美元，两大业务板块合计贡献公司 79% 的税前利润。

- 2006—2010年AMP处于业务结构多元化初期，发力资管和财富业务，维持保险业务优势。2006年公司提出加大对财富管理和资产管理业务的投入，促进收入结构从固定利差业务向收费类业务转变，而2009年又强调了保险和年金业务也将带来稳定的资产流入和收入贡献，保持传统业务优势。主要原因在于市场环境和客户需求的变化，2006年前后的市场景气度高、利率走高，客户对固定利差产品需求下降，但在2008—2009年金融危机期间，客户风险偏好下降，不再青睐组合投资、可变年金和共同基金，更倾向于现金管理和保障收益的固定年金类产品。两个极端市场情况使得公司认识到产品和收入结构多元化的重要性，因此又开始重视年金和保险业务以增加产品选择，在各类市场环境下都能实现客户资金留存。同时也推出更多综合解决方案类产品，打造更加开放的货架，通过引入第三方产品降低自营重资产业务的压力。2007—2010年快速完善了内嵌投资建议的组合管理账户产品Active Portfolios Investment系列，2010年放开了可变年金产品货架，引入第三方保险公司的产品来给顾问和客户提供更多选择。
- 2011—2016年逐步调整保险业务定位，不再追求规模扩张，而是聚焦于服务客户的养老退休等长期财富目标，投入重点放在资管业务全球布局。AMP于2011年开始强调退休业务，将其作为未来财富管理的重大业务机遇，而保险业务正好契合退休规划的需要，因此成为公司抓住退休业务机遇的排头兵。2012年推出Confident Retirement方法，给顾问提供为客户进行全面的退休规划的方法框架，同时调整年金和保险产品以匹配规划框架需求，主要是控制可变年金的风险和波动。一方面收窄渠道，2010年第四季度起停止可变年金第三方渠道销售；另一方面调整产品设计，2012年和2016年分别推出旨在管理波动性的投资组合选项，降低可变年金业务的生前福利敞口，转而通过设计更复杂、更综合解决方案的人寿保险产品服务于客户的退休收入积累和管理、长期健康福利需求。人寿保险业务在退休场景中与财富管理形成良好的协同效应，但产险业务相关性较弱，成为业绩拖累，因此2016年开始收紧产险承销。

- 2018年至今退出高风险、与财富业务协同度低的保险业务板块，形成以资产管理和财富管理为聚集客户资产的增长引擎、以保险业务为加深客户关系的核心抓手的业务模式。2018年AMP正式提出以财富管理业务为核心，资产管理、保险、年金等业务为补充的一体化商业模式。一方面加快了保险和年金业务的风险清理和退出。2019年开始通过大量收缩保险业务，出售了财险子公司，2019年和2021年分别再保险了17亿美元和70亿美元的存量固定年金，2020年停止了固定年金和带有生前福利的产品的销售。另一方面扩张资产管理全球布局、丰富财富管理产品线。退出保险业务释放的资本为2021年收购BMO EMEA资产管理业务提供了支持，助力公司扩大欧洲和美国之外的全球资产管理业务。在财富管理方面则跟随客户需求继续丰富产品货架，2019年重新开展银行类业务，转回客户存款，发行新的品牌信用卡，丰富贷款产品；在保险产品方面发行新的结构化年金、投资型万能险等复杂产品，服务于客户退休规划的执行。从规模来看，2012—2021年重资本保险业务规模CAGR为1.2%，明显低于同期客户资产的8.4%。同时保险业务内部结构调整已初见成效，人寿保险保费收入中投资型万能险占比从2017年开始明显提升，2021年年底达到85%，比2016年的14%提高了71ppt。

业务条线划分清晰稳定，跟随公司战略有效调整。2005年AMP从美国运通分拆上市后经历了两年的业务梳理期，其间业务部门划分简单，财富、资管和年金业务都合并在Asset Accumulation and Income（AA&I）部门开展。2007年重新划分，将AA&I部门拆分，与原来的保险部门一起形成财富、资管、年金、保险四个业务条线，业务结构清晰，此后13年基本维持了这样的业务结构。直到2020年跟随公司业务转型进行微调，将年金、保险部门合并为一个部门。

转型成效显现，高ROA的财富资管部门成为利润贡献主力，轻资本模式进入良性循环。财富管理和资产管理业务ROA高，2021年年底分别达到7.5%、11.3%（保险和年金业务为0.6%），资产合计占比仅23%，但收入和税前利润贡献分别达到78.3%、79.4%，与2005年相比大幅提高（见图2.41），带动公司整体ROE从2010年的11%提升37ppt至2021年的48%，涨幅明显超过其他可比机构（见图2.42）。显著增强了公司的资本实力，能够更好地回馈股东，2011—2021年公

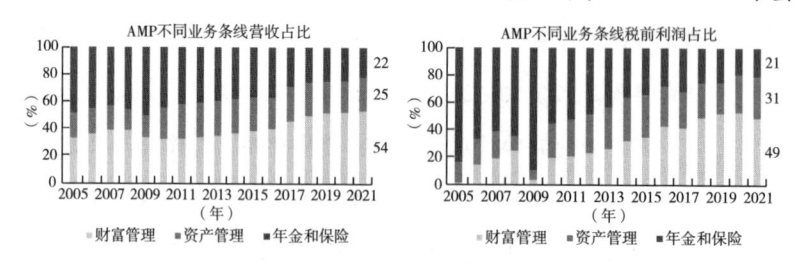

图2.41 AMP资产和财富管理部门营收及税前利润占比

注：不包含公司中心的营收与利润；四舍五入导致加总不为100%。
资料来源：公司公告，中金公司研究部。

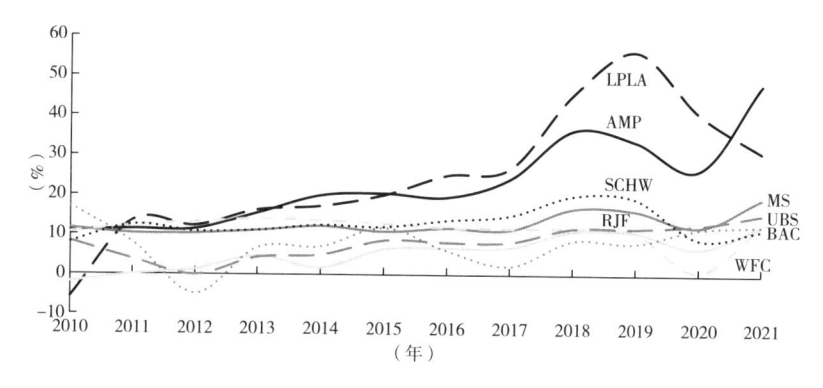

图 2.42 AMP 及可比公司 ROE

资料来源：彭博（Bloomberg），中金公司研究部。

司通过现金股利及股票回购返还股东的现金占归母净利润的比例达到 114%，同时也有多余的资本进行收并购以把握业务机遇。

咨询和财富管理、资产管理、年金和保险三大业务条线协同效应明显。财富管理业务通过遍布全美的关联顾问网络，为零售客户提供财务规划和建议、银行以及全方位经纪服务，核心客群是可投资资产 10 万美元以上的人群，2015 年提出目标客群上移，更加向 50 万 ~ 500 万美元可投资资产的人群倾斜。资产管理业务规模可观，2021 年全球排名第 32 位，通过收购快速建立规模优势、补强投资能力、加速全球布局。资产管理和财富管理业务与保险年金业务具有明显的协同效应，也是 AMP 能够成功转型的重要原因。

- 财富管理业务与客户建立的深度关系有利于客户精细画像，赋能保险产品设计和风控，而保险产品又能够帮助财富管理业务建立与加深和客户的全生命周期关系。AMP 的顾问网络优势和重视财富规划的传统使其能够在大众客群财富快速增长、退休规划需求越来越多的情况下抓住客户，除了资产聚集，通过更好的 KYC（了解你的客户）也能为保险业务赋能。财务规划过程能够更好地了解客户的人口学特征和趋势，有助于开发更量身定制的保险解决方案，同时也提高保险测算的可靠性。

- 资产管理部门的投研能力赋能顾问更好地为客户进行财务规划和资产配置。AMP 资产管理子公司不仅是财富管理投资组合策略的重要提供商，而且其投研观点可以直接输出给顾问和客户。而财富管理业务的顾问网络则为资管产品提供了分销渠道，在兼顾开放性的情况下，2021 年财富部门统包账户中投资自营基金的比例为 9.5%，提供的资金占资管业务规模的 5.8%。

- 资管业务为保险资产提供投资管理服务。2021 年公司固定利差保险及年金产品形成的表内资产，以及投资型产品吸收的独立账户资产的 32% 由资管部门进行投资，规模占资管 AUM 的 8%，为资管业务提供了长期稳定的优质资金。

以财务规划能力和品牌为支撑的高质量合作顾问生态

高质量的合作顾问生态

AMP 的顾问合作模式与时俱进，逐步加强对顾问的支持和约束力度，也逐步更加接近客户。如图 2.43 所示，1999 年之前 AMP 主要采用传统员工和独立承包商两种模式，新加入顾问都是第一年作为员工，之后自动转为独立承包商。1999 年开始引入特许经营模式，将此前的所有独立承包商转为特许经营的独立顾问，统一采用 AMP 的品牌展业，通过自身品牌赋能增加了对顾问的支持力度，并且允许员工顾问在一年之后继续选择以员工的身份展业，同时也支持员工和独立顾问

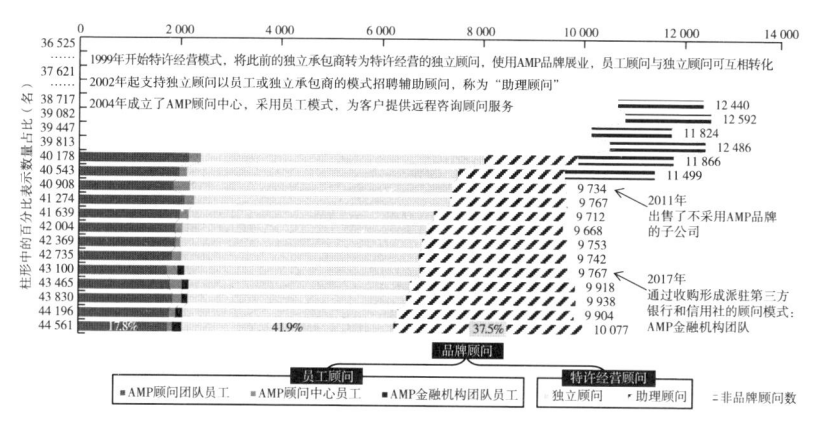

图 2.43 AMP 不同合作模式的顾问数量

资料来源：公司公告，中金公司研究部。

身份的灵活切换，在一定程度上开始重视顾问的质量，收紧了对顾问的约束，使得自身在大财富产业链上向客户更近一步。2002 年又支持独立顾问使用员工或承包商模式招聘自己的助理顾问，有利于独立顾问发展自己的业务和团队，也加快了 AMP 顾问网络的扩张。随着信息科技的发展，线上服务方式开始受到重视，AMP 于 2004 年成立远程顾问服务中心，通过线上的方式为客户提供财富管理顾问，但由于削弱了与客户面对面的情感交流，该部分顾问仅作为服务客户需求存在，非主要渠道。2011 年 AMP 出售了非品牌顾问平台经营子公司 SAFC（Securities America Financial Corporation），自此全部的顾问都使用 AMP 品牌展业，有利于保证为客户提供一致的体验。财富管理行业发展深入带来的资源竞争从终端客户拓展到顾问资源，如何获取更多顾问、如何为顾问提供更多客户都成为财富管理机构的重要命题。因此，2017 年 AMP 收购了主要服务金融机构顾问的 Investment Professionals, Inc，形成金融机构顾问团队，支持顾问作为 AMP 的员工派驻到银行或信用社工作，触达该类金融机构的客户，此举顺应了行业趋势，

第二章 欧美国家财富管理头部企业

给予顾问更多展业模式选择，同时也拓宽了自身的客户资源池。从顾问数量来看，以特许经营的独立顾问及其助理顾问为主，2021年两者数量分别达到4 221人和3 776人，合计占比79.4%，其次是员工顾问（2021年数量2 080人，占比20.6%）。

特许经营模式下多角色相互配合，形成良好的开放协作生态。如表2.5所示，AMP为顾问提供特许经营权以及展业必需的其他支持服务，包括科技及基础设施、营销及客户资源介绍、顾问培训和教育、风控及合规等几大类，顾问则为此支付一定的费用。除了使用AMP的品牌以及经纪业务软件外，其他大多数服务为可选，顾问可根据展业实际灵活搭配。从数据来看，2021年AMP向顾问收取的加盟费及各类服务费收入贡献仅2.7%，主要的收入来源仍然是顾问为客户提供经纪和咨询服务所得，收入中65.2%的比例分成给顾问。在整个特许经营顾问体系中，除了AMP与顾问之间，各个层级的顾问及员工之间都有密切的协作关系（见图2.44），都可以通过签署不同的协议扮演不同的角色，主要包括特许经营展业咨询顾问、合规监督专员，在AMP的约束下互相提供服务、收取费用，彼此之间的业绩密切挂钩，都具有相互介绍客户的动力，使得整个体系能够良好运转。

表2.5 AMP给独立顾问提供各类支持服务及收费情况

费用名称	金额	缴纳日期
展业资质授权类		
会员费	每月290美元	每月
注册辅助类员工费用（非必须）	每位员工每月175~1 000美元	每月
助理财务顾问费用（非必须）	每位AFA每月650~2 500美元	每月
特许经营展业咨询顾问费用（非必须）	每月375美元，外加每个附属顾问每月6美元	每月

（续表）

费用名称	金额	缴纳日期
科技及基础设施类		
技术支持包	每月 450 美元	每月
为员工支付的额外的软件使用许可和费用	每人每月 105~400 美元	每月
其他软件使用许可和费用（非必须）	每项服务每次订阅每月 20~200 美元	每月
计算机硬件	每台计算机 1 200~2 400 美元（也可以按月租赁）	费用产生时
网络设备	每个注册位置每台设备 1 200~2 000 美元（也可以按月租赁）	费用产生时
网络监控	每台设备每月 25 美元	每月
服务器维护	50 美元用于所需的安全软件，设置或安装费用 200~500 美元，季度维护 50 美元	每月
计算机软件安装服务	125~300 美元	按需
ATS 专业服务（非必须）	每小时 100 美元，另加差旅费用和支出	按需
通过外部供应商订购的软件（非必须）	会因市场价格而异	按需
交易单收费	每次交易 2~85 美元	按需
行政管理费用	咨询解决方案（管理账户）AUM 的 0.0025%~0.26%	按需
营销及客户资源介绍类		
公司总部业务资源推介（非必须）	因具体项目而异	按需
广告宣传辅助（非必须）	因项目而异	按需
市场营销项目（非必须）	因项目而异	按需
助理财务顾问客户购买（非必须）	因客户而异	每月
注册辅助类员工客户购买（非必须）	因客户而异	每月

（续表）

费用名称	金额	缴纳日期
客户内部转移费用	0~350 美元	在建议转移日期或之前
顾问培训和教育类		
教育/持续教育（非必须）	0~5 000 美元	按需
Ameriprise 白金金融服务项目（非必须）	1 000~4 000 美元	按需
私人财务顾问项目（非必须）	4 000~15 000 美元	按需
特许经营展业咨询顾问服务费用（非必须）	每月最低 200 美元或相当于 200 美元或以上的 1% 的 GDC	每月
可选的研究服务包（非必须）	0~800 美元	每月
风控和合规类		
客户投诉解决和制裁	会因情况而异	按需
监督管理	每月 242~2 233 美元	按需
错误和过失费用	每位独立顾问每月 183.34 美元（标准）或 225.02 美元（补充） 每位助理顾问每月 91.66 美元（标准）或 120.82 美元（补充）	每月
可选附加保险（非必须）	每个选项每年 0~825 美元	按需
营业执照和授权	会因许可证和司法管辖区而异	按需
可选的其他服务	5~10 000 美元	按需

资料来源：公司公告，中金公司研究部。

根据顾问能力进行精细化管理，多劳多得激励顾问积极性。从数据来看（见图 2.45 和图 2.46），独立顾问的产能更高，总收入也更高，2021 年人均综合创收（Gross Dealer Concession，简写为 GDC）达

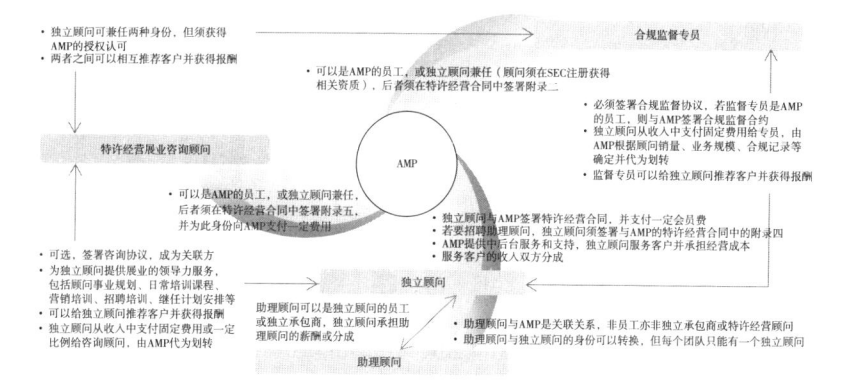

图 2.44 AMP 特许经营模式下各类角色及其相互关系
资料来源：公司公告，中金公司研究部。

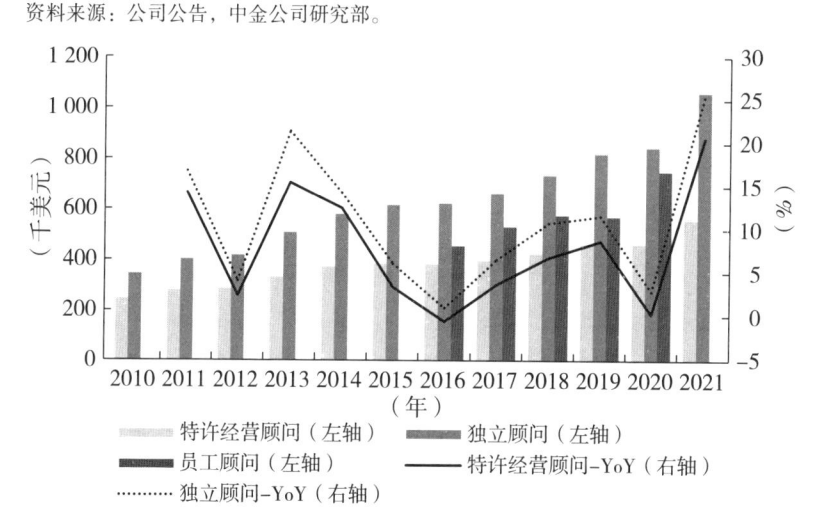

图 2.45 AMP 各类顾问人均产能
注：此处的人均产能指的是顾问为公司创造的来自客户的收入，特许经营顾问和独立顾问使用 GDC 度量，员工顾问使用咨询服务和零售经纪收入+分销产品收入度量。
资料来源：公司公告，中金公司研究部。

到 105.9 万美元，人均收入达到 92 万美元，分成比例为 86.8%，但需要自己承担展业成本，如助理顾问薪酬、办公场地等费用。如果考虑助理顾问，则 2021 年特许经营顾问整体人均总收入水平在 48.4 万美元，2020 年为 40 万美元，高于员工顾问（2020 年 31.1 万美元）。独

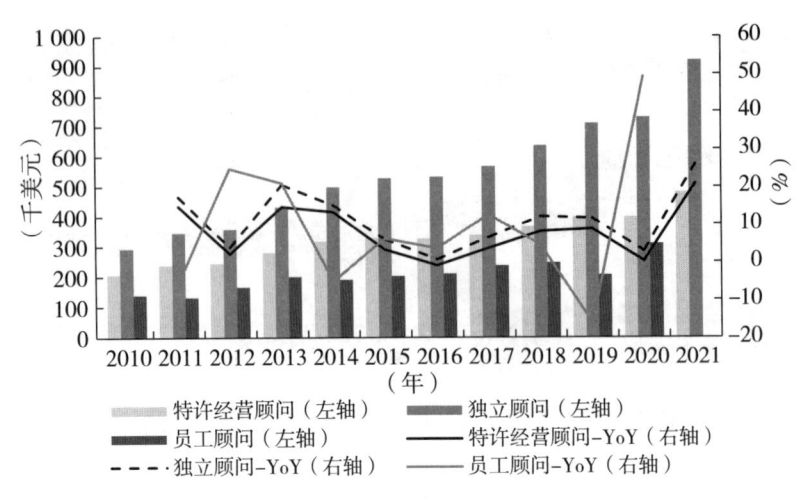

图2.46 AMP各类顾问人均总收入

资料来源：公司公告，中金公司研究部。

立顾问内部的差异也较明显，根据客户资产规模和GDC的不同，顾问的分成比例从72%到91%不等。近年来AMP独立顾问中年均GDC在450 000美元以上的顾问占比逐年走高，体现了公司独立顾问质量的整体提升。员工顾问产能比独立顾问略低，2020年人均直接创收74.9万美元，而收入则明显低，2020年为31.1万美元，分成比例仅41.5%，主要是其受到的公司的支持力度更大，且不需要承担展业费用。由于独立顾问展业费用数据不可得，因此两类模式的顾问真实净收入不得而知。从分成比例的趋势上来看，员工顾问与独立顾问的分成比例都呈现略微下降的趋势，体现了AMP对顾问支持力度增加的溢价。

精细化的顾问薪酬管理以及全方位的支持力度使得AMP能够吸引更多高质量的投顾，且顾问流失率较低。截至2020年年底AMP拥有4 100名国际金融理财师（CFP）持证顾问，占公司顾问总数的41%，数量在行业中排名头部。此外，还有在细分领域有专长的顾问，例如高管薪酬、小企业经营、遗产规划、慈善捐赠、离婚事件等。2011年以来，公司的顾问流失率波动下降，2021年年底为1.5%。

财务规划、品牌等中后台赋能

AMP给顾问提供全方位的支持服务，顾问可以按需选择，强大的中后台支持是其吸引顾问的重要原因，也是帮助顾问与客户建立深度关系、提高自身业务可持续性的关键。与竞争对手相比，AMP在中后台支持方面的优势主要体现在产品和品牌上。

注重财务规划的传统，以及与此匹配的产品货架与研究赋能。AMP长期以来始终强调通过财务规划、咨询建议服务与客户建立长期的业务关系，并将此作为其财富管理业务的核心竞争力。与竞争对手相比，AMP的客户资产规模或许不大，但以客户关系深度度量的业务质量优异，更加重视咨询类业务而非经纪业务，这样的公司文化与顾问、客户的利益都更加一致。在此文化的影响下，除了全品类基础的金融投资单品，AMP致力于为顾问和客户提供更多的投资组合策略、财务规划方法模型，自营保险产品和资管产品的设计也都以多资产、解决方案类产品为主，并可以将产品设计的投研理念赋能给顾问。AMP现有货架提供九类咨询建议服务（见表2.6），以账户为载体，可分为三大类。

- 第一类只能投资于证券单品，包括顾问建议、客户主导的非全权委托账户SPS Advantage，该账户可选的底层投资单品最为广泛，也是唯一一个非全权委托、可以采用保证金交易的账户；而SPS Advisor则由顾问全权管理，为了控制风险，投资产品中剔除了另类投资。

表2.6 AMP为顾问和客户提供丰富的金融投资产品，尤其是咨询建议类的产品选择多样

银行核心产品	金融投资产品	咨询建议类产品	
现金解决方案 Ameriprise证明 经纪公司的清算账户 现金管理账户 Ameriprise银行储蓄账户	股票、期权	**非全权委托账户** • 可投资产品：共同基金、ETF、单位投资信托、股票期权、债券和股票期权 • 顾问服务：财务顾问推荐资产配置方案及选择具体投资产品 • 费用：咨询费（最高2%） • 最低投资及余额：初始投资最低2,000美元，余额最低1,000美元 • 特征：仅该账户允许保证金交易，但须由AMP批准	**顾问主导的全权委托账户** • 可投资产品：共同基金、ETF、单位投资信托、股票和债券、结构性产品、REITs、指数和股票期权 • 顾问服务：财务顾问推荐资产配置方案及选择具体投资产品 • 费用：咨询费（最高2%）、投资和基础设施支持费（0.03%） • 最低投资及余额：初始投资最低2000美元，余额最低1000美元
	债券和个人固定收益证券 公司债券 市政债券 美国国库券、票据等 美国政府机构债券 抵押贷款支持证券 资产支持证券（ABS） 大额存单（CD）		
个人信托服务			
转存账户		**投资经理主导的全权委托账户：** 1.主动管理的共同基金和ETF组合 主动管理组合投资（Active Portfolios investments） • 可投资共同基金产品 • 顾问服务：投资经理决定资产配置方案，财务顾问推荐投资组合 • 费用：咨询费（最高2%） • 最低投资及余额：初始投资最低25 000美元，余额最低美元15 000	**2.单一组合投资账户** 精选独立管理账户（Select Separate Account） • 可投资产品：每个账户只能选择购买一个组合于共同基金、ETF、股票和债券 • 顾问服务：财务顾问推荐资产配置方案以及选择具体投资组合 • 费用：咨询费（最高2%）、平台费（0.17%）、投资经理费（0.1%~0.8%） • 最低投资：初始投资最低100 000~500 000美元
贷款类产品	结构性存款和票据		
信用卡			
贷款 基于证券的贷款 AMP首先信用额度 保证金贷款 房屋贷款	共同基金 130多家基金公司 2 200只基金		
	交易所交易产品（ETP） 交易所交易基金（ETF） 交易所交易票据（ETN） 封闭式基金（CEF）	精选ETF投资组合（Select ETF Portfolios） • 可投资产品ETF： • 顾问服务AMP的监督委员会：与投资组合策略师、资产配置策略师合作推荐投资组合或模型 • 费用：咨询费（最高2%） • 最低投资：初始投资最低美元50,000	Vista独立管理账户（Vista Separate Account） • 可投资产品：每个账户只能选择购买一个组合(可以在Envestnet组合策略平台上选择组合)，投资于共同基金、ETF、股票和债券 • 顾问服务：财务顾问推荐资产配置方案以及投资组合 • 费用：咨询费（最高2%）、平台费（0.17%）、投资经理费（0.1%~0.8%） • 最低投资：初始投资最低100 000美元
保险和保护类产品			
汽车和家庭保险	另类投资产品 交易基金 对冲基金 管理期货基金 非交易BDC 非交易封闭式基金 非交易REIT 私募股权产品 房地产私募 1031交换	**3.统一管理账户** 投资者统一管理账户（Investor Unified Account） • 可投资产品：在一个单一账户中可以同时购买多个组合（包括Envestnet组合策略平台上的组合、共同基金和ETF、股票和债券 • 顾问服务：财务顾问推荐资产配置方案、组合、共同基金以及ETF等具体投资产品 • 费用：咨询费（最高2%）、平台费（0.17%）、投资经理费（0.1%~0.8%） • 最低投资：初始投资最低250 000美元	
人寿保险 永久人寿保险 万能险（UL） 指数型万能险（IUL） 投资型万能险（VUL） 终身寿险（WL） 定期寿险			
其他类型保险 长期护理保险 残疾收入保险 医疗补充险和团体保险	单位投资信托（UIT）	精选策略师UMA投资组合（Select Strategist UMA Portfolios） • 可投资产品：在一个单一账户中可以同时购买多个组合，包括ETF、股票、组合和债券 • 顾问服务：投资经理推荐资产配置方案、组合、共同基金以及ETF等具体投资产品 • 费用：咨询费（最高2%）、平台费（0.17%）、投资经理费 • 最低投资：初始投资最低100 000~500 000美元	**4.访问管理账户**（Access Account） • 可投资产品：只能开立一个，用于将在Envestnet组合策略平台上购买的策略转移到AMP执行，一个账户可以容纳多个组合，一个组合可能投资于共同基金和ETF、股票和债券 • 顾问服务：投资组合策略师和/或投资经理决定资产配置，财务顾问推荐投资组合 • 费用：咨询费（最高2%）、平台费（0.17%）、投资经理费（0.1%~0.8%） • 最低投资：初始投资最低25 000~50 000美元
年金 可变年金 固定年金 固定指数年金 结构化年金 即期年金	联合承销产品 封闭式基金 优先证券		
	个人养老账户和退休计划		
	大学储蓄计划		

财务规划类服务

- 客户类型：适合于那些寻求持续收费类的财务规划服务，并且有财务目标和足够的资产和收入来开始实现这些目标的个人。服务对象是个人、已婚夫妇、同居伴侣、家庭所代表的实体，如信托、遗产、非营利组织和企业。
- 规划主题：财务状况规划、未来购买规划、教育规划、退休规划、投资规划、所得税相关规划、雇员福利规划、遗产遗赠或多代人规划、房地产处置、商业财务规划
- 投资账户：基于佣金的经纪账户，或基于收费的管理账户，或两者兼有
- 收费方式：AFPS(Ameriprise Financial Planning Service)费用通常以佣金和手续费的形式出现的；新的AFPS协议的最低年度AFPS费用为500美元。与Ameriprise顾问中心的财务顾问建立新的财务规划关系的AFPS费用为50美元/月。如果客户选择同时参与管理账户和财务规划，他们应该支付一个合并的咨询费，咨询费和AFPS费是针对不同服务收取的不同费用，但两者总和不能超过2%。

资料来源：公司公告，公司官网，中金公司研究部。

- 第二类是可以购买单一投资组合的账户，包括共同基金/ETF 组合 Active Portfolis Investments、Select ETF Portfolio；底层标的更广泛，包含股票、债券、共同基金和 ETF 的 Select Separate Account；可以投资于 AMP 合作第三方组合策略平台上的各种组合产品的 Vista Separate Account。
- 第三类为统一管理账户，在该类账户中可以同时购买多个投资组合，也可以购买股票、债券、基金、ETF 等各类单品，具体包括 Investor Unified Account，允许客户在顾问的辅助下建立账户配置方案、选择投资产品，此后顾问全权管理账户；Select Strategist UMA Portfolios，客户可以在顾问的帮助下选择直接购买一个第三方策略师已经配置好的账户组合，账户配置和调仓都由策略师进行。

以上三大类账户层层打包、嵌套各类投资策略，满足顾问和客户的多样需求。另外，由于该类产品的复杂度较高，因此公司引入新的组合策略或账户时会对顾问进行详细的培训指导，涉及产品设计理念、方法论等，对顾问而言亦是提升自我能力的宝贵资源。此外，AMP 还致力于研究各类财务规划方法提供给顾问使用，例如 2012 年推出的 Confident Retirement 退休规划方法，2017 年又与时俱进，根据年轻客群的特征对该方法进行改良优化。在 AMP 的支持下，2019 年独立顾问的收入产品结构中 66.9% 来自高费率的管理账户业务，7.3% 来自财务规划类服务（咨询建议服务）。

品牌背书及客户资源推荐。AMP 自 2005 年从美国运通分拆单独上市之后便一直致力于品牌打造，并且在顾问体系中逐步放弃了非品牌顾问，其品牌价值给顾问提供的背书增信以及客户吸引效应有利于其获客。2010年、2014年AMP分别推出了"More Within Reach""Be Brilliant"大型的主题宣传项目，提高自身品牌知名度。此外，AMP自身成功的影响经验课可以赋能顾问，为其提供了大量营销支持，总部会经常组织全国性的、当地的营销活动帮助顾问更多地进入客户视野，也会指导顾问如何在其所在的社区开展研讨会、宣讲会等活动。除了传统的营销获客外，AMP还以中间人的身份为顾问及其他行业专业人士提供客户资源推荐计划，各行各业的专业人士都可以正式或非正式、固定分成或比例分成等多种方式与AMP的某个顾问形成客户推荐关系，AMP则作为第三方监督人保障双方利益。

前台与中后台弱绑定的财富管理业务模式

多种管理方式形成的顾问网络是AMP财富管理业务的核心优势和特点，其在给予顾问的支持力度与展业自由度之间找到的平衡点值得国内机构借鉴。AMP依托这些高质量的顾问与客户建立更深层次的关系，同时，由于公司不承担这些顾问过多的日常运营费用，使成本降低，因此可以兼顾规模，可能是服务中产阶级客户的可行商业模式。但如何在给予顾问的支持程度与顾问的展业自由度之间寻求平衡，美国市场上有多种范式，不同禀赋类型的机构也有不同的选择。AMP的做法或许是国内传统金融机构可以借鉴的模式，通过特许经营引入高质量顾问，但中后台赋能、品牌等核心竞争力还是集中在自身，依然是平台类机构的展业思维，只是从简单的"产品的平台"变为"顾问的平台"。

美国财富管理行业前台与中后台分离的几种范式

财富管理行业服务链条长、专业化程度高,从后台的交易执行、基础设施构建,到中台的产品选择、模型搭建,再到前台的针对客户的个性化咨询服务,各环节所需投入的人力与资本都较高。随着行业发展成熟,美国财富管理行业各环节产生了专业化分工,呈现前、中、后台逐渐弱绑定的趋势,而顾问作为前台业务的关键要素,也成为各类经纪公司争夺的资源重心。

20世纪70年代,美国需求端养老金体系改革、居民财富积累以及供给端金融改革共同推动财富管理行业大发展,经过50多年的时间,以客户为中心的服务链条已经完善且成熟。在此基础上,美国财富管理行业开始前台与中后台分离,以投顾服务为中心的前台业务与策略研究、技术支持等中后台业务呈现弱绑定趋势,主要有以下六种展业模式。

- 银行或信用社员工模式(Bank or Credit Union Advisor)。该类模式下的顾问通常是与大型经纪人/交易商有关联的银行或信用社员工,或者是大型银行控股公司的银行分支机构雇员。银行或信用社产生的业务资源完全对顾问开放,提供对顾问的最大支持,但也伴随着最少的自由度与薪酬。
- 传统员工模式(Traditional Employee)。历史上,大型经纪公司与区域经纪公司多采用传统员工模式,提供给顾问高水平的支持、福利和资源并支付部分固定薪酬,顾问不需要承担行政职能和成本,相应地也只能获得比其他商业模式更低的报酬。传统的雇员一般在分支机构、分行经理的监督下工作,并且配备支持人员。因此,传统员工模式更适合喜欢在办公室环境中获得协作支持的顾问,他们希望专注于客户而将管理和行政工作留给其他人员。

- 独立员工模式(Independent Employee/Quasi-Independent)。该类型属于传统员工模式与独立承包商模式之间的一种平衡。顾问需要自主决定办公室位置、人员配置和管理日常运作,但仍然利用公司的行政支持服务,如人力资源、合规、工资和技术。其报酬基于顾问所在办公室的净利润,总报酬比传统员工模式要高,但低于独立承包商模式。因此,独立员工模式更适合想要在自主权和更高水平的总部办公室支持之间取得平衡的顾问。

- 独立承包商模式(Independent Contractor/Affiliated Franchise)。独立经纪公司多采用此类模式,顾问能够自主决定并承担所有经营业务相关的成本,如办公室租赁、设备和人员配置。为了获得传统员工可以获得的许多资源和产品,独立顾问通常与经纪商/交易商合作,并以自选方式支付所需服务。因此,独立承包商模式更适合希望独立管理业务,但也需要在营销、客户推荐、资产配置培训等方面采购相应支持服务或获得一定背书的顾问。

- 独立RIA模式(Independent RIA)。折扣经纪商多采用独立RIA模式,RIA独立负责日常运作,如处理行政工作、制作营销材料以及保障合规程序,仅使用折扣经纪商提供的清算服务和其他资源。因此,独立RIA模式更适合经验丰富且已有一定客户基础的,希望以自有品牌独立管理自己业务的顾问。

- 完全独立模式（Correspondent）。该模式下的顾问完全独立，能够雇用自己的经纪公司，对其业务运营的各个方面负责，根据需要向现有的清算公司支付清算、托管服务和其他服务费用，通常是按需付费。

多种因素会影响顾问的业务模式选择，其中收益与成本是首要考虑因素。独立模式的顾问分成远高于员工模式，但同时需要承担公司支持度下降带来的其他成本，包括办公室租金、保险费用等，因此顾问需要在收益分成与费用承担之间做出权衡。除此之外，合作模式的独立性与过渡期间的支持与辅助也同等重要，这更能体现经纪公司是否秉承以顾问为中心的文化理念。在独立性方面，顾问往往会关注在金融产品的选择上是否具备充分的自主选择权，避免财富机构要求顾问销售特定金融产品的情况，以保证更好地维护客户利益；许多经纪商会将客户关系视作公司财产而非顾问的财产，因此顾问择业时也会关注客户关系是否属于自己，这决定了顾问的业务退出价值。在过渡期间的支持与辅助方面，顾问更换合作经纪商会导致客户资产流失，产生摩擦成本，因此顾问须关注是否会有人员或者团队协助转移客户账户以及可用产品，过渡人员能否提前预测转移过程中出现的问题，而全面的过渡辅助团队可以吸引更多顾问，并协助他们顺利开展未来工作。以上因素是顾问择业的考量，同时也是财富管理机构吸引顾问的重要布局点。

顾问资源争夺日益激烈，独立性重要度提升，但客户需求的复杂度在一定程度上限制了顾问的选择范围。Cerulli Associates 数据显示，2013—2020 年大型经纪公司、独立经销商以及保险经销商顾问数量占比严重下滑，主要流向区域经济公司、混合 RIA、独立 RIA 以及零售银行交易商。究其原因，一方面，区域经纪公司、混合 RIA 以及独立 RIA 通过开展独立渠道的顾问合作模式，利用高分成比例以及高独立性吸引了大量渴望拥有独立事业，并希望提高收入水平的顾问；另一方面，这些公司财富管理业务发展思路由传统上以客户为中心转变为以顾问为中心，围绕顾问发展全方位服务，不断从围绕客户的大型经纪商处争夺顾问资源。但从顾问管理资产划分的角度来看，管理规模较高的顾问依然倾向于选择大型经纪公司展业，只有大型经纪公司在品牌和资源方面足以支撑这些顾问的业务，满足其客户个人、家族和企业的综合需求。同时，为了留住顾问，摩根士丹利、瑞银等大型经纪公司也纷纷开辟了服务独立 RIA 的渠道。

AMP 的实践：寻找顾问支持力度与展业自由间的平衡点

AMP 的财富管理商业模式可以总结为通过顾问网络为客户提供零售经纪、咨询规划及银行类服务，其商业模式介于瑞银、摩根士丹利与嘉信理财之间，目标客群是中产阶级客户。一方面通过顾问生态放松对顾问的绑定、给予顾问更高的自由度，做到了兼顾服务质量、给予客户有温度的服务与自身成本投入之间的平衡，从嘉信理财此类的产品平台变成了顾问平台。另一方面与独立经纪交易商平台 LPL 这类更松散、没有员工顾问的机构相比又保留了自身更高门槛的核心竞争力，对顾问的支持力度、自身在整个业务中扮演的角色也更加重要。

与瑞银和摩根士丹利这种综合类机构相比，AMP 的优势在于给予了顾问更高的展业自由度，一方面降低了自身的成本负担，另一方面通过更高的薪酬激励顾问产能，吸引更多高质量顾问加入。如图 2.47 所示，从客户资产成本率来看，AMP 比综合类的机构高，2021 年顾问

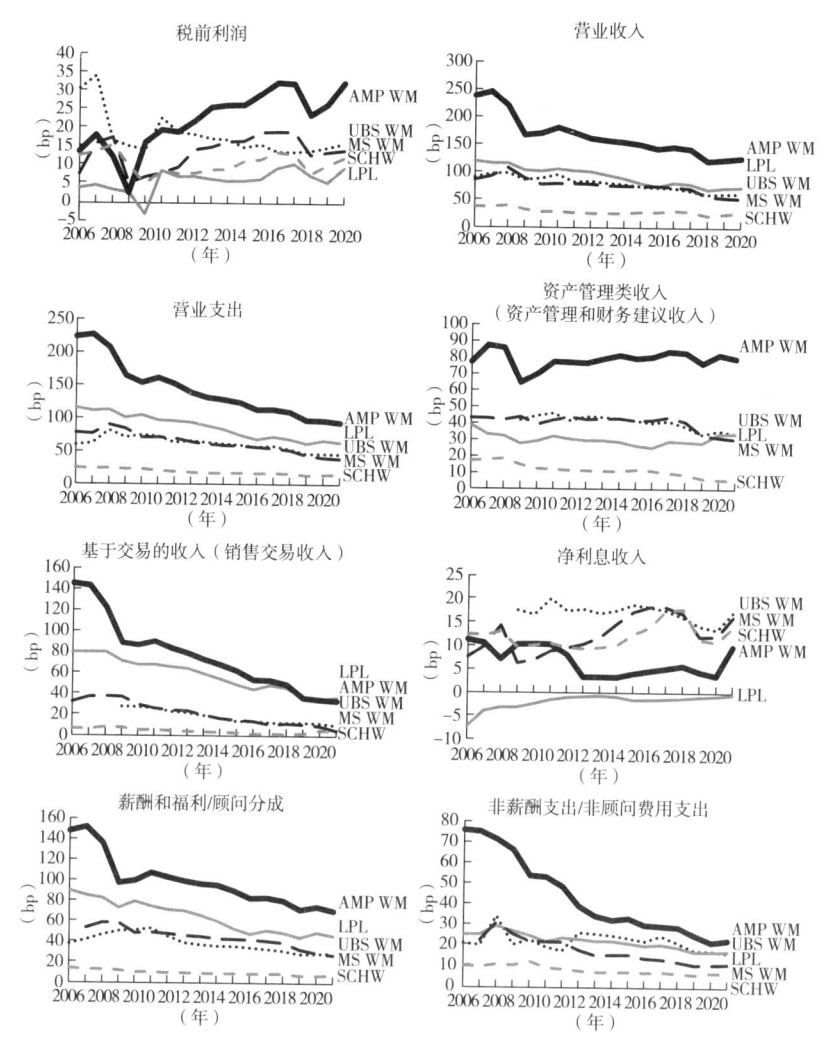

图 2.47 AMP 及其他财富管理机构商业模式拆分对比

注：以上数据均为标题所示的项目/期初期末平均客户资产。WM 为财富管理业务部门。
资料来源：公司公告，中金公司研究部。

分成率达到 74.5bp，而瑞银、摩根士丹利包含所有员工在内的薪酬率仅为 28.61bp、29.32bp。但是长期来看，AMP 顾问薪酬与收入直接挂钩，收入降低顾问成本也相应降低，相比之下瑞银等的人力成本则更加刚性，2017—2021 年，AMP 的顾问分成率降低 76.9bp，而同期瑞银和摩根士丹利薪酬率分别降低 13.0bp 和 24.0bp。剥离前台之后的中后台环节是财富管理业务中规模效应更明显的，因此 AMP 的利润率提升明显，2021 年相比 2005 年上升 21.1ppt 至 21.7%。而在薪酬和顾问产能方面，AMP 给予了顾问更高的自由度和分成比例，吸引有能力的顾问加入，2021 年顾问人数 10 077 人，处于可比机构中间位置，顾问人均创收 79.6 万美元、人均收入 48.4 万美元，对应 61% 的分成比例，而瑞银和摩根士丹利由于业务类型更加复杂，顾问产能和收入绝对值都更高，但对应的分成比例更低。

与 LPL 这类的平台类机构相比，AMP 虽然给予顾问的自由度略低，分成比例也低，但是能通过更多中后台的支持提高顾问产能。AMP 的顾问数量明显低于 LPL（2021 年 10 077 人对 19 876 人），且 AMP 的分成最高为 91%，低于 LPL 的 98%，整体来看 2021 年 AMP 营收的 60.4% 用于顾问分成，而 LPL 的该比例为 68.0%。但 AMP 自身的品牌以及财富规划能力等给顾问带来了更高的咨询建议收入，顾问整体产能更高。2021 年 AMP 的资产管理及咨询业务收入/期初期末平均客户资产达到 81.5bp，明显高于 LPL 的 33.4bp，甚至明显高于瑞银（35.4bp）和摩根士丹利（31.3bp），并且拉长时间来看，在其他机构该类费率下降时 AMP 仍在升高，2021 年相比 2006 年提高 4.4bp。继续拆分可以发现，并不是服务费率的升高（见图 2.48），而是咨询类资产占比的持续提升，如图 2.49 所示，2021 年达到 65.7%，明显高于可比机构，2007—2021 年上升 8.7ppt。此外，AMP 也积极鼓励顾问给客户提供财务规划服务，并且就该类服务设置激励机制，2021 年提供财务规划服务的客户数量达到 483 000 人，占比 41.5%，高于其他可比机构。上述结果离不开 AMP 长期以来积累的品牌优势、保险业务带来的客户全生命周期规划和服务理念，以及在产品和服务、研究、培训等方面对顾问的大力支持。2021年AMP的支持类员工与顾问的比例达到0.98，远高于LPL的0.3。综上所述，因为高产能的顾问更多，AMP的顾问实际平均分成比例在2021年达到86.8%，略高于LPL的86.7%（2007年以来，AMP和LPL顾问实际分成比例在85.5%~87.5%这一区间）。

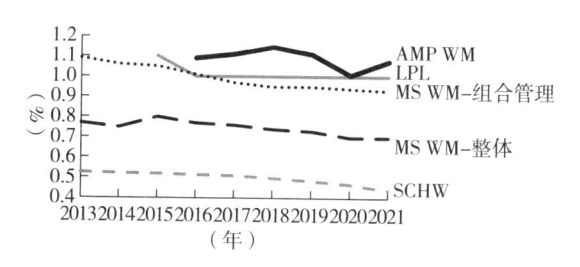

图2.48　AMP投顾组合费率平稳

资料来源：公司公告，中金公司研究部。

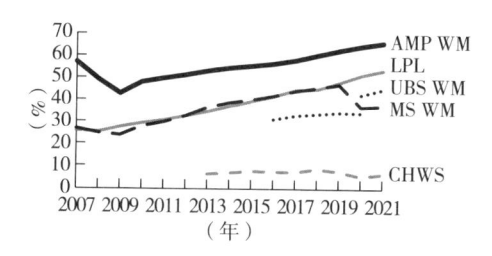

图2.49　AMP收费类资产占比高且提升明显

注：2020年前UBS采用全权委托口径。
资料来源：公司公告，中金公司研究部。

核心目标客群定位中产阶级，是其商业模式形成和发展成功的重要影响因素，聚焦于为目标客户提供深度、精细化服务，业务质量重于规模。AMP的目标客群是可投资资产10万美元以上的人群，从实际业务数据来看，2021年投顾组合客户户均资产在35万美元，其中组合资产在100万美元以上的客户户均资产165万美元，是美国的中产阶级。中产阶级不同于高净值人群，顾问服务客户对综合金融服务支持的需求低，不需要家族、企业以及其他非金融服务，最主要服务于客户的各类金融需求，因此 AMP 的业务模式和瑞银、摩根士丹利有区别，没有众多复杂的重资本的业务条线，给顾问提供支持也无须复杂地协调各个业务部门的组织机制，所以可以采用独立顾问的形式赋予顾问更多的自由度。另外，AMP 的客户也并非大众客户，还是需要一定程度的专业建议，也能接受一定的高费率，所以 AMP 也与嘉信理财这类的客户自主投资为主的理财模式有区别。AMP 这种主要靠人力服务客户的模式下客户资产规模扩张可能不会很快，客户资产体量也并非行业头部，但是重在客户服务深度，能够为客户创造价值。如图 2.50 所示，2021 年年底 AMP 的财富管理客户资产规模为 7 078 亿美元，相比 LPL 的 1.2 万亿美元较低，相比瑞银和摩根士丹利这类机构更低，增速也处于中间位置，但其服务客户的深度带来了更高的客户资产综合收益率以及长久的客户关系，业务韧性强，收入可持续性强。如图 2.51 所示，2021 年直接管理的零售客户投顾组合资产规模达到 3 660 亿美元，2019—2021 年 CAGR 达到 15.4%，相对优势比全口径的客户资产规模更加明显。

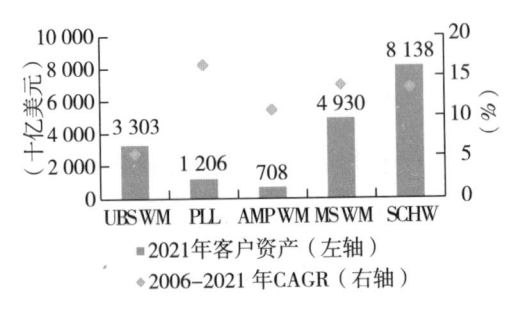

图 2.50　财富管理客户资产规模及增速

资料来源：公司公告，中金公司研究部。

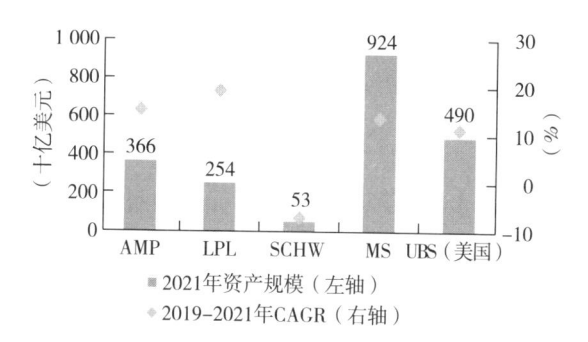

图2.51 2021年直接管理的零售客户投顾组合资产规模

资料来源：SEC，中金公司研究部。

富达投资与嘉信理财：零售型综合财富管理平台带来的启示

为富裕及大众客群提供相对标准化产品服务的平台型机构规模扩张迅速，在牌照的加持下，业务从提供单一的产品销售向综合金融解决方案演变，核心动因是"以客户为中心"买方思维的深化和对市场、行业变化的积极应对。于是，我们探究了两家禀赋不同的零售型综合财富管理平台——以基金主动管理、直销起家的富达投资，和以折扣经纪、简单基金代销起家的嘉信理财，研究其在单一主动产品业绩波动与折扣经纪佣金式微的情况下逐渐向提供综合金融服务的财富管理平台转型的路径，以及该类机构在发展过程中的四大关键问题。

禀赋不同的两大零售型综合财富管理平台

富达投资：从基金主动管理、直销到多元金融服务

富达投资成立于 1946 年，从事以共同基金为代表的资产管理业务起家，当前业务还覆盖经纪和财富管理、企业养老计划及 IRA 管理、交易执行和托管清算、大学储蓄、现金管理和信用卡业务、人寿保险以及慈善捐款等各个领域（见图 2.52）。截至 2021 年上半年富达直接管理的资产（AUM）为 4.2 万亿美元，而受托管理的资产（AUA）已高达 11.1 万亿美元（二者差值主要来自其财富管理类业务）。

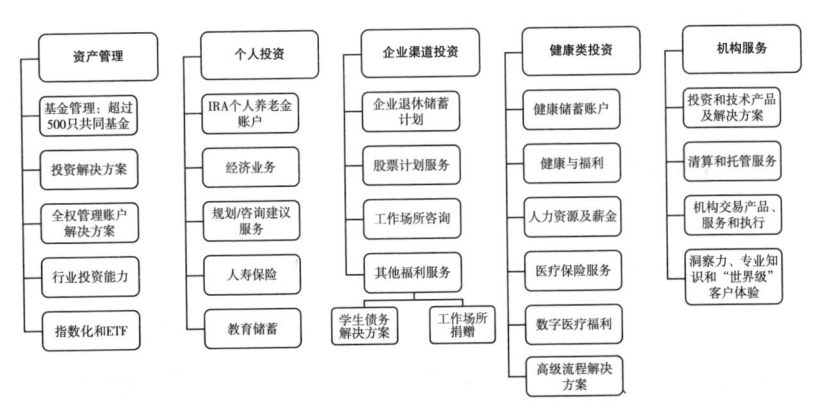

图 2.52 富达投资的全方位综合金融业务布局
资料来源：富达投资官网，中金公司研究部。

回顾富达的发展历程，其成长路径充分契合美国基金销售及财富管理行业的发展趋势。富达成立后，得益于美国 20 世纪五六十年代经济大繁荣与美股牛市，其资管业务迅速放量、业绩表现突出，诞生了多款主动管理的明星产品，打开了市场知名度。而行至 70 年代，美国

经济出现滞胀，富达的资管业务规模也随之缩水，富达开始意识到渠道建设和业务多元化的重要性，由此开启了向综合型财富管理服务提供商的转型之路。

- 20世纪70年代——强化直销渠道建设，率先布局独立投顾、折扣经纪和养老金计划。进入70年代，由于市场波动，富达管理产品业绩一度大跌，1974年管理资产规模跌至24亿美元，与1969年相比减半。作为应对，富达不但在产品端推出货币基金、债券基金等产品以扩大资产组合、对冲经济周期波动，还积极加强渠道端建设、拓展多元金融服务，强化公司与客户的直接触达和服务，减少对销售渠道以及其他三方中介的依赖。①基金直销渠道强化建设与独立投顾业务拓展。在直销渠道建设方面，富达一方面利用科技改善客户体验，1974年领先同业开通了免费热线电话，1979年推出了声控计算机响应系统——富达信息电话；另一方面在费率上给予实际优惠，1979年富达取消了几乎所有基金的销售费用，仅少部分精选基金收取2%~3%的费率，远低于同业。在独立投顾业务拓展方面，1979年富达成立了富达投资机构服务公司（Fidelity Investments Institutional Services Company Inc.），通过子公司展业向独立投顾提供产品和服务，独立投顾的引流也丰富了富达原本依靠直销的单一获客渠道。②成立折扣券商子公司。1975年美国废除证券经纪的固定费率制后，1978年富达成立富达经纪服务公司提供折扣经纪业务，随着美股熊去牛来，投资者的交易热情逐渐回升，零售客户"盘子"和客户资金"池子"变大，费率优惠能够为其吸引大量活跃的交易客户，成为为销售基金引流的又一渠道。③提前布局养老金业务。1975年《雇员退休收入保障法》颁布，同年，富达为投资者提供了IRA，1982年又推出了投资于富达所管理的基金产品的雇主养老金计划401（k），以其产品优势吸引了众多企业及员工客户。

- 20世纪80年代——回归产品持续创新，加强建设线上和线下渠道。80年代，美股恢复牛市，富达抓住机遇重启资管产品创新，同时也没有停止渠道的建设，1982—1986年，公司的管理资产增长了7倍，从10亿美元增长到80亿美元。①产品端，推出多款符合当时客户需求的产品和服务。70年代末，富达就推出美国第一只无交易费用的免税货币市场基金——免税货币市场信托基金，旨在降低正值热门的货币市场基金投资者的投资成本；1981年富达率先推出了一组"精选"基金投资组合，为投资者提供特定行业基金组合，帮助其以相对较低的成本实现投资板块的整体切换，以满足投资者在货币市场外更高投资回报率的要求；1983年富达推出了当时唯一由共同基金公司提供的资产管理账户——富达超级服务账户（Fidelity Ultra Service Account，简写为USA），该账户不仅可以帮助客户统一管理投资行为，还具有消费支付和其他功能。②渠道端，大力推动线上+线下渠道的拓展。1983年富达开始建设线下渠道，在波士顿成立了第一家投资者中心；同时，不断优化线上渠道，1983年率先推出自动服务电话（FAST），1984年推出了Fidelity Investor's Express软件，允许投资者在其私人电脑上交易股票。

- 90年代——全方位推出开放式基金超市+投顾+账户管理。80年代，富达主要向具有独立投资能力和投资经验的客户出售自有基金，20世纪90年代以来，由于对市场判断失误，富达管理基金产品业绩整体下滑，面临存量客户流失和新增客户减少的危机，因此，富达正式开始向全面的综合金融服务提供商转型，以增加与客户的触点，获得更多的赢利机会。①上线基金超市，开放货架，引入外部基金产品。1989年富达上线了共同基金超市FundsNetwork，引入第三方基金产品供客户购买，丰富和便利了客户的多样化投资，以降低客户在富达自营产品上的亏损风险。②推出投顾产品，输出咨询建议能力。1986年富达推出Plymouth Funds系列基金（1992年改名为Fidelity Advisor Funds），将投顾能力打包为基金产品；1989年推出了全权委托服务Portfolio Advisory Services（PAS），跳出产品框架，直接为客户提供资产配置和投资组合再平衡等定制投顾服务。③升级统一账户，"以客户为中心"组织综合金融服务。2000年，富达升级了其资产管理统一账户USA，客户可以通过这一个账户来管理他们在富达所有的金融服务，包括购买的基金、咨询建议类产品、银行产品、退休计划、保险产品等；同时，富达还推出了Full View线上金融账户整合服务，允许客户整合其所有在线金融账户中的信息，包括投资、银行、信用卡、贷款和抵押贷款，甚至电子邮件和航空公司飞行常客里程。

除了提供更加综合化的产品和服务，富达还持续优化渠道建设，给予客户更好的交互体验。①快速扩展线下网点。20世纪90年代以来，随着公司业务多元化发展、为客户提供综合金融服务的需要，能够与客户面对面交流、深度经营客户的线下渠道的重要性提升，因此富达迅速开始"铺开"线下网点，加大在网点进行公募基金之外产品的宣传,并对员工进行了专业培训以提升为客户提供咨询建议的能力。②丰富业务入口,以场景为导向,优化线上渠道。1995年富达成为第一个创建自己网站的共同基金公司;1998年领先同业开始提供无线访问;2001年推出应用于数字电视、车联网语音系统的应用程序;2010年发布了手机App。另外,公司于1999年和2005年分别成立的富达应用技术中心(Fidelity Center for Applied Technology,简写为FCAT)和富达实验室(Fidelity Lab)推出了Fidelity Go智能投顾、数字货币投资等新业务,推出了谷歌眼镜、亚马逊智能音箱、苹果手表等前沿智能设备上的应用程序,寻求与客户的多元交互。

嘉信理财:从折扣经纪、简单基金代销到多元金融服务

嘉信理财成立于1971年,创始人为查尔斯·施瓦布。嘉信理财通过其子公司经营财富管理、证券经纪、银行、资产管理、托管和金融咨询服务。截至2020年12月31日,嘉信理财拥有6.69万亿美元的客户资产,2 960万活跃经纪账户,210万企业退休计划参与者和150万银行账户,是美国规模最大的财富管理公司之一。

自成立以来,嘉信理财的折扣经纪、OneSource平台和引入第三方投顾服务的三大举措,不仅奠定了嘉信理财综合金融服务的商业模式,也在不同时期推动了行业的转型发展。

- 20世纪70年代,折扣经纪——经纪业务方面。1975年,美国废除了证券经纪的固定费率制,进入"佣金自由化"时代,其他大型券商仅调降部分机构客户的佣金费率,而不调整个人客户的佣金费率,甚至有所提升,而刚成立不久的嘉信理财主动走上"折扣佣金"的道路,瞄准有自主投资意识的独立投资者这一群体，很快便为嘉信吸引了大批客户，"折扣券商"这一模式也帮助其避开全能投行，开拓了属于自己的市场。

- 20世纪80年代~90年代初期，OneSource平台——代销基金业务方面。1980年，共同基金逐渐在美国兴起，养老金的加快入市与股市繁荣形成良性循环，直接配置和借由养老金间接持有共同基金的投资者大幅增长。嘉信理财抓住时机，开始拓展共同基金服务，于1984年首先推出了共同基金市场，上线了140只免佣基金，经过近10年的深耕基金交易业务与发展互联网技术，又于1992年推出了"一站式基金超市"Schwab Mutual Fund OneSource（2013年还推出Schwab ETF OneSource），为投资者提供广泛的基金公司的不同产品的免佣金交易，也为基金公司提供了渠道及便利的外包服务。"基金超市"这一销售模式降低了投资者在不同基金公司直销渠道之间转换产品的成本，也为投资者免去了向商业银行、全能投行等代销渠道申赎的高昂手续费，提供给基金投资者更多的选择权。投资者开始纷纷涌入基金超市，帮助嘉信建立起渠道优势，也推动共同基金市场向买方市场转变。

- 20世纪90年代后期，第三方投顾——投顾业务方面。随着股市和基金市场的繁荣，嘉信的客群从单一的独立投资者转向更多的大众客群，这些大众客户很多没有独立的投资能力，因此产生了较大的咨询和帮助决策的需求。1996年，嘉信推出了顾问资源（Schwab Advisor Source），通过收集和筛选第三方金融投资顾问的名单，向有需求的投资者提供第三方顾问服务，同时也为规模普遍较小的第三方顾问提供了平台。这是嘉信继OneSource之后又一新的业务模式，通过顾问平台搭建了客户与独立顾问之间的桥梁，在之前大批涌入的客户得到很好的服务与留存的同时，独立投顾的推荐也会直接为嘉信带来一部分的客户和客户资产。嘉信仅向独立投顾收取部分服务费分成，独立投顾再向客户收取顾问费，投顾完全以客户的利益为中心。

此外，值得一提的是，嘉信理财在80年代初还推出了一款现金管理产品——嘉信单一账户，让客户可以从账户闲置的资金中获取利息，是嘉信较早开始拓展的证券经纪服务外的业务，也是嘉信一站式/平台化运营思维的萌芽。作为嘉信模式的一次内部变革，这一账户不仅提升了嘉信客户的黏性，也为后续建立OneSource提供平台化服务积累了扎实的流量（同时由于OneSource平台的属性，基金公司并不能直接获得投资者的信息，投资者在嘉信频繁规模交易中的现金余额会"反哺"单一账户的运营），更为嘉信后续通过银行业务变现奠定了基础。

总的来说，嘉信的三大举措都围绕着"以客户利益为中心"。以券商起家的嘉信，在经纪业务方面主动让利客户，开展折扣经纪业务；在基金代销方面，选择搭建客户与基金公司的平台，让客户可以在嘉信完成一站式的基金产品选购；在投顾服务方面，则为客户与第三方顾问建立起桥梁，向客户提供合格的顾问资源，而嘉信不参与其中的咨询与决策。最终，嘉信成功在经纪本业外完成基金销售和投顾的综合财富管理业务的拓展，也同时通过OneSource与基金公司、通过顾问资源网络与第三方投顾建立了联系，成为"以客户为中心"提供综合金融服务的财富管理平台（见图2.53）。

此后，美国财富管理业务的演变仍在继续，行业频繁并购整合，数字化、开放化和经营长尾客群也成为大型机构长期布局的趋势。高

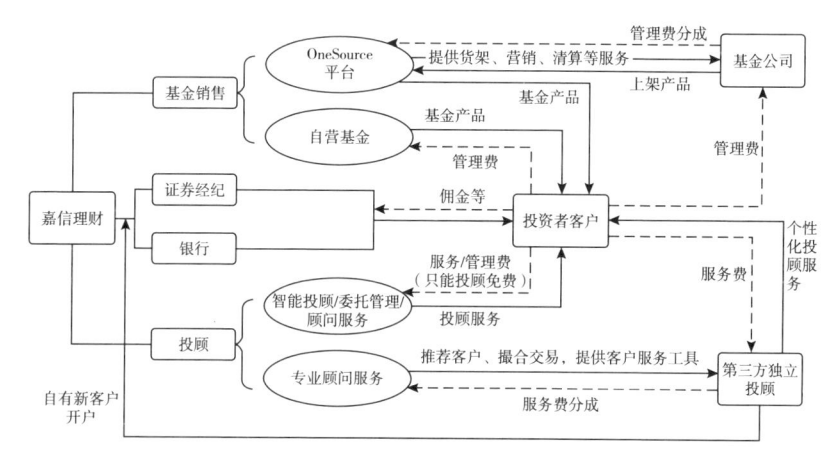

图 2.53　嘉信理财的综合财富管理服务平台模式
资料来源：公司公告，中金公司研究部。

盛于 2019 年 5 月以 7.5 亿美元的现金，并购了专门从事上市公司高管财富管理业务的独立投资顾问联合资本（United Capital），并于 2019 年 8 月宣布与苹果公司联合推出苹果电子信用卡，将消费金融与财富管理条线进行整合。摩根士丹利于 2020 年 2 月宣布以 130 亿美元并购折扣经纪交易商亿创理财，并将其划入财富管理条线。大型独立经纪交易商平台 LPL 于 2020 年 2 月宣布将推出独立投资顾问平台。先锋领航宣布于 2021 年对独立投资顾问开放投资顾问平台，将要打造金融业的"沃尔玛"。

嘉信理财不断采用并购的方式来提升公司的竞争力，一方面是继续做大规模，发挥规模效应，如嘉信理财在 2020 年 10 月完成对大型互联网券商德美利证券的收购，为公司带来了新增账户 1 450 万、新增客户资产 1.6 万亿美元；另一方面，嘉信理财也通过并购来补足自身能力上的短板，如 2020 年 7 月完成收购 Motif 的技术和知识产权，包括算法、专利和源代码，提升了公司的技术水平。

零售型综合财富管理平台发展中的四大关键问题

问题一：客群定位向上还是向下？

能力圈在大众及大众富裕客群，向下获取增量，向上经营存量。

以嘉信理财为例。嘉信理财的客群定位从成立之初仅聚焦独立投资者，逐渐转向所有大众及大众富裕人群，同时，得益于存量经营，近年户均AUM呈波动上升，中枢在30万美元左右。经过分析后，我们认为与嘉信产品服务能力匹配的客户圈锁定在大众及大众富裕人群，虽然其也在尝试推出针对高净值人群的产品服务，但短期内向上突破至富裕乃至更高净值人群的难度较大。财富管理市场竞争仍在，大型机构"跑马圈地"趋势不减，只是方式有所转变，嘉信仍在持续积极地获取能力圈内的长尾客户，并通过优化经营实现客户的留存与其资产的增值。

- 能力圈在大众及大众富裕客群。嘉信理财在成立之初以独立投资者为突破口，吸引了一批有自主投资能力的客群，只需为他们提供低成本、便捷的经纪交易服务。然而，随着嘉信在基金销售和咨询解决等服务领域的拓展，越来越多的大众及大众富裕人群成为嘉信的客户，2016—2020年嘉信的新增客户较年轻（新增40岁以下的零售客户数量占比平均为53%）且集中在大众富裕及以下（资产25万美元以下占比67%），嘉信打造的产品和服务体系也与之相匹配，普遍门槛较低，部分针对高净值的产品线暂未成规模。事实上，嘉信也曾试图跳出"能力圈"，希望更多地服务于更高层次客户，于是在2000年收购了美国信托（主要从事高端客户私人理财）。然而，嘉信很快就发现美国信托的业务模式与企业文化都与当时的嘉信并不适配，反而拖累了嘉信的业务发展，便于2006年将其出售给美国银行。之后，嘉信继续坚持原先的客群定位，并对公司内部进行了一系列的调整，"轻装上阵"再出发。但嘉信仍在持续探索顾问家族办公室等针对高净值客群的产品和服务，为更长远的发展打基础。

- 财富管理市场竞争仍存，"跑马圈地"尚未停止，收并购成为主要方式。嘉信理财诞生于美国，美国财富管理市场发展早，在经历了长时间的竞争演化后，如今综合型机构和平台型机构各踞一方。但财富管理市场成为买方市场渐成大势，因此，抢占更多的客户资产份额、做大规模仍是各家机构创收的根基。然而，作为流量入口的经纪业务已很难通过继续降低佣金吸引客户（嘉信理财已在2019年将美国和加拿大上市的所有股票、ETF以及在线和移动交易期权的佣金降为0），收并购开始逐渐成为平台型机构提升客户资产市占率的主要方式。嘉信理财管理客户资产在美国市场（嘉信的主要市场）的市占率持续提升，在2015年超过全能投行摩根士丹利，2020年通过收购德美利证券后达到6.3%。此外，线上交易也已成主流，线下网点的功能从拓客转向保障客户经营。相比于其他折扣券商，嘉信的线下网点布局较早，2000年全面互联网化后，嘉信开始以增强客户黏性为目的持续整合线下网点（见图2.54）。

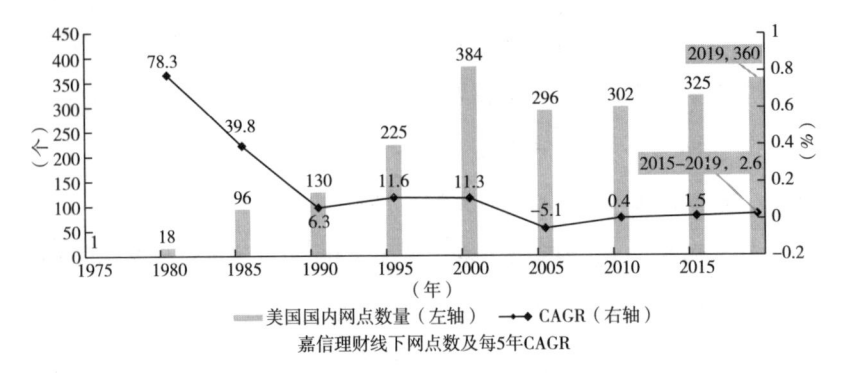

图 2.54　嘉信理财线下网点数及每 5 年 CAGR

注：2015—2019 年仅计算 4 年 CAGR。
资料来源：公司公告，中金公司研究部。

- 增量贡献规模，存量增值贡献户均 AUM 提升，持续创新产品服务吸引目标客户并提升客户体验。嘉信理财主要在美国本土市场开展业务，对比来看，嘉信理财客户户均资产中枢在 30 万美元左右，总体高于美国家庭户均资产，二者增速趋势也基本一致，但以 2008 年为分界点，2008 年以后嘉信理财户均资产的增速开始低于美国家庭户均资产增速，系账户数新增较快所致（见图 2.55）。嘉信理财通过收购和新开户来拓展账户基数，新增账户主要为下沉客群，户均 AUM 较低，而户均 AUM 的逐步增长（2020 年收购德美利证券例外），主要依赖于其存量客户的资产增值（见图 2.56）。同时，嘉信理财还在不同发展阶段利用科技持续地进行产品服务的创新，尤其是 2008 年之后，嘉信以客户为中心，着力在移动、云方面改善客户服务效率，并利用已经较为成熟的技术发展被动投资和智能投顾业务，迎合其目标客群（大众富裕及以下）的需求（见表 2.7）。

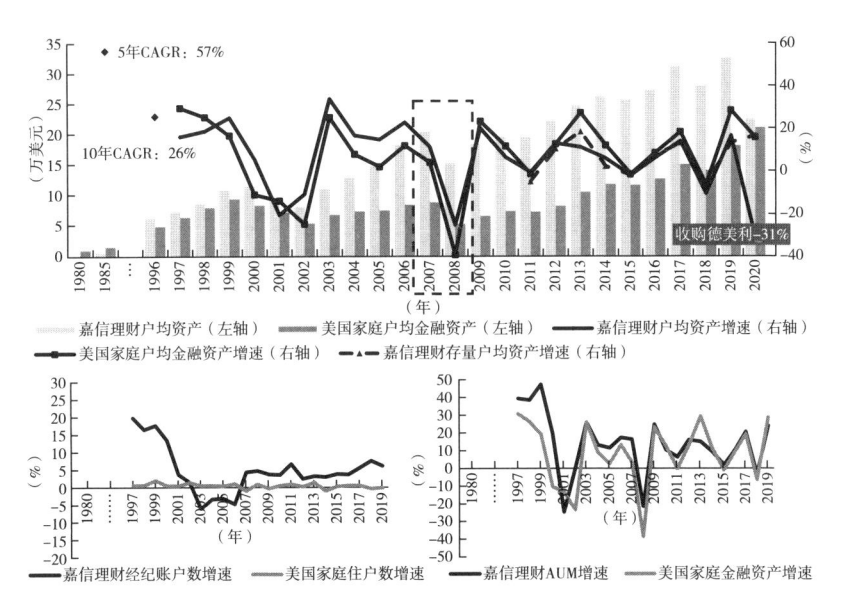

图 2.55　嘉信理财/美国家庭户均资产及其增速
资料来源：美联储，公司公告，中金公司研究部。

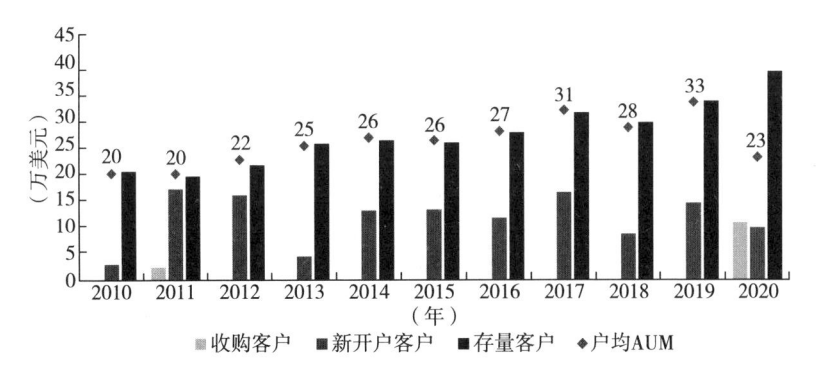

图 2.56　嘉信理财户均 AUM
（按管理客户资产来源拆分）
注：根据 BCG《2018 年全球财富报告》，大众富裕人群指拥有 25 万～100 万美元可投资资产的人群。
资料来源：公司公告，中金公司研究部。

第二章　欧美国家财富管理头部企业

表2.7 嘉信理财产品布局全面，主要针对大众富裕客群

投资方式		产品/服务	产品/服务的内容	起投金额（美元）	收费方式	赢利方式	是否基于存量规模收费
自主投资		各种低费率的投资产品	· 低交易手续费 · 提供交易平台 · 提供投资和交易工具 · 提供专家研判和投资者教育 · 24/7的专业支持和交易团队服务	/	在线交易上市股票：0 期权：0.65美元（在线交易：0） 在线交易上市ETF：0	投资者直接向嘉信理财支付交易手续费	部分
自动化投资		嘉信智能投资组合（Schwab Intelligent Portfolios）	· 投资嘉信理财的附属公司Charles Schwab Investment Management的ETF产品 · 投资第三方ETF产品 · 投资组合还包括分配给嘉信银行（Schwab Bank）存款账户的现金	5 000	无咨询费，无佣金	投资者直接向嘉信支付投资组合中ETF产品的相关费用（包括Schwab ETF的管理费）	部分
		嘉信高级智能投资组合（Schwab Intelligent Portfolios Premium）	在嘉信智能投资组合的基础上，提供全面的财务规划，由Certified Financial Planner专业人士提供指导	25 000	· 一次性支付300美元的规划费 · 每月30美元的咨询费	· 投资者直接向嘉信理财支付规划费、咨询费 · 投资者直接向嘉信支付投资组合中ETF产品的相关费用（包括Schwab ETF的管理费）	部分

（续表）

投资方式	产品/服务	产品/服务的内容	起投金额（美元）	收费方式	赢利方式	是否基于存量规模收费
专业顾问，有投资决策权	嘉信私人客户（Schwab Private Client）	嘉信的专业私人客户团队为客户提供定制化的综合财富管理策略，投资组合中每次购买或出售都将在交易执行前获得投资者的批准	1 000 000	年费费率，最高 0.8%，资产规模越大，费率越低	投资者直接向嘉信理财支付顾问费	是
	嘉信顾问网络（Schwab Advisor Network）	第三方独立投顾为投资者提供定制化的推荐，还可以管理投资者的部分或全部的投资	500 000	• 嘉信向投资者推荐独立顾问不收费 • 投资者向独立顾问支付的收费咨询，不同顾问收取不同	投资者向独立顾问支付顾问费，嘉信理财收取一定比例的分成	是
委托管理	嘉信管理投资组合（Schwab Managed Portfolios）	嘉信子公司 CSIM 管理的多元化共同基金或 ETF 投资组合	25 000	共同基金和 ETF 的管理投资组合，最高年费费率都为 0.9%，资产规模越大，费率越低	投资者直接向嘉信理财支付管理费	是

(续表)

投资方式	产品/服务	产品/服务的内容	起投金额（美元）	收费方式	赢利方式	是否基于存量规模收费
	管理账户选择（Managed Account Select）	由专业的第三方资产管理公司管理的证券（例如股票或债券）的投资组合	股票策略：100 000 固定收益策略：250 000 多元化投资组合：350 000	年费费率，资产规模越大，费率越低 股票策略：最高1.00% 平衡、多元化投资策略和投票指数策略：最高0.95% 固定收益策略：最高0.65%	投资者向第三方资产管理公司支付管理费，嘉信理财收取一定比例的分成	是
委托管理	Wasmer Schroeder策略	嘉信子公司CSIM管理的固定收益投资组合	250 000	年费费率最高0.55%，资产规模越大，费率越低	投资者直接向嘉信理财支付管理费	是
	ThomasPartners策略	嘉信子公司CSIM管理的投资组合，包含股息增长策略和平衡收入策略（混合股票和固定收益）	100 000	年费费率，资产规模越大，费率越低 股息增长策略：最高0.9% 平衡收入策略：最高0.8%	投资者直接向嘉信理财支付管理费	是
	Windhaven策略	嘉信子公司CSIM管理的主要为ETF的投资组合	100 000	年费费率最高0.95%，资产规模越大，费率越低	投资者直接向嘉信理财支付管理费	是

注：数据截至2021年6月底。

资料来源：公司官网，中金公司研究部。

问题二：费率必然会下降吗？

经纪费率和基金费率下降是长期市场趋势，更考验机构能力的附加服务和咨询业务才是费率的根本支撑。

嘉信理财为客户提供证券经纪、基金销售及咨询委托业务并收取佣金，而不同业务的费率及趋势不同，其背后所反映的机构对客户的价值贡献也不同。总的来说，我们认为，相较于证券经纪和简单的基金代销业务，附加服务（如 OneSource 平台提供的服务）和咨询业务费率更能体现机构服务能力分化，是支撑机构的客户资产收益率的关键。

- 证券经纪业务：嘉信理财的经纪交易费率自成立以来不断下降，先后经历了4个降费阶段（见图2.57）。阶段一（1975—1990）——主动降费，1975年美国掀起"佣金自由化"浪潮后，嘉信将自己定位为"折扣券商"，主动削减高昂的经纪交易手续费（每笔股票交易佣金120美元），与全能投行形成差异化竞争，为公司获取了大批费率敏感型的客户。阶段二

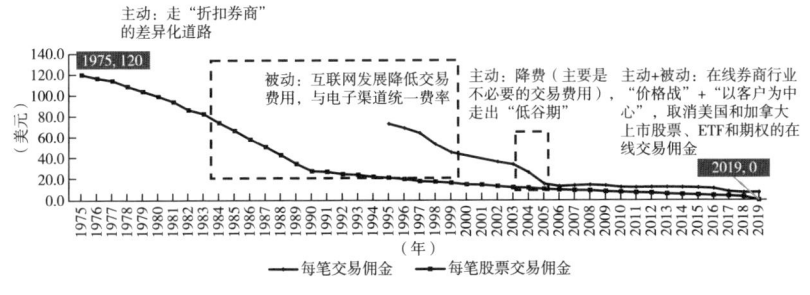

图2.57 嘉信理财交易佣金总体呈下降趋势

资料来源：公司公告，2007年约翰·卡多《颠覆者：嘉信公司——重塑华尔街证券经纪业规则》，2021年查尔斯·施瓦布《投资：嘉信理财持续创新之道》，中金公司研究部。

（1990—2000）——被动降费，20世纪90年代互联网高速发展推动低成本在线交易占比提升，新兴互联网券商纷纷开始打"价格战"，嘉信也于1996年上线eSchwab网络交易，佣金低于线下渠道。1997年嘉信理财决定降低线下渠道交易费率至与电子渠道统一（29.95美元），这一举措也使得嘉信的经纪交易量快速提升。阶段三（2000—2006）——主动降费，2000年美国股市长牛行情终止，进入熊市，经纪交易量快速下降，叠加嘉信理财收购美国信托经营不善，导致公司处于业绩低谷期。因此，公司选择主动转型，其中重要的调整之一就是继续降佣金，主要削减了许多不必要的收费项（例如多笔"查询费"），使得公司的业务重新对客户产生吸引力，从而走出低谷。阶段四（2006年至今）——2006年以来在线券商行业还在持续进行"价格战"，嘉信理财的收入结构也逐渐转向以资产管理收入和净利息收入为主，本就处于低位的交易佣金还在持续降低并于2019年进入股票、ETF和在线期权交易的"0佣金"时代，客户交易的成本和效率也得到改善。

- 资产管理——基金销售业务：嘉信理财的基金销售费率，除自营货基费率波动较大外，其他产品费率稳中有降。近年来，投资者风险偏好降低，主动管理型基金取得超额回报的难度增加，导致主动型共同基金占比下滑，而被动基金和另类投资占比上升（见图2.58）。同时，美国投资公司协会统计数据显示，基金费率总体呈下降趋势，被动型比主动型下降更快。

    细分嘉信基金产品来看，嘉信自营基金费率下降较多（见图2.59），主要就是由于其加大力度发展的低费率ETF产品占比提升所致。嘉信第三方基金费率下降较少，一方面是因为主要

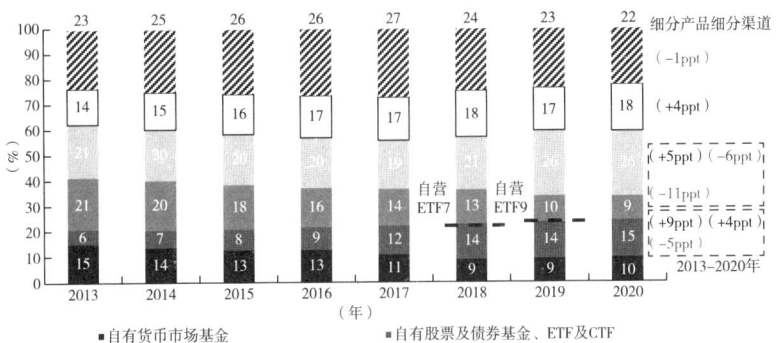

图 2.58　嘉信理财客户资产分布

注：自营 ETF 数据为公司官网披露的 2019 年数据，2018 年数据按同比增长率倒推。
资料来源：公司公告，公司官网，中金公司研究部。

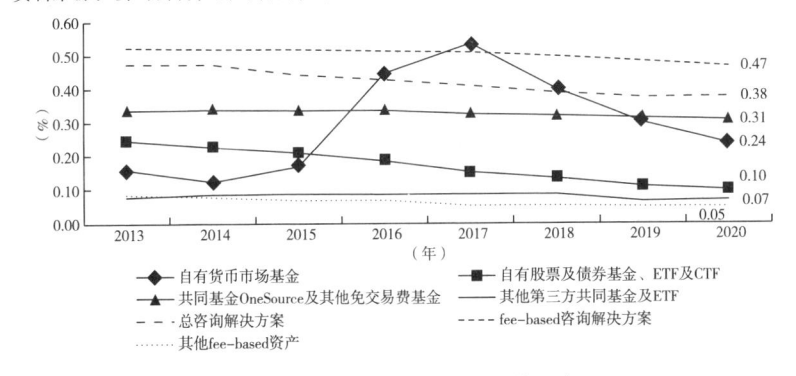

图 2.59　嘉信理财客户资产收益率

资料来源：公司公告，中金公司研究部。

为主动型基金，所以总体费率趋势与市场一致、下降较慢；另一方面是源于平台较高的议价能力，尤其是 OneSource 平台，为基金公司提供附加服务，获得的管理费分佣比例较高。但是，由于 OneSource 平台主要销售主动型的基金产品，受投资者的青睐程度降低，因此规模占比有所降低。

- 资产管理——咨询委托业务：嘉信理财收费类咨询解决方案费率较低且稳中微降，免费类占比提升，源于智能投的发展。嘉信理财的咨询委托业务可以细分为自动化投资（免费）+人工辅助（收取顾问费）、自营咨询（收取顾问费）+全权委托（收取管理费）、第三方投顾（收取管理费分成）。①自动化投资（免费）+人工辅助（收取顾问费）。近年来，基于科技优势与目标客群需求，嘉信加大力度发展免费的智能投资，截至2019年6月，嘉信理财智能投资AUM在美国市场排名第二（9%），并且于2020年收购了德美利证券（2019年6月，占比5%）。到2019年年底，嘉信理财智能投资AUM达470亿美元，占免费类咨询解决方案的67%，占总咨询解决方案的15%。嘉信的智能投资配置ETF产品，仅收取渠道费（即配置产品的管理费及分成），其主要目的还是扩大客户资产规模。②自营咨询（收取顾问费）+全权委托（收取管理费）。比较嘉信理财与摩根士丹利（综合型财富管理机构的代表）的自营咨询委托业务，二者账户设置类似，但嘉信总体的收费类咨询解决方案费率低于摩根士丹利，这是由于嘉信账户功能复杂化程度较低，费率体现了机构能力的分化。③第三方投顾（收取管理费分成）。在嘉信的咨询委托业务中，由第三方提供投顾服务发展很快，相关费率依第三方投顾而定。随着第三方投顾市场也在不断扩张（2019年年底达到5.7万亿美元，2009—2019年的CAGR为11%），截至2019年，嘉信由第三方独立投顾管理资产已达到1.9万亿美元，市占率为33.3%，同时嘉信还通过2020年收购德美利证券获得其独立投顾管理资产的0.6万亿美元。

问题三：多元变现是可复制的吗？

全牌照经营、客户资产沉淀及有效转化缺一不可，息差业务成为平台型机构的新增长极。

从收入结构上来看，嘉信理财主要可分为净利息收入、资产管理及管理费收入和交易收入三部分（见图2.60）。其中，交易收入占比持续下降，而净利息收入、资产管理及管理费收入可视为AUM-based收入，在2000年左右占比开始加速提升，2015年以前以资产管理类收入为主，2015年以来向净利息收入切换。拆分来看，在净利息收入方面，收入端主要来自证券投资，支出端主要是低成本的存款。在资产管理及管理费收入方面，自营基金相较于第三方基金收入占比波动，而咨询解决方案收入占比不断提升。总体来看，经纪业务占比下降是大势所趋，财富资管业务条线内部的产销顾一体化形成波动均衡，息差业务受益于客户交易资产的沉淀占比在不断提升。收入结构反映嘉信理财前期发展以做大客户资产规模为目标，并逐渐在发展过程中对AUM进行变现，使得公司可以持续保持较强的赢利能力。我们认为，

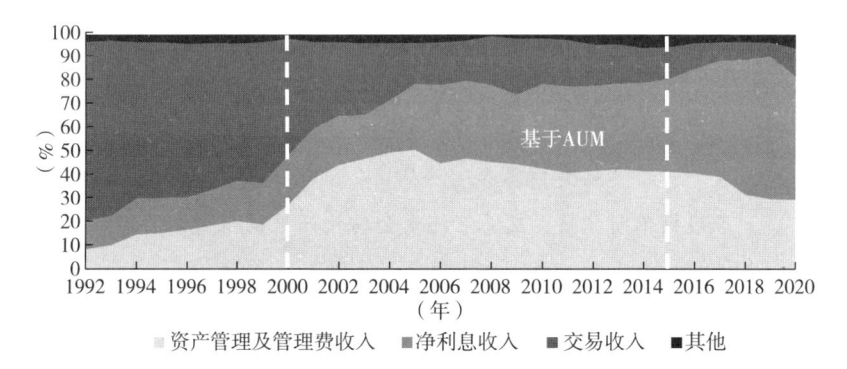

图2.60 嘉信理财净收入结构

资料来源：公司公告，中金公司研究部。

嘉信能够实现多元变现，全牌照的经营、有效的客户资产沉淀及转化缺一不可，并且其利用银行牌照进行的非传统息差业务在发展过程中逐渐成为最重要的收入来源之一。

- 全牌照经营是变现的基础：在美国混业经营的背景下，嘉信理财从证券经纪业务不断拓展其业务板块，目前已经实现了"证券＋银行＋投资＋信托＋期货"的全牌照运营，其中证券、银行和投资子公司主营的证券经纪、银行和共同基金以及ETF投顾业务为嘉信理财贡献了主要的收入来源。

  在持有银行牌照进行变现的同时，未对嘉信展业带来很大限制。嘉信理财的一级杠杆率要求为4%（公司的长期经营目标是6.75%~7.00%），其主要银行子公司嘉信银行的一级杠杆率为5%（公司力求将这一比率维持在至少6.25%），低于多数全能银行。一级杠杆率也是对嘉信银行资产增长具有限制性的资本约束，由于嘉信的资产负债表资产风险相对较低，目前嘉信理财和子公司嘉信银行基于风险的资本比率都能超过监管要求。

- 客户资产沉淀及转化路径：分析嘉信理财的多元变现模式，重要的就是打通了"低佣交易—沉淀资金—低成本存款—证券投资"这一变现路径（见图2.61）。随着低佣政策带来的客户资产规模不断积累，交易沉淀资金转化而来的低成本存款占比也不断提升，构成了嘉信息差业务负债端的主要部分，2020年银行存款占计息负债的84%，成本仅为0.03%；借由银行牌照，券商属性的嘉信主要对资金进行稳健的证券投资，2020年证券投资占生息资产的67.5%，收益率为1.78%。2020年嘉信的

```
存量增值 ----→  ┌─────────基于AUM─────────┐  ┌──不基于AUM──┐
                 净利息收入+资产管理收入              交易收入
                 ┌────────┐   ┌────────┐   ┌────────┐
                 │期初期末平均│ × │客户资产综合│ + │单客交易佣金│
                 │ 客均AUM │   │  收益率  │   │        │
                 └────────┘   └────────┘   └────────┘

净流入  ----→    ┌────────┐   ┌────────┐   ┌────────┐
                 │ 客户数 │ × │ 单客收入 │ = │  总收入 │
                 └────────┘   └────────┘   └────────┘
```

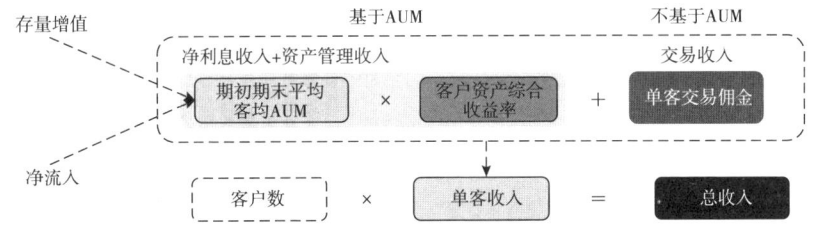

图 2.61　嘉信理财变现模式

资料来源：公司公告，中金公司研究部。

净息差为 1.62%，受市场利率影响同比下降较大，拉长时间来看，与市场利率呈正相关，如果在利率下行周期将可能会对公司的净利息收入产生负面影响。当然，客户也可能选择将沉淀资金直接通过配置货币市场基金赚取收益，然而，经我们对历史数据的分析判断，对于嘉信理财来说，客户将现金更多地转化为存款将为公司带来更高的收益（见图 2.62）。

事实上，交易沉淀资金转化的低成本存款，通过银行贷款和融资融券会取得更好的资产收益率，2020 年分别为 2.60% 和 2.97%。然而，2020 年二者在生息资产中的占比仅为 5.6% 和 7.5%，均未成为主要的转化路径。分析来看，在贷款方面，嘉信受限于互联网券商属性，客户的贷款需求较弱；在两融方面，嘉信则在积极发展，两融余额市占率稳步提升，2020 年达 6.21%。

- 嘉信理财 AUM 驱动的变现模式效率：经过多年的服务拓展，目前嘉信整体形成了 AUM 驱动的变现模式（见图 2.63）。客户数还在不断积累，如图 2.64 所示，2008 年后以 ARPU（单客收入）衡量的单客变现效率进入稳步提升通道，但以 ROCA（客户资产综合收益率）衡量的单 AUM 变现效率受市场利率和资管费率的综合影响，呈现波动，说明驱动单客收入提升的主要

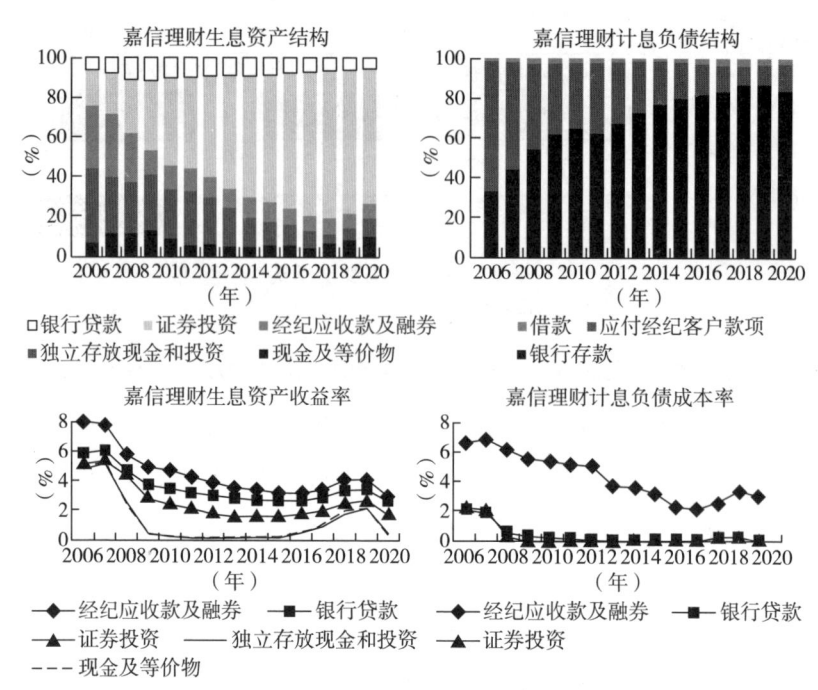

图 2.62　嘉信理财资产端投放稳健，负债端稳定且成本低

注：我们将嘉信理财净利息收入分类为：①经纪业务相关应收款及融券＝经纪业务相关应收款＋经纪客户应收款＋融券收入；②证券投资＝其他所有证券＋可供出售证券＋持有至到期证券；③银行贷款＝银行贷款＋供出售贷款；④借款＝短期贷款＋长期债券。
资料来源：公司公告，中金公司研究部。

还是单客的在管资产基数增加，而即便管理资产的变现途径多样（现金余额息差变现、基金销售变现、咨询委托变现等），其收益率对单客收入的贡献仍较低。

问题四：规模效应是如何实现的？

内生科技＋外延式并购，推动经营效率不断改善。

嘉信理财通过多元化的变现方式提升收入及其稳定性，又通过形成规模效应提升利润率，主要的方式是驱动内生科技的发展和进行外延式并购。

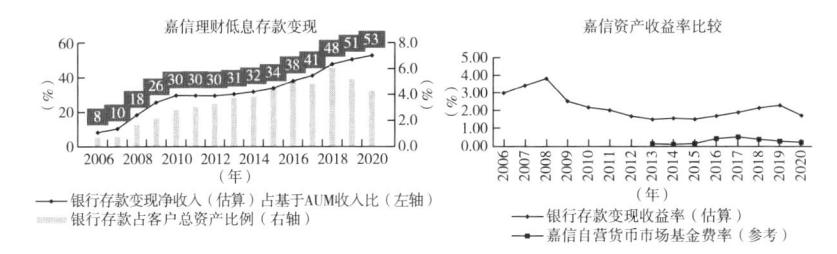

图2.63 嘉信理财低成本存款的沉淀在客户总资产中的比重提升

注：银行存款变现净收入（估算）＝银行存款期初期末平均余额×银行存款变现收益率（估算）；银行存款变现收益率（估算）＝证券投资的生息资产收益率－银行存款的计息负债成本率；基于AUM收入采用净利息收入＋资产管理收入；嘉信自营货币市场基金费率（参考）：假设留存证券账户资金不转换为银行存款，而是用于投资嘉信自营货币市场基金，不考虑账户费和转换费；美国联邦基金利率为年度数据，采用季度平均计算。

资料来源：万得资讯，公司公告，中金公司研究部。

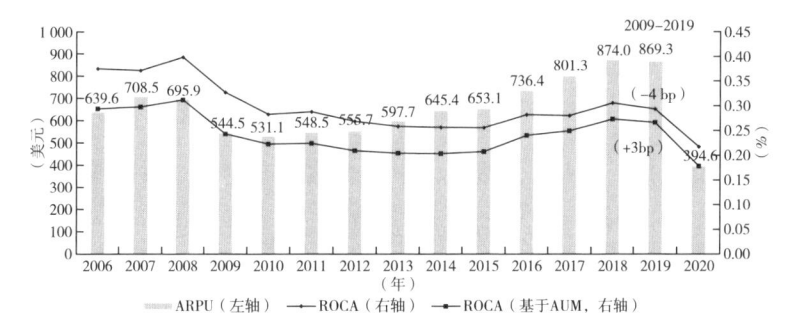

图2.64 嘉信理财的ARPU和ROCA

注：ARPU，即单客收入＝净收入/客户数；ROCA，即平均客户资产收益率＝净收入/期初期末平均AUM，ROCA（基于AUM）＝基于AUM收入（资产管理收入＋净利息收入）/期初期末平均AUM。

资料来源：公司公告，中金公司研究部。

如图2.65所示，嘉信理财的平均客户资产费用率在2002年达到峰值（54bp）之后开始快速下降，即开始形成稳定的规模效应。这得益于嘉信抓住了20世纪90年代互联网技术和共同基金大发展的机遇，布局线上交易（2002年线上交易占比突破80%）和发展共

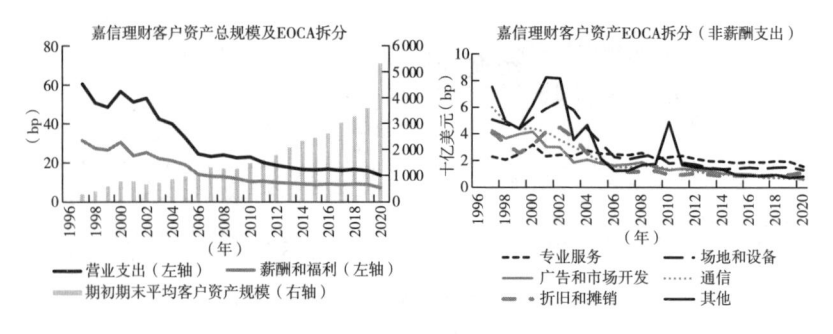

**图 2.65　嘉信理财的平均客户资产费用率在
2002 年后开始快速下降，2006 年后持续缓慢下降**

注：平均客户资产费用率 = 成本费用/期初期末平均 AUM。
资料来源：公司公告，中金公司研究部。

同基金销售业务（尤其是 OneSource 平台），实现技术控成本和管理资产规模增大的双重效应，有效降低了平均客户资产费用率。2006 年，嘉信理财的平均客户资产费用率降至 25bp 左右后开始缓慢下降，2002—2006 年的 4 年 CAGR 为 -18%，2006—2019 年（16bp）的 13 年 CAGR 为 -3%，这是因为平均客户资产费用率已经降至低位，费用具有一定刚性。然而，2020 年嘉信理财通过收购德美利证券，获取了大规模的客户资产，形成规模效应，平均客户资产费用率大幅下降了 2.33bp。

拆分来看，不同费用的规模效应程度有显著的差异。①薪酬和福利支出的规模效应居中。作为嘉信理财最主要的费用开支（2020 年占营业支出比为 53%），薪酬成本有一定的刚性，这是因为财富管理是高人力资本支出行业，资产规模的扩大需要匹配一定的人力以保证资产管理的效果，但由于嘉信主要采用数字化服务和引入第三方投顾服务，因此可以节省部分的人力资本开支。②场地和设备+通信支出的规模效应明显。场地和设备+通信支出可以大致归为 IT 支出，尤其场地和设备均为固定资产，可以随着客户资产规模的增大而被摊薄,都具有较为显著的规模效应。③广告和市场开发支出规模效应后期较为明显。广告和市场开发费用随着嘉信品牌的建立逐渐下降,规模效应也逐渐显现。④专业服务规模效应不明显。随着嘉信理财规模的不断扩张,专业能力提升的支出必不可少,因此规模效应不明显。

第三章
欧美国家财富管理机构组织架构

欧美国家综合类财富管理机构组织架构

综合类财富管理机构的商业模式可以总结为：中后台输出胜率更高的金融决策和体验更佳的权益服务，依托优质客户经理实现与目标客群的有效交互。业务模式复杂、环节链条较长，决定了综合类财富管理机构需要做好两个协同，才能满足客户的复杂需求，实现客户资产的多元变现、形成规模效应，从而节约成本，最终充分释放财富管理业务潜力。第一是财富管理业务内部协同，主要体现在客户向上输送、产品引入、资产配置和研究观点共享等；第二是跨业务协同，即财富管理、资管、投行、商行等业务的协同配合，包括客户引流、资产组织和产品创设以及风控、研究等。合理的组织架构和体制机制设计是推动业务协同的关键，尤其是在初期，公司协同文化尚未形成时，组织架构和激励机制的推动和引导作用更加凸显。

欧美国家的综合类财富管理机构展业历史久远，一般采用组织架构上的集中与协同机制的设计两种途径来实现大财富协同效应，截至 2020 年年末，主要有以下几种模式（见图 3.1）：①将包含个人信贷在内的广义财富管理业务集中于一个部门开展，解决财富业务内部协同问题，同时结合各自的资源禀赋设计跨业务协同机制，例如瑞银、摩根士丹利、高盛等，该模式比较适用于投行出身的机构或将财富管理作为核心业务的机构。②将大众与富裕客群的财富管理与商行零售业务共同经营，商行零售业务作为基础客户入口，而将连接个人、公司、家族的私行业务与资管、投行等对公业务共同经营，例如摩根大通。该组织架构有利于跨业务条线的协同，为不同财富级别的客户提供差异化的金融服务，适用于客户财富层级断层较明显、私行客户并非主要依靠基础客户向上提升的财富管理机构，或者需要设计强有力的体制机制促进跨部门的客户输送、产品货架共享等。③将财富管理与资产管理业务集中于一个部门开展，例如美国银行、富国银行等。该模式的优势在于便利了财富和资管业务的协同，资管业务为财富管理提供产品，财富管理围绕客户需求进行产品营销，同时反馈客户需求给资管条线便于其及时调整产品策略，还可以共用宏观经济、大类资产配置等研究观点。不利的地方则在于与商行业务之间的客户输送需要依靠体制机制设计推动，同时财富管理业务的产品开放性会受到影响。

总结欧美国家经验，我们认为综合类财富管理机构的组织架构受到财富业务重要性、业务发展阶段、业务核心驱动力、机构资源禀赋等多种因素影响。

- **业务重要性**。主要体现为财富管理对公司营收的贡献度以及战略地位（见图 3.2）。财富管理业务重要性高的机构一般会围绕

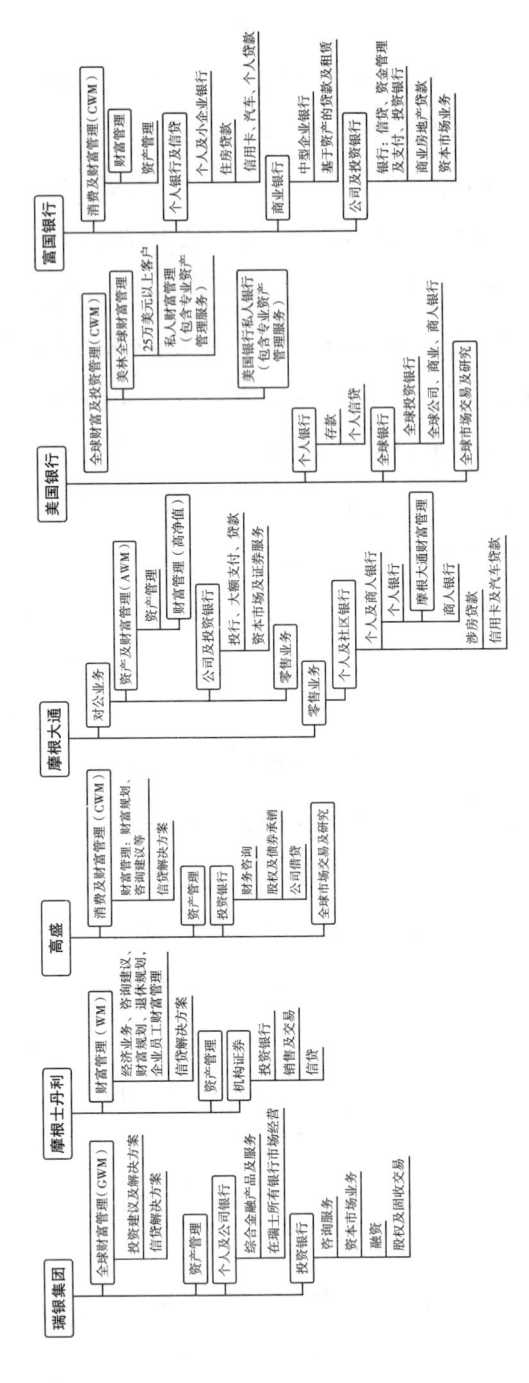

图 3.1 全球头部综合类金融机构 2020 年业务部门划分

注：第一级分支为业务部门，第二级为具体业务介绍。
资料来源：公司公告，中金公司研究部。

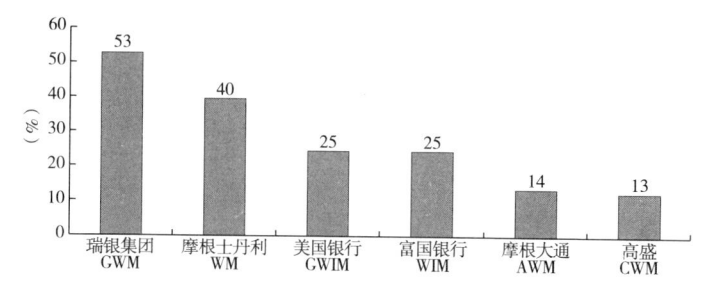

图 3.2　全球头部综合类金融机构 2020 年财富管理相关部门营收贡献度
资料来源：公司公告，中金公司研究部。

财富业务设计组织架构，成立独立的一级部门集中运行财富管理相关业务，包括狭义的投资管理和服务客户负债端的信贷类业务，例如瑞银和摩根士丹利。对于财富管理业务重要性较低的机构，将其和其他业务合并经营、以满足客户的需求为主是较好的选择，例如美国银行、富国银行和摩根大通等。

- 业务发展阶段。财富管理业务处于起步阶段时一般散落在多个部门，服务于其他业务条线客户的需求。随着业务壮大和成熟，财富业务，尤其是产品引入、人才培训、资产配置研究等中后台职能，需要集中经营才能形成规模效应，以提升业务赢利能力。除此之外，不同发展阶段业务的核心竞争策略与驱动力的变化也会导致组织架构的动态变化。老牌财富管理机构瑞银 20 年来的部门架构变迁充分说明了发展阶段对组织架构建设的重要影响。

- 业务核心驱动力。①如果公司更加希望实现客户增长，则客户来源对组织架构的影响会更大，须围绕客户组织业务。如果各层级财富管理客户主要来自零售客户提升，和商行的零售业务一起经营是较好的选择，如果主要来自对公客户引流，则和对公业务一起经营会产生更大的协同效应，例如瑞银 1998—2002 年财富管理业务分散在商业银行、投行部门开展，摩根大通的大众富裕及高净值财富管理业务分别在零售和对公板块开展。②如果公司更加注重业务质量，以提高费率，产品能力相对重要，财富部门则需要与资产组织和创设、研究部门更加靠近，例如摩根大通的私行业务与资产管理在同一部门经营，摩根士丹利为投行部门与财富管理部门设计了多种合作机制并逐渐深入，瑞银在2008年后升级财富管理部门内部的IPS业务单元以加强与资产组织部门的协同。③如果公司更加重视成本，希望通过成本节约来维持盈利，则整合业务部门、共用中后台职能以消除冗余成本会成为组织架构设计的重要考虑因素，例如瑞银2018年将财富管理、财富管理美洲这两个部门彻底合并。

- 机构资源禀赋。如果机构的渠道端能力强，零售客户积累较多，则财富管理业务可以依托原有的零售业务共同经营，挖掘大量现有客户需求，提高客户黏性，同时还可凭借服务的多样性与传统获客业务共同形成对新客户更强的吸引力。如果机构的资产组织、产品创设和研究能力等较强，则财富管理业务的组织架构设置自由度比较高，可以设置独立部门，统一经营财富管理业务，通过体制机制设计促进业务协同，尤其是将传统优势能力迁移至财富管理部门。

瑞银与摩根士丹利独立财富管理部门运行机制

瑞银：财富管理部门设置由分散到集中的变迁

瑞银在其20多年的财富管理业务发展历程中曾经多次调整业务部

门归属，划分标准主要是业务所处的发展阶段以及面向的客群特点，整体呈现出逐步集中至一个部门的趋势（见图3.3）。在最初的业务扩张阶段，财富管理业务分散在各个部门，2008年后的精细化发展阶段开始根据业务实际进行整合，但全球化的业务布局给中后台职能的统筹规划带来了较高的难度，2010年形成独立的财富管理美洲部门，2012年成立独立的财富管理部门，直到2018年才将全球财富管理业务整合至一个部门开展。

- 1998—2001年，财富管理业务在商行、私人银行和投行部门间共同开展。商业银行部门的投资和财富管理客户针对AUM规模在100万瑞士法郎以下的瑞士客户，为他们提供从住宅抵押贷款到活期账户、储蓄产品、财富管理和人寿保险等，主要通过电子和互联网渠道。而欧洲客户和AUM在100万瑞士法郎以上的瑞士客户的业务主要在私人银行或财富管理部门进行。国际在岸私行业务和刚创立的针对欧洲富裕客户的电子财富管理业务e-services则被放在投行部门开展，当时目标客户对投行的产品服务风格和品牌更加青睐。
- 2002—2017年，财富管理业务集中化，但仍然划分美国、国际和瑞士业务两个部门。2002年商行将高端富裕客户业务划转至私人银行部门，自此商行部门聚焦传统银行业务，同时为集团其他部门提供大部分结算清算、科技平台等支持功能。而美国、国际和瑞士的业务划分，主要考量在于财富管理业务发展阶段和客户特征有所差异。

——将客户需求类似且有长期优势积累的瑞士、国际私行业务单独放在一个部门。

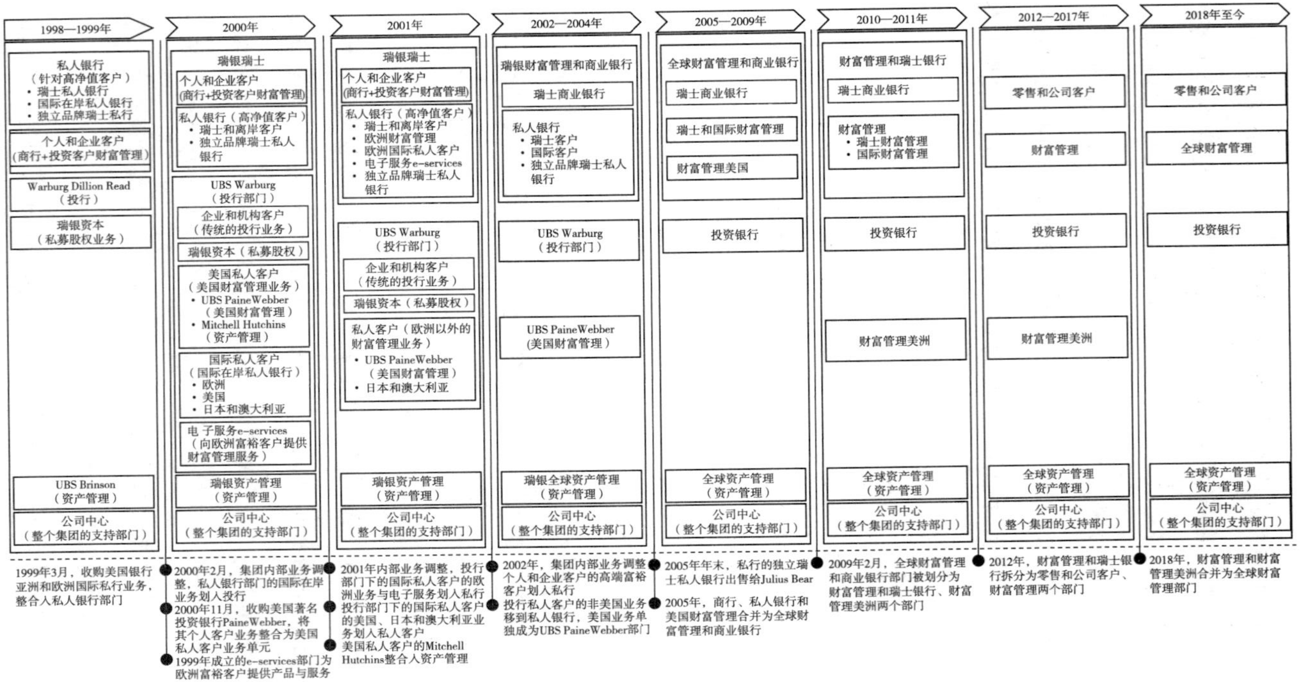

图 3.3 瑞银业务部门演变历程

资料来源：公司公告，中金公司研究部。

——美国市场的特殊性：①进入美国市场较晚、2000年收购美国普惠才真正打开市场。②美国市场已经存在摩根大通、摩根士丹利、BAC等国际投行，竞争激烈。③美国客户与瑞士客户的画像、诉求和财富投资行为差异较大。美国客户的财富大多是公司经营等创造的新财富，更倾向于交给投行系公司，风险偏好更高，资产配置更加集中，并且大多数资产投入股市，不同于瑞士客户以旧财富为主、投资风格更加保守、资产配置更均衡的特点。④美国大额的财富存量是瑞银重要的目标市场。综上所述，相比瑞士和国际业务，瑞银美国市场业务的发展阶段和战略重心差异较大，更适合独立的运营机制。

——2005年，为了追求财富管理业务与商行业务的协同效应，公司将两个财富管理部门与商业银行部门合并到瑞银瑞士部门下成为业务单元，但2008年又重新拆分，两个地区的业务发展无法采用统一的战略，由瑞士管理团队统一领导会降低经营效率，另外，受金融危机重创的瑞银选择聚焦传统优势的瑞士和欧洲市场，因此将美国的业务重新拆分出来。

- 2018年合并美国、国际和瑞士业务，财富管理真正完全集中到一个部门开展。财富管理美国的业务经过二十几年发展基本成熟，两区域业务在发展战略、成本投入等方面已经比较接近（见图3.4），同时配合集团节约成本、提高效率的整体战略转型，财富管理美国和瑞士及国际业务合并到了全球财富管理部门，整合了风控、财务、IT中后台设施，但保留了不同地区业务最核心的财富——适应当地特色的客户服务模型。此举在保证业务发展和服务质量的同时减少了重复的成本投入，根据集团估计，两个部门整合预计每年可以节约成本2.5亿美元，到

2021年总计节约6亿美元。另外，实现财富管理业务部门整合也有利于为世界各地的客户提供真正全球化、一体化的服务。

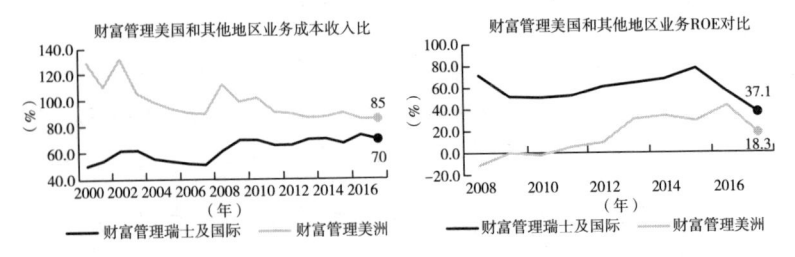

图3.4 财富管理美洲和瑞士及国际的业务的赢利能力差距在逐渐缩小
资料来源：公司公告，中金公司研究部。

就财富管理部门内部的组织架构设计来看，瑞银财富部门的中后台支持部门除了行政功能部门外，更重要的是为各个地区业务条线提供统一的投资决策、客户研究和策略执行的单元，即首席投资办公室（CIO）、客户策略办公室（CSO）和投资产品及服务单元（IPS，见图3.5）。三大部门协同配合，分工明确，理财顾问充分了解客户需求，CIO给出大类资产配置框架，结合CSO客户行为和风险偏好分析，IPS提供投资方案，最终形成投资组合并执行。

- 首席投资办公室主要负责提供清晰、简洁和一致的投资观点瑞银House View，确保瑞银对外发布观点的同步性和一致性，并成为瑞银各个部门资产配置决策的重要依据。该部门于2011年正式组建，主要是应对金融危机后客户对投资咨询服务需求的上升。CIO部门汇集了瑞银来自全球各个业务部门和资产类别的经济学家、战略家、分析师和投资专家网络等大约200名分析师，这些分析师根据他们的投资推荐获取奖金激励，他们分布在10个主要金融枢纽中提供24小时全天候服务，密切监

2006年年底财富管理部门的组织架构

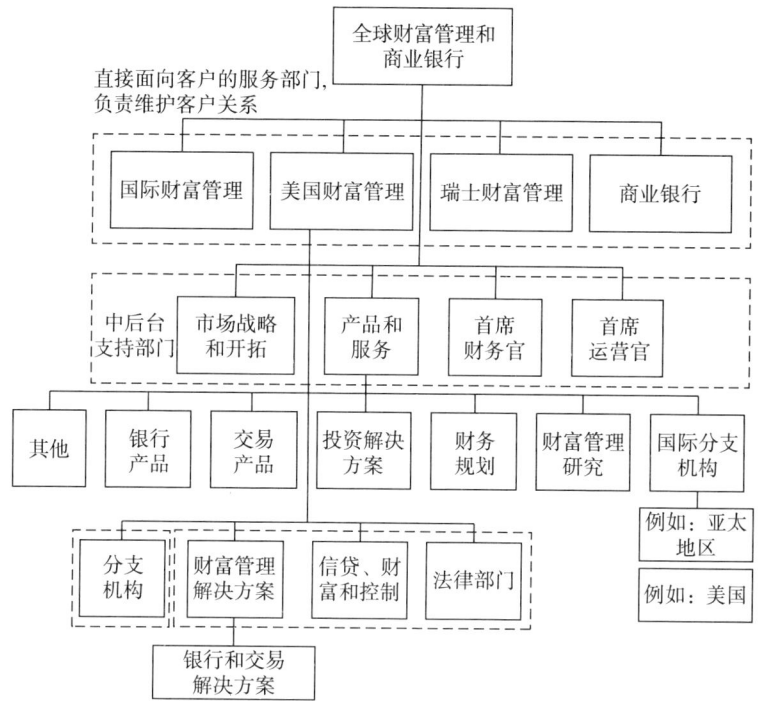

```
                         全球财富管理和
                         商业银行
直接面向客户的服务部门，
负责维护客户关系
        ┌──────────┬──────────┬──────────┬──────────┐
        │ 国际财富  │ 美国财富 │ 瑞士财富 │ 商业银行 │
        │ 管理      │ 管理     │ 管理     │          │
        └──────────┴──────────┴──────────┴──────────┘

中后台    市场战略      产品和     首席       首席
支持部门  和开拓        服务       财务官     运营官

 其他   银行    交易    投资解决  财务     财富管理   国际分支
        产品    产品    方案      规划     研究       机构

                                                     例如：亚太
                                                     地区
        分支    财富管理   信贷、财   法律部门
        机构    解决方案   富和控制               例如：美国

                银行和交易
                解决方案
```

2018年年底财富管理部门的组织架构

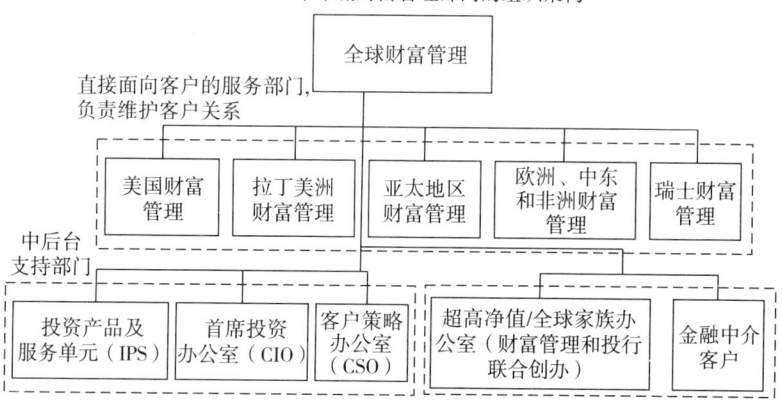

```
                    全球财富管理
直接面向客户的服务部门，
负责维护客户关系
    ┌────────┬────────┬────────┬──────────┬────────┐
    │ 美国财富│ 拉丁美洲│亚太地区│欧洲、中东│瑞士财富│
    │ 管理   │财富管理│财富管理│和非洲财富│ 管理   │
    │        │        │        │ 管理     │        │
    └────────┴────────┴────────┴──────────┴────────┘

中后台
支持部门
    投资产品及   首席投资    客户策略     超高净值/全球家族办  金融中介
    服务单元     办公室      办公室       公室（财富管理和投行 客户
    （IPS）      （CIO）     （CSO）      联合创办）
```

图3.5　瑞银全球财富管理部门业务结构2018年与2006年的对比
资料来源：公司公告，中金公司研究部。

第三章　欧美国家财富管理机构组织架构

控金融发展。CIO 通过分析建立瑞银 House View，并由全球一些最成功的基金经理组成的外部合作伙伴网络审核。瑞银 House View 包括瑞银在主要市场中所有相关资产类别的战略资产和战术资产配置，战略资产配置致力于确保客户长期维持其财务目标，战术资产配置则旨在利用短期市场机会，提高客户投资组合的风险调整收益。

- 客户策略办公室主要对客户价值需求、行为偏好等进行深入分析，制定符合各类客户需求的产品组合。该部门旨在加深公司对客户的理解，以及时根据客户变化创新改革产品和服务。例如，CSO 的研究表明，世界各地的客户都希望从财富管理机构获得以下三个问题的答案：我们的家人应该怎么做才能维持我们的生活方式？将来我们的家人应该怎么做才能改善我们的生活方式？我们应该怎么做才能改善他人的生活？基于对客户需求的这一研究结果，瑞银推出了名为瑞银 Wealth Way 的统一财富规划框架。

- 投资产品及服务部门（IPS）为财富管理和瑞士银行客户提供产品开发、销售支持和执行服务。该部门一直存在于财富管理部门中，但 2010 年新成立的部门旨在促进跨业务部门的合作，汇集了来自财富管理、全球资产管理和投资银行的产品专家。其从客户经理处直接了解和收集客户需求信息，将私人投资流量汇总为机构规模的流量，并利用其与投资银行和资产管理的高效互动，在 CIO 提出的总体投资观点框架下根据客户需求设计和开放产品，再经过财富管理部门投放市场，从而实现为财富管理客户提供机构投资机会。例如，2017 年推出一项新的影响力投资工具 Rise 私募股权投资基金，2018 年对瑞银管理进行了增强功能，将其全权委托解决方案与 100% 可持续投资相结合，并增加了两个影响力投资解决方案。2019年，为了进一步提高财富管理业务的产品丰富度，IPS与投资银行团队结合在一起组建了新的全球资本市场团队。

除了财富管理部门，瑞银自成立之初就提出财富、资管、投行、商行相互协作的"一个公司"模式，并将其作为公司的重要发展战略，是其跨业务协同机制形成并不断迭代优化的重要保障。集团采用业务条线与地区条线交叉矩阵式框架，相对扁平化，更符合财富管理业务的特点，有利于提高银行内部资源利用效率。在绩效激励方面，2019年瑞银将收益率、成本控制等业绩目标集中到集团层面，不再细分到每个部门单独考察，业务部门中只要求全球财富管理部门的税前利润增速达到一定水平。另外，公司还设立了Group Franchise Awards奖项以激励员工发掘部门之间合作的各种途径。

摩根士丹利：投行与财富管理业务协同的典范

摩根士丹利同样是成立了单独的财富管理部门，与资产管理与机构证券并列为一级部门。在跨业务协同方面，摩根士丹利机构证券业务具有强大竞争力，长期贴近资本市场的交易业务培养了卓越的资本市场研究与交易执行能力，投行业务为其积累了丰富的企业高管等高净值客户资源，这些资源禀赋通过机构证券与财富管理部门的密切合作赋能财富管理业务，为其提供资产配置建议、投行业务中的独家投资机会、交易执行、客户推荐等多方位支持。

机构证券与财富管理部门的协作逐渐深入，效率提升。ISG与WM的协作从简单的产品供给、交易执行与分销深入客户与底层架构共享,并且通过收益分享协议以及组织架构改进等激励和推动措施,提高协作效率,充分挖掘业务机会与潜在客户。

- 机构证券部门给财富管理客户带来独家的新发证券投资渠道。截至1997年,美国历史上最大的IPO项目康菲石油从杜邦公司分拆上市由摩根士丹利投行部门作为主承销商完成,在该笔44亿美元的IPO项目中,摩根士丹利超过4万名财富管理客户通过其财富顾问购买了2 000万股股票,合计4.6亿美元。类似的还有1999年联合包裹服务公司55亿美元的IPO项目中,财富管理部门客户经理帮助超过9万名客户成功认购新股。
- WM和ISG部门在中后台支持和执行职能上进行整合,消除了重叠的支持功能,节约了成本,并有利于加强统一风险管理。2006年,公司开始着手整合旗下两个主要经纪子公司MSDWI和MS&Co,此前MSDWI主要为WM部门提供零售经纪业务交易执行、结算等,而MS&Co主要服务机构客户和超高净值客户。该项整合于2007年完成,MS&Co成为摩根士丹利在美国的主要经纪商子公司,统一的经纪业务执行渠道不仅节约了大量成本,而且有利于将风险集中到一处进行监控和管理。2012年收购花旗美邦之后,也是第一时间将其原有的交易支持功能与摩根士丹利WM部门进行了整合。
- 组织架构上打通财富管理及机构证券部门,实现客户关系管理的共享和整合,以及产品供给的统筹规划。2012年收购花旗美邦进行到中后期时,公司开始将财富管理业务重点逐渐转移到与内在业务的整合协同,WM与ISG两部门推出35项行动计划以深化双方合作关系。公司将机构和零售研究资源进行了整合，以推动产品和服务的统筹规划和交叉供给，同时合 WM 和 ISG 两部门之力进行更细分的客户覆盖和关系管理，将部分销售、交易管理和产品执行职能转移到 WM 部门。例如，针对固定收益产品的业务机会，公司推出了固定收益产品中间市场平台，并将数千名固定收益客户和销售人员转移到 WM 部门，利用其客户关系管理专长加强对这部分客户的覆盖强度，同时释放 ISG 部门的能力专注于其他业务。由于 WM 和 ISG 的客户存在很大的重叠，公司将高级客户关系整合到 WM 部门统一管理。

- 收益分享协议促进两部门协作的顺利开展与积极推进。早在 2007 年，WM 和 ISG 的投行部和自有资金投资部门就签订了收益分享协议，以推动产品的交叉销售。2016 年 7 月，WM 和 ISG 又签订了一项关于固定收益业务整合的协议，由 ISG 负责管理 WM 部门客户发起的固定收益交易活动和相关员工，并且 ISG 根据分销活动向 WM 部门支付费用。通过收益分享协议的形式解决产品和客户推荐中两部门在业绩归属上存在的利益冲突，有利于部门员工积极寻找交叉销售和推荐机会，为整个公司创造更多收入。

为了推动 ISG 与 WM 协作，公司在财富管理部门内成立了专门负责协同的业务单元。ISG 部门可以为 WM 部门提供丰富的投资机会，并且 WM 和 ISG 的客户存在大量重叠，ISG 的机构客户是 WM 企业股权计划、养老金计划等服务的目标客户，机构客户高管又可以转化为 WM 的高净值客户，从 WM 到 ISG 的反向推荐也类似，WM 的企业客户存在融资需求的可以推荐到 ISG 部门开展业务，而优质的企业家高净值客户的企业有融资、并购整合咨询等机构业务需求的同样可以推荐给 ISG 部门跟进。为了抓住这些交叉销售和引流的机会，摩根士丹利在财富管理部门内部建立了资产策略咨询办（SAS，见图3.6），主要目的是挖掘和服务 WM 和 ISG 的共用客群，促进部门间的资源共享，协调平台资源为投资银行和私人银行赋能。SAS 为私人财富管理客户提供与摩根士丹利机构平台相同的精选投资机会，与私人财富管理客户就其公司需求进行策略沟通，为客户提供一体化服务，全方位覆盖客户的事业发展及家族服务（见图3.7）。

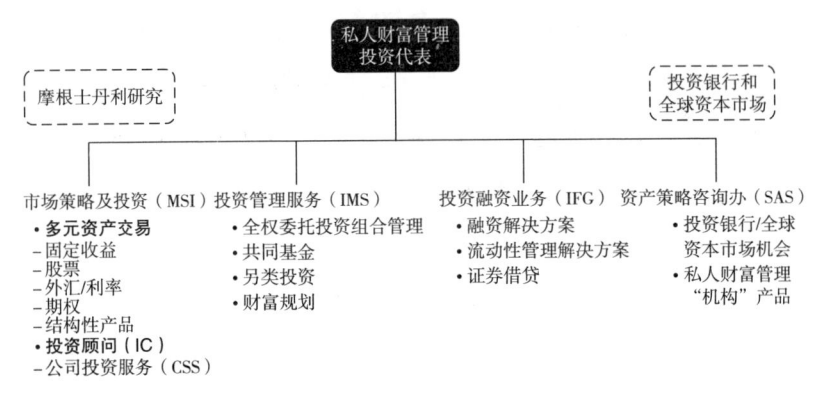

图3.6　摩根士丹利私人财富管理团队及业务线

资料来源：摩根士丹利和清华五道口金融学院"财富管理与私人银行"课程公开材料，中金公司研究部。

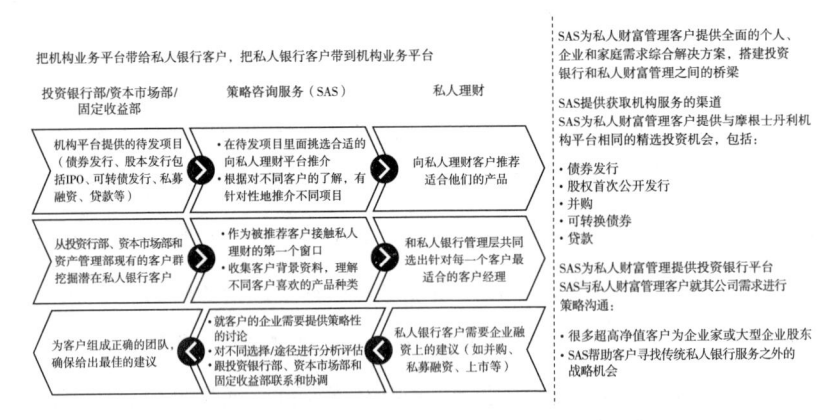

图3.7　摩根士丹利 SAS 所提供的服务和功能

资料来源：摩根士丹利和清华五道口金融学院《财富管理与私人银行》课程公开材料，中金公司研究部。

摩根大通：私行业务与资产管理等对公业务协同运行的机制

摩根大通将大众财富管理业务放在商行部门开展，而资产管理和私行业务在对公板块下的财富及资管业务中开展（见图3.8），主要原因在于大众财富管理与私行业务在客户需求的多样性、产品的复杂性方面存在明显区别，客户需求更加多元，对资产配置能力、跨业务部门的综合金融能力要求更高的私行客户性质上更像公司客户，其自身、背后的家族和企业的综合需求与投行、资管等对公业务协同机遇更大。

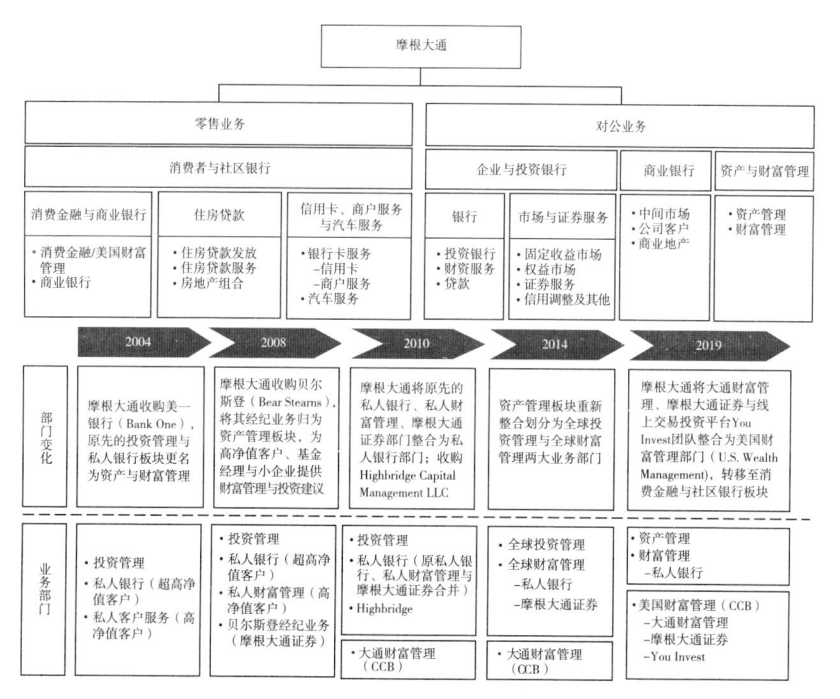

	摩根大通					
	零售业务			对公业务		
	消费者与社区银行			企业与投资银行	商业银行	资产与财富管理
	消费金融与商业银行	住房贷款	信用卡、商户服务与汽车业务	银行 / 市场与证券服务	中间市场 / 公司客户 / 商业地产	资产管理 / 财富管理
	·消费金融/美国财富管理 ·商业银行	·住房贷款发放 ·住房贷款组合 ·房地产组合	·银行卡服务 -信用卡 -商户服务 ·汽车业务	·投资银行 ·财资服务 ·贷款 / ·固定收益市场 ·权益市场 ·证券服务 ·信用调整及其他		

	2004	2008	2010	2014	2019
部门变化	摩根大通收购美一银行（Bank One），原先的投资管理与私人银行板块更名为资产与财富管理	摩根大通收购贝尔斯登（Bear Stearns），将其经纪业务归为资产管理与私人银行板块，为高净值客户、基金经理与小企业提供财富管理与投资建议	摩根大通将原先的私人银行、私人财富管理、摩根大通证券部门整合为私人银行部门；收购Highbridge Capital Management LLC	资产管理板块重新整合划分为全球投资管理与全球财富管理两大业务部门	摩根大通将大通财富管理、摩根大通证券与线上交易投资平台You Invest团队整合为美国财富管理部门（U.S. Wealth Management），转移至消费金融与社区银行板块
业务部门	·投资管理 ·私人银行（超高净值客户） ·私人客户服务（高净值客户）	·投资管理 ·私人银行（超高净值客户） ·私人财富管理（高净值客户） ·贝尔斯登经纪业务（摩根大通证券）	·投资管理 ·私人银行（原私人银行、私人财富管理与摩根大通证券合并） ·Highbridge ·大通财富管理（CCB）	·全球投资管理 ·全球财富管理 -私人银行 -摩根大通证券 ·大通财富管理（CCB）	·资产管理 ·财富管理 -私人银行 ·美国财富管理（CCB） -大通财富管理 -摩根大通证券 -You Invest

图3.8 摩根大通业务板块的扩张与整合
资料来源：公司公告，中金公司研究部。

但这样的组织架构带来的问题则是大众财富管理与私行在业务部门上的割裂,摩根大通通过建立强有力的客户输送体系来弥补这一断层(见图3.9)。

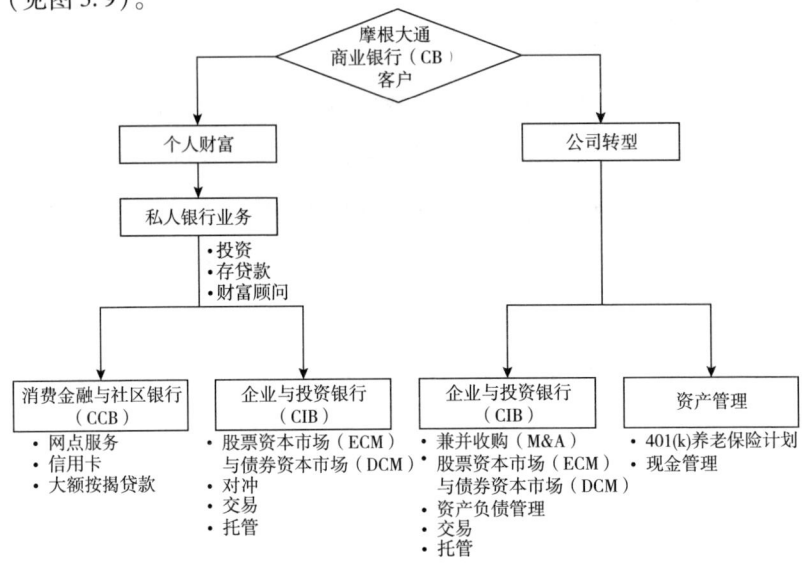

```
                    摩根大通
                  商业银行(CB)
                      客户
            ┌──────────┴──────────┐
         个人财富                公司转型
            │                       │
        私人银行业务                 │
          • 投资                    │
          • 存贷款                  │
          • 财富顾问                │
    ┌───────┼───────┐         ┌────┴────┐
消费金融与社区银行  企业与投资银行  企业与投资银行   资产管理
    (CCB)         (CIB)         (CIB)
 • 网点服务    • 股票资本市场(ECM)  • 兼并收购(M&A)    • 401(k)养老保险计划
 • 信用卡       与债券资本市场(DCM) • 股票资本市场(ECM)  • 现金管理
 • 大额按揭贷款 • 对冲              与债券资本市场(DCM)
              • 交易              • 资产负债管理
              • 托管              • 交易
                                 • 托管
```

图3.9　摩根大通的业务协同机制

资料来源:公司公告,中金公司研究部。

- 客户获取。以商行为起点,摩根大通形成了"商行—私行—零售行与投行"和"商行—投行与资管"的集团客户引流体系。2019年,私人银行客户与机构客户分别为摩根大通资管与财富板块贡献47%与34%的客户资产,远大于零售客户的19%。私人银行中,超高净值客户是摩根大通资管与财富业务的主要资金来源,2015年可投资资产超过1亿美元的客户资产在资管与财富业务板块总客户资产的比重达到86%,远高于欧美可比大行。2020年投资者开放日中,摩根大通资产与财富管理业务板块首席执行官玛丽·卡拉汉·埃尔多斯(Mary Callahan Erdoes)也提及业务联动下的客户导流链条:"(私人银行理财顾问）与商业银行部门合作，与投资银行部门合作……当他们赢得了这些企业首席执行官的信任时，首席执行官们就会用行动表示他们的信赖，成为私人银行的客户。"

- 服务诉求。相比零售客户，私行与机构客户金融需求更加多元化，包括投融资、财富管理、信贷、高端消费等需求。因此，摩根大通资产管理在传统的产品、运营支持部门之外设立客户导向的一级部门，直接向资产管理首席执行官汇报。这一围绕客户需求开展的服务模式有效协同集团内部丰富资源，为客户提供多样化综合化的金融解决方案。

- 底层资产。在资产端与产品端，摩根大通资产管理和企业与投资银行板块、公司板块充分联动。企业与投资银行、公司板块负责底层资产的获取以及部分金融产品的开发（结构化产品、IPO、私募股权等），资产管理则负责对客户的销售与资金对接。同时，资产管理业务板块设计的流动性产品解决方案也可以服务于企业与投资银行板块中的财资服务客户。

第四章
海外资管机构的商业模式变迁

海外头部资管机构商业模式的现状与未来

资管机构利润创造能力的有机要素：规模与费率

拆解 ROE 可见，单位 AUM 收益率与相对规模是资管机构营收侧的两大因子，也是其价值创造能力的集中体现。如图 4.1 所示，对资产管理机构的 ROE 水平进行拆分，其 ROE 驱动力可拆分为单位 AUM 收益率、相对规模与成本收益比三大要素。其中，成本收益比更多体现公司运营效率；单位 AUM 收益率与相对规模则从营收侧着手，前者反映资产管理机构对现有 AUM 的利用效率，后者彰显资产管理机构赛道内的相对竞争力，二者是资管机构竞争力的直接体现。

从营收入手，AUM 相关收入是资产管理机构的主要收入来源。顾名思义，资产管理业务是资管机构的主要业务形式，此类业务根据收费对象不同可划分为两类：

$$ROE = \frac{净利润}{股东权益}$$

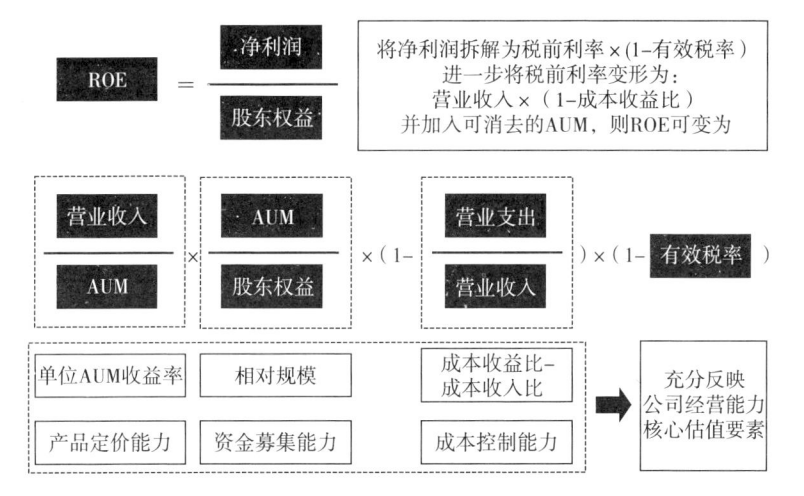

将净利润拆解为税前利率×(1-有效税率)
进一步将税前利率变形为：
营业收入×（1-成本收益比）
并加入可消去的AUM，则ROE可变为

$$\frac{营业收入}{AUM} \times \frac{AUM}{股东权益} \times \left(1-\frac{营业支出}{营业收入}\right) \times (1-有效税率)$$

- 单位AUM收益率 / 产品定价能力
- 相对规模 / 资金募集能力
- 成本收益比-成本收入比 / 成本控制能力

→ 充分反映公司经营能力核心估值要素

图 4.1 营业收入对 ROE 的驱动力可拆分为单位 AUM 收益率、相对规模与成本收益比三大要素

- 针对 AUM 收取的管理费收入。管理费基于 AUM，以固定百分比收取，其费率与产品业绩表现不直接相关，短期内波动主要来自 AUM 变动，故收入较为稳定。在典型资产管理机构收入结构中，管理费占比普遍超过 70%，部分传统资产管理机构管理费占比高达 90% 以上。另类资产管理机构由于投资收益确认周期长，尽管部分年份超额收益分成、自营投资收益等收入占比较高，但稳定的管理费收入在多数年份中仍是其营收的重要组成部分。例如 2020 年阿波罗、黑石、凯雷投资分别有 72%、67%、51% 的营收来自基于 AUM 的固定管理费。

- 针对投资回报收取的超额收益分成收入。部分资产管理机构在产品合同内事先约定业绩比较基准，当投资回报实际表现超越比较基准时，基于额外投资收益进行业绩分成。根据产品类别可分为两类：①激励费，指开放式共同基金根据合同约定，在超过业绩比较基准后收取收益分成，多见于基金管理机构。

②绩效分成，指封闭式基金根据合同约定，在超过约定收入或取得投资收益后，对投资收益按比例分成，多见于另类资产管理机构。绩效分成已成为另类资产管理机构除管理费外的另一主要收入来源。例如截至 2020 年年底，绩效分成在黑石、KKR、凯雷投资中的占比分别达 30.5%、23.1%、57.0%。

此外，部分业务收入与 AUM 规模不直接相关，但此类收入仍依赖于围绕 AUM 进行的能力建设所产生的外溢效应，包括以下三类：

- 财富管理相关收入。主要包括基金分销、投资咨询业务带来的收入，具体方式包括构建基金直销渠道、通过智能投顾等手段协助长尾客户进行资产配置、直接为个人客户提供投资咨询服务等。财富管理相关业务为资产管理机构带来的收入增益并不局限于分销费、咨询费等。原因在于部分财富管理服务（例如智能投顾、投资组合建议等）事实上为资管客户提供了额外价值，增强了产品竞争力，并最终反映于管理费中。
- 服务其他金融机构收入。具体途径包括金融科技能力输出、为其他金融机构提供基金会计等服务带来的收入；或凭借较强资产管理能力，直接为其他机构客户提供投资咨询、风险管理服务等。
- 自营投资收入。资管机构基于自身投资研究能力，以自有资金投资，博取投资收益。2020 年，KKR 此项收入营收占比高达 56.1%，成为当年主要收入来源。

进一步深挖，对大资管产业链进行梳理后可见，各类资产管理公司收费逻辑整体可分为五大类（见图4.2），均由资产管理能力直接支撑或间接派生。

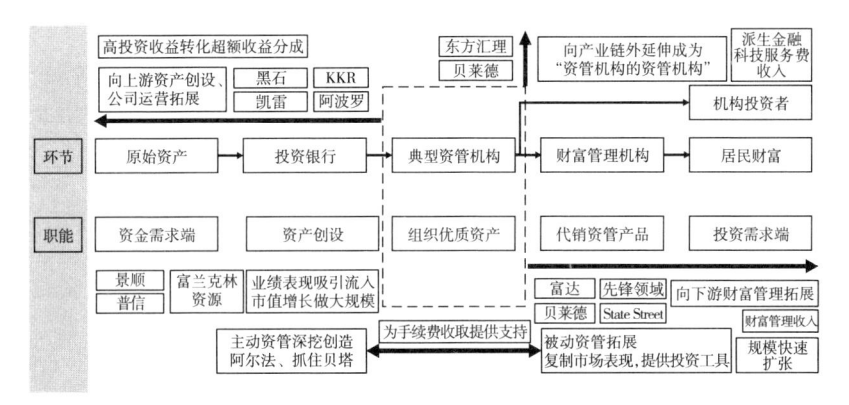

图4.2 资产管理机构的五大收费逻辑，对应资管机构各类收入形式
注：综合型资管机构数据截至2021年年报；富兰克林资源2021年及以前报告期为每年9月；另类资管及购买数据截至2020年年底。
资料来源：公司年报，中金公司研究部。

- **主动资产管理**。标准化资产主动资管业务是多数资产管理机构的核心业务。资产管理的本质是信息处理，输出信息处理能力、提供资产管理服务，是管理费收取的底层逻辑。在此基础上，激励费本质上是资管机构对超出同业平均水平的资管能力进行变现，事实上也可视为单位AUM管理费率的组成部分之一。这要求公司不断增强创造阿尔法（Alpha）、抓住贝塔（Beta）的能力，资管能力建设是提供主动管理业务、收取管理费的直接支撑。

- **拓展被动资管**。被动资产管理为投资者提供投资工具，降低投资门槛，便利投资者进行多元化资产配置，并基于此向投资者收取管理费。尽管多数被动资管产品不存在主动调仓，但被动资管产品复制指数、创设指数等同样存在诸多技术门槛，成为支持其收取管理费的另一个背后逻辑。

- 上游投资银行。即参与资产创设，或直接参与公司运营，最终转化为绩效分成或自营投资收益。黑石、KKR、凯雷投资等另类投资机构除投资于标准化证券之外，还大量参与一级市场、不动产投资等领域。对非上市公司或不动产项目进行收购、获取部分或全部控制权，并参与其后续运营管理，是另类投资机构实现高额投资回报的重要途径之一。

- 下游财富管理。部分头部公募基金管理机构当前已通过基金超市（如富达基金）、智能投顾（如先锋领航、贝莱德、嘉信理财、瑞银）等途径积极布局财富管理侧。头部资产管理规模与客户群体庞大、资金充足，有效解决了初创智能投顾公司客户基础薄弱、前期难以赢利等痛点。智能投顾则贡献人才团队与现有技术，成为头部资管机构以科技触达长尾客户的桥头堡。

- 跳出资管产业链，能力输出服务同业机构。部分实力较为领先的资产管理机构已从金融科技领域通过SaaS（软件运营服务）、输出风险管理模型与投研模型等模式输出金融科技能力，向"资管机构的资管机构"方向拓展价值边界。例如贝莱德自2006年开始确认金融科技解决方案相关收入，截至2021年已连续15年实现科技能力输出创收。

从规模侧看，资金净流入与市值增长是资管机构规模增长的有机动力。典型的资产管理机构规模增长由净流入、管理资产市值增长、收并购、分红变动、汇价及其他调整五大部分构成。其中，净流入反映市场对资管机构产品的认同度，既反映资管机构的赛道内相对竞争力，也受市场风险偏好变动影响；管理资产市值增长水平则反映资管机构的收益创造能力，是资管机构规模增长的有机组成部分，直接反映资管机构的资产管理能力。

- 净流入：①顺势而为，净流入的赛道间分配随市场资管偏好变化。BCG 报告数据显示，2003 年以来传统主动管理资管产品 AUM 规模经历了持续流出，市占率快速缩水；被动资管产品、另类资管产品则获长期流入，市占率持续攀升。从上市资管公司净流入情况看，多元化布局的综合型资管公司（如贝莱德）、另类资管公司（如黑石）过去 5 年净流入水平显著高于市场平均水平，以主动管理为主的资产管理机构（如普信、富兰克林资源、景顺）净流入情况不容乐观，部分机构甚至出现净流出。②能者多得，净流入与资管能力高度相关。近年来资金持续流出美国主动式股票共同基金，并持续流入股票型 ETF、股票型指数基金等被动管理产品。在此背景下，普信金融等部分业绩优秀的主动共同基金管理机构仍获得资金净流入，且净流入水平与公司产品业绩表现存在正相关。由此可见，尽管资管产品设计千差万别，但其服务内容高度同质化，获取风险调整后收益的能力是衡量资管产品的首要标准。我们认为，理性的投资者将"用脚投票"。在充分有效的资产管理市场内，机构资产管理能力与旗下产品表现将超越渠道能力、产品营销等因素，成为决定资金净流入水平的首要标准。
- 管理资产市值增长是成熟市场内多数资管机构规模扩张的主要来源。从美国经验来看，资产管理市场符合多数行业发展规律，即随着行业成熟，整体规模增速将逐步放缓。在成熟市场新增资金量减少的背景下，依靠管理能力实现的规模增长逐步替代净流入，已成为成熟市场内多数头部资管机构规模扩张的主要途径。

头部资管机构的商业模式：应时而变

标准化主动资产管理是早期海外头部资产管理机构的典型形式，根据美国市场经验，美国主动管理市场在约20世纪末迎来发展转折点。①从市场交易情况看：如图4.3所示，以普信与富兰克林资源两家上市较早的资产管理机构为例，1997—1998年是主动管理业务为主的上市资管机构估值倍数的历史转折点。②从费率看：产品定价能力是行业发展阶段的重要标志。以1991—1994年为分界，按投资性质划分，各类共同基金费率整体走低（见图4.4）；同时我们观察到，行业平均管理费率的下行并非全部来自20世纪末以来被动资管产品兴起带来的结构性影响，而是行业普遍现象。早在1996年，债券型主动共同基金费率已进入下行通道；2000年以来，主动管理股票基金平均费率

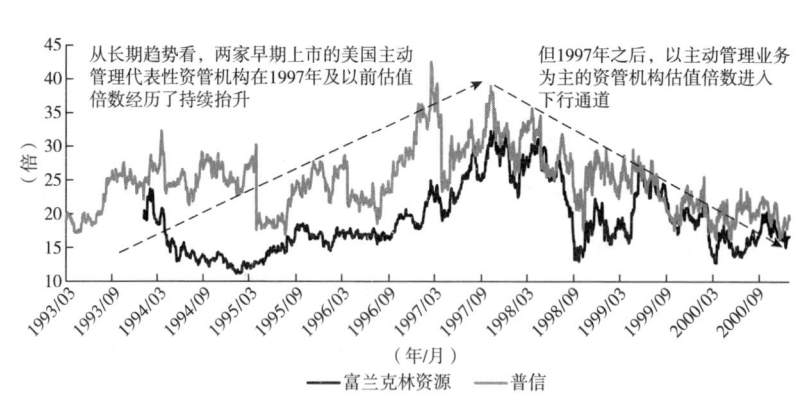

图4.3　美国早期上市主动管理业务为主的资管机构富兰克林资源与普信的估值倍数

资料来源：Capital IQ，中金公司研究部。

同样掉头向下（见图 4.5）。我们认为，市场交易转折点与费率转折点二者互相验证，说明 20 世纪末是标准化主动资产管理从蓝海至红海的行业性转折点。

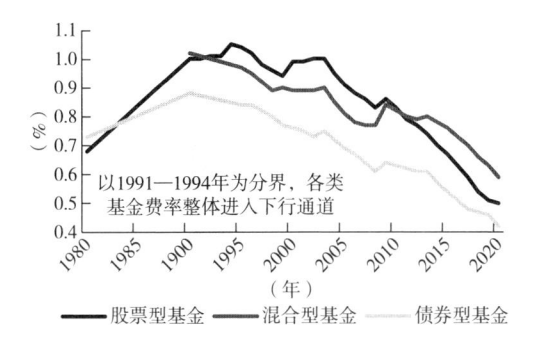

图 4.4　以 1991—1994 年为分界，各类共同基金费率整体走低
资料来源：ICI，中金公司研究部。

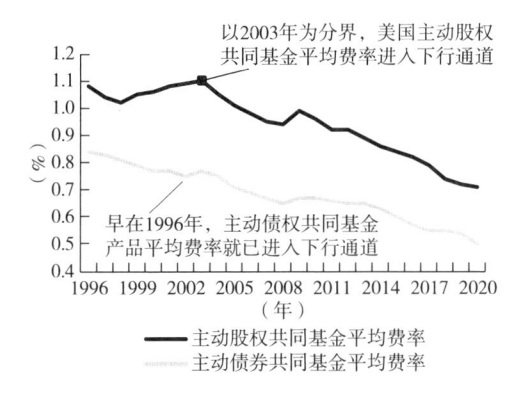

图 4.5　2000 年前后主动共同基金费率先后进入下行通道
资料来源：ICI，中金公司研究部。

近年来，全球资管配置偏好变化要求资管机构选择发展新方向。从规模占比看，风险较分散、分享行业发展成果的被动管理产品规模迅速扩张，2003—2020 年占比上升 16%，传统主动管理类产品 AUM 占比则相应下降 17%，收入占比亦有小幅上升；同时，追求绝对收益的另类资管成为主力收益来源。2020 年，另类投资创造了全球资管行

业42%的总收入，而传统主动管理产品贡献仅占16%。同时，BCG预计至2025年另类资管产品在全球资管市场AUM中的占比将达16%，市占率较2003年提升7个百分点。以全球最大的综合型资管机构贝莱德为例，作为净流入表现最优的上市综合型资管机构，近年来其规模增长结构同样显著偏向另类与被动资管产品；主动资管产品规模增速则显著落后。整体而言，21世纪以来全球风险偏好呈现纺锤形分化，传统主动资管业务面临流出，资金流向高风险、高收益（另类资管、主题投资等）与跟随市场表现的产品（被动管理），要求资管机构选择发展新方向（见图4.6）。

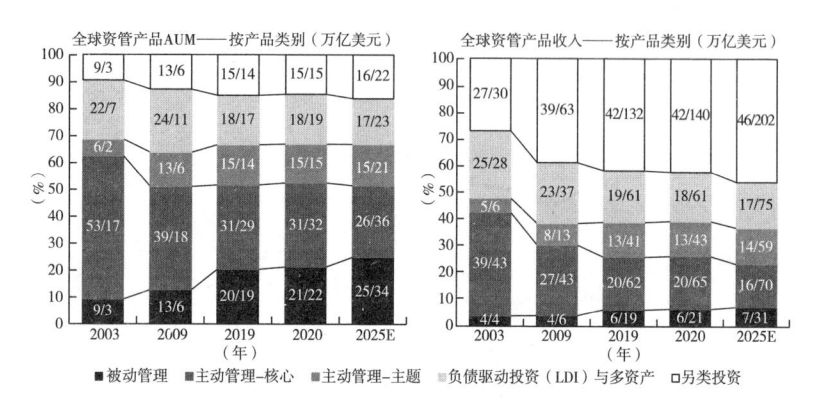

图4.6 全球资产偏好呈现纺锤形分化，风险收益偏好从居中向两端发展

注：左侧数字为占比（%），右侧数字为实际规模（万亿美元/十亿美元）。主动管理-核心产品包括大盘股权产品、国内政府与企业债产品、现金管理类产品、结构化产品；主动管理-主题产品包括主题股权产品（国外市场、全球市场、新兴市场、中小盘股等），及主题债权产品（新兴市场、高收入债券、通胀挂钩、资产支持证券）；另类投资包括对冲基金、私募股权、不动产投资、大宗商品、基础设施投资及开放式另类投资基金等。

资料来源：BCG，中金公司研究部。

全球资管业态：20世纪末以来平均费率持续下行，规模增长成为典型资管机构的主要驱动因素。根据BCG统计数据，全球资管平均费率近年来持续下行，自2007年至今累计下行幅度已达29.5个百分点。

且从美国市场经验看,平均费率下降普遍存在于各类资管产品领域,并非仅由于被动管理基金等低费率产品占比上升所致。根据ICI统计,从长期趋势看,无论按照管理模式划分(主动/被动),或按照投资性质划分,基金产品平均费率均已步入下降通道。据此我们推测,资管市场竞争未来将会更加充分,同时随着市场有效性抬升,主动资管带来的超越市场的回报将逐步降低,二者均将进一步侵蚀传统主动资管的底层收费逻辑。基于此,我们判断,在当前传统资管市场上缺乏垄断式定价者的前提下,典型资管机构商业模式"规模为王"或为更优出路。

产品结构多元化,是头部典型资管机构应时而变的标志。我们认为,多元化布局有助于资管机构在长期中穿越周期。一方面,随着市场有效性提升、资产管理市场竞争水平趋于激烈,依靠单一类别资产实现超额收益的难度不断提升。根据海外咨询机构Callan Associates的报告数据,在美国资管市场实现目标回报所需的资产组合复杂度与承担的投资风险不断上升(见图4.7),实现可持续的高回报要求资管机

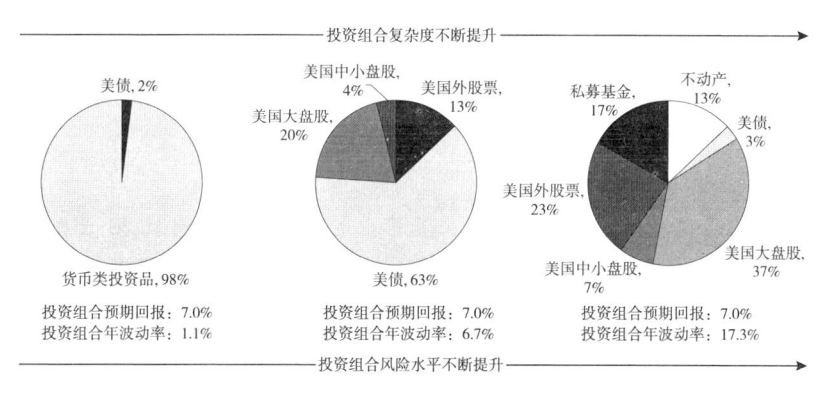

←――――投资组合复杂度不断提升――――→

美债, 2%
货币类投资品, 98%
投资组合预期回报: 7.0%
投资组合年波动率: 1.1%

美国中小盘股, 4%
美国大盘股, 20%
美国外股票, 13%
美债, 63%
投资组合预期回报: 7.0%
投资组合年波动率: 6.7%

私募基金, 17%
不动产, 13%
美债, 3%
美国外股票, 23%
美国中小盘股, 7%
美国大盘股, 37%
投资组合预期回报: 7.0%
投资组合年波动率: 17.3%

←――――投资组合风险水平不断提升――――→

图4.7 在美国资管市场实现目标回报
所需的资产组合复杂度与承担的投资风险不断提升

资料来源:Callan Associates,中金公司研究部。

第四章 海外资管机构的商业模式变迁

构资产布局高度多元化。另一方面，如前所述，资管机构须顺势而为，资金净流入与市场产品偏好高度相关，多元化布局有助于紧跟市场偏好变化，承接各类资金流入。从发展结果看，产品布局多元化已成为海外上市头部资管公司的共性选择。我们判断，平台化、综合型资产管理公司在长期中更易胜出。

另类资管：另辟蹊径，以规模为代价，发力投后管理换取绝对费率。 另类资管高费率的支撑来自其高预期投资回报率，而高回报率的背后是高风险偏好。另类资管机构大量参与一级市场与非标准化资产投资，且其产品具有流动性偏低、投资门槛高、投资回报周期显著长于其他类型投资产品等特征。此外，另类投资还面临可发掘的非标准化投资机会数量有限、资金容量较小等限制。经过层层筛选后，其对应的客群基础相对有限。但上述特征同样允许其中的头部机构创造远超其他同业的回报。从根源上看，其核心原因在于以投后管理为代表的运营模式允许机构向价值链上游拓展价值领域，凭借投研能力向投资组合内公司外溢，改善组合内公司经营情况，最终创造超额收益。

普信、贝莱德、黑石是三类商业模式的代表性机构。三家机构的商业模式虽然不同，但从近期及早期 FPE（前向 P/E 估值倍数）看，均获得了市场认可。

- 普信是传统主动管理型公募基金的代表。该公司在 20 世纪末达到估值顶峰，时至今日仍有能力凭借标准化产品主动投资实现超越市场平均水平的回报，是对标中国资产管理行业发展阶段的最佳借鉴之一。
- 迈入新时代，头部资管机构商业模式逐步向价值链两端分化。①贝莱德是全品类经营模式代表。其商业模式在保证管理质量的前提下追求管理规模的最大化。其实现成功的关键经验包括早期借助金融科技平台在风险控制、投资管理领域建立可高效复制的深厚护城河，并通过数次成功并购快速放大规模优势。在这一商业模式下，规模本身又能帮助其打造新的竞争优势。②以黑石为代表的另类资产管理机构则走向乘数最大化模式。充分通过投研能力外溢，以投后管理赋能组合内公司，改善公司业绩，大幅提升投资回报。我们将以上述三家公司为例，探究获得时间认可的资产管理机构如何展开其商业模式。

普信：长期主义信徒，价值投资标杆

低成本、高费率是普信维持高 ROE 的源泉。在我们统计内的 6 家上市资管机构中，截至 2020 年年底，普信的 ROE 高达 28.9%，位列上市典型资产管理机构第一名，也显著高于资管龙头贝莱德。对其 ROE 进行拆解可见（见表 4.1），低成本、高费率是其高 ROE 的源泉。截至 2020 年，普信成本收入比仅为 47.8%，显著低于可比同业水平；费率则高达 42.2bp，显著高于可比同业水平。

表 4.1 普信近 5 年 ROE 拆解 （%）

	2016	2017	2018	2019	2020	5年变动	数据解读
持续经营主营业务ROE	22.0	23.2	25.8	27.3	27.2	23.7	近5年普信持续经营主营业务ROE整体走高，5年累计提升5.2%

(续表)

	2016	2017	2018	2019	2020	5年变动	数据解读
相对管理规模	142.4	145.4	140.2	146.8	158.7	11.5	相对管理规模增速慢于费率下降速度，同时其管理规模增长主要依靠管理资产市值增长
单位AUM营收率（bp）	52.85	48.98	55.83	46.55	42.21	-20.1	作为头部主动资产管理机构，其单位AUM营收率同样随行业趋势逐年走低
成本收入比	54.2%	48.4%	55.6%	47.9%	47.8%	14.2	成本收入比仍在不断下降，对ROE提升带来一定支撑作用
有效税率	36.0	36.9	25.8	23.2	22.2	21.7	2017年特朗普政府推行减税法案，当年美国企业均获大幅减税，此后各年份税率显著下降

注：成本收入比越低，越有利于ROE提升。
资料来源：公司公告，中金公司研究部。

从实现路径上看，高效投研是其得以实现上述两大特征的源泉：

- 高效投研团队＋把握优质渠道控制成本水平。①普信的人均AUM居前列。截至2020年，普信的人均AUM高达1.92亿美元，显著高于同样以主动公募产品为主的景顺（人均1.59亿美元）与富兰克林资源（人均1.29亿美元）。较高的人均效能有助于控制人力成本。②高养老金与机构渠道占比有利于控制成本。截至2021年，普信机构渠道资金占AUM比合计达76%、养老金账户资金占AUM比合计达65%。养老金与机构渠道批发性质较强，有助于降低拓客成本与客户维持费用。

- 优异业绩成为高管理费率的坚实支撑。在人均AUM居前列的同时，其业绩表现同样亮眼。从AUM占比看，普信90%的基金产品在10年期跑赢晨星同类产品中位数水平，62%的产品跑赢被动产品中位数水平，77%的产品跑赢业绩比较基准。其中，普信92%的权益类产品、96%的多资产产品，在10年期跑赢晨星同类产品中位数水平。优异的业绩为其高管理费率提供了坚实支撑。

高效投研是其商业模式的核心。尽管由于前述投资风格转变、市场竞争加剧导致平均管理费率持续下行等因素，市场或对普信的未来规模成长与费率水平维持存在隐忧，导致其估值出现折价，但不可否认的是，从经营结果看，普信投研模式在主动管理领域收获了成功。我们以普信为例，探究其主动管理模式的成功经验，以期为国内资管机构提供借鉴经验。

投资架构：委员会制度集思广益，双投资平台并驾齐驱

普信的投资委员会分级设立，突出以人为核心的平台化管理。 普信的投资委员会在公司层面的投资策略制定、资产组合层面的优化配置到各个基金产品方面的投资决策三个方面分级设立。一方面，各委员会代表不同方面的利益，有利于系统与组织内部的有效协调；另一方面，决策由各委员合议做出，体现高度的团队合作性，避免个人专

断现象产生的同时也可避免对明星基金经理的过度依赖。委员会设置如下所述：

- 投资指导委员会制定策略和方向。投资指导委员会由美国权益指导委员会、国际权益指导委员会、固定收益指导委员会和多资产指导委员会组成，职责涵盖审查对应资产类别的投资活动，包括普信的产品、策略和ESG执行效果的审查以及制订每个策略的继任计划，从而确保基金经理换任前后一致可持续的阿尔法生成能力。

- 资产配置委员会在监督资产配置产品的同时提供战略和战术配置见解的支持。公司于1990年成立资产配置委员会以提升资产配置能力，创设丰富的资产配置产品，同年推出首批目标风险产品Spectrum Growth Funds和Spectrum Income Funds，并于2002年推出首款目标日期产品Retirement Funds。委员会由权益、固定收益和多资产部门的高级别投资专家组成，监督所有的资产配置产品运作，并每月开会审查宏观经济环境、市场状况、相对趋势和公司估值，提供战略和战术分配见解的支持。

- 投资顾问委员会在各基金内设立，集体讨论具体的买入或卖出决策。该制度于20世纪60年代设立，以便于对投资决策展开辩论，达到集思广益、减少决策失误的目的。委员会由投研部门具有表决权的成员组成，并由该基金的经理担任委员会主席。基金经理可根据需要召集委员会会议，与分析师共同讨论具体的买入或卖出决策。管理职责最终由所有成员共担，但基金经理由于掌握决策决定权，因此负主要责任。该制度在突出团队合作重要性的同时，也尽力防止"群体思维"，即当情况需要时,应鼓励每个成员发表任何想法和反对意见,避免出现团队成员畏首畏尾的现象。①

新设投资平台,集中投研力量打造明星产品。2020年,普信单独创建独立投资平台TRPIM(T. Rowe Price Investment Management),将美国高收益债券基金、资本增值基金、中盘成长型基金、小盘价值型基金等6只明星基金产品转移至新平台。在管理团队工作经验水平基本相当的前提下,TRPIM管理团队人员规模约为原平台TRPA(T. Rowe Price Association)的50%,所管理产品的AUM截至2020年年底则仅占全公司的约13%。由此可见,新平台单位AUM对应的投研人力更多,表明普信尝试集中投研力量,打造明星基金产品,并期待这部分产品成为驱动资金流入的新增长极。我们认为,在资产管理行业发展早期,明星基金产品与基金经理团队能够帮助资管机构打造品牌效应,吸引资金与客群流入,对资管机构发展意义重大。

投资平台共享母公司资源支持与制度标准。①核心投研体系安排一致、标准统一。两个平台均跨越市值和风格,有助于保持投资理解全面性;均重视股票团队与固收团队间的跨领域交流以激发投研智慧。TRPIM引入高收益债券策略有利于保持美国资本增值战略利用固定收益交易的能力,也为美国高收益债券策略的团队提供获取股权见解的新途径并改善企业准入。②公司文化复制,公司职能共享。TRPIM复制了普信卓越投资、合作和长期投资的关键文化原则,并在分销、法务、合规等职能上与TRPA共享公司由规模带来的资源。

---

① 资料来源:科尼利厄斯·C. 邦德. 投资成长股:罗·普莱斯投资之道 [M]. 北京:机械工业出版社,2021.

投资方法：自下而上，主动管理

自下而上的战略投资为普信的核心投资方法。普信的主动投资强调"自下而上"的基本面研究，从长远视野的角度寻找在创新中持续受益，且有潜力在长期实现现金流强劲增长和持续赢利的公司。战略投资的方法意味着研究须经过严格的实地考察，而非停留在表面分析。公司官网在2022年披露，超过475名的普信投资专家前往世界各地，与公司高管深入交流，调查供应商和客户对公司的评价并向监管等公职人员询问公司前景，调研结束后通过与其他分析师进行深入探讨，从而对公司开展细致全面的评估。由独立思考和严谨的研究驱动的战略投资的积极管理方法自1937年普信成立时便开始贯彻，这使普信始终能站在市场变革的前沿，从而为客户持续创造超额回报。

跨领域专家深度合作，多视角识别潜在投资机会。普信的主动管理投资方法还源自跨地区、跨行业和跨市值的专家之间以及与投资组合经理之间的交流合作。股权和信用分析师经常采用合作调研的方式，拜访共同投资公司的管理层，交流所形成的宏观层面的观点与实地调研收集的信息形成对照，构成识别潜在机会或风险的全面视角。在普信官方披露的一则案例中，普信在巴西经济衰退和政治动荡的背景下一度两次增加了对巴西一家规模靠前的银行的投资，该决定反映了全球投资团队的协作与集体分析。拉丁美洲分析师收到了信用分析师关于巴西经济、财政和货币政策、货币走势和利率前景的最新消息；亚洲分析师帮助将该股与其他新兴市场的银行进行了比较；两位投资组合经理就公司的战略、管理和资本配置提供了见解；最终普信的逆向观点在与银行管理团队的两次会议中得到了肯定。

"战略资产配置+证券主动选择+战术资产配置"构建定制化的投资组合方案。普信利用跨资产类别、地区、风格、部门和资本化的主动管理策略,结合独立的基础研究和专有的量化分析构建投资解决方案。其采用的方法涵盖:①战略资产配置,根据每个投资组合的特定目标、目标风险或回报情况和全球资产类别及行业范围进行分析;②战术资产配置,根据全球金融市场6~18个月前景的相对估值机会,高配或减持资产类别和行业的战术决策;③证券主动选择,通过广泛的专有研究,形成自下而上的证券选择,使强大、风格一致的基础投资组合具有良好的业绩记录。

投资理念:客户至上,长期主义

客户至上的长期主义投资理念为普信独特的文化基因。普信自创立之初即确立了长期投资成长股+为客户赚取长期收益的买方思维。从结果上看,如前所述,普信旗下的产品长期也普遍获得比短期更优秀的表现。时至今日,普信仍坚持贯彻客户至上的长期主义理念,并持续为平衡该理念与短期资金和利益之间的矛盾而努力,具体表现为:

- 在推出新投资策略产品前,均先用模型投资组合进行测试,确定策略有效后再发行。公司通常为新策略提供种子资本,使基金经理在客户投资之前便开始建立投资业绩历史,在一定程度上保证客户利益的同时也有助于缓解损失带来的短期资金波动。截至2021年年末,普信已对新策略开展了13亿美元的种子资本投资。
- 限制对新投资者开放部分策略,保护现有投资者的长期利益。当需求超出管理层以合理的价格为基金找到合适的投资标的能力时，普信便会对基金的资金容量进行控制。截至 2020 年 9 月末，受限制或对新投资者关闭的策略占总 AUM 的比例为 29.5%，在保持投资策略的完整性的同时也保护其现有股东和投资者的利益。

- 基金经理薪资激励同长期业绩挂钩。普信的基金经理的奖金在很大程度上与基金的 1 年、3 年、5 年，以及 10 年业绩挂钩，重视长期业绩的考核有利于缓解基金经理为获得绩效奖励而更重视短期利益变现的矛盾。
- 深耕养老资管行业，管理资金来源与长期主义理念适配。普信看准养老金计划赛道，于 1951 年获得了第一个机构投资者客户美国氰胺公司（American Cyanamid）并为其管理养老金资产；1974 年，公司首创 DC 型养老产品，401（k）推出后即快速获得了市场份额，长线养老资金逐渐发展成为普信最大的资金来源。截至 2021 年年末，普信超过 2/3 的资产管理规模来自养老金账户，服务超过 10 年的养老金客户达到一半以上。长期黏性的资金来源有助于更好地支撑价值投资的长期策略，获得更优异的长期投资回报，形成良性循环。

贝莱德：风控立身，并购+平台化建设突破增长边界

管理规模增长是贝莱德 ROE 抬升的关键因素。如表 4.2 所示，2016—2020 年（当时测算数据）贝莱德持续经营主营业务，ROE 整体走高，主要受益于贝莱德相对规模水平增速快于单位 AUM 营收下降速

度。如前所述,当前典型资产管理机构市场竞争较为充分,美国资管机构已普遍成为价格接受者,贝莱德同样未在费率端显示出独特优势,截至2020年,其单位AUM营收率为18.7bp,较2016年下降21.4%。而其相对管理规模在过去5年中大幅提升41.1%,叠加减税政策利好,在成本收入比基本稳定的前提下实现了ROE的稳定提升。

表4.2 贝莱德近5年ROE (%)

	2016	2017	2018	2019	2020	5年相对变动幅度	数据解读
持续经营主营业务ROE	11.3	16.4	13.6	13.1	14.6	30.0	近5年贝莱德持续经营主营业务,ROE整体走高,5年累计提升3.4个百分点
相对管理规模	178.7	206.5	186.2	225.4	252.1	41.1	ROE的抬升主要受益于贝莱德相对管理规模水平增长速度快于单位AUM营收下降速度
单位AUM营收率(bp)	23.83	21.63	23.77	19.57	18.72	-21.4	作为批发式资产管理机构,贝莱德同样属于价格接受者,并未在费率端显示出独特优势
成本收入比	61.9	61.3	61.0	61.8	61.2	1.9	2020年贝莱德慈善捐款5.89亿美元,刨除后当年调整后成本收入比61.2%,与前值基本持平
有效税率	30.5	5.4	21.1	22.0	20.1	15.1	2017年特朗普政府推行减税法案,当年美国企业均获大幅减税,此后各年份税率显著下降

资料来源:公司年报,中金公司研究部。

但资产管理机构普遍面临增长边界问题。ICI的统计数据显示，美国头部资管机构占据美国共同基金市场的份额从2005—2020年稳步提升，至2020年，美国排名前25家资管机构共同基金市占率已高达81%；此外，韦莱韬悦报告表示，全球头部资管公司AUM在全球前五百大资管机构中的市场份额长期维持高位。从行业整体看，资产管理领域马太效应显著，仅依靠自然增长，中小机构对头部机构实现规模赶超较为困难。我们认为，贝莱德以金融科技为核心，早期深耕资管能力建设，在成熟期紧抓机遇，凭借并购迅速突破规模增长边界，通过平台化管理实现投资能力整合以应对规模与品类增长带来的管理问题。同时，其规模效应存在自我强化趋势，良性循环使得贝莱德护城河持续深化。

小型机构逆袭：风险管理立身，打造资管能力，静待并购良机

"蛇吞象"式的并购帮助早期的贝莱德突破增长边界，实现逆袭。从贝莱德AUM的成长史看（见图4.8），自1989年成立以来，贝莱德仅耗时21年，就完成了从管理规模仅12亿美元的固收产品管理机构向全球第一大资产管理机构的"逆袭"。观察其规模增长历程，不难发现并购扩张是其突破成长边界、完成快速扩张的核心原因。其中，2005年贝莱德并购美林证券资管业务，成为全美最大资管机构；2008年并购BGI后，贝莱德一举成为全球最大资管机构。"蛇吞象"式的大规模并购是贝莱德突破增长边界、在资产管理机构中脱颖而出的关键所在。

前期能力建设是完成并购、实现跨越式发展的前提。尽管金融危

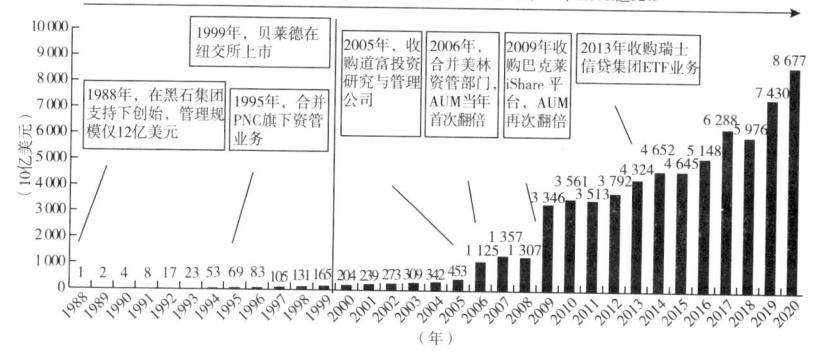

贝莱德资管规模21年成就世界第一（2009），32年CAGR达32%

[图表内容：]
- 1988年，在黑石集团支持下创始，管理规模仅12亿美元
- 1995年，合并PNC旗下资管业务
- 1999年，贝莱德在纽交所上市
- 2005年，收购道富投资研究与管理公司
- 2006年，合并美林资管部门，AUM当年首次翻倍
- 2009年收购巴克莱iShare平台，AUM再次翻倍
- 2013年收购瑞士信贷集团ETF业务

数据（10亿美元）：1988:1, 1989:2, 1990:4, 1991:8, 1992:17, 1993:23, 1994:53, 1995:69, 1996:83, 1997:105, 1998:131, 1999:165, 2000:204, 2001:239, 2002:273, 2003:309, 2004:342, 2005:453, 2006:1125, 2007:1357, 2008:1307, 2009:3346, 2010:3561, 2011:3513, 2012:3792, 2013:4324, 2014:4652, 2015:4645, 2016:5148, 2017:6288, 2018:5976, 2019:7430, 2020:8677

图4.8　贝莱德AUM成长史：多次并购突破成长边界
资料来源：公司公告，中金公司研究部。

机导致的优质资产折价的历史机遇难以复制，但正所谓"机会只留给有准备的人"，贝莱德在收购BGI的过程中遭遇了来自竞争对手CVC Capital的严峻挑战，且一度被对手率先以44亿美元现金购买被动资管平台的交易条件达成初步合作意向，不过贝莱德最终凭借更优秀的资管能力、更高的交易对价后来居上。我们对贝莱德收购成功的经验总结如下：

- 早期即着力进行投资分析科技平台建设。贝莱德的创始人、现任CEO拉里·芬克早期供职于第一波士顿（First Boston），主管固收投资部门，在1986年由于对利率的误判导致该部门当季度巨额亏损。[①] 芬克认为，投资团队缺乏风险测算金融科技工具是核心因素之一。由此他坚定"风控立身、科技为本"的资管理念，创办了贝莱德的前身"黑石财务管理公司"，从风

---

① 资料来源：Vanity Fair, Larry Fink's ＄12 trillion shadow, https：//www.vanityfair.com/news/2010/04/fink-201004.

第四章　海外资管机构的商业模式变迁

险管理角度为客户提供资产管理服务。自其创立之日起，贝莱德即着手开发风险管理平台，至1995年，贝莱德已开始提供独立于资管产品的高附加值风险管理系统和咨询服务，代表其科技系统趋于成熟。1998年，贝莱德签订了第一份交易系统外包服务合同，相较于同业开始展露优势。2000年，贝莱德合并Aladdin System（企业投资系统）、Green Package（风险报告服务）、PAG（投资组合分析）和AnSer（交互式分析）四大业务部门，推出BlackRock Solutions。该部门既服务于公司内部投研，也直接为机构客户提供风险管理、投资组合分析服务。金融危机期间，美联储与美财政部在未招标的情况下直接选择贝莱德作为风险资产评估工具提供商，充分体现了贝莱德投资平台的市场认可度。

- 金融科技能力赋能并购。拉里·芬克在接受媒体采访中称："阿拉丁（Aladdin，贝莱德的风险管理、投资分析金融科技平台）给了我们信心，我们比任何其他公司都更有能力进行大规模收购，并将其整合到一个共同的平台上。"早在收购前，BGI就已成为贝莱德旗下阿拉丁平台的机构客户，这意味着贝莱德有能力对BGI旗下的投资组合进行全面、快速、深入的分析，从而在尽职调查层面获得比较优势[1]；此外，贝莱德长期为各类机构客户提供风险管理与投资组合分析服务，对各类机构的投资风格、经营特征有深入了解，也有助于公司并购后的快速合并。

---

[1] 资料来源：Financial Times, Larry Fink, Barclays and the deal of the decade, https://www.ft.com/content/48e703d8-6d87-11e9-80c7-60ee53e6681d.

平台化建设：管理超级龙头的秘诀

平台化战略应对并购后及规模扩张后的难题。贝莱德多次进行"蛇吞象"式并购，为其带来多重难题。例如，在投资风格方面，过去贝莱德的产品结构以主动管理债券类产品为主，其主动股权产品侧重基本面研究；并购对象 BGI 则以被动股权类产品、量化投资产品闻名，属贝莱德未涉及领域。在管理方面，机构间存在管理模式、公司文化差异，若不妥善处理易出现"水土不服"。此外，过去贝莱德以美国为主要市场，并购后作为全球最大的资产管理机构，须面对更多全球化挑战。回顾贝莱德的发展史，我们认为"One Blackrock"的平台化战略是其快速整合各类资源、从地区性资管机构向管理全球资管龙头转变的关键所在。

以金融科技平台为核心。要求一切业务在阿拉丁平台上运行是贝莱德的经营原则之一，统一平台化管理既有效赋能于贝莱德内部投资管理，也为其业务实现标准化复制提供了可能性。

- 单一数据源简化投资全流程，提升工作效率。阿拉丁平台为使用者提供高度透明的实时视图，允许参与者共享工作流程。同时，覆盖面极广的贝莱德数据库通过统一格式，为包括资产托管、基金会计、风险管理、投资研究、资产组合构建等在内的投资全流程提供数据支持，自动化且无摩擦的流程极大提高了工作效率。
- 数据联通共享，提升透明度与敏捷度。阿拉丁平台允许资产服务商向资产管理公司开放信息管理平台权限，实现完全共享，双方可以完全透明地了解彼此的活动。同时，透明度的提升意味着双方可以及时发现并解决数据异常。贝莱德对客户的反馈统计表示，Aladdin Provider 能有效降低基金净值错误的数量，且提升异常解决速度。

- 技术平台与业务管理模式捆绑销售，将客户商业模式"贝莱德化"。贝莱德通过整合业务流程、产品、数据、团队，打造一体化资管平台，致力于将"整个贝莱德"交付给客户，而非简单地为客户提供技术工具集合。举例来说，贝莱德在投资者日表示，贝莱德开始与一家大型全球组织合作，在为其提供统一化管理平台、解决多个业务部门在不同的系统上独立运行问题的同时，还为其提供机构和财富管理业务架构改革方案。这表明贝莱德在出售技术平台的同时也贩售商业模式，叠加贝莱德阿拉丁平台的庞大市占率，意味着贝莱德尝试统一投资者的思维方式，进一步增强其议价地位与不可替代性。

重构公司管理体系，打造矩阵式组织架构。矩阵式组织架构（见图4.9）打破了职能制下部门间联系不足的问题，实现了人力资源的弹性共享，促进各种专业人员互相帮助，灵活性更强，适用于大型组织系统。①基于职能制结构的"实线"管理体制。即根据员工职能对职员划分管理，具体划分方式包括根据客户类型（如零售客户、机构客户）和投资类型（如固定收入类、权益类、另类投资）等。"实线"管理经理是经典意义上监督员工绩效并提供实际管理的传统经理。②基于事业部制结构的"虚线"管理体制。当公司需要启动某一跨部门协调项目时，"虚线"经理会为各部门员工分派任务。"虚线"经理的角色更加类似于内部客户，双方地位更加平等，属于合作关系而非

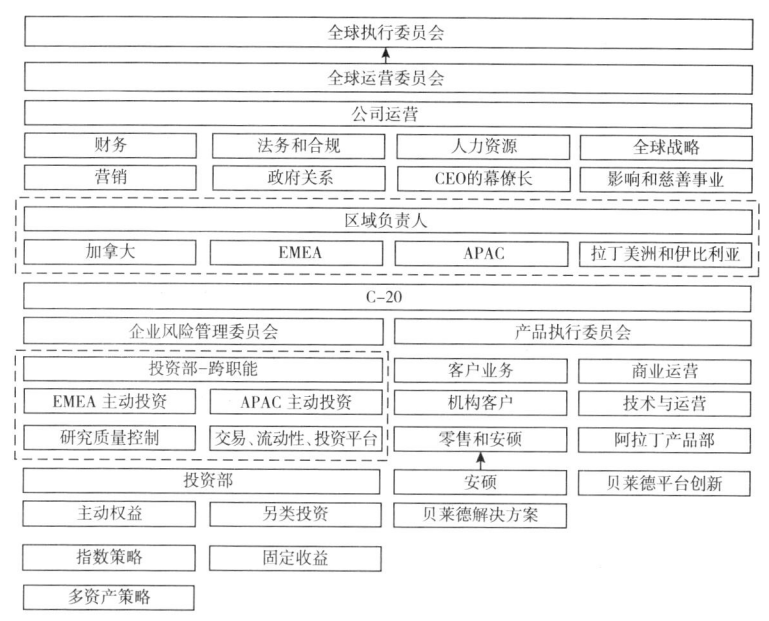

```
┌─────────────────────────────────────────────────────────┐
│                    全球执行委员会                          │
└─────────────────────────────────────────────────────────┘
                            ↑
┌─────────────────────────────────────────────────────────┐
│                    全球运营委员会                          │
└─────────────────────────────────────────────────────────┘
┌─────────────────────────────────────────────────────────┐
│                      公司运营                             │
├──────────┬──────────────┬──────────────┬────────────────┤
│   财务   │  法务和合规  │   人力资源   │    全球战略     │
├──────────┼──────────────┼──────────────┼────────────────┤
│   营销   │   政府关系   │  CEO的幕僚长 │  影响和慈善事业  │
└──────────┴──────────────┴──────────────┴────────────────┘
┌─ ─ ─ ─ ─ ─ ─ ─ ─ ─ ─ ─ ─ ─ ─ ─ ─ ─ ─ ─ ─ ─ ─ ─ ─ ─ ─ ─┐
│                     区域负责人                            │
├──────────┬──────────────┬──────────────┬────────────────┤
│  加拿大  │    EMEA      │    APAC      │ 拉丁美洲和伊比利亚│
└ ─ ─ ─ ─ ─┴ ─ ─ ─ ─ ─ ─ ┴ ─ ─ ─ ─ ─ ─ ┴ ─ ─ ─ ─ ─ ─ ─ ─┘
┌─────────────────────────────────────────────────────────┐
│                        C-20                              │
├──────────────────────────┬──────────────────────────────┤
│      企业风险管理委员会   │       产品执行委员会          │
└──────────────────────────┴──────────────────────────────┘
┌─ ─ ─ ─ ─ ─ ─ ─ ─ ─ ─ ─ ─┬──────────────┬────────────────┐
│     投资部-跨职能        │   客户业务   │   商业运营     │
├──────────┬──────────────┼──────────────┼────────────────┤
│EMEA主动投资│APAC主动投资 │   机构客户   │  技术与运营    │
├──────────┼──────────────┼──────────────┼────────────────┤
│研究质量控制│交易、流动性、│  零售和安硕  │  阿拉丁产品部  │
│          │  投资平台    │              │                │
└ ─ ─ ─ ─ ─┴ ─ ─ ─ ─ ─ ─ ┼──────────────┼────────────────┤
│          投资部         │    安硕      │  贝莱德平台创新 │
├──────────┬──────────────┼──────────────┴────────────────┤
│  主动权益│   另类投资   │      贝莱德解决方案            │
├──────────┼──────────────┤
│  指数策略│   固定收益   │
├──────────┴──────────────┤
│       多资产策略         │
└─────────────────────────┘
```

┌ ─ ─ ┐ 为事业部制，构成虚线管理

↑ 为汇报方向

图 4.9 贝莱德组织架构（2015）

注：EMEA 指欧洲、中东和非洲三个地区；APAC 指亚太地区；客户业务经理有产品方面问题时可随时召集投资部门的产品战略专家（两部门联络人）。
资料来源：公司公告，中金公司研究部。

直接管理关系，其管理权威来自事后对项目合作过程的评价，这将影响到直线经理对员工的绩效考核。这一结构直接体现于其管理委员会设计之中。

- 全球执行委员会（GEC）全面负责贝莱德的绩效、方向、人才发展和风险管理。GEC 由 22 名成员组成，是公司日常事务的最高决策机构，每周一早上会面 2.5 个小时，GEC 成员广泛分布于各投资业务、客户业务等下属委员会，其决策机制高度民主化。一位观察员这样说："GEC 从不通过投票决定事情，而是通过与其他成员互相沟通获得对自己想法的认同或在决策中融入他人的想法。"①

- 公司运营委员会与各职能委员会构成"实线"管理环节。其中，公司运营委员会从企业层面负责处理内部事务，包括全球战略、人力资源、市场营销策略、法务、公关等部门；投资条线则主要根据投资性质进行划分，例如由25名成员组成的企业风险管理委员会确定并管理贝莱德的实质风险；产品执行委员会的19名成员指导了公司产品系列的启动、审查和淘汰等。

- 全球运营委员会（OPCO）与20地区首席运营官委员会（C-20）构成贝莱德委员会中的"虚线管理"部分。①OPCO负责分享公司跨地区和职能的日常管理信息。OPCO拥有85名成员，主要向GEC成员直接报告，每月举行2.5小时会议。其会议内容主要集中于沟通举措并得到其他部门支持，而非直接做出决定。②C-20负责协调跨业务的运营计划和问题，由29名成员组成，包括贝莱德各地区与主要客户的分管首席运营官，担任跨职能论坛角色。

我们认为，随着资产管理业的发展，关注点从个体走向平台是资管公司进化的必选项：

- 资产管理行业发展早期对少数投资人才依赖度高。富达基金早期的资金流入对明星基金经历依赖程度较高，例如彼得·林奇

---

① 资料来源：Harvard business school，Blackrock（D）2010-2015 organizing for the future，P7，2017（4）.

管理的麦哲伦基金等对富达基金的早期规模扩张意义显著。当前我国同样存在着管理资产向明星基金经理集中的现象，根据万得数据统计，截至2022年3月底，头部10%的基金经理管理的规模占比高达63%，这使得基金经理迁徙问题成为资产管理机构面临的经营风险之一。资产管理行业是典型的智力密集型产业，一方面，资管产品业绩表现与基金经理的专业水平关系密切；另一方面，明星基金经理自身拥有的品牌效应与市场号召力是资管机构产品放量、规模扩张的重要依据。

- 资管行业发展后半程，头部资产管理机构转向关注平台化建设，强调"统计学"胜利。随着资管机构资产管理规模的扩大，单个基金经理对资产管理机构AUM的影响逐渐被稀释，打造资管平台，整合公司资源，平台化建设成为关注重点，其特征包括：①保持高人力投入。以高薪资投入、严格人才筛选确保人才团队保持高竞争力，但淡化对个体基金经理的依赖度。②以金融科技平台为核心。逐步在投研、风控等领域引入金融科技赋能人力，辅助或部分替代人力判断，同时尝试以金融科技平台沉淀人才投资知识，将个人投资能力转化为投资因子等组织资产。③重塑公司投研流程，以部门间合作决策代替个人决策。

人员变迁未对贝莱德的高速增长产生显著影响。作为全球最大的资产管理机构，自1988年成立至2020年，贝莱德的资产管理规模已保持了32年的高速增长。根据2020年贝莱德年报披露数据，其旗下员工平均任期为6.3年。我们据此推算，贝莱德在公司发展期间至少已经历了5轮以上的人员变动，而从结果看，即使去除收并购带来的规模影响，贝莱德在过去 6 年各年份的 AUM CAGR 仍均保持在 15%以上。

规模效应良性循环，护城河自我强化

如何凭借规模持续做深护城河？阿拉丁平台聚合大量数据，助力金融科技平台快速迭代。贝莱德的金融科技驱动增长特征明显，从公司整体竞争力角度看，大量资管机构用户带来的天量金融数据是比金融科技相关收入更为宝贵的核心资产。这允许贝莱德通过阿拉丁平台深入了解各类资管机构的配置特征与风险偏好，准确掌握投资者的资产偏好变动与对资管产品的实际需求，并时刻把握资管领域最新动向。

- 高规模客户群体，把握数据入口。阿拉丁平台业务全方位覆盖资产管理各领域，据《金融时报》报道，2020 年年初仅阿拉丁平台 240 名客户中的 1/3 就为其贡献了 21.4 万亿美元的管理规模，这一数字约等于彼时全球股票与债市总市值的 10%。[1] 先锋领航、道富环球、日本退休基金、苹果、微软、甲骨文等全球知名资管、非资管领域的公司均是阿拉丁平台的客户。据其官网披露，当前阿拉丁金融科技与财富管理平台服务于 55 000 名专业投资人士。[2] 2021 年，基于阿拉丁平台提供的综

---

[1] 资料来源：Financial Times, BlackRock's black box: the technology hub of modern finance, https://www.ft.com/content/5ba6f40e-4e4d-11ea-95a0-43d18ec715f5.
[2] 资料来源：贝莱德官网，https://www.blackrock.com/aladdin/offerings/aladdin-overview.

合金融科技解决方案服务于全球超过 1 000 家机构，全球用户数达 12.6 万人。庞大的客户群体覆盖面标志着贝莱德把握了数据入口，为其金融平台提供了丰富的分析样本。

- 覆盖面仍保持高速增长。综合年报与官网披露数据，2016 年阿拉丁平台服务于 28 000 位专业投资人士，2020 年这一数字已提高至 55 000 位，年均增速达 14.5%。2018 年，分布于全球 50 多个国家的超过 200 家机构使用阿拉丁平台进行投资与风险管理，年内增长 26 家，并在 2020 年年初突破 240 家。2017 年 2 月，阿拉丁投资分析平台覆盖资产规模达 20 万亿美元，而至 2020 年年初，贝莱德 1/3 的客户就能为其贡献 21.4 万亿美元的管理规模。

- 充足的金融科技人员配置与资金开支。尽管当前阿拉丁平台已基本进入成熟期，但贝莱德仍在资金端对金融科技建设持续加码。①从人力侧看，据官网披露，当前有超过 1 500 名员工承担阿拉丁平台的维护与开发工作。同时，贝莱德旗下数据分析业务条线拥有 600 多名专业人员，二者合计 2 100 余人，占贝莱德 2021 年总员工数的 11.4%。②从资金侧看，金融科技开支在贝莱德的一般与管理费用中的占比不断提升，截至 2020 年达 16.1%，目前已是一般与管理费用中占比最高的项目。受益于贝莱德庞大的规模，其能自由支配的资金资源丰富，2020 年贝莱德金融科技专项开支规模达 3.97 亿美元，横向对比各家机构位列第一梯队。且由于贝莱德金融科技基本不依赖外部采购，其科技支出中将有更多资金用于科技研发。同时，2020 年其人均薪资高达 30.55 万美元，在各类典型资管机构中同样排名居前。

王牌业务 ETF 具有规模自我强化效应。ETF 产品合计 AUM 在贝莱德 AUM 中的占比持续走高，截至 2020 年达 30%；且其带来的营收占比同样持续抬升，至 2020 年占比达 37%。可以认为，以 ETF 业务为代表的被动管理业务已成为贝莱德旗下的王牌业务。基于以下事实，我们认为 ETF 业务存在规模自我强化效应。

- 产品规模与流动性是机构的首要关注因素。贝莱德对 762 家机构投资者的调研表明，68% 的机构投资者认为规模、流动性与交易量在 ETF 产品选择中意义重大，在所有要素中占比最高，即产品规模本身就是选择 ETF 产品的最大理由。
- AUM 与产品历史表现同样存在正相关关系。①资管规模较高的产品面临的现金拖累效应更弱。现金拖累指 ETF 产品为了应对赎回而必须留有的一定比例的现金类资产。由于现金类资产的回报相较于整个指数较低，从而可能拖累组合收益。贝莱德旗下规模最大的 ETF 产品 IVV 的现金类资产占比仅为 0.14%。②大体量产品面临的交易冲击较小。大体量产品通常有更多的持有者、更高的成交量，意味着更好的流动性。高交易量给 iShare ETF 带来了更低的交易成本，其产品买卖价差较同类产品低 45%。以 IVV 为例，65 日移动平均日均交易量达到 844 万美元，其买卖价差仅为 0.01%。上述因素最终为其带来更低的跟踪误差比较优势。根据产品年报，贝莱德 IVV 10 年的 NAV 跟踪误差仅为 5bp，市价跟踪误差 4bp，其余核心系列加权跟踪误差 11bp，比美国主要市场 ETF 加权平均误差低 8bp。

黑石：投后管理带来超额回报，多管齐下吸引长期投资

投后管理：超额回报的秘诀

投后管理是黑石项目投资周期的关键一环。私募股权的项目投资周期通常包括"募、投、管、退"四大环节，黑石不仅凭借庞大的规模、良好的业绩和声誉赢得了强大的募资能力，凭借对人才的重视和对周期的精准判断斩获了卓越的投资能力，而且还十分重视投后管理在投资中的保值增值作用，募、投后持续建设组合公司在领导治理、专业职能和资源共享等方面的能力，为组合公司带来可持续地长期发展的同时，也给投资人带来了超额回报（见图4.10）。在希尔顿、BioMed Realty 和拉斯维加斯康士登酒店的收购项目中，通过集团亲力亲为的运营管理，截至2017年年末，希尔顿的EBITDA（税息折旧及摊

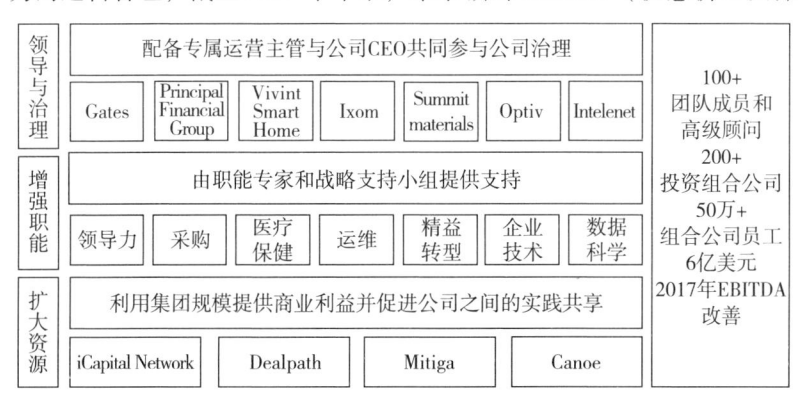

领导与治理	配备专属运营主管与公司CEO共同参与公司治理						100+ 团队成员和高级顾问 200+ 投资组合公司 50万+ 组合公司员工 6亿美元 2017年EBITDA改善
	Gates	Principal Financial Group	Vivint Smart Home	Ixom	Summit materials	Optiv	Intelenet
增强职能	由职能专家和战略支持小组提供支持						
	领导力	采购	医疗保健	运维	精益转型	企业技术	数据科学
扩大资源	利用集团规模提供商业利益并促进公司之间的实践共享						
	iCapital Network	Dealpath		Mitiga		Canoe	

图4.10 黑石深度参与公司的投后管理
资料来源：黑石集团2018年投资者日推介资料，中金公司研究部。

销前利润）较收购初期增长了71%；截至2018年第二季度，康士登酒店的EBITDA较收购初期增长了142%、BioMed Realty的NOI（净营业收入）较收购初增长了28%，业绩提升显著。

以价值创造的具体过程来看，一方面通过利用集团深厚的专业知识和多元化人才队伍，全方位解决组合公司痛点。黑石成立了独立的投后管理部门Portfolio Operations，100余名部门成员及高级顾问在领导力和人才、采购、医疗保健、运营和维护、精益转型、企业技术和数据科学等领域为组合公司提供支持。例如，针对2014年投资的Gates Corporation在人才方面的痛点，黑石集中精力实施人才发展计划，通过打造顶尖团队帮助公司成长；针对组合公司运维方面的痛点，黑石组建Energy Consumption Team，帮助其在节约能源的同时减少能源足迹；在数据科学领域，黑石组建了由数据科学家、策略师和工程师组成的数据科学团队（BXDS），通过使用大数据、机器学习等先进的分析和统计方法，改进公司建立和投资业务的方式。

另一方面，通过撬动集团庞大的资源，促进公司之间实践交流，共享发展红利。例如，在管理方面，黑石搭建了组合公司的首席执行官私人网络，便于其就人员薪酬、工会问题、具体治理等方面互相咨询和交流意见；在技术领域，黑石成立Blackstone Innovations Investments，通过对在金融、地产、网络安全和企业经营方面拥有前沿技术领域的初创公司进行早期投资，达成战略合作，在增强科技初创公司运营能力的同时也提高了组合公司的创新能力和经营业绩。具体来看，2020年投资房地产科技公司Dealpath，并将其运用在ShopCore、EQ Office和Link Industrial Properties等多家组合公司，方便其跟踪交易以及进行长期投资组合管理；2021年投资了网络安全公司Mitiga，帮助组合公司在云基础设施方面做好充分准备，以应对可能发生的网络攻击；2021年投资Canoe，助力组合公司提高数据收集等内部流程的效率。

金融科技赋能投后管理，是另类资管机构的金融科技投资的独有特征。黑石的金融科技能力不仅支持自身的投资决策和风险控制，还同时进行输出，赋能投资组合内的公司。例如，黑石在其投后管理部门Portfolio Operations下设了一支由数据科学家、策略师和工程师组成的数据科学团队，该团队通过运用大数据和机器学习技术，分析复杂的数据集，建立预测和分析模型，从而帮助200多个组合公司更有效地使用数据，解决相关问题，驱动所投资公司价值的提升。

投后管理助力创造卓越业绩。截至2021年年末，黑石各业务线均取得了较高的长期回报，多只代表性基金取得15%及以上的年化净内部收益率［基于已实现收益和未实现价值（如适用），扣除管理费、费用和业绩收入］；各期代表基金也均取得可观的增值水平，黑石房地产基金、公司私募基金和信贷分别取得了2.2倍、2.2倍和1.4倍的总实现MOIC（指基金扣除管理费、费用和绩效收入之前的账面价值除以投资资本）。

如何吸引超长期投资？

从产品设计角度来看，黑石各业务线多元化永久资本工具为长期资本流入提供载体。永久资本工具（Perpetual Capital Vehicles）指无赎回期限制的产品，具有风险较低、基金回报基于资产净值、基础资产现金流规律且稳定等特点。相较于传统的基金，无固定期限的特征有助于GP（普通合伙人）专注于投资本身，获得长期更大收益的机会，且能在一定程度上稳定资金来源、缓解频繁募资的压力、降低运营成本。上市以来，黑石在各业务线创设了一系列永久资本工具，形成了丰富多元的产品矩阵。房地产板块创设了包括 BREIT、BEPIF、BPP 和 BPPLS 在内的"核心+"（Core+）工具和黑石抵押贷款信托公司（BXMT），其中"核心+"工具旨在投资于全球稳定的房地产，杠杆更低且可获当期收入和增值收益；私募股权板块创设了基础设施基金（BIP），该基金寻求对大型基础设施资产采取长期买入并持有策略，旨在提供稳定的长期资本增值以及可预测的年度现金流收益率；信贷板块和对冲基金板块永久资本工具包括担保贷款、私人信贷和 GP 股份。近年来，永久资本逐渐成为黑石资产管理规模增长的引擎，在稳定资金来源和收入增长方面发挥着重要的作用。2016—2021 年，公司永久资本规模由 372 亿美元增长至 3 130 亿美元，年均复合增长率高达53.3%，占总资产管理规模比重由 10% 上升至 36%；资本剩余期限也由 2013 年的约 8 年增至 2018 年第二季度的约 12 年，资产及收入稳定性持续提升。

特殊协议安排增强长期资金绑定，稳固长期合作关系。无论是开放式还是封闭式的基金产品，投资份额的退出均受到严格限制。①在开放式基金产品，即存在赎回权的永续资本工具中，黑石只有在集团董事会同意或新资本流入的情况下才有能力履行赎回请求。其中，基础设施私募股权基金的条款中明确，虽然投资者有权要求赎回其份额，但基金不保障有足够的可用现金为赎回提供资金，基金也没有义务通过出售资产、借款或其他方式提供赎回现金。②在封闭式基金产品中，股份仅存在有限流动性，甚至可能存在非流动性。例如房地产投资信托基金（REITs）条款明确，回购股份将是投资者处理股份的唯一方法，而根据回购计划，黑石没有义务回购任何股份，回购将取决于现有可用的流动性且受其他重要因素限制。此外，黑石董事会也可能破例，修改或暂停公司股份回购计划。

长期优秀业绩＋卓越公司文化是征服投资者的关键。如前所述，稳定优秀的历史业绩侧面证明了黑石穿越周期的投资和管理能力，增强了投资者长期托付资本的信心。此外，追求卓越、正直和谨慎是黑石集团文化的重要组成部分，它们不仅定义了公司的内在基因、指导着上到管理层下到员工的共同信念及一致行动，还在塑造着公司的可信度和品牌。具体而言如下所述：

- 追求卓越的文化是黑石长期绩效的保障。黑石集团创始人兼主席苏世民认为，卓越意味着凡事做到100%和"零失误"，因为对于投资者来说，5%的表现不佳都可能意味着巨大的损失；卓越也体现在人才的选拔上，黑石尽可能雇用"10分人才"，即能够主动发现问题、设计解决方案，并将业务不断推向战略新方向和新高度的人。[1]
- 谨慎的投资文化是卓越绩效的安全垫，为长期资本保驾护航。从集团历史来看，黑石集团启动时，注入资金仅40万美元，两位创始人在资金缺乏的情况下，仍决定不冒风险，奠定了公司谨慎的基调；在一些合作关系中，创始人苏世民常采用期权的形式，不惜用潜在的升值空间换取资产不会贬值的保障；2001年互联网科技泡沫破裂前夕，苏世民认为黑石不具备在科技领域的投资优势，整体策略偏谨慎，仅拨出700万美元投向技术产业，整体亏损好于同业；次贷危机下大量私募股权公司受损严重，而黑石在2007年年初就已开始逐步改变策略，注

---

[1] 资料来源：苏世民. 苏世民：我的经验和教训[M]. 北京：中信出版社，2020.

意力由周期转向更为平稳、抗跌的食品饮料、制药等行业,减少了整体亏损。① 从具体投资流程来看,黑石的每一项投资决策都需要经过针对风险的公开讨论及细致评估,最终找到应对负面因素的管理办法改善提案,充分反映了黑石对决策风险的良好控制及谨慎理念的积极贯彻。

以人为本:海外头部资管机构的共性特征

以人均效能为核心,资产管理机构能力建设聚焦以下两大主题。①上层建筑建设:包括薪酬激励、组织架构、培训晋升机制、企业文化等方面,其建设目的在于增强平台的人才吸引力;消除代理人问题,激励人才勤勉尽责工作;对机构人才进行培训,直接提升人力资源工作能力等。②金融科技投入:包括风险管理、量化投研等方面,目的在于通过科技赋能于人,协助人才批量完成重复性工作,或通过数据分析挖掘投资因子、拓展投资视野等。

资产管理以人为核心,"制度+文化"打造顶级团队

较高薪酬水平是头部资管机构尊重智力要素的体现。资产管理属智力密集型行业,人是投资决策与公司运作的核心,人力要素是各头部资管机构的首要支出项,充分彰显其核心地位。

---

① 资料来源:戴维·凯里,约翰·莫里斯. 资本之王:全球私募之王黑石集团成长史[M]. 北京:中国人民大学出版社,2011.

- 普通资管机构。2020年,头部典型资产管理机构人均薪酬均高于美国基金、信托与其他金融工具从业者平均薪酬水平。其中,估值表现较为优秀的普信人力开支占比达63%;贝莱德由于产品管理总规模大、被动管理产品规模占比较高等因素,人力开支占比低于普信,但2020年贝莱德全公司人均薪酬高达30.6万美元,在头部机构中名列第一(见图4.11)。

机构	人均薪酬(万美元)
贝莱德	30.6
普信	28.4
DWS	27.0
东方汇理	23.5
景顺	21.2
富兰克林资源	17.0

美国基金、信托与其他金融工具从业者平均薪资:18.99万美元

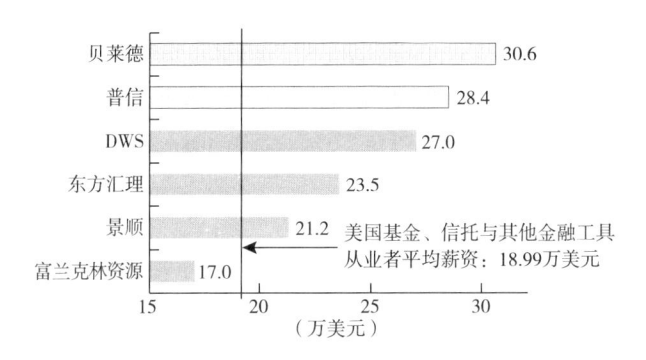

图4.11 头部典型资管机构人均薪酬较高

注:东方汇理、景顺未披露2021年员工数,基于增速推算;并非全部资管机构员工均属于基金从业者,对比基准或偏高。
资料来源:公司年报,中金公司研究部。

- 另类资管机构。另类资产管理复杂程度高,激励性薪酬收入占比高,共同导致如下两大特征:①人力开支在总开支中占比更高。2020年另类资管机构人力投入普遍高于70%。从人均薪酬来看,另类资管公司受益于极高的超额收益,人均薪酬领先于同业。②薪酬总额显著较高。2020年海外上市另类资管机构人均薪酬显著高于样本内其他典型资管机构平均水平(见图4.12)。此外,另类资管机构收入确认周期长,部分年份可能集中确认投资收益,使得当年激励性薪酬剧增,如2021年各另类资管机构薪酬支出普遍出现翻倍式增长。

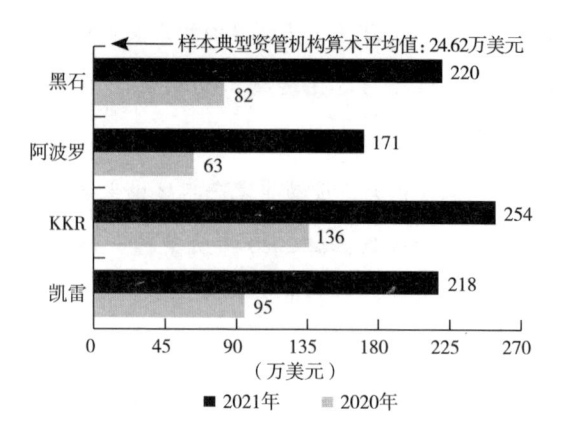

图4.12 另类资管机构人均薪酬高，且激励性薪酬高

注：KKR、阿波罗未披露2021年员工数，采用3年复合增速外推；样本典型资管机构即图4.11中的机构。
资料来源：公司年报，中金公司研究部。

合理的薪酬机制是构建人才团队的基础，头部机构薪酬机制分层科学合理。头部资产管理机构的薪酬激励大致可分为基本薪资、年度奖金以及股权激励三大部分。

- 基本工资占比小，职级越高占比越低。贝莱德、普信、黑石三家资管公司2020年NEO（指定执行官）高管基本薪资占比仅在0.4%~5%的区间，且CEO基本薪资占比小于NEO基本薪资占比。职级越高意味着责任越大，薪酬里处于风险之中的比例也会随责任的上升而增加。
- 年度激励是头部资管公司高管薪酬的主要组成部分。年度激励分为现金激励和递延股份两种方式给予，2020年贝莱德和普信高管年度激励占比为45%~65%。黑石集团CEO现金激励高达99.6%，主要是基于基金获得的部分附带权益和激励费，并无其他额外收入，符合基金投资者和股东的利益。该部分奖金与公司财务表现、战略发展等联系紧密，在鼓励高管及其他员工关注投资基金基本业绩的同时也起到正向的激励作用。

- 长期股权激励是头部资管公司留任人才的重要手段。其包括基于绩效的股权以及限制性股权。2020年贝莱德和普信的高管薪酬中，该项占比为30%～50%。长期股权激励在贝莱德、普信、黑石三家资管公司留任人才上有如下体现：①将投资机构的未来业绩表现与高管利益相结合，高管与公司建立更长期的合作关系以达到留任人才的目的。例如，普信和贝莱德的高管绩效股权发放标准均按照3年的业绩指标，在第4年后发放；黑石高管限制性股权则根据当年业绩在未来5年按比例发放。②规定在职高管需要至少持有一定比例的激励股权。例如，黑石高管需在可行权日两年内仍保持25%的股份，如果在行权日前离职，也需要在离职两年后才可行权。

高管考核指标与公司经营状况高度挂钩。年度奖金和股权激励属于激励性薪酬，基本与机构财务表现、业务实力和组织实力挂钩。具体做法为：①总奖励额考核指标：贝莱德将这三项指标分别给予50%、30%和20%的权重，并设置了4级成绩标准，严格从公司的各个发展维度将高管利益与机构利益绑定；普信高管薪酬除了考虑集团财务表现及投资业绩外，也将企业诚信、服务质量、客户忠诚度、风险管理、企业声誉，以及团队的素质和团队内的协作等因素纳入考核。②长期股权激励考核指标：贝莱德高管股权由3年业绩期内调整后的平均年度有机收入增长和营业利润率共同确定。将有机收入而非无机收入增长纳入考核指标更有利于高管着重于公司长远发展，如客户忠诚度和增值服务等方面，避免高管为得到激励而过度追求短期目标从而牺牲公司长期利益；普信则根据集团三年中与同业相比的营业利润表现，在后续两年内每年给予50%的激励。将与同业相比的业绩指标纳入考核有利于降低市场波动对薪酬的影响，而更着重于公司核心竞争力的提升。

跟投机制加强员工与机构利益绑定。跟投机制指允许员工自有资金投入资管机构发起和管理的投资基金中。以黑石为例，公司鼓励"高级董事总经理"及项目人员通常在所负责的项目中跟投部分资金；黑石的员工或子公司每年也有一次机会可以决定是否跟投一揽子项目，员工投资于黑石管理的基金中时，在某些情况下不需要缴纳管理费、附带权益或激励费，且跟投损益不纳入薪酬考核体系。跟投机制允许员工分享项目红利，进一步加深了员工与公司利益协同。

采取奖金递延手段降低员工离职率。以黑石为例，2021年，除施瓦茨曼和詹姆斯之外的所有员工都被选中参加奖金延期计划。奖金延期支付计划规定，每位参与者每年的部分现金奖金延期3年支付，且奖金越高，边际递延率越高。奖金递延一方面能够缓解公司的薪酬支付压力，另一方面能够加强员工和公司间的黏性和利益协调，提高员工稳定度，降低离职率。

多因素合力打造平台吸引力。一方面，顶尖头部资管机构间薪资差距并未显著拉开（例如普信、贝莱德公司人均年度薪酬开支差距仅为2 200美元）；另一方面，头部公募机构遴选全球顶尖投资人才，其旗下人才竞争力强，自我价值实现需求高。

- 关注人才成长。①完善的人才培养机制。例如，贝莱德成立贝莱德学院，为员工提供资源和课程平台，包括领导力学院、投资学院、客户关系学院和技术学院等。员工平均每年接受大约9小时的正式培训，分析师项目招聘、晋升课程和企业领导项目挑选的员工的培训时间更长，每年在每位员工身上花费大约828美元。技能培养让员工得以专注于自己的优势，并为长期职业发展铺路。②提供顺畅的晋升通道。2020年，公司共有2 101次内部晋升，即年内有12.7%的员工获得晋升①。顺畅的晋升通道有利于增强员工认同感，激励员工在公司内长期服务。

- 贴心机制设计改善员工体验。例如，贝莱德的举措包括推行兼职小时制、限制小时制、弹性时间、远程工作和工作分享，并已开始在全球范围内推出弹性休假（FTO）政策，允许员工在不违背工作义务的情况下，自由选择带薪休假。灵活的工作让员工能够在工作和生活中做出平衡，也让他们感到被充分地信任及尊重。
- 公司文化与认同感建设是人力资本管理的重要环节。优秀的文化能够影响公司的人力资本管理，指导员工如何更好地实现公司的业务和使命，从而为客户创造更好的财务前景。共治与协作的文化能够孕育包容和公平的环境，让每个员工被看到、听到和尊重。①贝莱德认为合作的文化建立在信任和正直的基础上，为员工创造空间，让他们感到舒适、自信，并有能力发挥影响力，从而发挥团队的力量做出更好的决策。根据公司投资者日材料披露，每年有79%的贝莱德员工参加年度员工意见调

---

① 假设不存在员工年内连续晋升，截至2020年年底公司员工总数为16 500人。

查，2020年，91%的员工表示为贝莱德工作感到自豪，84%的员工认为贝莱德是很好的工作场所。②黑石认为应该为员工创造言论自由，不断互动，认真倾听和考虑所有个人和商业问题的环境。黑石投资决策流程的一个重要环节是针对投资方案进行开会辩论，辩论过程去中心化，每一个人都能为方案建言献策。① 2021年，黑石入选《财富》年度最佳工作场所名单，跻身"金融服务和保险业最佳大型工作场所"40强，并连续5年获得"最佳的工作场所"奖。③普信认为，伟大的想法往往来自对团队成员的倾听，② 对员工给予充分信任与尊重，让每一个人参与到公司的决策和治理中，是吸引和留住顶尖人才的重要手段。

多样化进行金融科技能力建设？

头部资管机构通过从零自建、控股收购、非控股投资、建立合作关系和直接外采多样化模式打造自身金融科技实力。采用不同的模式在花费成本、见效速度、与市场标准匹配度等方面各有利弊，普信、贝莱德和黑石三家资管机构在考虑自身实力、战略需要等前提下，选择了适合自身发展的模式，不过从经验来看，从零自建是头部资管机构的共同选择（见图4.13）。

---

① 资料来源：苏世民. 苏世民：我的经验和教训 [M]. 北京：中信出版社，2020.
② 资料来源：Investor's Business Daily, T. Rowe Price CEO Leads With His Top 10 List, https://www.investors.com/news/management/leaders-and-success/t-rowe-price-ceo-leads-with-his-top-10-list/.

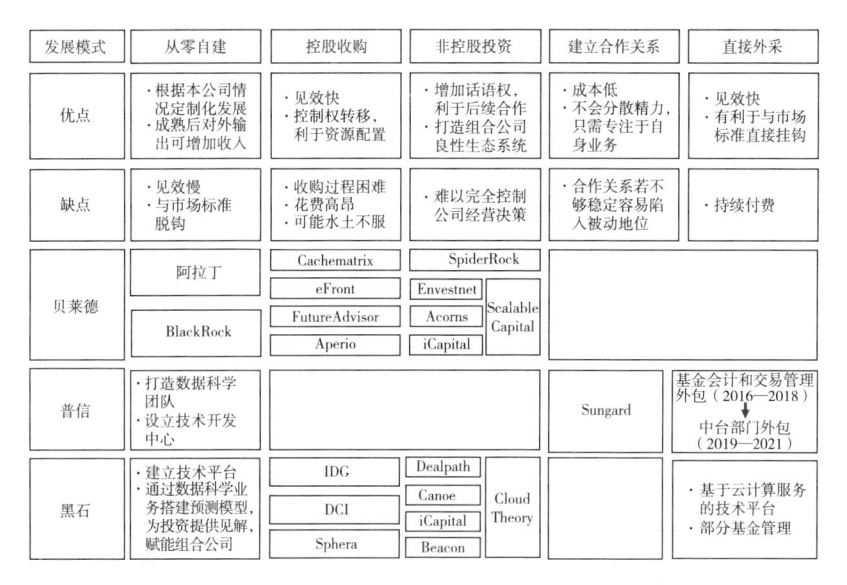

发展模式	从零自建	控股收购	非控股投资	建立合作关系	直接外采
优点	·根据本公司情况定制化发展 ·成熟后对外输出可增加收入	·见效快 ·控制权转移,利于资源配置	·增加话语权,利于后续合作 ·打造组合公司良性生态系统	·成本低 ·不会分散精力,只需专注于自身业务	·见效快 ·有利于与市场标准直接挂钩
缺点	·见效慢 ·与市场标准脱钩	·收购过程困难 ·花费高昂 ·可能水土不服	·难以完全控制公司经营决策	·合作关系若不够稳定容易陷入被动地位	·持续付费
贝莱德	阿拉丁 BlackRock	Cachematrix eFront FutureAdvisor Aperio	SpiderRock Envestnet Acorns iCapital	Scalable Capital	
普信	·打造数据科学团队 ·设立技术开发中心			Sungard	基金会计和交易管理外包(2016—2018) 中台部门外包(2019—2021)
黑石	·建立技术平台 ·通过数据科学业务搭建预测模型,为投资提供见解,赋能组合公司	IDG DCI Sphera	Dealpath Canoe iCapital Beacon	Cloud Theory	·基于云计算服务的技术平台 ·部分基金管理

图 4.13 头部资管机构通过多样化模式打造
金融科技实力,从零自建为三家机构的共同选择

资料来源:公司公告,中金公司研究部。

(1) **从零自建**。优点是可以根据本公司情况定制化发展,待技术成熟后对外输出可增加收入;缺点是见效慢、与市场标准脱钩。三家头部资管公司均在部分业务领域采用了自建模式:贝莱德建立的阿拉丁系统,除了满足公司风险分析和投资管理外,还为全球约 55 000 名投资专业人士提供服务。借助阿拉丁的强大实力,贝莱德 2021 年技术服务费用达到 12.81 亿美元,占收入比重为 7.4%。普信和黑石也都建立了自己的技术平台,从 2015 年起打造数据科学团队,以提升投资决策能力和运营效率。

(2) **控股收购**。该模式的缺点是需要寻找合适标的、有收购谈判失败的可能、花费较高,同时也可能出现被收购方水土不服的情况。但相较于自建,公司通过控股收购能在较短时间内达成目标,且控制权转移利于进行资源协调配置。贝莱德于 2015 年收购了 FutureAdvisor,

开始向智能投顾领域拓展；2019 年收购 eFront，将公共和私人资产投资组合和风险的管理融合在同一个平台；2020 年收购 Aperio，其定制指数化功能增强了贝莱德财富平台在税收管理、股票、因子和 ESG 策略方面的能力。黑石于 2020 年收购 DCI，加深了 Blackstone Credit 在量化信贷方面的应用；2021 年收购 Sphera，通过 SaaS 软件、专有数据和咨询服务，帮助客户发现、管理和减轻 ESG 风险；同年，收购国际数据集团（IDG），为公司在科技行业的投资中获得有利的数据支持。

（3）**非控股投资**。该模式常通过少数权益投资或战略投资等方式进行，相较于控股收购，虽难以让收购公司完全掌控被收购方的经营决策，但可以通过入股增强话语权，建立今后的战略合作关系。贝莱德通过 Envestnet、Scalable Capital、iCapital、Acorns、Clarity AI 和 SpiderRock Advisors 的入股，向下游资产配置和智能投顾延伸，加速对大资管产业链的多元化布局。黑石通过对 Cloud Theory、Beacon、iCapital、Canoe、LemonEdge、Dealpath 等初创公司的战略投资，利用金融科技解决投资组合公司的痛点，推动公司的创新和价值创造。

（4）**建立合作关系**。该模式相较于投资和自建模式成本较低，且可避免为引进新技术投入过多精力；缺点是可能使收购方陷入因合作关系不稳定而导致的被动局面。普信于 2021 年 5 月宣布计划通过扩大与金融技术提供商 FIS 30 年的合作关系，革新其退休记录保存业务。FIS 负责管理养老技术开发和核心运营，而普信将继续负责提供投资管理服务和客户个性化体验。公司预计从 2022 年起，成本将会不断降低。

（5）**直接外采**。该模式虽然会产生持续性付费，但见效快，且利于与市场标准直接挂钩。普信持续加快技术现代化的步伐，自 2016 年起，将原来由子公司运营的中台业务逐渐外包给纽约梅隆银行，以应对业务、技术和监管持续变化带来的挑战；黑石基于云计算服务的技术平台和部分基金管理业务也交由第三方提供，外采一部分非核心业务避免了公司分散过多精力，从而更专注于提升自身的核心竞争力。

自建金融科技平台建设周期预期有多长？我们认为，资管机构实现金融科技能力对外技术输出，是其金融科技走向标准化、成熟化，且在业内具有竞争力的标志。以此为标准，海外头部资产管理机构搭建金融科技平台普遍耗时约为 10 年。

- 如前所述，贝莱德的阿拉丁平台从公司 1988 年初创时建立的风险管理数据库，至 1995 年，已开始提供独立于资管产品的高附加值风险管理系统和咨询服务，代表其科技系统趋于成熟；1998 年，贝莱德签订了第一份交易系统外包服务合同，相较于同业开始展露优势。由此可见，其资管平台从自建到正式对外输出历时约 10 年。2000 年至今，阿拉丁平台通过多次并购和投资不断强化风险管理和资产管理能力体系建设；2015 年至今，公司通过多样化渠道延伸至理财咨询、智能投顾等产业链下游领域；2018 年，公司成立 AI Labs，将统计、机器学习、优化理论、随机控制决策理论运用在公司各个环节中。
- 黑石自 2000 年年初开始投资建设技术平台，经过近 10 年的发展，集团执行副主席汉密尔顿·詹姆斯（Hamilton James）在 2011 年投资者日上表示，公司已经能将技术模块出售给第三方，其中部分模块已经从母公司脱离为独立的软件公司。黑石依靠集团庞大的规模支持技术逐渐成熟，公司在技术平台的投资额从 2011 年的超过 1 200 万美元上升到 2014 年的超过 2 000 万美元。另外，黑石从 2015 年开始从零组建数据科学团队，到2021年已经发展到30多位数据科学家和工程师的规模,在投资决策、风险控制和辅助组合公司运营上发挥日益关键的作用。自2014年年来,黑石也同时通过战略投资、收购等方式,与金融科技初创公司合作,使集团始终处于技术变革的前沿。

- 普信自2015年起迈入金融平台自建进程。2014—2017年,普信将技术与设施资本化,投入金额分别为1.26亿美元、1.51亿美元、1.48亿美元和1.86亿美元。2015—2018年,公司先后在马里兰州、伦敦和纽约创立技术开发中心。马里兰州和伦敦的创新中心通过对客户服务的数字解决方案进行快速概念剖析、原型设计和现场测试,从而优化客户数字化体验;纽约技术开发中心通过运用机器学习和先进的数据分析技术,增强公司投资和分销能力。2019年成立的权益数据见解团队(equity data insights team),运用数据科学提升主动投资能力。时至今日,其平台建设已历时5年,仍在建设过程中。

共性之中亦有个性,海外头部机构金融科技布局与公司商业模式直接相关。组织优质资产是资管机构核心职能,将金融科技运用在有效数据生成、投资因子、量化分析、风险管理和投资研究相关领域是资管机构的必选项。在此基础上,所处价值链位置偏向下游的公司,其金融科技也相应在可复制的模式、分销端布局;所处价值链位置偏向上游的公司,则以技术赋能资产组合内公司,提升其运营能力和效率,最终实现管理资产增值、抬升投资回报的目的。

中国财富管理

第五章
国内财富管理市场

资产规模：供需共振下的快速增长

中国的财富管理行业目前正处于规模快速增长的发展初期，类似美国市场的20世纪70~90年代（见图5.1）。从需求端来看，居民财富的增长和资产配置结构的改变产生了大量财富管理需求。如图5.2所示，我国经济1966—2011年经历了较快增长，其间年均增速达到9.2%，与美国20世纪60年代之前的财富积累时期相当。GDP的增长带来居民财富的积累，2019年我国人均GDP超过1万美元大关，并且居民家庭总资产仍然以年均约12%的速度增长，增速可比美国的20世纪70~80年代。根据招行及贝恩咨询的预测，2022/2024E我国居民财富达到278/327万亿元，2022—2024年CAGR为8%~9%。除了财富的积累，居民资产配置结构也出现拐点性变化，从非金融资产向金融资产转移，金融资产中非存款的投资产品占比快速上升，2020年年底我国居民57%的资产配置于金融资产，与2000年相比提高了13.5ppt，

中国部分金融产品规模

- 2004 首款银行理财产品
- 2005 监管政策出台,银行理财正式拉开序幕
- 2007《信托公司管理办法》施行
- 2008 "4万亿"刺激计划,银信合作迅速发展
- 2012 证券私募在法律形式上获得认可
- 2013 新《基金法》多方面松绑,激发行业创新活力
- 2014 私募投资基金实行登记备案制
- 2016 "房住不炒";私募监管元年
- 2018 资管新规;养老目标基金试点
- 2019 基金投顾试点
- 2020 房地产"三条红线"
- 2021 养老理财产品试点;财富机构组织架构改革
- 2022《关于推动个人养老金发展的意见》,推出个人养老金账户

图例:银行理财、信托、公募基金、私募基金

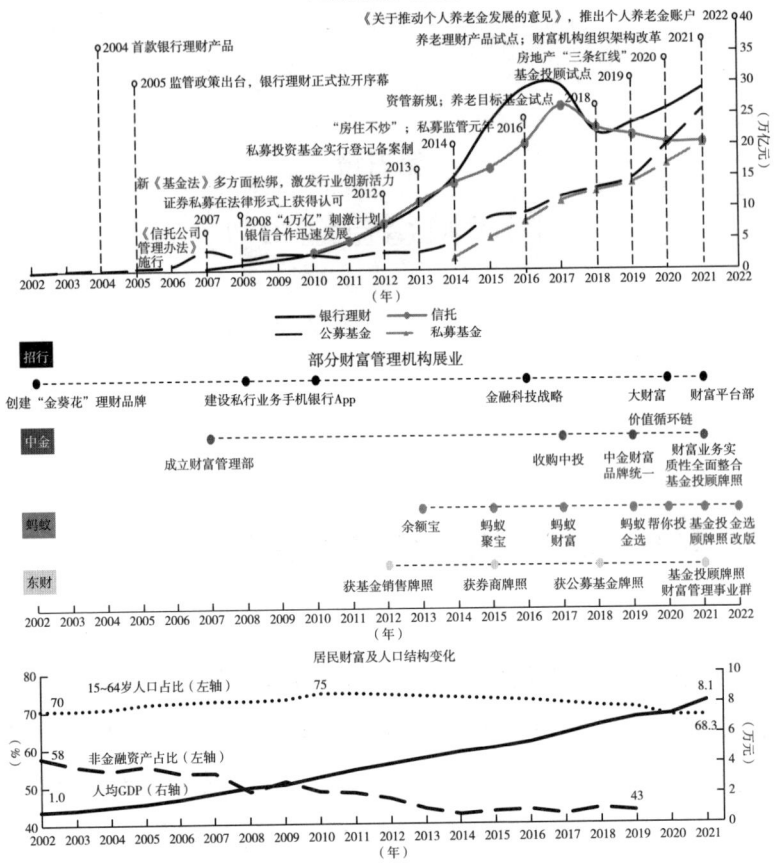

部分财富管理机构展业

招行:创建"金葵花"理财品牌 — 建设私行业务手机银行App — 金融科技战略 — 大财富价值循环链 — 财富平台部

中金:成立财富管理部 — 收购中投 — 中金财富品牌统一 — 财富业务实质性全面整合、基金投顾牌照

蚂蚁:余额宝 — 蚂蚁聚宝 — 蚂蚁财富 — 蚂蚁金选 — 帮你投 — 基金投顾牌照、金选改版

东财:获基金销售牌照 — 获券商牌照 — 获公募基金牌照 — 基金投顾牌照、财富管理事业群

居民财富及人口结构变化

- 15~64岁人口占比（左轴）: 70 → 75 → 68.3
- 非金融资产占比（左轴）: 58 → 43
- 人均GDP（右轴）: 1.0 → 8.1（万元）

图5.1 中国财富管理市场历史及现状概览

资料来源：万得资讯，中金公司研究部。

其中，非存款金融资产占比36%，与2000年相比提高了17.6ppt（见图5.3）。从供给端来看，资管新规、注册制改革、利率市场化等金融改革铸就了健康可持续又不失创新氛围的资本市场环境，有利于金融产品供给创新。如图5.4所示，我们测算2020年年底我国资管行业规模达到117万亿元，同比增长8%。虽然在资管新规压降非标资产的要求下整个行业的规模短暂调整，但公募基金的规模维持在高增速水平，

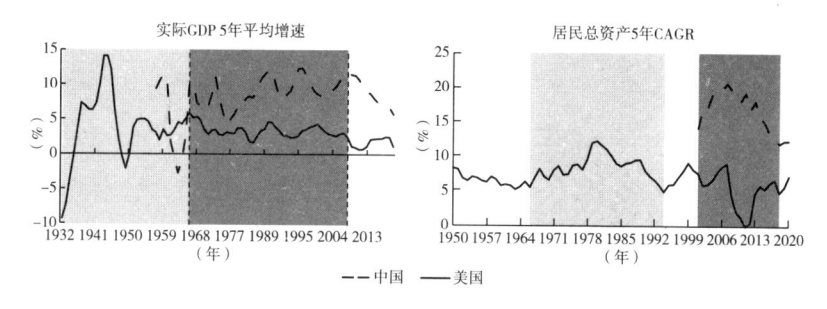

图 5.2　从居民财富积累情况来看，
中国现阶段与美国 20 世纪 70～90 年代相似

资料来源：公司公告，中金公司研究部。

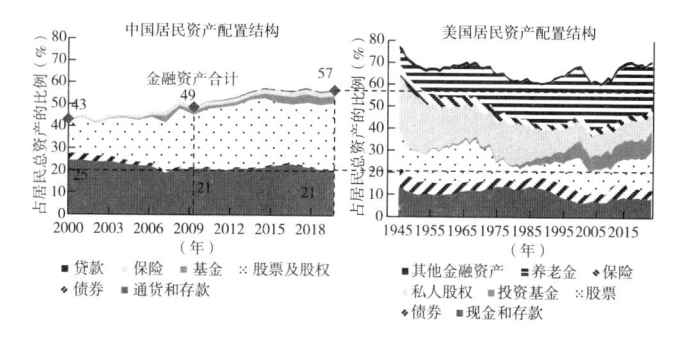

图 5.3　中国居民资产配置结构改变，对配置型金融产品的需求增加，
并且与美国相比仍有很大提升空间

资料来源：万得资讯，中国社科院，美联储，美国经济分析局，中金公司研究部。

2018—2020 年年均增长 19.7%，堪比美国 20 世纪 70～90 年代的水平，丰富了零售客群可投资的金融产品品种。

收入规模：广义大财富收入体量达万亿元级

我们曾根据各类资管产品规模及费率水平，测算过 2020 年大财富管理广义收入池，涵盖金融产品投资过程中前、中、后台各环节产生

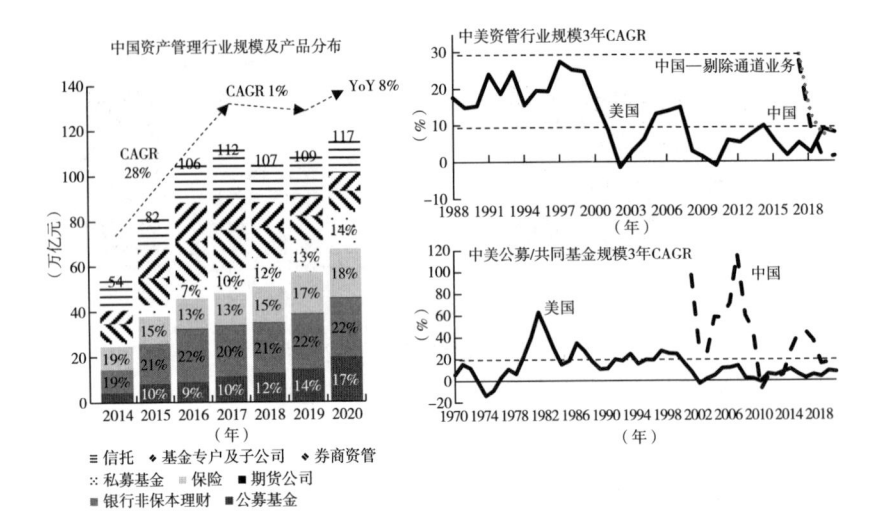

中国资产管理行业规模及产品分布

图5.4 资管新规下整个行业规模短暂调整，但公募基金的规模维持在高增速水平，堪比美国20世纪70~90年代的水平

注：此处的资管行业规模为包含通道业务的口径。
资料来源：万得资讯，中国证券投资基金协会，中国信托业协会，保险资管业协会，ICI，Preqin，BCG，中金公司研究部。

的收入。拆分结果如表5.1所示，2020年大财富管理行业收入体量已达到9 572亿元，其中公募基金/私募基金/银行理财/券商资管/保险资管/信托/期货资管相关收入分别为1 559、3 849、1 067、299、1 433、

表5.1 2020年各类资管产品相关收入

		财富管理收入测算					
		股票型	混合型	债券型	货币型	FOF	QDII
公募基金	认申购费率	0.30%	0.30%	0.20%	0.00%	0.30%	0.30%
	赎回费率	0.50%	0.50%	0.20%	0.00%	0.50%	0.50%
	销售服务费率	0.09%	0.08%	0.11%	0.14%	0.10%	0.05%
	管理费率	0.90%	1.18%	0.43%	0.25%	0.83%	1.16%
	托管费率	0.17%	0.21%	0.13%	0.07%	0.19%	0.27%
	综合收入（亿元）						1 559
	综合费率						0.71%

财富管理的中国实践

(续表)

	财富管理收入测算						
私募基金	私募证券投资基金收入（亿元）						1 182
	私募证券投资基金费率						3.60%
	私募股权投资基金收入（亿元）						2 583
	私募股权投资基金费率						2.89%
	综合收入（亿元）						3 849
	综合费率						2.27%
银行理财	综合收入（亿元）						1 067
	综合费率						0.43%
券商资管	综合收入（亿元）						299
	综合费率						0.62%
保险资管	管理费收入（亿元）						827
	管理费率						0.38%
	银保代销收入（亿元）						499
	银保代销费率						4.89%
	托管费收入（亿元）						108
	托管费率						0.05%
	综合收入（亿元）						1 433
	综合费率						0.67%
信托	管理费收入（亿元）						864
	管理费率						0.41%
	银信代销收入（亿元）						383
	银信代销费率						1.50%
	托管费收入（亿元）						105
	托管费率						0.05%
	综合收入（亿元）						1 352
	综合费率						0.66%

（续表）

财富管理收入测算					
期货资管	综合收入（亿元）				13
	综合费率				0.57%
合计收入（亿元）					9 572

资料来源：原银保监会，银行业理财登记托管中心，基金业协会，证券业协会，保险业协会，信托业协会，中金公司研究部。

1 352、13 亿元，对应综合费率为 0.71%、2.27%、0.43%、0.62%、0.67%、0.66%、0.57%。相对于其他资管产品，私募基金综合费率显著较高，主要与私募基金产品风险偏好较高、管理费及业绩报酬收入贡献较大有关。

公募基金：2020 年收入规模约 1 559 亿元

对公募基金的收入测算主要基于以下假设：

- 根据万得资讯统计的各只基金管理费率、托管费率及销售服务费率情况，基于基金规模计算基金运作过程中产生的相关收入。测算显示 2019 年公募基金运作收入达到 998 亿元。
- 根据《中国证券投资基金业年报 2020》中披露的各类基金周转率，以及资金净流入情况，计算各类基金认申购量及赎回量，并根据各类基金认申购费率/赎回费率计算销售过程中产生的收入。测算显示 2019 年销售产生收入约 143 亿元。
- 受数据披露口径影响，我们在测算费率时采用 2019 年数据，并假设2020年费率不变，根据公募基金规模测算2020年收入。

测算结果显示（见表5.2），2019年公募基金产生收入为1 143亿元，对应2019年年底16.0万亿元的基金规模（去除通道业务），综合费率为0.71%。2020年公募基金规模大幅增长至21.8万亿元，对应财富管理收入达到1 559亿元。

表5.2 2020年公募基金收入测算

	股票型	混合型	债券型	货币型	FOF	QDII	合计
认/申购							
认/申购量（亿元）	8 186	6 424	15 994	247 988	318	304	279 214
认/申购费率	0.30%	0.30%	0.20%	0.00%	0.30%	0.30%	0.03%
申购收入（亿元）	24.6	19.3	32.0	0.0	1.0	0.9	77.7
赎回							
赎回量（亿元）	6 451	5 219	3 817	253 096	0	251	268 834
赎回费率	0.50%	0.50%	0.20%	0.00%	0.50%	0.50%	0.03%
赎回收入（亿元）	32.3	26.1	7.6	0.0	0.0	1.3	67.2
基金运作							
期初期末平均规模（亿元）	12 618	17 912	31 953	78 172	246	882	141 782
管理费率	0.90%	1.18%	0.43%	0.25%	0.83%	1.16%	0.47%
托管费率	0.17%	0.21%	0.13%	0.07%	0.19%	0.27%	0.11%
销售服务费率	0.09%	0.08%	0.11%	0.14%	0.10%	0.05%	0.12%
规模占比	8.90%	12.63%	22.54%	55.14%	0.17%	0.62%	100.00%
管理费	113.7	211.8	137.2	193.0	2.0	10.2	667.9
托管费	21.9	37.4	40.4	54.5	0.5	2.4	157.1
销售服务费	10.9	15.1	34.9	111.4	0.2	0.5	173.0
基金运作收入（亿元）	146.5	264.4	212.5	358.9	2.7	13.0	998.0

(续表)

	股票型	混合型	债券型	货币型	FOF	QDII	合计
2019公募基金收入（亿元）	203.3	309.7	252.1	358.9	3.7	15.2	1 143.0
2019公募基金规模（万亿元）							16.0
综合费率							0.71%
2020公募基金规模（万亿元）							21.8
2020公募基金收入（亿元）							1 559.1

资料来源：基金业协会，万得资讯，中金公司研究部。

私募基金：2020年收入规模约3 849亿元

管理费及业绩报酬贡献了私募基金的主要收入。

- 私募基金销售收入主要为认/申购收入：由于私募基金普遍存在锁定期限，因此赎回费率一般较低或为0，销售过程中产生的收入主要来自认/申购收入（见表5.3）。

表5.3　部分私募产品收费情况

产品名称	初始申购金额（万元）	认/申购费率（%）	赎回费率（%）	业绩报酬（%）	管理费（%）
产品A	100	1.00	0.00	20.00	1.80
产品B	100	1.00	0.00	20.00	2.00
产品C	300	1.00	0.00	20.00	1.70
产品D	300	1.00	0.00	20.00	2.00

(续表)

产品名称	初始申购金额（万元）	认/申购费率（%）	赎回费率（%）	业绩报酬（%）	管理费（%）
产品 E	300	1.00	0.00	20.00	1.50
产品 F	100	1.00	0.00	20.00	0.60
产品 G	100	1.00	0.00	20.00	2.00
产品 H	100	1.00	0.00	20.00	1.50
产品 I	100	1.00	0.00	20.00	2.00
产品 J	200	1.00	0.00	20.00	1.30
产品 K	200	1.00	0.00	20.00	1.00
产品 L	100	1.00	0.00	20.00	1.00
平均	167	1.00	0.00	20.00	1.53

注：数据截至2021年12月。
资料来源：产品说明书，中金公司研究部。

- 固定管理费及超额业绩报酬为主要收入来源：相对于公募基金，私募基金会对超过业绩基准的部分收取一定的业绩报酬，两者共同贡献私募基金主要收入。

测算结果显示（见表5.4），2020年私募基金收入约3 849亿元，对应2020年末17万亿元的基金规模，综合费率为2.27%，显著高于公募基金。

表5.4 2020年私募基金收入测算

私募基金相关收入测算			
一、私募证券投资基金		二、私募股权投资基金及其他	
产品规模（亿元）	42 979	产品规模（亿元）	126 599
销售收入（亿元）	86	销售收入（亿元）	253

(续表)

私募基金相关收入测算			
代销规模/产品规模（假设）	20%	代销规模/产品规模（假设）	20%
销售费率	1.00%	销售费率	1.00%
固定管理费收入（亿元）	645	固定管理费收入（亿元）	1 899
管理费率	1.50%	管理费率	1.50%
业绩提成（亿元）	451	业绩提成（亿元）	430
业绩报酬率	1.05%	业绩报酬率	0.30%
提成基准	8%	提成基准	8%
超过提成基准占比（假设）	75%	项目退出比例（假设）	10%
超出提成基准收益率中位数（假设）	15%	退出项目年化 IRR 中位数（假设）	25%
提成比例	20%	提成比例	20%
托管费收入（亿元）	21	托管费收入（亿元）	63
托管费率	0.05%	托管费率	0.05%
私募证券投资基金综合费率	3.60%	私募证券投资基金综合费率	2.89%
私募基金收入合计（亿元）	3 849		
综合费率	2.27%		

资料来源：基金业协会，中金公司研究部。

银行理财：2020年收入规模约1 067亿元

银行理财产品平均费率约0.43%，对应收入规模为1 067亿元。根据主要上市银行非保本理财手续费费率，我们测算出理财产品平均费率约为0.43%，结合2019—2020年非保本理财平均规模，理财产生收入约1 067亿元（见表5.5）。

表5.5 2020年理财产品收入测算

	2019年理财产品规模（亿元）	2020年理财产品规模（亿元）	非保本理财手续费及佣金收入（亿元）	理财产品费率（％）
招商银行	22 936	24 456	102	0.43
浦发银行	14 470	14 470	86	0.59
中信银行	12 001	12 870	21	0.17
邮储银行	8 099	8 653	42	0.50
北京银行	3 104	3 281	13	0.41
宁波银行	2 675	2 599	13	0.49
杭州银行	2 311	2 771	15	0.58
平均费率				0.43
2019年非保本理财规模（万亿元）				23.40
2020年非保本理财规模（万亿元）				25.86
非保本理财手续费（亿元）				1 067

资料来源：银行业理财登记托管中心，公司公告，中金公司研究部。

券商资管：2020年收入规模约299亿元

通道业务规模压缩，券商资管费率稳中有升，2020年资管业务收入规模约299亿元。根据我们的测算，2017年后券商资管业务中通道业务规模快速压降，占券商资管业务规模比重降低。去除通道业务后，券商资管业务费率保持稳中有升，2018—2020年分别为0.53%、0.56%、0.62%，2020年对应的资管业务收入为299亿元（见表5.6）。

表5.6 2020年券商资管业务收入测算

	2014	2015	2016	2017	2018	2019	2020
券商资管业务净收入（亿元）	124.4	274.9	296.5	310.2	275.0	275.2	299.6
资管业务规模（含通道业务，亿元）	79 463	118 948	175 782	168 843	133 569	108 310	85 531
通道业务（亿元）	61 600	88 505	123 800	121 339	87 339	61 231	36 604
通道业务收入（亿元）		38	53	61	52	37	24
通道业务费率		0.05%	0.05%	0.05%	0.05%	0.05%	0.05%
资管业务规模（不含通道业务，亿元）	17 863	30 443	51 982	47 504	46 231	47 079	48 926
资管业务管理费收入（亿元）		237	243	249	223	238	275
管理费率		0.98%	0.59%	0.50%	0.48%	0.51%	0.57%
托管费收入		12	21	25	23	23	24
托管费率		0.05%	0.05%	0.05%	0.05%	0.05%	0.05%
券商资管业务收入		249	264	274	246	261	299
券商资管业务费率		1.03%	0.64%	0.55%	0.53%	0.56%	0.62%

注：通道业务规模为中金公司研究部银行组测算结果。
资料来源：证券业协会，中金公司研究部。

保险资管：2020年收入规模约1 433亿元

保险资管收入主要来自管理费收入，银保渠道代销费率较高。根据主要保险公司管理资产费率，我们测算保险资管平均管理费率在0.4%左右，较低的管理费率的原因主要在于保险资管资金主要投向风险较低的固收及现金类产品。相对于其他资管产品，保险产品对银保渠道较为倚重，产品销售费率显著高于基金等产品，平均销售费率在5%左右。综合测算显示，2020年保险资管收入约1 433亿元，综合费率为0.67%（见表5.7）。

表5.7　2020年保险资管收入测算

			2017	2019	2020
一、管理费收入					
保险资管产品规模（万亿元）				18.1	21.5
管理费率				0.46%	0.38%
中国平安	第三方投资规模（亿元）			2 919	3 858
	第三方业务收入（亿元）			19	21
	平均费率			0.65%	0.55%
中国太保	第三方资产规模（亿元）			6 238	7 881
	第三方业务收入（亿元）			16	24
	平均费率			0.26%	0.30%
保险资管管理费收入（亿元）				827	827
二、银保代销收入					
银保代销规模（亿元）				9 096	10 197
保费收入（亿元）				42 645	45 257
银保渠道人身险收入（亿元）				8 977	10 108
银保渠道财产险收入（亿元）				119	89
银保渠道销售占比				21.3%	22.5%
代销费率				4.89%	4.89%
招行代销保险规模（亿元）				943	840
招行代销保险收入（亿元）				58	55
招行代销保险费率				6.14%	6.60%
农行代销保险规模（亿元）			1 829		
农行代销保险收入（亿元）			75		
农行代销保险费率			4.11%		
银保渠道代销收入（亿元）				445	499
三、托管费收入					
托管费率				0.05%	0.05%
保险资管托管费收入（亿元）				91	108
保险资管收入合计（亿元）				1 362	1 433
保险资管综合费率				0.75%	0.67%

资料来源：原银保监会，保险业协会，中金公司研究部。

信托：2020 年收入规模约 1 352 亿元

信托业务综合费率约 0.66%，对应 2020 年收入规模约 1 352 亿元。根据中国信托业协会披露数据，2020 年信托业务收入约 864 亿元，信托产品平均管理费率约 0.41%。在代销收入方面，我们以招行信托产品代销费率测算代销业务规模，代销信托费率约为 1.5%，对应 2020 年集合信托销售规模，测算代销收入约 383 亿元。综合测算显示，2020 年信托产品收入约 1 352 亿元，综合费率为 0.66%（见表 5.8）。

表 5.8 2020 年信托产品收入测算

	2015	2016	2017	2018	2019	2020
一、管理费收入						
信托资产规模（亿元）	163 036	202 186	262 453	227 013	216 050	204 890
信托业务收入（亿元）	689	750	805	782	834	864
信托业务费率		0.41%	0.35%	0.32%	0.38%	0.41%
二、银行代销收入						
集合信托规模（亿元）	53 436	73 353	99 050	91 080	99 221	101 720
银行代销规模占比（假设）	25%	25%	25%	25%	25%	25%
银行代销信托规模（亿元）	13 359	18 338	24 763	22 770	24 805	25 430
代销费率		2.20%	1.45%	1.78%	1.89%	1.50%
招行代销信托规模		1 322	2 248	3 223	3 395	4 691
招行代销信托收入		29	33	57	64	71
信托代销收入（亿元）		404	359	406	470	383
三、托管收入						
托管费率		0.05%	0.05%	0.05%	0.05%	0.05%
托管收入（亿元）		91	116	122	111	105
信托产品收入（亿元）		1 245	1 280	1 310	1 415	1 352
信托业务综合费率		0.62%	0.49%	0.58%	0.65%	0.66%

资料来源：信托业协会，中金公司研究部。

期货资管：2020年收入规模约12.5亿元

期货资管收入体量较小，2020年行业收入约12.5亿元。目前期货资管规模及收入体量较小，2020年期货资管管理规模约2 197亿元，我们假设2020年管理费率为2018—2019年的平均水平，测算期货资管收入规模约12.5亿元（见表5.9）。

表5.9 2020年期货资管收入测算

	2017	2018	2019	2020
期货资管管理规模（亿元）	2 458	1 276	1 430	2 197
期货资管业务收入（亿元）	14.7	8.0	8.5	11.6
管理费率		0.43%	0.63%	0.53%
托管收入（亿元）		0.9	0.7	0.9
托管费率		0.05%	0.05%	0.05%
综合收入（亿元）		8.9	9.2	12.5
综合费率		0.70%	0.64%	0.57%

注：2017—2019年收入数据为协会披露，2020年收入根据管理规模及假设费率测算。
资料来源：期货业协会，中金公司研究部。

若聚焦财富管理机构，狭义口径财富管理收入池约4 517亿元。广义大财富收入主要包含三大项业务收入：①资管产品销售交易过程中产生的销售收入，即目前通常认为的财富管理收入；②资管机构收取的管理费收入，包括固定部分及超额业绩提成部分；③归属资金托管机构的托管费收入。其中财富管理机构获取的主要是销售收入以及部分管理费分成。我们尝试对大财富产业链上的三类收入进行拆分来测算狭义财富管理机构的收入池，其中对于公募基金、私募基金、券商资管产品，考虑管理费分成影响，固定管理费及超额业绩提成部分计提 50% 为销售收入。测算结果显示，2020 年销售收入/管理费收入/托管收入规模分别为 4 517、4 395、660 亿元（见表 5.10）。

表 5.10 2020 年狭义口径财富管理收入约 4 517 亿元

	销售收入（狭义财富管理，亿元）	管理费收入（亿元）	托管收入（亿元）	合计（亿元）
公募基金	889	456	214	1 559
私募基金	2 052	1 713	85	3 849
银行理财	557	386	123	1 067
券商资管	138	138	24	299
保险资管	499	827	108	1 433
信托	383	864	105	1 352
期货资管	—	12	1	13
大财富管理收入	4 517	4 395	660	9 572

资料来源：原银保监会，银行业理财登记托管中心，基金业协会，证券业协会，保险业协会，信托业协会，中金公司研究部。

国内财富管理收入口径仍有扩充空间

海外财富管理机构净利息收入贡献约 1/4 的财富管理收入。如图 5.5 所示，从收入结构上看，摩根士丹利和瑞银的净利息收入占比稳定在 1/4 左右，佣金收入和资产管理收入此消彼长，并且资产管理类收入始终是收入中贡献最大的部分，最近 5 年摩根士丹利和瑞银的资产管理收入、净利息收入、交易类收入占比分别为 57%、24%、18%，56%、25%、19%。嘉信理财 2015 年前的收入结构与瑞银等相似，但呈现出不同趋势，净利息收入占比不断提升，其他两类收入占比萎缩，最近 5 年来净利息收入占比超过资产管理收入，成为营收的主要来源，占比 53%（见图 5.6）。

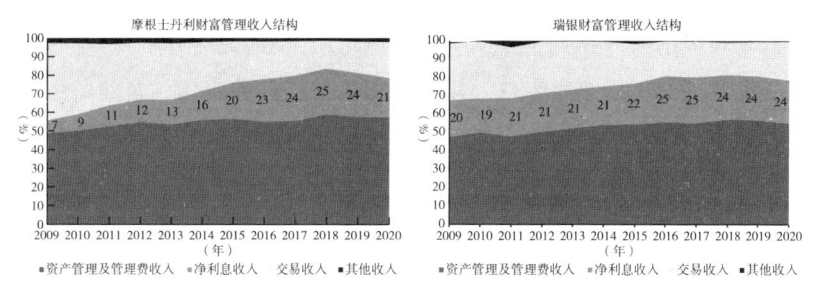

图5.5 摩根士丹利与瑞银的财富管理收入结构

资料来源:公司公告,中金公司研究部。

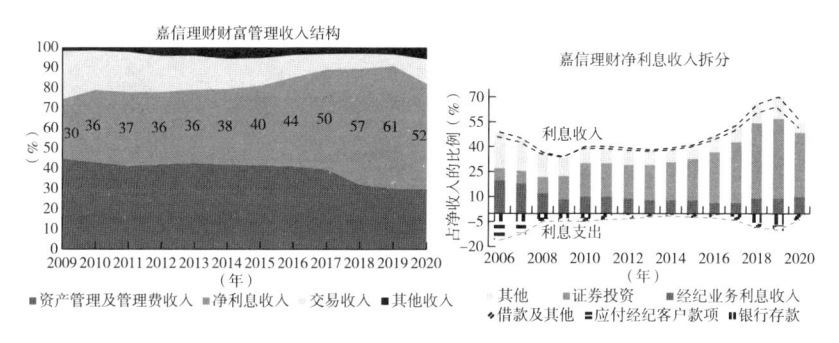

图5.6 嘉信理财财富管理收入结构及净利息收入拆分

资料来源:公司公告,中金公司研究部。

受组织架构影响,国内财富管理收入口径偏窄。目前国内大部分机构财富管理业务仅作为一级或二级部门以松散的组织架构形式展业,财富管理收入仅包括手续费收入,其他财富客户发起的金融服务收入未被合理纳入和财务确认。未来,财富管理业务贡献度提升,客户、产品、资产、科技、考核等职能逐步整合以财富管理部门或子公司形式存在,财富管理收入口径多元化。

我们认为,在衡量财富管理业务市场空间时,融资相关收入应纳入财富管理收入统计口径。假设当前口径财富管理收入/相关净利息收入比例为3倍,则调整后狭义口径财富管理业务收入为6 023亿元,调整后广义财富管理业务收入为1.28万亿元。如我们在前文中所论证的，贷款类产品的提供是财富管理机构区别于资产管理机构的重要特征，尤其是对于高净值客户，其财富积累与杠杆的应用、企业的经营密切相关，因此个人和企业的融资类服务与投资服务对其具有同等的重要性。我们认为，在衡量财富管理业务成长性时，应将融资业务相关收入纳入统计口径，以避免对财富管理业务成长性的低估。将融资业务相关收入纳入考量后，狭义/广义财富管理业务收入分别为 6 023 亿元/1.28 万亿元。

第六章
中资财富管理企业发展

市场竞争格局研判：尝试引入 3×3 分析矩阵

在竞争格局方面，目前我国的财富管理行业发展程度已经较深，与美国 2000 年左右的发展情况类似，但在经营细节上与美国市场存在明显差异。首先，从金融产品的前端销售费率来看，2019 年我国公募基金最高前端费率为 1.3%，但天天基金等平台类机构已经普遍实施一折销售，对应实际费率在 0.14% 的水平，远低于美国 2016 年共同基金实际前端费率 1.1%，说明财富管理行业产品代销业务的价格竞争已经比较深入，并不匹配美国 20 世纪 70~90 年代的水平。其次，我国财富管理行业的参与机构更加简单，主要包括银行、券商等综合类机构，以及以蚂蚁集团、东方财富等为代表的平台类、具有互联网基因的财富管理机构（见图 6.1），美国市场上的独立投顾/第三方财富管理机构、独立私行、资管机构等在我国财富管理市场难以存在或几乎不具备竞争力。根据我们测算，2020 年银行、券商、第三方基金

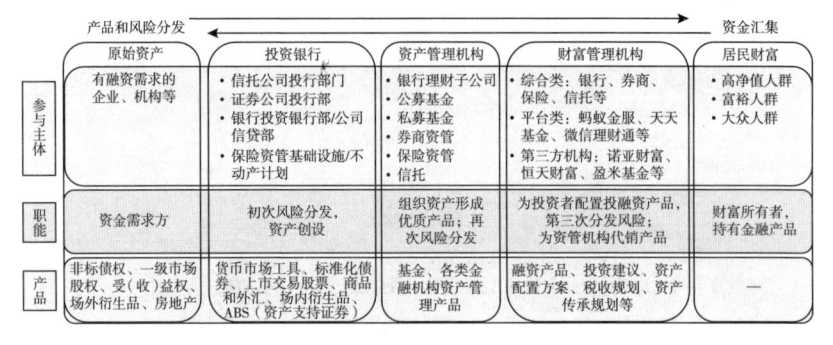

	产品和风险分发 ←			→ 资金汇集	
	原始资产	投资银行	资产管理机构	财富管理机构	居民财富
参与主体	有融资需求的企业、机构等	·信托公司投行部门 ·证券公司投行部 ·银行投资银行部/公司信贷部	·银行理财子公司 ·公募基金 ·私募基金 ·券商资管 ·保险资管 ·信托	综合类：银行、券商、保险、信托 ·平台类：蚂蚁金服、天天基金、微信理财通等 ·第三方机构：诺亚财富、恒天财富、盈米基金等	高净值人群 富裕人群 大众人群
职能	资金需求方	初次风险分发，资产创设	组织资产形成优质产品；再次风险分发	为投资者配置投融资产品，第三次分发风险；为资管机构代销产品	财富所有者，持有金融产品
产品	非标债权、一级市场股权、受(收)益权、场外衍生品、房地产	货币市场工具、标准化债券、上市交易股票、商品和外汇、场内衍生品、ABS（资产支持证券）	基金、各类金融机构资产管理产品	融资产品、投资建议、资产配置方案、税收规划、资产传承规划等	—

图 6.1　我国的财富管理行业参与机构类型
资料来源：中金公司研究部。

代销机构、保险直销、基金直销的零售渠道资产份额分别为 71.5%、19.7%、3.4%、4.7% 和 0.8%。再次，我国资产管理市场资金端零售客群占比更大，如图 6.2 所示，2020 年中国资管资金端 56% 来自零售客户（海外为 42%），决定了财富管理端拥有强势客群渠道能力的机构具有更大的竞争优势。最后，中国金融行业的分业经营与美国的混业经营也有不同，目前国内机构的财富管理相关业务收入主要是代销金融产品、证券交易佣金等非息收入，为财富管理客户提供的诸如投融资等服务未计入口径。

2020年中国资管行业资金来源
- 机构客户，44%
- 大众，33%
- 零售客户，56%
- 高净值，23%

2020年海外资管行业资金来源
- 零售客户，42%
- 机构客户，58%

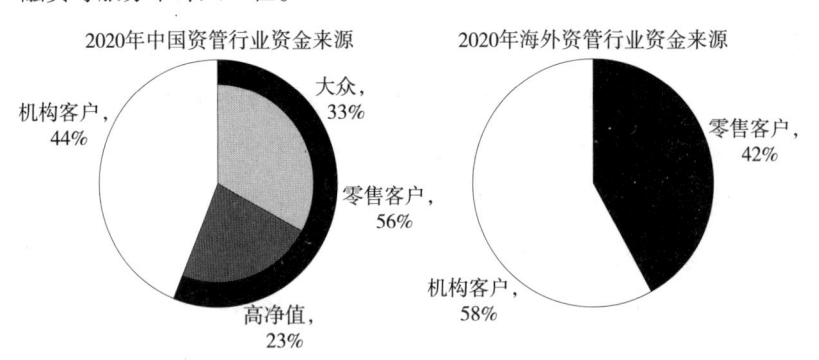

图 6.2　2020 年中国资管行业与海外资管行业资金来源对比
注：海外资管行业资金来源使用海外头部资管机构中数据可得的 8 家为样本计算，包括贝莱德、富兰克林资源、摩根大通、高盛、瑞银、瑞士信贷、东方汇理、德银资管（DWS）。
资料来源：BCG，美联储，中金公司研究部。

我们引入零售财富管理的 3×3 分析框架（见表 6.1），按照客户类别划分为 B/C/G/F 端，其中，C 端客群又可以细分为大众、富裕和高净值客群三个维度（第一个"3"），财富机构能力端则关注客群渠道、产品服务、财富体系三个关键价值链条（第二个"3"）。头部银行、券商等少数综合类财富机构在高净值客群和部分富裕客群的竞争优势突出，东财、蚂蚁等平台类机构则更擅长经营服务大众客群，部分富裕客群目前缺乏有效的商业模式，市场份额尚待开发。

表 6.1 3×3 的分析矩阵中各类机构的定位

综合型财富管理机构

客群	渠道			产品				服务体系		
	线上	线下	内部推荐	全：产品种类齐全	强：为客户创造价值	资讯社交	高端权益	前端：人+科技	中后台：投研+风控……	业务协同
大众客群	◔	●	●	●	◐	●	◐	●	●	◐
富裕客群	◔	●	●	●	●	●	●	●	●	●
高净值客群	◔	●	●	●	●	●	●	●	●	◐

平台型财富管理机构

客群	渠道			产品				服务体系		
	线上	线下	内部推荐	全：产品种类齐全	强：为客户创造价值	资讯社交	高端权益	前端：人+科技	中后台：直接经营客户	业务协同
大众客群	●	○	●	●	◐	●	◐	●	●	◐
富裕客群	●	○	◐	●	◐	●	●	◐	◐	◐
高净值客群	●	○	◐	●	○	◐	○	◐	◐	◐

注：颜色越深表示该项对客户的价值和作用越大。
资料来源：公司公告，中金公司研究部。

目标客群价值诉求决定了商业模式，而分层客群诉求差异化明显，因此客户分层拆解是必选项。首先，分层客群规模和财富积累存在明显的不对称，"二八效应"明显。其次，不同客群对于财富管理业务的核心价值诉求差异较大。例如，私行客户人群主要由新富人群和一、二代企业家构成，抛开财富保值增值，价值诉求注重综合金融服务能力（帮助企业更好地发展、撮合交易和流动性问题解决等）；相较于普通客群，富裕人群有较好的教育水平，愿意接受专业的投资顾问建议，与财富机构建立长期信任关系，其理财目标主要是财富增值；而普通客群中个人基金投资者强调产品收益率和信息传递，线上理财人群对于金融信息和资讯的获取、交流沟通等社交属性金融服务需求更大。财富机构应根据目标客群的核心价值诉求匹配相应的商业模式。另外，现有财富机构的存量客群画像差异较大，脱离相似客群对标商业模式意义不明显。

按照客户获取、客户经营和C端财富管理业务的特殊性，我们将财富机构能力划分为客群渠道、产品服务和财富体系三个核心维度。客群渠道端，平台类机构的线上渠道有绝对优势，而综合类机构则胜在线下渠道和集团内部业务的相互引流。产品服务端，综合类机构产品种类全、服务深度精细化，而平台系机构聚焦标准化产品和服务，且更多体现开放性。财富体系端，综合类机构前中后台能力都没有明显缺失，重点在于中后台赋能前台和条线业务协同发挥营收成本端潜力，而平台类机构中后台经营和科技能力是其核心优势。

客群渠道：客群定位差异化——立体化与线上优势

客群谱系

从客群来看，不同类型的财富管理机构客群定位、客群基础和增长情况差异明显。综合类机构客户谱系全面，优势在于高净值客户，其中，银行系兼具客户储备量和中高净值客群优势，同时近几年凭借庞大的基础客群积累积极下沉布局长尾客户；券商客户储备较小，但近年来增长较快，头部券商客户 AUM 较高。平台系机构则定位流量长尾客户，户均较小。

首先，从客群数量和 AUM 规模来看，各类型的头部财富管理机构的 AUM 基本初具规模，招行以 8.9 万亿元零售 AUM 居首位。而在客户数量方面平台类机构和银行的储备更丰富，蚂蚁集团 2020 年上半年客户数量可达 5 亿以上，其次是银行系机构，约 1 亿，券商系客户数量相对较少。我们使用不同分层客户的数量、AUM 和人均 AUM 三组指标来刻画各类财富管理机构客群特征（见图 6.3），不难发现，综合

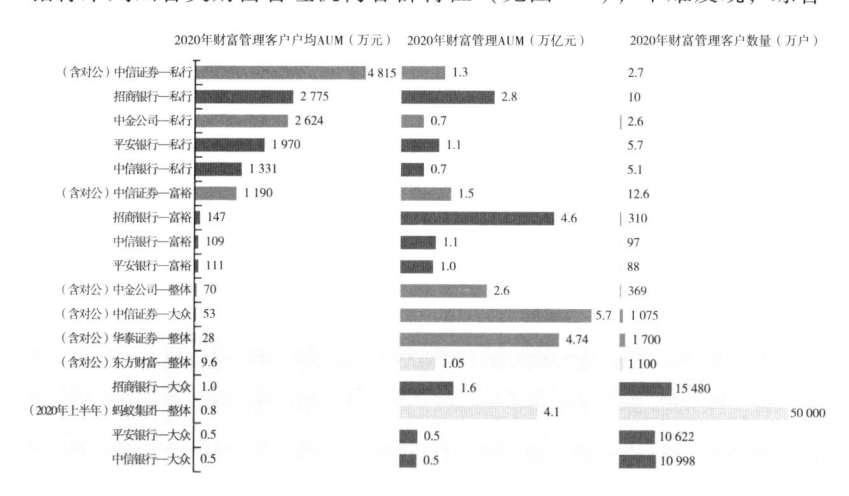

机构	2020年财富管理客户户均AUM（万元）	2020年财富管理AUM（万亿元）	2020年财富管理客户数量（万户）
(含对公) 中信证券—私行	4 815	1.3	2.7
招商银行—私行	2 775	2.8	10
中金公司—私行	2 624	0.7	2.6
平安银行—私行	1 970	1.1	5.7
中信银行—私行	1 331	0.7	5.1
(含对公) 中信证券—富裕	1 190	1.5	12.6
招商银行—富裕	147	4.6	310
中信银行—富裕	109	1.1	97
平安银行—富裕	111	1.0	88
(含对公) 中金公司—整体	70	2.6	369
(含对公) 中信证券—大众	53	5.7	1 075
(含对公) 华泰证券—整体	28	4.74	1 700
(含对公) 东方财富—整体	9.6	1.05	1 100
招商银行—大众	1.0	1.6	15 480
(2020年上半年) 蚂蚁集团—整体	0.8	4.1	50 000
平安银行—大众	0.5	0.5	10 622
中信银行—大众	0.5	0.5	10 998

图 6.3　各综合类财富管理机构覆盖的客户规模

注：中信银行 2020 年富裕及大众客户 AUM 为估计值；东方财富的客户资产使用客户资金余额、证券托管市值以及代销基金保有量相加计算；蚂蚁集团的客户资产使用 2020 年上半年的理财科技平台促成的资产管理规模；横轴公司名称前未特别标注包含对公客户的即为单独个人客户口径数据；客户分类标准（忽略考察时长等细节，只关注资金或资产规模要求）：招商银行客户的两档分层标准为 50 万元和 1 000 万元，平安银行和中信银行为 50 万元和 600 万元，中信证券为 200 万元和 600 万元，中金公司高净值个人客户标准为 300 万元资产。

资料来源：公司公告，中金公司研究部，蚂蚁集团招股说明书，中国证券业协会。

类财富管理机构的客户谱系更宽，涵盖了人均 AUM 1 000 万元以上的高净值客户、人均 AUM 约 50 万~1 000 万元的富裕客户，以及人均 AUM 50 万元以下甚至 1 万元以下的大众客户，而平台类的机构则聚焦在大众客群；各类客户的 AUM 分布基本从高到低呈现倒金字塔状，客户数量则正好相反，而横向对比来看，银行的高净值客户储备丰富，平台类机构的大众客群则数量庞大。从规模增长情况度量（见图 6.4），近两年，银行整体客户增速在高客群基数下维持平稳趋势，但高净值客户数量和 AUM 增速可达到约 20%，而客户基数和 AUM 都比较小的券商则实现了大幅增长，平台类机构依托零售长尾客群迅速增长的财富管理需求和适应新手的财富管理业务属性也实现了较快增长。

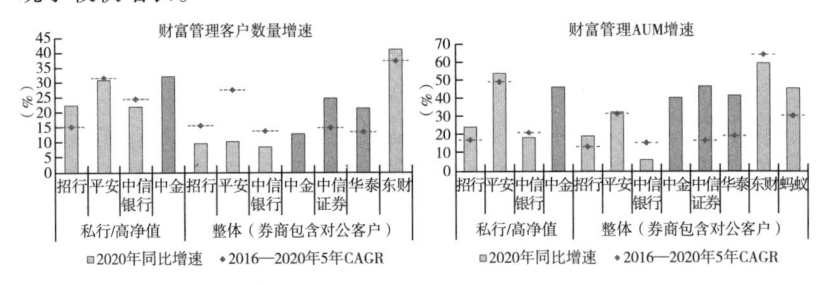

图 6.4 综合类财富管理机构高净值客户数量和资产增速

注：中信银行 2020 年富裕及大众客户 AUM 为估计值；东方财富的客户资产使用证券业协会披露的客户资金余额与证券托管市值相加计算；蚂蚁集团的客户资产 2020 年同比增速使用上半年增速估计；财富管理 AUM 可用数据不足 5 年的使用最长时间序列数据计算年均增速；客户分类标准（忽略考察时长等细节，只关注资金或资产规模要求）：招商银行客户的两档分层标准为 50 万元和 1 000 万元，平安银行和中信银行为 50 万元和 600 万元，中信证券为 200 万元和 600 万元，中金公司高净值个人客户标准为 300 万元资产。

资料来源：公司公告，蚂蚁集团招股说明书，中国证券业协会，中金公司研究部。

从以上数据可以看出，银行系财富管理机构同时兼具客户储备量和中高净值客群的优势，但随着大众客群财富管理需求的快速增加以及线上理财的普及，近两年银行也开始在保持优势的同时下沉布局长尾客户。招行最新数据显示，招行目前有1.6亿的零售客户，但仅有3 000万左右的财富管理客户，因此有1.3亿左右的非财富管理客户等待挖掘。从App用户重合度来看，宽谱系、大基数的客户基础使得招行与其他财富管理机构的App重合用户在其MAU（月活跃用户人数）中的占比明显低于在对方MAU中的占比，但天天基金与招行的App重合用户在招行MAU中的占比2018年来明显提高也说明平台类机构的快速发展对招行的大众客户形成了一定竞争，尤其是线上渠道，这也是招行近期建设开放平台、实施"立体化费率模式"的重要原因之一。

客群渠道

综合类金融机构客户获取和经营渠道更加多元化，线上流量虽逊于平台类机构，但线下网点优势明显（见图6.5），且头部机构如招行、平安等网点布局与高净值客群分布匹配程度更高，线下客户经理能够更好地服务高净值客群，同时集团内部业务协同下的客户推荐和引流是其区别于平台类机构的独特优质获客渠道。平台类机构在线上

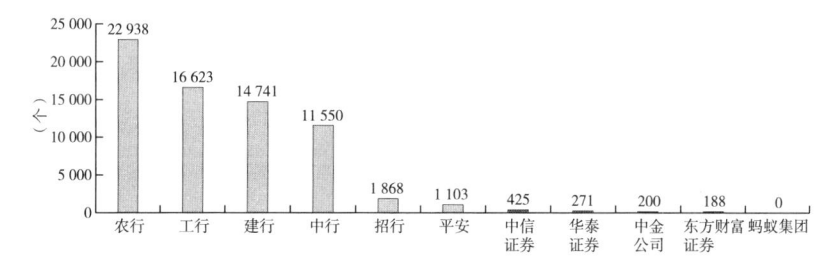

机构	数量（个）
农行	22 938
工行	16 623
建行	14 741
中行	11 550
招行	1 868
平安	1 103
中信证券	425
华泰证券	271
中金公司	200
东方财富证券	188
蚂蚁集团	0

图6.5 2020年各金融机构线下营业网点数量
注：东方财富证券为东方财富控股子公司。
资料来源：公司公告，中金公司研究部。

渠道方面的能力非常突出，但缺乏线下网点支持和其他业务条线协同输送。

银行近几年显著加大科技投入和建设线上渠道，银行系 App 的 MAU 快速增长，2020 年年中已显著高于券商和互联网券商（见图 6.6）。但银行 App 的工具属性较强，相当数量的用户仅用其查看余额、转账等，相比券商系 App（具备股票交易场景）和金融科技 App（金融功能外兼具社交咨询场景），银行 App 的客户使用频次、时长等衡量黏性数据表现不尽如人意（见图 6.7）。我们认为，综合类财富管理机构为了经营长尾客群有必要进行线上渠道建设，可以通过与第三方合作共建以及引入高频金融场景来实现 C 端场景完善，同时也应当明确线上渠道的定位：对大众长尾客户来说是主要获客和经营阵地，对高净值客户来说是服务的辅助工具；同时还应当和自己的传统人力优势融合，而不应该盲目对标平台类机构。例如，招行在自己的线上渠道中融入人工客服，招行 App 在客户购买产品的流程中设置了醒目、便捷的客服入口，方便客户随时咨询客服，通过人工的介入，显著提高了线上流量的转化率（见图 6.8）。从某种程度上

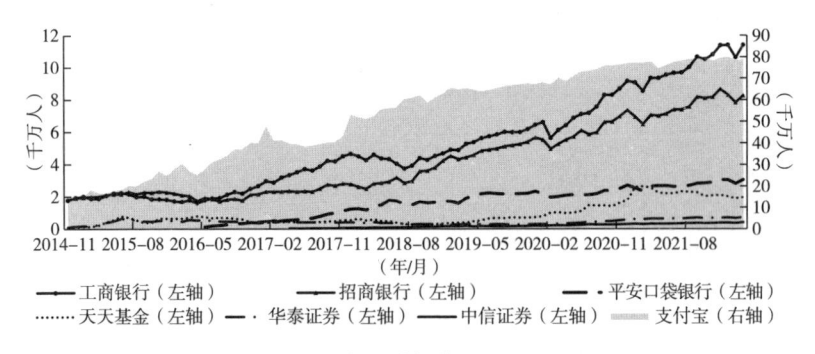

图 6.6　各金融机构 App MAU

注：图中数据截至 2022 年 3 月 31 日。
资料来源：QuestMobile，中金公司研究部。

图 6.7 银行系 App 活跃用户的特征

注：DAU 指日活跃用户数量。
资料来源：QuestMobile，中金公司研究部。

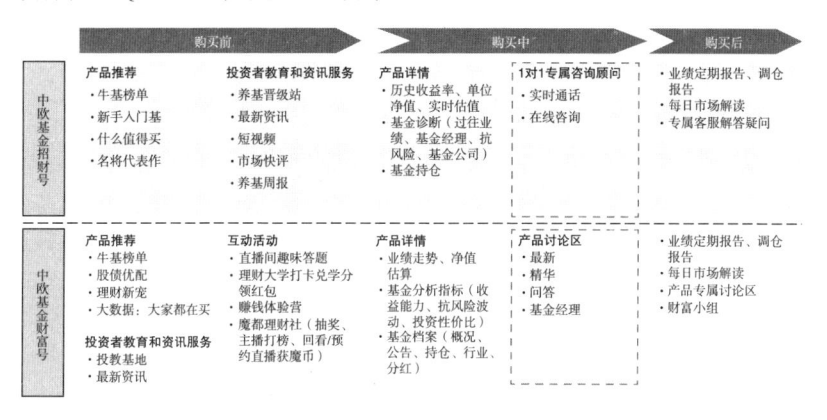

图 6.8 招行 App 中所融入的人工服务

资料来源：招商银行 App，支付宝，中金公司研究部。

讲，综合类机构的线上渠道流量或许无法与平台类机构匹敌，但是转化效率更高，有效流量、产品销量和销售收入表现并不弱于平台类机构。

此外，内部其他条线客户推介也是综合类机构的独特优势。招商银行积累了数量庞大且优质的对公客群，为通过代发工资、养老金管理等实现零售批量获客提供基础，同时与机构客户及政府部门的良好关系使得招商银行在政务相关的场景中获取和活跃客户的能力较强；

平安银行对公代发和批量业务为财富管理业务带来了约 15% 的 AUM 和存款，各个业务协同也为平安银行带来了大量新增客户，成为获客重要渠道，2020 年第一季度综合金融贡献了 35% 的零售竞争客户和 55% 的零售净增 AUM（见图 6.9）。

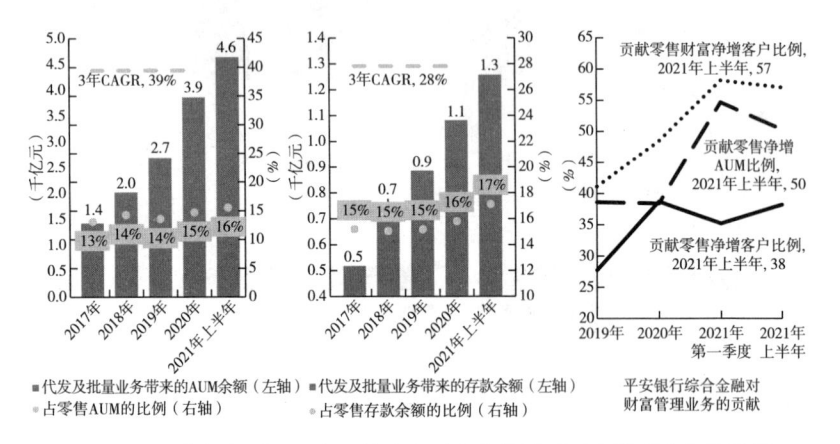

图 6.9　平安银行对公业务及综合金融业务协同对财富管理业务的贡献
资料来源：公司公告，中金公司研究部。

产品服务：优质产品是基础，增值服务匹配客群诉求

在产品服务端，我们的研究主要聚焦于产品货架全面性、优质产品布局、社交咨询服务和高端权益服务四个方面。

就产品货架丰富程度而言，平台系机构主要提供的是标准化产品，以公募基金等为主，其标准化、相对透明的产品结构和收费方式与平台类机构线上流量经营模式匹配度较高，加之低费率的吸引，使平台类机构非货币公募基金保有量规模迅速上升，从 2020 年第一季度末的27.1%上升至2022年年底的32.5%，对银行的份额有一定挤压（见图6.10、图6.11）。而综合类机构产品谱系更全面，涵盖理财、存款、公募、私募、信托、保险、境内外配置等。值得注意的是，在当前的监管框架下，银行理财产品是银行相比其他类型的财富管理机构所独有的产品类型（见图6.12）。资管新规后时代的理财产品净值化转型加速，近两年来主流机构均加大"固收+"产品的发行力度，市场接受度稳步提升，可以被认为是公募债基的替代品，

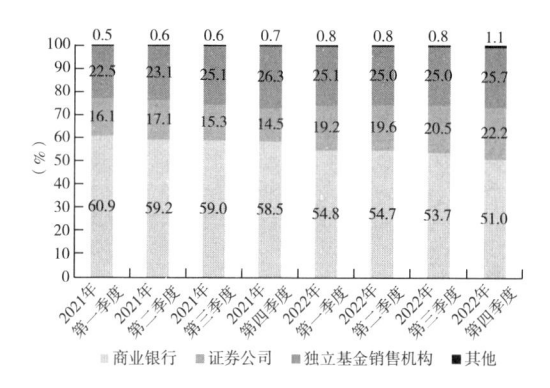

图6.10 各类型机构股票及混合类基金保有量占比

资料来源：中国证券投资基金业协会，中金公司研究部。

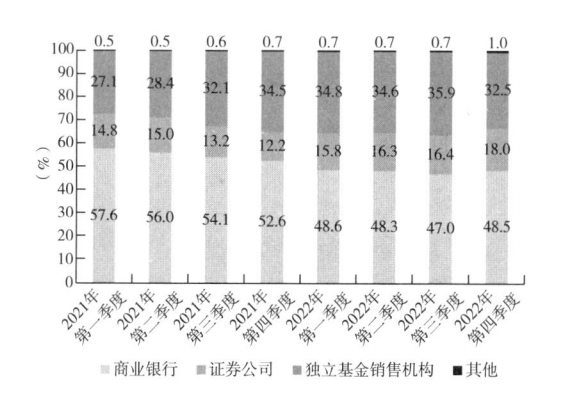

图6.11 各类型机构非货币基金保有量占比

资料来源：中国证券投资基金业协会，中金公司研究部。

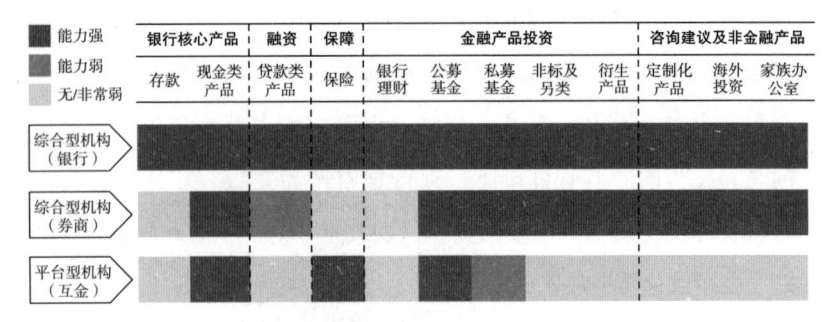

图 6.12 金融机构财富管理业务产品条线对比

资料来源：公司官网，公司 App，中金公司研究部。

对银行产品组织能力的贡献不容忽视。以 2022 年上半年末财富管理机构非货币公募基金保有量数据为例，如果商业银行加回非现金管理类理财产品保有规模，则综合排名前 20 名机构中除蚂蚁基金与天天基金，其他均为商业银行，较非货基金保有量数据排名变化明显（见图 6.13）。

从超额收益率产品布局来看，综合类机构起步更早，表现较优。招行和平安银行筛选出的"五星之选""平安优选"等基金历史收益率长期优于市场表现（见图 6.14），并且头部私募产品的发行渠道也更倾向于选择综合类财富管理机构（见表 6.2）。

虽然有优质的产品，但是"基金赚钱，基民不赚钱"是行业普遍存在的现象，而优质的咨询建议、配置类产品服务则可以真正为客户创造收益（见图 6.15）。在开放产品货架之外，财富管理机构须具备超出行业水平的金融能力，通过产品筛选、资产配置、投资者教育等一系列服务提升客户获得收益的概率与幅度，而这正是财富管理机构对于客户的价值所在，也是其费率的根本支撑。

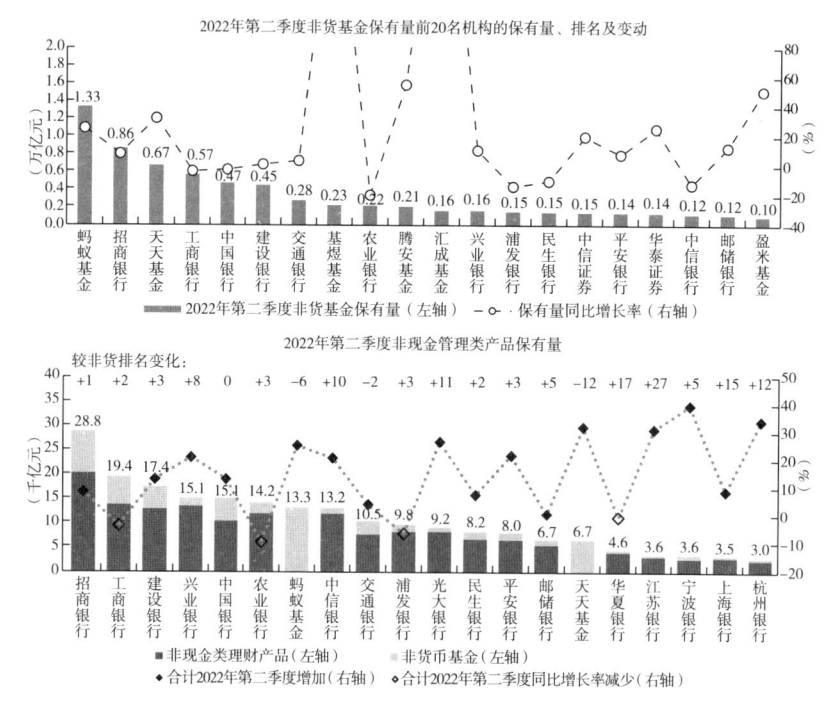

图 6.13 考虑非现金管理类理财产品规模，
调整后口径银行保有量优势明显

注：假设大行现金管理类理财产品占比为40%，其他银行为30%。
资料来源：基金业协会，公司公告，中金公司研究部。

图 6.14 招行"五星之选"和平安"优选基金"
历史收益率长期优于市场表现

注：数据截至 2021 年 8 月底。
资料来源：招商银行 App，平安口袋银行 App，中金公司研究部。

第六章 中资财富管理企业发展

表6.2 头部私募产品发行渠道更倾向于选择综合类财富管理机构

产品	基金经理	基金经理简介	发行日期	发行渠道
高毅晓峰沣泽系列集合资金信托计划	邓晓峰	现任高毅资产首席投资官。16年证券从业经验，12年基金管理经验。曾任博时基金股票投资部总经理，公募股票型基金8年业绩冠军，社保基金组合约9年10倍收益，累计为客户创造235亿元投资收益。中国基金业金牛奖十周年特别奖得主	2021/6/1	招商银行 平安银行 兴业银行 宁波银行 中信证券 招商证券 诺亚财富 好买财富
睿远洞见价值系列	陈光明	曾任东方证券受托资产管理业务总部业务董事，东方基金有限责任公司投资部经理兼基金经理，东方证券资产管理业务总部副总经理、总经理，东方证券股份有限公司总裁助理，上海东方证券资产管理有限公司董事、总经理、党委书记，代行公开募集基金管理业务合规负责人。2016年7月~2018年3月担任上海东方证券资产管理有限公司董事长。2018年3月，宣布从工作了近20年的东证资管离职，自立门户成立睿远基金	2021/8/16	招商银行 平安银行 宁波银行 中信证券

资料来源：金融界，《中国基金报》，中金公司研究部。

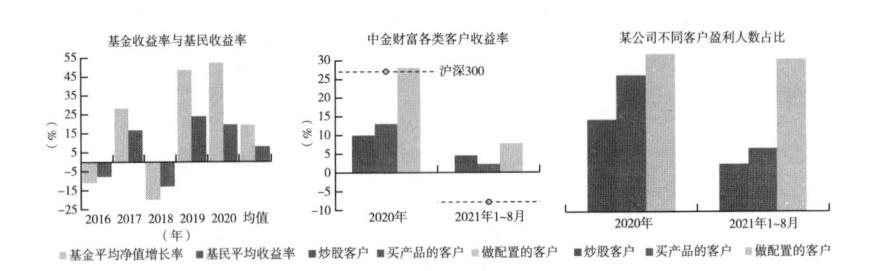

图6.15 "基金赚钱基民不赚钱"的现象仍然普遍存在

资料来源：中金财富，《公募权益类基金投资者盈利洞察报告》，中金公司研究部。

- 无论是服务大众客户还是高净值客户，买方投顾思维是必不可少的，其中，投资者教育是当前较为突出的问题。从 2020 年非货币公募基金销售额占 2021 年第一季度保有额来看，招行的该指标为 77%，天天基金的该指标达到 130% 以上，反映出招行客户持有基金期限更长、交易相对低频，更深一层则反映了各机构投资者教育能力及客户经理考核导向。只有客户经理的考核指标中不仅有中收、销售量等，还有 AUM、"当年为客户赚了多少钱"等和客户利益密切相关的指标，才能督促客户经理不会为了完成任务去鼓励客户频繁交易，而是长期陪伴客户，用专业知识/服务为客户赚取收益。

- 咨询建议类产品，包括面向大众客户的智能投顾，也包括面向高净值客户的以家族办公室为代表的产品。

　　——智能投顾依托科技手段，以较低的成本为客户提供相对定制化、收益较高的资产配置方案，目前招行、平安、蚂蚁等都有类似的产品，但在资产配置水平方面都有待提高。

　　——在高端咨询类产品上，平台类机构布局较少，是综合类机构的主导领域。招行在高净值客户财产传承方面业务布局较早，形成了服务超高净值客户的独特优势，在该类服务国内稀缺的情况下获取客户即意味着客户留存。2012 年 8 月，招行率先在国内推出了"家族工作室"服务，针对超高净值客户（总金融资产在 5 亿元以上，在招行管理总资产在 5 000 万元以上）提供一揽子定制化的财富保障与传承综合方案；2014 年 7 月，推出全权资产委托服务。经过长期经营，招行积累了一批忠诚度高的超高净值客户，这一点是其他银行短期内无法超越的优势。截至 2016 年年底，招行签约了近 150 单家族信托，管理资产超过50亿元,而全权委托签约并正式运作的专户已超过300单,管理资产规模超过150亿元,业务规模领先国内同业且呈现快速发展势头。

高端权益服务是经营和维护高净值客户的一大重要抓手,也是综合类机构重点布局的增值服务领域。丰富的各类活动和权益安排可以增强机构与客户的联系,在此基础上使机构更加了解客户需求,并且更容易获得客户信任。如图6.16所示,平安银行调动自身作为大型机构的资源整合能力,集内外部最优质的企业之力,为客户提供包含健康、教育、出行、生活服务等在内的非金融权益产品库,使客户体验锦上添花。

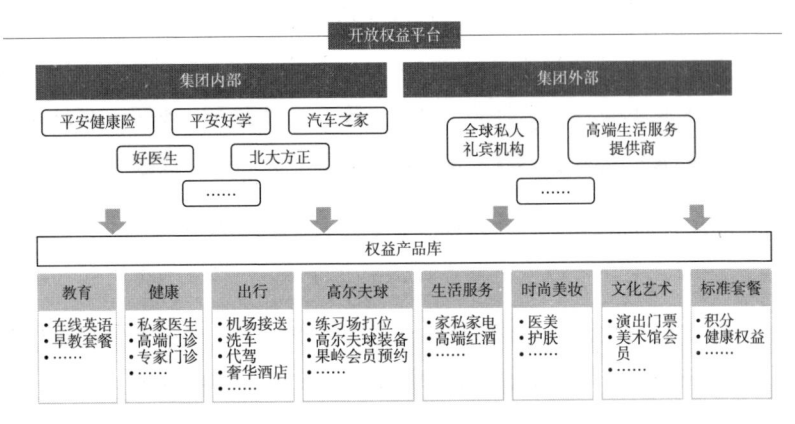

图6.16 平安银行为客户提供的增值权益服务
资料来源:平安口袋银行App,中金公司研究部。

社交资讯服务则是大众客户更加看重的附加服务,平台类机构的内容建设和生产能力突出。在资讯社交服务方面,银行系财富管理机构通过打造开放平台为客户提供财富号、大咖观点、市场解读等资讯内容,券商系财富管理机构提供市场行情和研究报告等资讯服务。整体来看，综合类财富管理机构社区讨论/社交生态尚未成熟，而平台类财富管理机构有相对成熟的社区生态，社交属性更强，为不同的基金设立专门的"讨论吧"且热度较高。

服务体系：综合类中后台赋能客户经营，平台类中后台经营客户

区别于传统金融业务，财富管理更强调通过专业的产品服务赢得客户的长期信任，对于聚焦 C 端客群的财富管理业务更是如此，完善的财富管理业务体系可以赋能机构获得市场份额和保障其基业长青。我们尝试从前台的人力、科技投入，中后台的组织架构等上层建筑以及后台的业务协同生态三个角度来度量各个机构的财富管理业务体系，对比发现，综合类财富管理机构的科技能力、风险控制、投研、内部各业务条线形成的综合金融优势等中后台能力主要以前台客户经理为媒介传达到客户，中后台赋能客户经营；而平台类财富管理机构凭借较强的科技能力和流量经营模式，直接在中后台通过科技实现客户经营，对前端投顾人员的需求低。

前台客户经理是连接财富机构与目标客群的重要纽带，尤其是综合类财富机构服务客户的载体和主体，其专业服务能力决定了客户体验和最终业绩。依据欧美财富管理行业的发展经验，前台客户经理管理半径有一定规律性，不可无限制扩张，否则将影响客户体验，因此人力资源投入不可或缺。我们估算招行目前的投顾人数在 8 900 人左右，人均管理资产为 10 亿元（见图 6.17），与全球头部财富管理机构相当。除了数量外，投顾人员的质量也不容忽视。2021 年 12 月 29 日央行正式发布《金融从业规范》系列标准，其中包括《金融从业规范

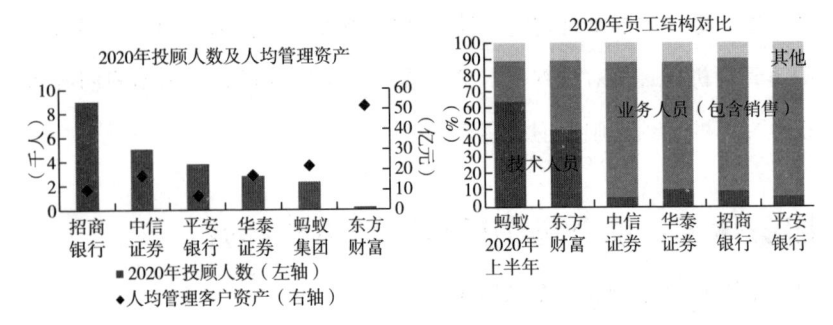

图 6.17 综合类财富管理机构更重视投顾人员的配置，而平台类机构则重视科技人员的培养

注：招商银行及平安银行的投顾人数为我们的估计值；蚂蚁集团 2020 年投顾人数使用 2020 年上半年销售人员数量替代，2020 年年底客户总资产规模为估计值；券商的投顾人数使用 2021 年 9 月 22 日证券业协会网站披露的证券投资咨询（投资顾问）数量，采用集团合并口径。

资料来源：公司公告，蚂蚁集团招股说明书，中金公司研究部。

财富管理》（以下简称《规范》①），从服务流程、职业能力、职业道德与行为准则、职业能力水平评价等方面对财富管理从业人员提出要求。《规范》指出财富管理从业人员及客户都应做到分层经营和供需匹配，从业人员分为个人理财师、理财规划师、私人银行家与家族财富传承师四个职级，对应不同财富水平的客群（见表 6.3）。财富管理从业人员承担着连接客户与产品的重要职能，应同时具备产品与客户管理的专业知识。如图 6.18 所示，最初级的个人理财师要对财富管理有准确理解，还要具备客户关系管理专业知识，能够在客户营销中运用金融科技工具，并且对投资和保险产品有充分了解，能够为客户进行保险规划。而最高职级的家族财富规划师不仅要对财富管理行业的运作理论有更深入的认知，能够制定高效营销策略，在客户营销、投资管理、资产配置等方面熟练运用金融科技，还要了解从单个产品到家族财富

---

① 《规范》属于推荐性行业标准，由全国金融标准化技术委员会（简称金标委）归口。

表6.3 财富管理从业人员的职级划分及角色定位

职业级别	个人理财师	理财规划师	私人银行家	家族财富传承师
服务客户	社会公众：在财富管理从业人员所属金融机构的金融资产规模<60万元	富裕人士：60万元≤在财富管理从业人员所属金融机构的金融资产规模<600万元	高净值人士：600万元≤在财富管理从业人员所属金融机构的金融资产规模<3 000万元	超高净值人士：3 000万元≤在财富管理从业人员所属金融机构的金融资产规模或个人名下金融资产规模≤2亿元
角色定位	根据客户的不同理财需求提供相应的理财产品	+能为客户提供符合生命周期需求的财富管理方案	+能为客户提供财富保全、财富转移及其他非金融服务	+能为客户提供家族企业治理与家族治理方面的金融与非金融服务
基本能力	建立正确态度的能力：在合法合规的基础上，应以了解、满足及实现客户在生命周期不同阶段的财富管理需求为出发点开展财富管理业务活动			
	获取客户信息的能力：通过情景式引导，获取与客户财富管理需求相关的详细信息			
	了解财富管理产品的能力：清楚掌握固定收益类、权益类与保障类等财富管理产品的定位、功能与特性			
	基本沟通能力：向客户清楚传达服务内容与产品的基本信息			
专业能力（要求高低视职级而定）	个人专员形象塑造能力：运用顾问式营销获得客户的尊敬与信赖，凭借客户的反馈与口碑，塑造个人专业形象			
	高质量沟通能力：通过经济数据与实际案例等，分析目标客户当前面临的问题及潜在风险，使客户感同身受并愿意进一步沟通			
	客户需求分析与挖掘能力：挖掘客户的核心痛点，分析客户在生命周期的不同阶段对资产保值与增值的需求			
	客户人格特质与决策风格的分析及应用能力：在与客户的互动过程中，通过逻辑推理或科学实证，判断客户的人格特质与决策风格，确定客户财富管理目标，实现高效营销			

(续表)

职业级别	个人理财师	理财规划师	私人银行家	家族财富传承师
专业能力（要求高低视职级而定）	宏观趋势分析与经济数据解读能力：梳理影响全球市场的宏观趋势，分析国内外重要经济数据的意义及对资产走向的影响，解读相关政策，洞察投资机遇			
	产品的选择与应用能力：熟悉各种金融产品的优劣势及适用场景，根据不同的客户需求，选择最能满足客户目标的产品或产品组合			
	资产评价与资产配置能力：评价股票、债券、汇率、天然资源、房地产的基本面、资金面、法人面，根据不同资产的收益和风险特性，配置短期、中期、长期投资策略			
	法务与税务筹划能力：熟悉国内外重要法务与税务规定及政策动向，为客户提供合理的法务建议或最佳的税务筹划方案			
	家族传承分析与规划能力：应用家族传承分析工具，了解家族客户面对的传承挑战，并提出满足客户对家族财富永续、基业长青、人才辈出及家族和谐的方案			
	专业简报能力：通过撰写专业简报，高效地向客户传达沟通的重点与目标			

资料来源：《金融从业规范财富管理》，央行，金标委，中金公司研究部。

传承的全方位服务知识，甚至要掌握天然资源规划、创业规划、企业经营规划等特殊专业知识。财富管理机构需要加大人力资源投入，提升从业人员专业素质，在财富管理业务从简单的产品销售向更专业的全生命周期服务的转变过程中抢占先机。各机构应充分认识到财富管理从业人员不只是单纯的销售人员，而是具备专业知识和能力的综合型人才。作为直接与客户接触、提供服务的主体，其综合能力和素质在很大程度上影响了客户满意度这一财富管理核心竞争力。但该类智力要素的获取需要时间沉淀，不仅需要培养专业人员，还要建立适配的组织架构与激励机制，才能形成人才培养、晋升、留存、传承的良性循环。我国的财富管理机构都处于从卖方销售向买方投顾模式转型

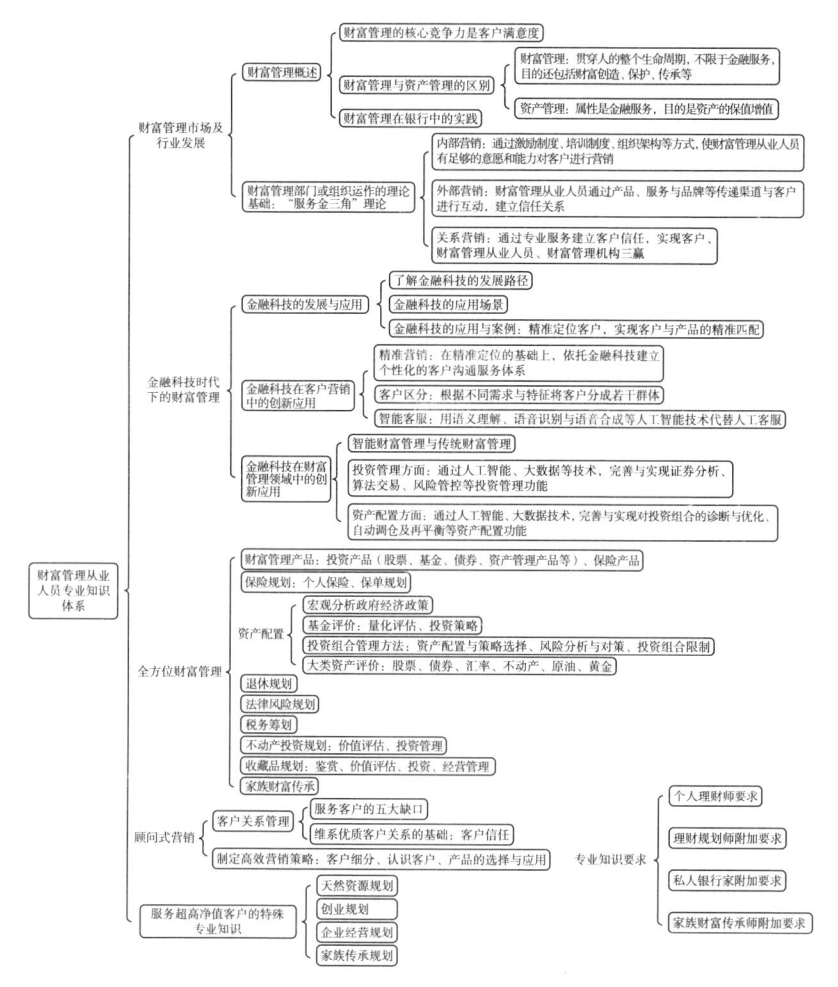

图6.18 不同职级的财富管理专业人员应当具备的专业知识要求
资料来源：《金融从业规范财富管理》，央行，金标委，中金公司研究部。

的关键窗口期，人才建设至关重要，通过大量投入广泛吸引人才，建立市场化的薪酬机制优胜劣汰，有利于抢占稀缺资源，与竞争对手拉开差距。

除投顾人员外，科技能力打造也是财富管理机构体系建设的必选项，对综合类机构与平台类机构均如此。对综合类机构来说，科技的作用主要体现在：①赋能投顾人员，拓展管理范围边界；②助力客户分层经营，提升大众客户的流量经营能力；③提升中后台风控能力和执行效率，降低决策从总部到分支机构再到投顾人员的传导过程中的漏损。而对于平台类机构来说，其商业模式更加依赖科技能力实现中后台经营客户、维护客户体验，因此对前台客户经理数量和能力要求更宽泛，反而对技术人员需求更高，科技投入整体也更高。从技术人员数量占比来看，如图6.17所示，蚂蚁集团2020年上半年达到64%，东方财富为47%，而综合类机构在10%左右，并且科技加持下平台类机构前端员工人均管理资产可达20亿元左右①；从科技投入来度量（见图6.19），综合类机构规模大决定了其科技投入的绝对金额"一骑绝尘"，尤其是银行系机构，足以支持中后台科技能力建设，但是从占营收的比例来看，券商和平台类机构的科技投入力度更大，2020年华泰证券、东方财富的科技投入占上一年营收的比例分别达到11%、9%。

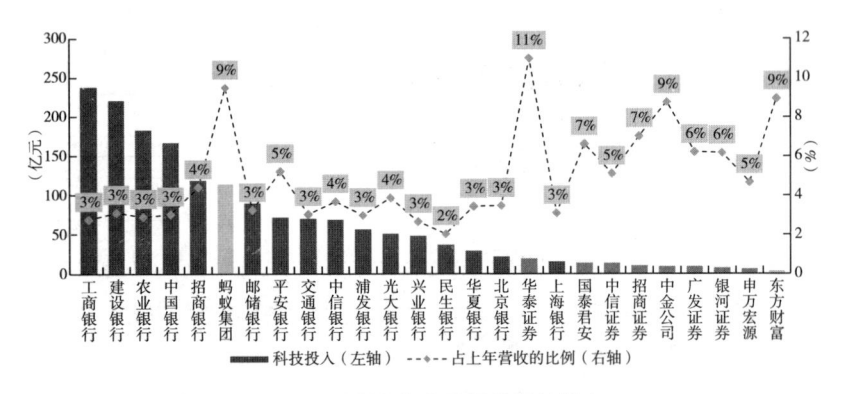

图6.19 2020年金融机构科技投入

注：券商的科技投入使用证券业协会披露的信息科技投入，计算方法为：信息科技投入 = 信息技术资本性支出 + 信息技术费用 + 信息技术人员薪酬×120%；东方财富使用集团口径，而非东方财富证券口径；蚂蚁集团2020年的科技投入使用2020年上半年的数据估计。
资料来源：公司公告，中金公司研究部。

---

① 使用蚂蚁集团2020年上半年销售人员数量及理财科技平台促成的资产管理规模估算。

无论是前台投顾还是科技人员，都属于智力要素构成，薪酬激励方式有别于其他业务条线。参考全球头部财富管理机构经验，综合类机构财富管理条线人均薪酬一般都高于商业银行传统业务条线，中资机构头部财富管理机构人均薪酬也都较高。

业务协同生态指的是财富管理机构调动整个公司各个业务条线的资源和能力为客户提供服务的能力，是综合类机构差异化的资源禀赋（平台类机构业务条线和金融功能相对简单），这也是我们称其为"综合类"机构的初衷。招行2020年提出的"大财富价值循环链"（见图6.20）正是要将业务协同生态效力最大化的积极尝试，同样的，如图6.21所示，

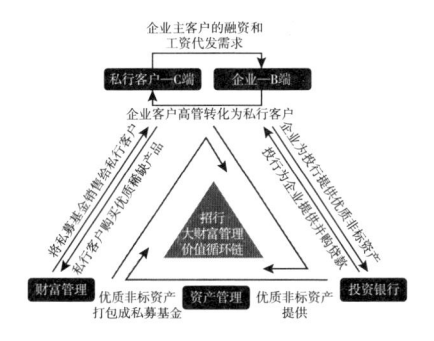

图6.20　招行大财富价值循环链

资料来源：公司公告，中金公司研究部。

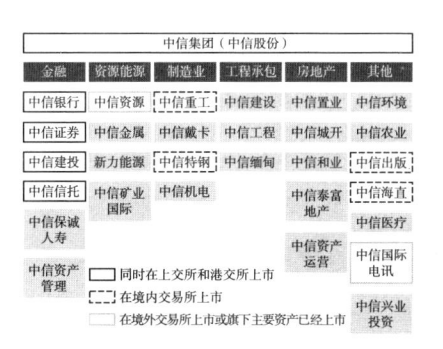

图6.21　中信集团多行业业务布局

资料来源：中信云企会发布会材料，中金公司研究部。

第六章　中资财富管理企业发展

中信集团强大的金融和非金融能力也是中信银行、中信证券等开展财富管理业务的重要资源。

组织架构等上层建筑是保证财富管理业务流畅运行，减少内部摩擦和利益冲突，实现效益最大化的重要保障。目前国内财富管理机构的组织架构设置大都处于初级阶段，表现为客群输入、产品筛选、研究能力、从业人员考核权限等分散在多个部门，过多的冗余职能和利益冲突阻碍了财富管理业务规模效应的发挥，跨业务协同效果也不尽如人意。目前来看，只有少数头部机构组织架构整合进程较快，业务适配性强。招行将财富业务融合于传统商行零售业务之中，利用此前的客户积累，借助商行业务作为基础客户入口，于2021年建立了财富管理平台部进行统筹规划以实现内部协同，2020年年报提出的"大财富"价值循环链则旨在建立跨业务协同机制与文化。而中金则成立了单独的财富管理子公司集中发展财富业务。

- 招商银行在业务部门的组织架构上采用大部制，在各个业务部门之上又建立了业务总部，有利于业务的整合，加强总行对各个业务的统筹规划。如图6.22所示，财富管理业务置于零售金融总部管理下的零售业务条线开展，也与其零售客户积累的资源禀赋、财富管理客户至少七成依靠客群向上迁移的客户来源相匹配。随着财富管理业务的深入发展，招行的部门设置也更加趋向整合集中，2021年成立了财富平台部，将原财富管理部与零售金融大部分团队合并，基本实现了财富管理业务内部协同。此外，招行在2020年年报提出了"大财富"价值循环链，致力于实现更高层级的跨业务协同。
- 平安银行在2017年开始零售转型之后，也更加注重财富管理

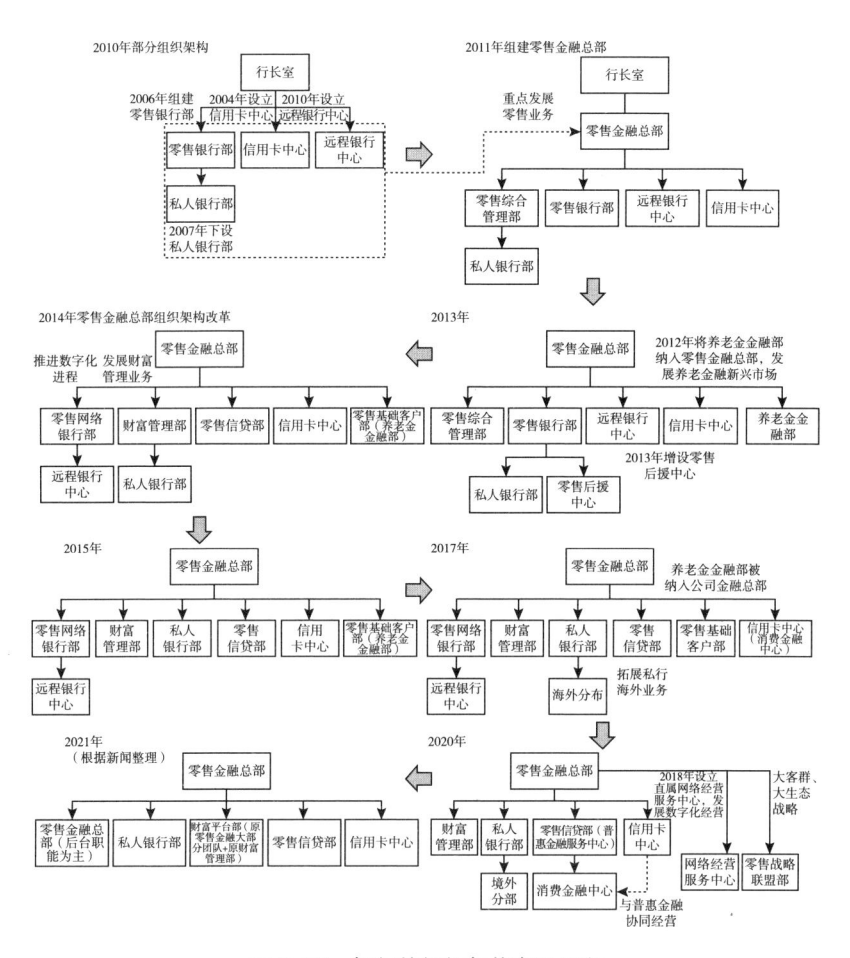

图 6.22　招行的组织架构变迁历程

资料来源：公司公告，中金公司研究部，http：//www.21jingji.com/article/20210302/herald/03fa5767189964ff00cd60d53aa900ff.html，https：//m.21jingji.com/article/20210702/herald/657726e8a530f0cff1fe58eaa6570cb6.html。

业务（见图6.23），组织架构上也采用了事业部制来推动，在大零售板块下成立了私钻事业部、网金及财富管理事业部。在事业部组织架构下，总行将事业部作为利润中心进行管理，各事业部在经营管理和财务核算上拥有较高的独立性和自主决策权。总行对分支机构的管理权限较强，有利于单个业务的整合

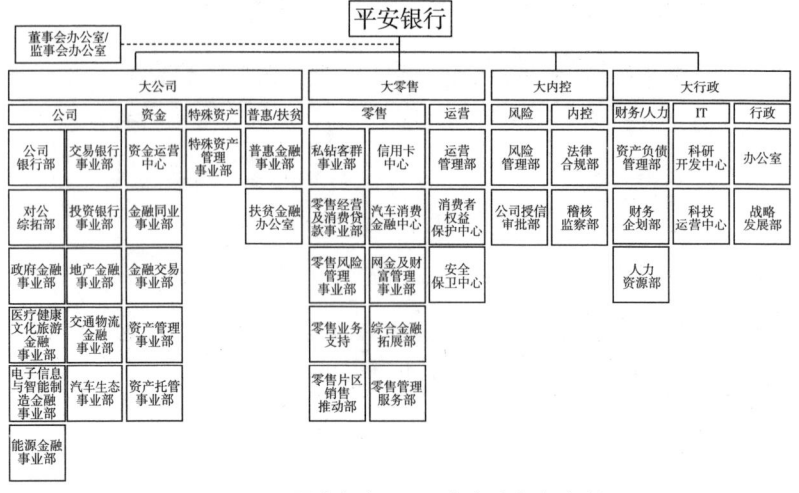

图 6.23 平安银行 2020 年年末组织架构

资料来源：公司公告，中金公司研究部。

与统一发展，但是也存在明显的缺陷：①事业部和分行的职能与权限模糊，可能存在冲突；②事业部权限较大，业务运行相对独立，各事业部之间的割裂较严重，业务条线协同难度较大。

- 券商机构大多是将原先的经纪业务部门直接改组为财富管理部，因此从组织架构上来看有单独的财富管理部门，但大多数机构的财富管理部门并未达到瑞银和摩根士丹利的水平，内部尚未形成完整的客群经营、产品组织、大类资产配置以及与其他业务条线协同的业务单元。而中金则成立了单独的财富管理子公司集中发展财富业务，根据财联社报道，中金财富还进行了"部落制"改革（见图 6.24），在总部新设客群发展、产品与解决方案、全渠道平台 3 个部落，运营与客服、数字化能力发展两大中心，敏捷组织转型完成后，将拥有 31 个敏捷团队①。华泰证券在 2019 年将经纪业务并入网络金融部，更好地推动财富管理线上线下融合发展。同时在 2019 年年初成立数字化运营部，在每个业务领域设立由业务人员和技术人员共同组成的数字化转型推动小组，将数字化渗透到前中后台各个方面（见图 6.25）。而平台类的东方财富也在 2021 年以财富管理事业群、创新业务事业群取代基金业务事业群、证券期货事业群、综合业务事业群，实现业务整合集中规划（见图 6.26）。

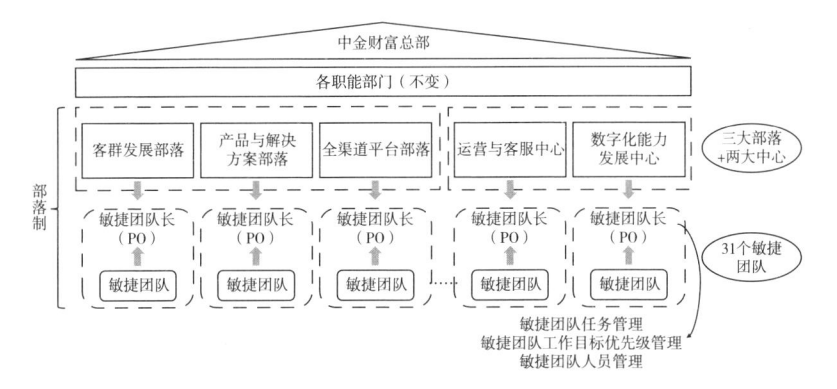

图 6.24　中金财富推进"部落制"转型
资料来源：财联社 https：//www.cls.cn/detail/814702，中金财富 https：//mp.weixin.qq.com/s/aJPIxCg3Jk-TYuefBH3Viw，中金公司研究部。

参考海外机构经验，财富管理业务逐渐走向集中是可预见的趋势，但具体采用组织架构上成立单独的财富管理部门、财富管理子公司，通过体制机制加强业务条线之间的协同，还是将财富管理业务融合在其他业务条线之中共同经营，通过体制机制设计推动财富管理业务的客群输送、产品筛选、资产配置等中后台职能的规模化，

---

① 资料来源：https：//www.cls.cn/detail/814702，https：//mp.weixin.qq.com/s/aJPIx-Cg3Jk-TYuefBH3Viw。

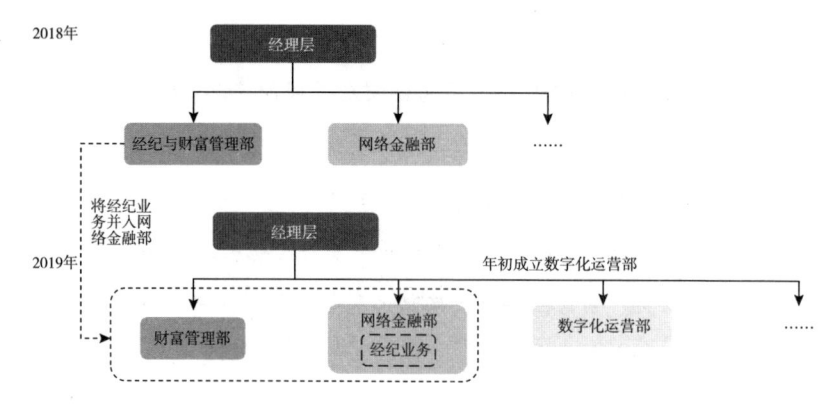

图 6.25 华泰证券组织架构变动

资料来源：公司公告，中金公司研究部。

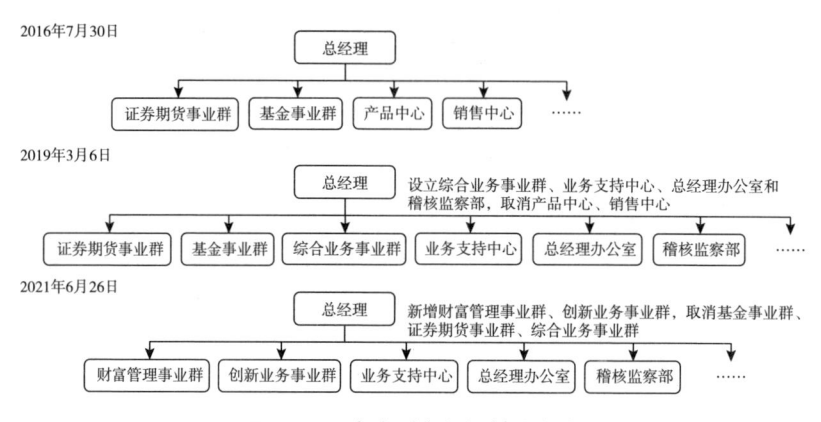

图 6.26 东方财富组织架构变动

资料来源：公司公告，中金公司研究部。

受到业务重要性、发展阶段、业务核心驱动力以及机构资源禀赋等多种因素的影响，并且是动态变化的，各类机构应当结合自身实际进行灵活设计。

第七章
中资财富管理行业展望

行业规模展望：高增长的万亿元级市场

在市场空间方面，预计基准情景下2030年中国资产管理行业规模将达到254万亿元，复合增速为10.3%。当前国内财富管理行业处于规模快速增长的发展初期，未来，考虑我国经济持续增长、直接融资占比提升、资管行业渗透率提升、养老金入市以及居民金融资产配置比例提升等因素，根据名义GDP增速及资管行业规模占GDP比重（见图7.1），我们测算基准情景下2030年中国资产管理行业规模为254万亿元，2020—2030年CAGR可达10.3%（见表7.1）。同时，我们认为中国财富管理市场总收入将达到万亿元级别，如果加上财富管理客群带来的利息收入、财富管理与其他业务协同产生的收入等，财富管理行业收入池将进一步扩大。

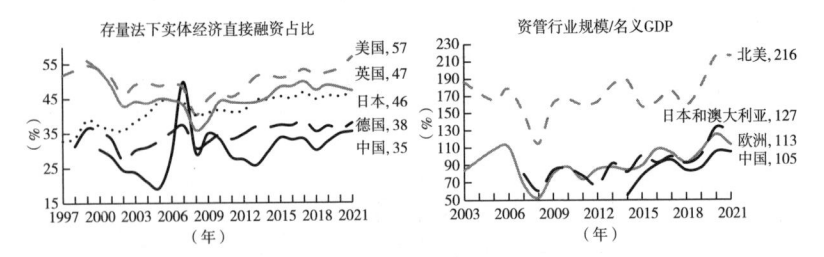

图 7.1　国内直接融资占比和资管行业占 GDP 的比例近年来提升明显

注：此处的实体经济包含政府、非金融实体企业以及个人，但由于数据口径及可得性问题，计算股票市值时未剔除金融企业，计算方法为：直接融资占比 =（股票总市值 + 非金融企业债券 + 政府债券）/（股票总市值 + 非金融企业债券 + 政府债券 + 对非金融部门的信贷）；此处的资管行业规模使用剔除通道业务的口径。

资料来源：世界银行，国际清算银行（BIS），BCG，IMF，中金公司研究部。

费率趋势展望：未必下行，客群分层经营是核心

费率核心驱动因素：对上下游的价值贡献度

财富管理业务的核心是通过金融/非金融产品匹配客户核心价值诉求，为客户和合作机构创造价值，才能赢得其信任，这是财富管理机构商业模式的核心点，也是其产品和服务定价的关键前提。换言之，费率体现了财富管理机构对上游资管机构和下游核心目标客群的价值贡献。

对上游资管机构来说，其核心诉求是推动规模健康扩张。财富管理公司强大的客群渠道能力能帮助资管机构实现规模增长，并且客群质量越优、投教服务越到位，越能为合作伙伴带来大额、稳定的长期资金流入（保有期限更长），助力资管机构高质量发展。财富机构则通过基于产品保有量收取管理费分成的形式对费率形成有力支撑。

表 7.1 预计基准情景下 2030 年中国资产管理行业规模为 254 万亿元，2020—2030 年 CAGR 可达 10.3%

2030年资管行业规模（万亿元）		资管行业规模/GDP									
		102%	104%	106%	108%	110%	112%	114%	116%	118%	120%
2020—2030年名义GDP CAGR	7.0%	212.7	216.9	221.1	225.2	229.4	233.6	237.8	241.9	246.1	250.3
	7.2%	217.1	221.4	225.7	229.9	234.2	238.5	242.7	247.0	251.2	255.5
	7.4%	221.6	226.0	230.3	234.7	239.0	243.4	247.7	252.1	256.4	260.8
	7.6%	226.2	230.7	235.1	239.5	244.0	248.4	252.8	257.3	261.7	266.2
	7.8%	230.9	235.4	240.0	244.5	249.0	253.5	258.1	262.6	267.1	271.6
	8.0%	235.7	240.3	244.9	249.5	254.1	258.8	263.4	268.0	272.6	277.2
	8.2%	240.5	245.2	249.9	254.6	259.4	264.1	268.8	273.5	278.2	282.9
	8.4%	245.4	250.2	255.1	259.9	264.7	269.5	274.3	279.1	283.9	288.7
	8.6%	250.5	255.4	260.3	265.2	270.1	275.0	279.9	284.8	289.7	294.7
	8.8%	255.6	260.6	265.6	270.6	275.6	280.6	285.7	290.7	295.7	300.7
	9.0%	260.8	265.9	271.0	276.1	281.3	286.4	291.5	296.6	301.7	306.8

2020—2030年资管行业规模CAGR		资管行业规模/名义GDP									
		102%	104%	106%	108%	110%	112%	114%	116%	118%	120%
2020—2030年名义GDP CAGR	7.0%	8.5%	8.7%	8.9%	9.1%	9.3%	9.5%	9.6%	9.8%	10.0%	10.2%
	7.2%	8.7%	8.9%	9.1%	9.3%	9.5%	9.7%	9.8%	10.0%	10.2%	10.4%
	7.4%	8.9%	9.1%	9.3%	9.5%	9.7%	9.9%	10.1%	10.2%	10.4%	10.6%
	7.6%	9.1%	9.3%	9.5%	9.7%	9.9%	10.1%	10.3%	10.4%	10.6%	10.8%
	7.8%	9.4%	9.5%	9.7%	9.9%	10.1%	10.3%	10.5%	10.6%	10.8%	11.0%
	8.0%	9.6%	9.8%	10.0%	10.1%	10.3%	10.5%	10.7%	10.8%	11.0%	11.2%
	8.2%	9.8%	10.0%	10.1%	10.3%	10.5%	10.7%	10.9%	11.0%	11.2%	11.4%
	8.4%	10.0%	10.2%	10.3%	10.5%	10.7%	10.9%	11.1%	11.3%	11.4%	11.6%
	8.6%	10.2%	10.4%	10.6%	10.7%	10.9%	11.1%	11.3%	11.5%	11.6%	11.8%
	8.8%	10.4%	10.6%	10.8%	10.9%	11.1%	11.3%	11.5%	11.7%	11.8%	12.0%
	9.0%	10.6%	10.8%	11.0%	11.1%	11.3%	11.5%	11.7%	11.9%	12.0%	12.2%

注：此处的资管行业规模为剔除通道业务的口径。

资料来源：万得资讯，中金公司研究部。

对下游客户来说，不同类型的客群价值诉求差异较大，大众客户的价值诉求更多的是低费率产品和社交资讯服务。对于高净值或超高净值客户，其价值诉求上升到非标准产品投资和配置，还涉及背后的家族、企业，以及娱乐、慈善、艺术品投资等更加复杂和个性化的需求。但总结来看，财富管理机构能为客户创造的价值一般体现为以下几点：

- 提高客户的投资收益率，主要途径有筛选收益率更高的金融产品上架销售以及为客户进行更好的资产配置和规划。两者的核心都是机构的金融能力，能够输出胜率更高的投资决策。但后者又进一步要求财富管理机构对客户有深入的了解和认知，能够较准确地把握其投资目的、风险偏好和忍受度、流动性需求等。

- 降低客户的投资成本，包括显性成本和隐性成本。第一，最直观的是金融产品的各项费率，虽然财富管理机构要为其提供的服务收费，但可以通过上架除销售费用外其他费率更低的产品降低客户的整体投资成本，以公募基金为例，即提供管理费、托管费等更低的基金。第二，财富管理机构借助自身的机构优势和专业研究能力，为客户提供一些其个人难以找到或难以评估的基金，降低客户的搜寻成本。第三，财富管理机构在客户的投资过程中发挥全生命周期的陪伴作用，及时纠正客户的一些非理性交易行为，可以减少其因为错误决策损失的收益，从而帮助客户降低投资过程中的隐性成本。

- 改善客户的投资体验和问题解决体验。在投资方面，即通过客户陪伴、投资者教育等与客户共同成长，提升其自身的投资能力，同时在市场波动时及时给予分析解读，缓解客户的焦虑情绪等。

而在非金融场景下，财富管理机构以其专业性为客户提供一站式解决方案，缓解其面对突发事件或问题时迷茫无措的情绪。机构为客户带来的体验上的价值虽然无法直接度量，但从财富管理业务获取客户信任的核心上来看，又切实存在不容忽视。

财富管理业务费率是否必然下行

财富管理机构资产端费率在中长期维度并不必然呈现下降趋势。对标美国，中国财富管理行业当前以及未来一段时间内都仍将处于2008年之前费率上行的初期阶段（见图7.2），财富行业和参与机构呈现快速增长态势。从中长期来看，即使进入费率下降阶段，如前所述，费率度量的是财富管理机构对上游资管机构和下游核心目标客群的价值贡献度，因此具体水平仍然受客群、产品结构和服务模式的综合影响，不可一概而论。综合型财富管理机构凭借为客户提供的更加复杂和定制化的产品服务、真正优质的咨询建议，有望维持明显高于平台机构、平稳微降的费率水平。

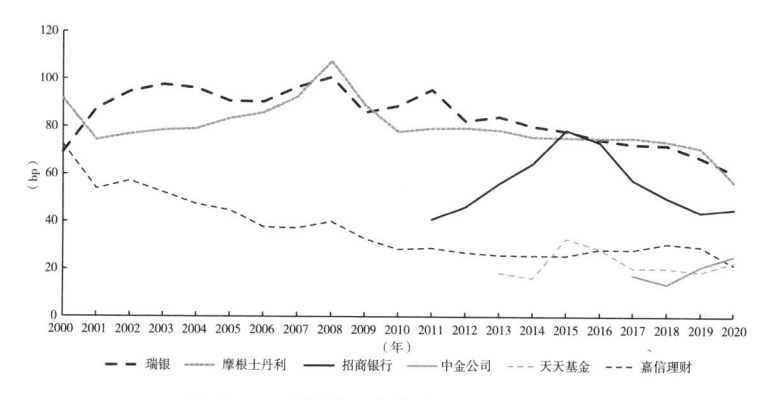

图7.2 财富管理客户资产综合收益率

资料来源：公司公告，中金公司研究部。

我们尝试按照"基金代销的前端费率－基金代销的整体费率－更宽产品种类的代销费率－全口径的财富管理综合费率"的脉络来分析财富管理费率的走势。

- 在基金代销的前端费率方面，参考美国经验，长期来看下降趋势比较明显和可预期（见图7.3），但如果考虑基金代销的整体费率，会发现包含在基金管理费率中的销售费率（12b-1费用）随时间发展有上升的趋势，对于基金整体的代销费率形成一定的支撑，使得整体费率下降慢于前端费率下降（见图7.4）。根据我们的判断，目前我国财富管理行业费率阶段对标美国2000年左右，2019年我国公募基金的平均销售服务费率与美国2001年的水平相比还有提升空间。

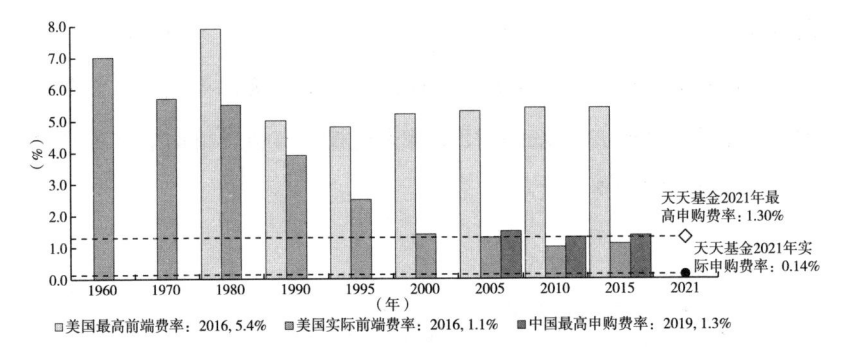

图7.3 中美基金前端费率对比

注：天天基金的申购费率数据来自天天基金官网，提取时间为2021年9月21日，计算所有股票型基金的简单平均折扣费率得到实际申购费率，最高申购费率指的是合同允许收取的最高费率。
资料来源：ICI，中国证券投资基金业协会，中金公司研究部。

- 除了基金产品，更复杂的信托、保险以及咨询解决方案的费率都更高，并且长期来看下降趋势非常缓慢。中外财富管理机构的数据都支撑这一结论（见图7.5）。未来随着综合类财富管

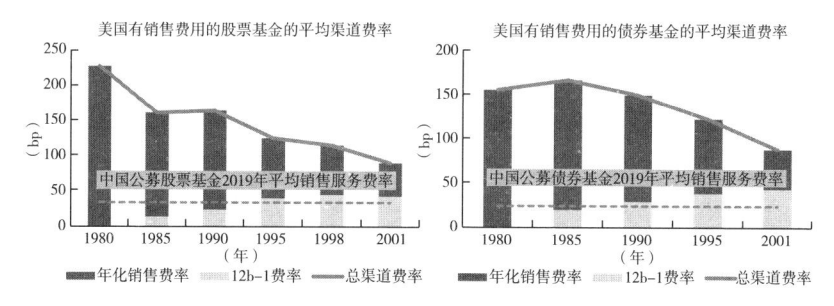

图 7.4　代销基金的总费率对比，包含前端按照流量收费的和后端按照保有量规模收费的

注：美国无销售费用的基金定义是没有前后端销售费用并且 12b-1 费率等于或小于 0.25%，除此之外都是有销售费用的基金。由于销售费用是由投资者直接一次性支付，但 12b-1 费用是由基金公司从基金净值中按日计提，因此为了统一两者的期限差异，ICI 估计了基金的平均持有期限并且将销售费率进行了年化。

资料来源：ICI，中国证券投资基金协会，中金公司研究部。

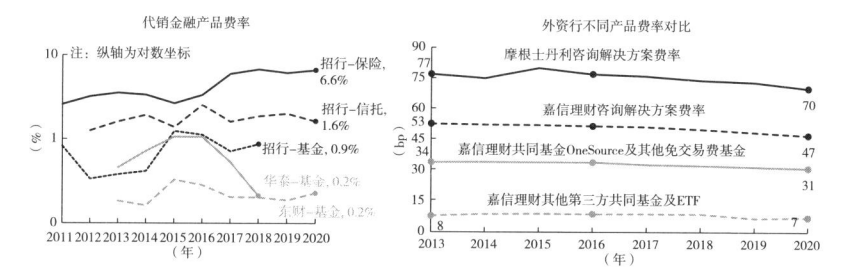

图 7.5　代销其他产品的费率，或者除了基金之外的其他产品的收益率情况

资料来源：公司公告，中金公司研究部。

理机构的业务深度继续加深，我们预计高费率的产品和服务占比上升会对综合费率形成支撑。

- 从包含产品代销、咨询解决方案服务、利息收入等的全口径财富管理费率来看，美国经验显示综合类机构费率明显高于平台类机构，并且长期保持在较高水平。如果考虑财富管理业务与其他业务的协同效应，则综合类机构财富管理实际收益率或许更高。就我国来看，综合类机构的财富管理综合费率即使与同时期的美国机构相比，也仍然有提升空间，与 2000 年左右的美国机构水平相比则提升空间更大。

综合类机构主动降低费率的意义：客户分层，精细化经营

2021 年 7 月，招商银行和平安银行宣布对基金代销申购费率打折，同时加快布局前端不收费的 C 类基金份额（C 类基金与 A 类基金的收费差异详见图 7.6）。截至 2021 年 7 月，招行已累计上线千只 C 类份额基金，并在逐步对超千只权益类基金的申购费打一折销售；平安口袋银行 App 也推出了近 1 600 只 C 类基金，并对大部分非首发、非定制的 A 类份额打一折，覆盖超 3 000 只。

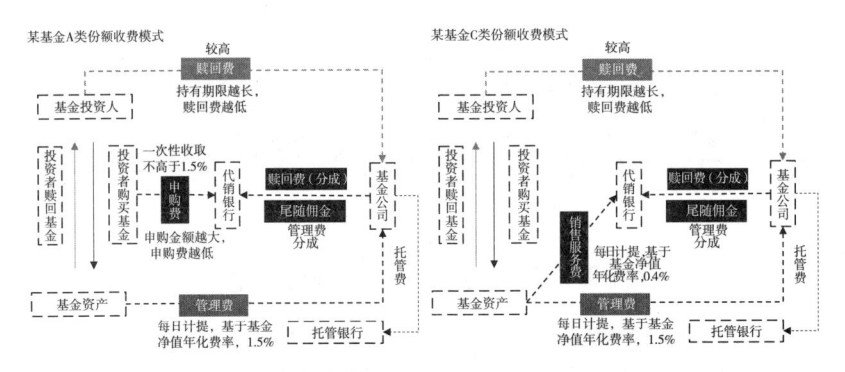

图 7.6 A 类和 C 类基金收费模式及费率（以某股票型基金产品为例）
资料来源：各银行 App，公司官网，中金公司研究部。

我们认为，银行主动降费的根本原因是满足分层客户的价值诉求，触达更多中长尾客户，"以客户为中心"打造精细的客户分层经营。

● 银行中高净值客群优势仍将保持。相较于其他金融机构，银行

长期以来保有大量中高净值客户，中高净值客户也为银行贡献了绝大部分的 AUM。中高净值客群资产配置需求多样化，对费率敏感性较低，降费不涉及绝大部分主动管理类优质产品，因此判断对该客群及相关收入的影响不大。

- 降费有助于激活银行零售长尾客群，吸引更多费率敏感型客户。目前，招行有 1.6 亿零售客户，零售客群基数庞大，但其中仅有 3 000 万左右的财富管理客户，还有 1.3 亿左右的客户没有接受招行的财富管理服务。因此，降费将帮助招行激活这类客群，让他们可以直接利用银行账户集中进行传统存贷业务和财富管理，提升银行零售客户资产管理规模。同时，降费还可以加速银行零售客户总数的扩张，吸引原先没有招行账户的费率敏感型客户，通过后续为他们提供一系列标准化产品、长期陪伴他们提供除基金投资外全方位的财富管理产品和服务，有效留存这些客户及资产。

- 结合开放平台，稀缺的优质资管产品和资管公司资源将为银行带来金融属性和黏性双强的增量客群。如今，优质的资管产品、基金经理已经成为各平台力争的稀缺资源，许多业绩出色的基金经理和公司也因此而"圈粉"。近期，平安银行和招商银行在宣布实施代销基金降费的同时还分别成立了"银基开放平台"和"财富开放平台"，吸引多家资管机构签约入驻。根据 QuestMobile 的调查数据（见图 7.7），招行 App 与头部资管公司 App 的用户重合度并不高，因此我们判断，一方面，优惠的费率叠加 App 直通资管的入口将为招行引入一批高质量的资管公司"粉丝"用户，他们通常具有较强的金融属性，同时对特定资管公司的产品认可度高，有助于招行进一步扩大客户数和 AUM；另一方面，头部资管公司也将受益于招行丰富的客群，有助银行与资管实现"共赢"。

招行App与资管公司App重合度（占资管公司）

汇添富现金宝	南方基金	泰康在线	天弘基金	易方达e钱包
24	26	17	23	30

招行App与资管公司App重合度（占招行）

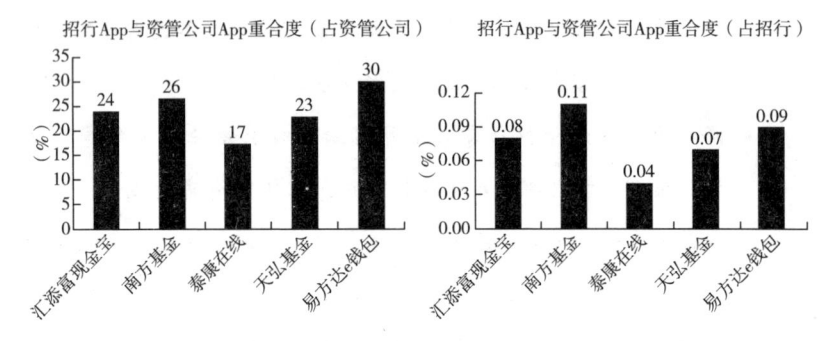

汇添富现金宝	南方基金	泰康在线	天弘基金	易方达e钱包
0.08	0.11	0.04	0.07	0.09

图 7.7　招商银行 App 与资管公司 App 的客户重合度
资料来源：QuestMobile，中金公司研究部。

银行内部"人＋数字化"的服务能力升级，同时携手开放平台的外部合作伙伴，能够为增量财富大客群提供更加多元的服务，在一定程度上突破了传统"管户模式"对客户服务半径的限制。

- 特有的"人＋数字化"模式，降低获客成本，加速从流量扩张到存量积累。随着银行数字化转型和线上渠道建设的加快，银行 App 的产品货架越来越丰富，产品质量也得到数字化风控和算法优化的保障，可以通过线上渠道低成本地实现为不同需求的客户提供差异化的产品和收费模式。同时，银行 App 内生活/金融场景的搭建也在逐步完善，致力于打造比肩互联网的线上体验，而降费为 App 带来的引流依靠银行特有的"人＋数字化"服务模式提升交易促成率，我们认为将更好地实现从平台流量到客户资产存量的转化。

- 秉持"平台思维"打造大财富开放平台，一起为增量财富大客群服务赋能。目前，招行的"招财号"开放平台已入驻 20 家机构。考虑到银行App的客户金融属性更强，客户经理服务更优质，且具有线下渠道和账户优势，我们预计开放平台将吸引更多资管机构，带动平台高活跃度和客户黏性场景的更快搭建、完善，打造高品质的财经资讯平台（金融类App更高活跃度的细分赛道），有助于招行和合作伙伴一起为大基数的财富管理客户提供更优质的产品和符合需求的资产配置建议，长期服务好降费带来的流量客户。

我们判断，降费对银行短期营收有所影响，但不宜高估，主要有三点原因。①降费"杀价增量"，量的提升可以冲抵部分因降低前端费率带来的银行基金代销流量收入的下降，维持收入稳定：根据历史数据，招行代销非货币公募基金销售额同比增速在2019年和2020年分别录得34%和178%，如今，资管行业逐步摆脱新规冲击，财富行业进入高速增长期，叠加降费扩大销售量，判断基金销售额可以保持较高增速。②降费虽然可能减少基金代销流量收入（基于交易），但也可增加存量收入（基于客户资产）：降费A类基金份额和推广C类基金份额都将吸引更多客户，提升银行AUM，增加基于客户资产的收费，降低基于交易的收入占比，优化代销基金收入结构。招行在2021年第一季度基金业协会披露的非货币型基金和股票+混合型基金保有量分别位列第二和第一，且招行客户平均持有基金时长约16个月，远超市场平均水平，保有量大叠加长持有期，保障了招行代销基金存量收入的稳定增长。③降费仅可能影响银行公募基金代销收入，事实上银行代销业务产品收入结构多元且趋于均衡，单一产品收入的短期波动可以通过其他产品收入的稳定增长得到有效缓释，全客群全资产策略可以平滑降费冲击和潜在市场周期影响。

总的来说，降费背后体现的整个基金代销行业以及银行自身战略层面的思考和布局更加重要。

- 对基金代销行业来说，银行降费是在优化渠道格局。降费提升了银行在线上代销渠道的影响力，结合开放平台，将会吸引更多基金公司入驻，让基金公司可以通过平台直接触达客户，以客户为中心，基金公司、代销银行形成"环式"格局。在这种格局下，银行在保持原有中高净值客群渠道、产品服务能力和体系优势之外，再度加码中低客群渠道能力建设，不仅仅充当"销售商"的角色，而是和合作伙伴一起共同服务客户，管理客户资产，提升客户服务的效率和品质。

- 对银行来说，降费可以激活长尾客群，加速获客，提升 AUM。长期来看，银行会更重视中后端收费能力建设，通过线上平台为新增客户提供更加多元化的产品，持续进行投教陪伴，帮助客户在长期价值投资中获得收益，银行基于客户资产规模扩大增厚利润，客户和银行形成"双赢"。

- 对财富管理行业来说，银行降费更是先行一步，推动行业向"买方投顾"转型。银行降费，打破了行业传统，大幅让利基金投资者；同时，银行还大力推广 C 类基金，有助于统一银行和客户的利益。投资者购买 A 类基金需要一次性缴纳申购费和较高的赎回费，而购买 C 类基金则无须缴纳申购费，赎回费也较低，但需依据基金资产净值和持仓时间计提相应的销售服务费，因此，从投资者的角度来看短期投资购买 C 类基金较 A 类基金优惠，银行则相反（银行希望购买 C 类基金的投资者长期持有）。降费，即对 A 类基金的申购费打折，缩短了 C 类基金与A类基金代销费率的交点（见图7.8），在推广C类份额的情况下，银行更鼓励C类份额持有者长期持有，当投资者持有C类份额期限超过交点，银行累计收费将超过投资者持有同期限A类份额，即让银行和客户经理都更有动力陪伴客户进行长期价值投资，真正为客户资产创造价值，符合"买方投顾"的价值理念（见图7.9）。

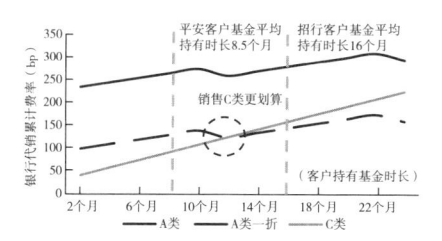

图7.8 某基金不同份额持有期限与银行代销收取费率的关系

注：费率计算采用同一只基金产品的A类和C类份额费率结构数据；A类份额银行收取费率＝申购费＋赎回费＋托管费＋管理费×40%（渠道分润）；C类份额银行收取费率＝销售服务费＋赎回费＋托管费＋管理费×40%（渠道分润）。
资料来源：公司官网，中金公司研究部。

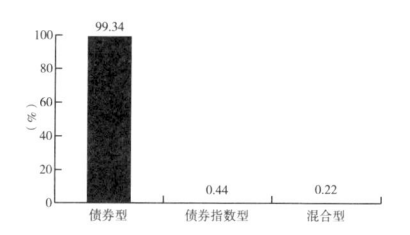

图7.9 申购费率优惠的各类基金占比
资料来源：公司官网，中金公司研究部。

此外，秉持着"异业同构"的开放学习心态，银行着力提升了线上App的交互体验和数字化服务能力，并利用银行线下渠道的优势和长期以来对客户需求的了解，兼容线上、线下的服务，为投资者提供更好的"人＋数字化"增值服务，这也是银行买方思维的重要体现，相比行业其他机构走在前列，推动了全行业的转型进程。

竞争格局展望：头部财富管理机构有望获得更高的市场份额和更快的业务增长空间

财富管理业务具有较强的马太效应，头部机构将呈现强者恒强的竞争态势。

（1）综合类和平台类机构目标客群区别较大，表现为核心客群AUM数据差异和线上App客群较低的重合度。竞争加剧可能更多体现在分层客户群体，综合类机构聚焦私行客群，平台类机构提高大众客群覆盖度，富裕客群仍然缺乏成功的商业模式覆盖。

（2）目前中国财富市场处于发展初期，各类机构产品服务能力较海外对标机构和客群价值诉求相差较大，未来3~5年将是重要的能力建设窗口期，主要覆盖客群渠道、产品服务和财富体系三个价值维度。

（3）相比传统存贷业务对资本金的依赖，财富管理业务属于智力资本驱动型业务，这意味着财富机构市场份额可以迅速增长和高度集中。综合考虑3×3分析框架，我们认为，棋至终局的中国财富管理市场可能呈现以下特点：

相比欧美市场，中国头部财富管理机构有望获得更高的市场份额和更快的业务增长空间。因为规模先发优势、公司治理效率和战略执行力的差异，中资头部财富管理机构在享受行业平均增长的同时，有望获取更高的市场份额。我们预计招行、平安等头部银行，头部券商和头部平台公司未来零售AUM的市场份额有望达到10%左右（见图7.10）。在财富管理业务相对规模上，从中长期维度来看，头部综合类机构有望通过财富管理等业务变得"更轻"，"AUM/总资产"指标继

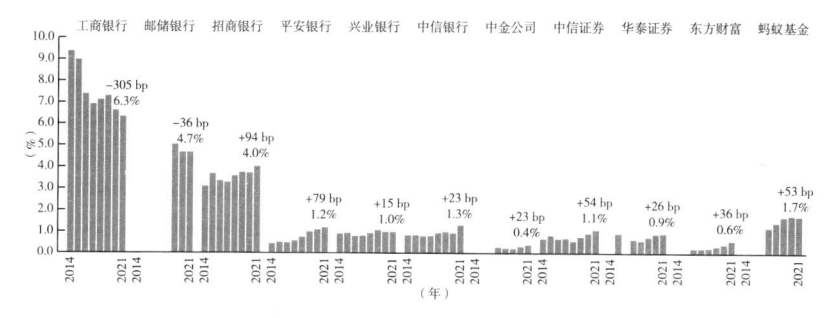

图 7.10 头部财富管理机构零售 AUM 市场份额

注：中信银行 2021 年调整了零售 AUM 的口径，对数据造成扰动；券商零售 AUM、蚂蚁集团 2021 年零售 AUM 为估计值；数据标签表示 2014 年来市场份额累计变动及 2021 年的市场份额；2014 年无数据的机构从有数据起开始计算。
资料来源：招行和贝恩，公司公告，中金公司研究部。

续上升（见图 7.11），对标瑞银的 250% 以上和摩根士丹利的 350% 以上；而平台类公司的这一指标则可能受到监管约束、业务对表内资源的依赖度上升等因素的影响而降低。考虑资产端费率，营收市场份额集中度可能更高。除了 AUM，资产端费率也是财富业务的核心要素，因此，综合 AUM 和费率的营收市场份额或许更能体现各类机构的能力。根据我们的测算（见图 7.12），综合类财富管理机构的营收市场份额仍然高于平台类机构，并且营收市场份额的头部效应更加明显，2021 年工行大财富相关营收市场份额为 3.9%，与 2015 年相比下降了 2.5ppt，而招行紧随其后，市场份额达到 3.6%，与 2015 年相比提高 0.7ppt。东方财富、蚂蚁基金 2021 年营收市场份额分别为 0.7%、0.8%，市场份额虽小，但是近年来增长明显，与 2016 年、2017 年相比市场份额分别提高 0.5ppt、0.8ppt。向前看，我们认为招行等头部综合类机构优势明显，AUM 市场份额增长稳、费率端支撑强，因此其营收市场份额优势比 AUM 市场份额更强，未来预计会进一步提升，而东方财富、蚂蚁基金等平台类公司由于低费率影响，营收份额相比 AUM 市场份额会大打折扣。

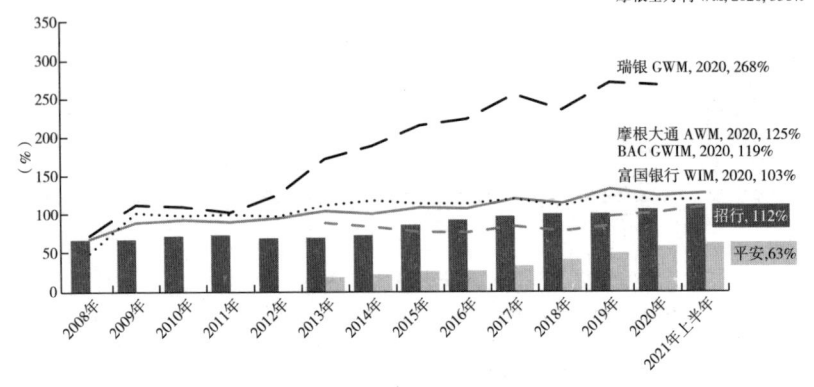

图 7.11 财富管理客户资产/总资产

注：摩根士丹利 2008 年收购花旗美邦，故 AUM 跃升；富国银行 2020 年客户资产口径调整；摩根士丹利、瑞银单独设立财富管理部门，此处使用财富管理部门的客户资产规模，摩根大通、BAC、富国银行资产管理和财富管理业务统一核算，此处使用其资产与财富管理部门的客户资产。

资料来源：公司公告，中金公司研究部。

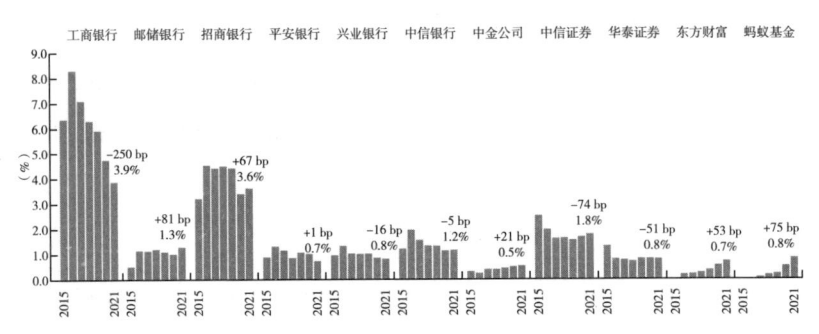

图 7.12 2015—2021 年头部财富管理机构大财富相关收入市场份额

注：大财富相关收入指的是和财富管理及资产管理相关的金融产品销售、管理及托管、交易等收入，不包含信贷类业务收入；数据标签表示 2015 年来市场份额累计变动及 2021 年的市场份额；2015 年无数据的机构从有数据起开始计算。

资料来源：公司公告，万得资讯，中国证券投资基金业协会，中国证券业协会，中国银行保险监督管理委员会，中国期货业协会，中国信托业协会，中国保险行业协会，中金公司研究部。

财富管理新机遇

第八章
财富管理机构布局个人养老业务

个人账户养老业务透视

养老三支柱建设的迫切性

在人口老龄化背景下，我国的养老需求日益旺盛。①人口老龄化深化发展。如图8.1所示，2010—2020年，我国60岁及以上人口占比提升5.4个百分点至18.7%；65岁及以上人口占比提升4.6个百分点至13.5%。②老年人口抚养比承压。我国老年人口抚养比从1987年的8.29%持续提升至2020年的19.74%，2007年以来增速显著加快。与此同时，2017年以来我国年净增人口与出生率遭遇双降，未来老年人口抚养比预将进一步承压。③社会福利开支占比偏低或推高养老资金需求。高社会福利开支可一定程度上缓解养老资金需求，但从统计数据看，我国社会福利开支占GDP比例自2007年有统计数据以来持续徘徊于3%附近，显著低于代表性发达国家（截至2019年，美国为14.5%、德国为

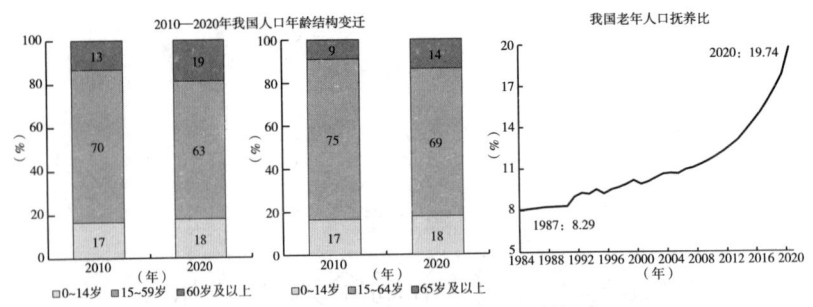

图 8.1　我国人口老龄化进程不断深化

资料来源：国家统计局，中金公司研究部。

24.4%、日本为 21.1%），老年人口养老需求更多依靠个人资金支持。

养老金体系面临供给不足困境。 除人口老龄化趋势导致养老需求旺盛，较高的替代率[1]同样推高了我国养老金体系支付压力。根据经合组织统计，我国养老金体系总体替代率男性为 71.6%，女性为 55.7%，均高于世界平均水平。目前第一支柱中职工养老保险累计结余拐点已率先出现，2020 年职工养老保险决算首次收不抵支，结余额度年内减少 6 307 万元至 4.83 万亿元。当前多家官方机构已预警我国养老金体系隐含缺口。例如，2019 年中国社科院郑秉文教授团队预计，全国城镇企业职工基本养老保险基金累计结余将于 2027 年达到峰值，并在 2035 年耗尽。[2] 该团队还预测 2028—2050 年企业职工基本养老保险累计缺口约达 100 万亿元；按 4% 的折现率折现，到 2028 年需约 40 万亿元资金支持。[3] 保险业协会 2020 年 11 月发布报告指出，未

---

[1] 此处的替代率是针对有完整职业生涯、平均收入者的情形。养老金净替代率定义为个人养老金净额除以退休前收入净额，低收入者的替代率通常高于高收入者。

[2] 资料来源：郑秉文. 中国养老金精算报告 2019—2050［M］. 北京：中国劳动社会保障出版社，2019.

[3] 资料来源：养老金融 50 人论坛，建信养老金管理有限责任公司总裁曹伟：养老问题是一个服务问题，http://www.caff50.net/c/32/1568.html.

来5~10年中国将产生8万亿~10万亿元的养老金缺口,且缺口将随时间推移进一步扩大。①

我国养老金体系有待优化。①第一支柱占比偏高。截至2020年年末,第一支柱基本养老保险合计累计结余总计约5.81万亿元,在养老金体系总规模中占比超过60%。养老金体系过度依赖第一支柱,一方面将加重财政负担,如前所述或缺乏可持续性;另一方面也意味着养老金体系尚处保障基本生活层面,参保人生活质量仍待提升。②第二支柱发展缓慢。第二支柱以企业为主体,截至2020年年末,第二支柱养老资金累计结余合计3.54万亿元,是第一支柱养老金体系的主要补充。第二支柱主要由企业年金和职业年金构成。企业年金方面,企业协助缴费模式限制了企业年金设立积极性,全口径职工覆盖率自2012年以来仅提升1.2%~3.6%;职工基本养老保险保内员工覆盖率则持续徘徊于6%左右。职业年金由于政策要求基本已实现全覆盖,未来发展空间有限。③第三支柱规模与覆盖范围有限。当前我国个人养老金账户制度出台不久,第三支柱市场主要由各类商业养老金融产品构成。其中试点养老理财产品募集规模205.7亿元(截至2022年2月),养老基金总规模1 137亿元(截至2022年1月),试点商业养老保险累计保费4亿元(截至2022年1月),目前规模较为有限②(见图8.2)。

---

① 资料来源:房文彬.《中国养老金第三支柱研究报告》:第三支柱养老金体系改革需要"三步走"[EB/OL].中国银行保险报,2020-11-20. http://xw.cbimc.cn/2020-11/20/content_371536.htm.

② 资料来源:试点养老理财产品募集规模数据来自普益标准金融数据平台,养老基金规模数据根据万得资讯数据统计,试点养老保险累计保费收入为原银保监会披露数据。

养老金市场三支柱体系总规模略高于13.36万亿元

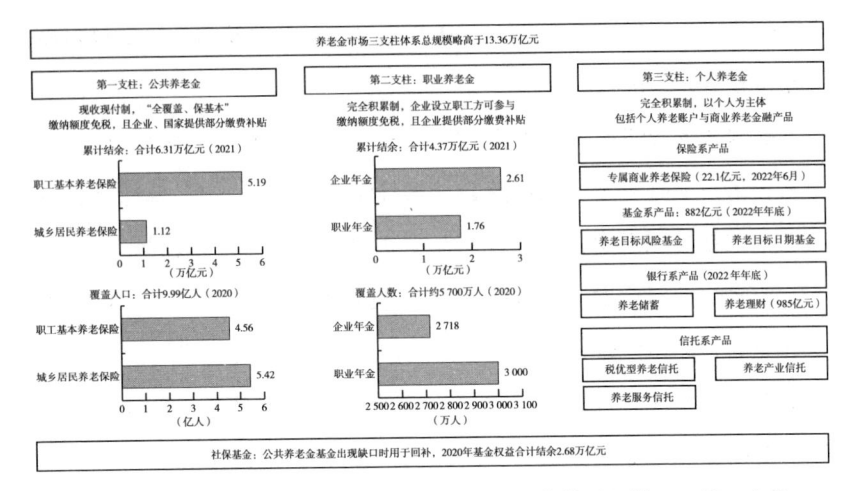

第一支柱：公共养老金	第二支柱：职业养老金	第三支柱：个人养老金
现收现付制，"全覆盖、保基本"缴纳额度免税，且企业、国家提供部分缴费补贴	完全积累制，企业设立职工可参与缴纳额度免税，且企业提供部分缴费补贴	完全积累制，以个人为主体包括个人养老账户与商业养老金融产品

累计结余：合计6.31万亿元（2021）
- 职工基本养老保险　5.19
- 城乡居民养老保险　1.12

（万亿元）

覆盖人口：合计9.99亿人（2020）
- 职工基本养老保险　4.56
- 城乡居民养老保险　5.42

（亿人）

累计结余：合计4.37万亿元（2021）
- 企业年金　2.61
- 职业年金　1.76

（万亿元）

覆盖人数：合计5 700万人（2020）
- 企业年金　2 718
- 职业年金　3 000

（万人）

保险系产品
- 专属商业养老保险（22.1亿元，2022年6月）

基金系产品（882亿元，2022年年底）
- 养老目标风险基金
- 养老目标日期基金

银行系产品（2022年年底）
- 养老储蓄
- 养老理财（985亿元）

信托系产品
- 税优型养老信托
- 养老产业信托
- 养老服务信托

社保基金：公共养老金基金出现缺口时用于回补，2020年基金权益合计结余2.68万亿元

图8.2　当前第三支柱个人养老金建设进展显著落后于第一、第二支柱
注：图中第一支柱、第二支柱数据截至2020年年底，第三支柱数据截至2022年1月。
资料来源：人社部，国家统计局，中国养老金融50人论坛，中金公司研究部。

养老第三支柱建设有望成为养老金体系的有益补充。①第三支柱契合我国大规模灵活就业人员需求。据新华网报道，国家统计局表示，截至2021年年底，我国灵活就业人数已突破2亿人[①]。第二支柱参保前提为供职企业设立企业年金，灵活就业人员不便参保；第三支柱参保更加灵活，参与时点的5万参保人中有1万人为灵活就业人群。②第三支柱占比提升有助于提升养老金体系可持续性。如表8.1所示，截至2020年年底，美国三大支柱合计存续余额34.8万亿美元，是我国的20余倍。美国能建成全球最大的养老金体系核心原因在于，其养老金体系为"投资养老"而非"储蓄养老"，其二、三支柱养老账户资金配置自由，可无限制进入标准金融产品市场，分享发展红利。以投资收益为

---

① 资料来源：金晨. 中国灵活就业者已达2亿人　线上工作受到年轻人追捧[EB/OL]. 新华网，2022-02-09. http://www.news.cn/local/2022-02/09/c_1128345160.htm.

表 8.1 美国养老金三支柱体系

	美国养老金三支柱体系（总规模：约 34.8 万亿美元）		
	第一支柱：联邦社保基金	第二支柱：企业/职业年金	第三支柱：个人养老金
市场规模及占比	年金 2.5 万亿美元，占比约 7.1%	约 20.1 万亿美元（其中 DB 计划 11.3 万亿美元；DC 计划 9.6 万亿美元），占比约 57.8%	12.2 万亿美元，占比约 35.1%
覆盖人数	基本全部覆盖	约 7 453 万美国家庭（58%）	约 4 800 万美国家庭（37%）
主要计划类型	老年、遗嘱与残障保险（OASDI）	确定给付型（DB 计划）	传统个人账户制（IRA）
账户模式	统一由 OASI 与 DI 信托基金管理	统一员工信托基金	个人独立退休账户，可雇员个人退休账户向 IRA 转存
税收模式	免税	免税	EET（罗斯 401（k）为 TEE]
缴费模式及金额	税前收入的 12.4%（雇员与雇主各 50%），纳税上限为 14.7 万元/年	依据员工最终收入、工作年限确定，雇员和雇主共同出资	雇主协助缴款，配比为 25%~50%，不超过员工总收入的 4%~6%	个人决定（SEP IRA、SIMPLE IRA 账户企业需要出资）
缴费上限（Contribution）	固定费用，最高免税额为 14.7 万美元/年	按既定给付金额计算	不超过 20 500 美元/年	不超过 6 000 美元/年（50 岁以上人群不超过 7 000 美元/年）

（续表）

美国养老金三支柱体系（总规模：约34.8万亿美元）

福利上限（Benefit）	截至2022年，固定金额1 657美元/月（19 884美元/年）	年金不高于"雇员连续三年最高平均薪酬的100%或24.5万美元/年"中的较低者	与投资收益有关	与投资收益相关
领取时间	达到法定退休年龄（65岁）后可正常提取若提前（62~65岁）/延后（67岁后）将按比率减少/增加金额	企业寻找机构进行托管、投资管理等	59.5岁后可提取，72岁后需要强制提取（罗斯计划无限制，存满5年即可领取）	自主决定，自由配置各类金融资产
资产配置方向	特别发行的非公开证券		托管机构提供投资建议，个人在给定计划范围内进行配置，主要配置于各类基金	

注：数据截至2020年年底。
资料来源：美国经济统计局，中金公司研究部。

主的养老资金来源决定了其养老金体系具有较强的可持续性。当前美国养老金第二、三支柱占比分别高达57.8%与35.1%，第一支柱占比则仅约7.1%。且美国IRA资产规模已超过第二支柱中的DC计划，成为美国民众退休养老金核心来源。

投资决策权是个人账户制养老业务范畴界定的首要因素

我们认为，某一养老账户是否应当划入个人账户养老业务范畴，关键在于该账户制度设计是否允许个人进行投资决策。若个人在较大程度上或完全拥有投资决策权，则我们认为该账户可被"主动规划"，也因此可以纳入各类资产管理、财富管理机构个人账户养老业务的经营范畴。基于上述标准，由于各国制度设计不同，我们认为：

- 美国第二支柱DC计划及第三支柱IRA均可划入个人账户养老业务范畴。①DC计划账户：个人有在预设投资范围内自由调整投资计划的权限。以401（k）计划账户为例，从政策层面看，美国对其投资范围并未进行官方限制，401（k）计划参与者账户的投资范围取决于企业与计划受托管理机构共同设计的计划方案。②IRA：政策在投资端仅要求不得购买寿险保单，对其他类别资产投资并无要求，本质上IRA可视作具有存入上限与资金取出时间限制的税收优惠投资账户。③此外，美国允许DC计划账户资产向IRA转存，转存制度设计允许投资者将两类账户纳入统一的规划体系内，共同服务于个人养老目标。2018年，美国新开立传统IRA中76%的资金来源是仅从雇主发起式退休计划中结转。

- 基于我国现阶段的政策规定，仅暂未正式推出的第三支柱个人养老账户有望划入个人账户养老业务范畴之内。①第二支柱企业年金计划账户：在投资端，第二支柱企业年金计划账户通常由受托管理机构按照投资风格直接提供不同股债配比的投资方案，个人对大类资产配置比例、具体投资标的并无决策权。②第三支柱个人养老账户：参考个人养老金投资公募基金相关政策表述，短期内仅能投资于养老主题金融产品；中长期将逐步放开投资范围至其他产品，即个人在政策允许范围内可自主决定投资方案。

账户与产品是个人账户制养老业务的两大内涵

我们认为，个人养老账户业务横跨财富管理与资产管理两端，账户与产品是个人账户制养老资金的两大内涵（见图8.3）。

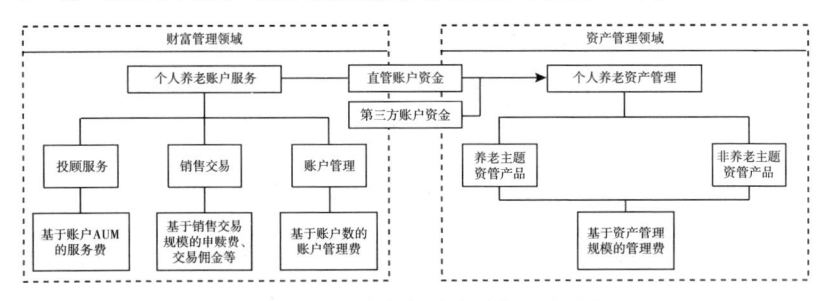

图8.3 个人账户制养老业务两大内涵
资料来源：中金公司研究部。

财富管理：围绕客户全生命周期养老需求展开的财富管理服务。展业内容包括养老方案规划、方案执行、跟踪检视等。具体服务及付费形式包括：①投顾服务：为客户提供包括收支计划、储蓄金额、投资方案、产品选择、提取规划等的综合养老规划方案，转化为基于账户AUM的投顾服务费；②交易销售：提供包含股票、债券、其他各类金融产品在内的丰富货架,满足客户养老储蓄的投资增值需求,最终转化为基于销售交易规模的产品申赎费、佣金;③账户管理:提供基础的账户记录、账单提供、涉税信息报送等服务,转化为基于账户数量的固定服务费。

资产管理:多元产品满足多样化投资需求。尽管我国实践与当前政策在短期内将个人养老账户资金投资范围限制于前期配套发展的养老主题金融产品内,但基于对美国业务实践的观察,我们认为,养老资产管理业务内涵不应仅限于养老主题金融产品,而应尝试通过多元化资管产品展业满足多样化投资需求。以美国为例,其养老资产管理从行业层面看呈现如下两大特征:

- 养老主题金融产品仅是多元养老金融产品配置的一环。截至2020年,DC计划1.06万亿美元资金配置于目标日期型基金,仅占DC计划持有共同基金总规模的18.8%。2020年年底,IRA仅0.79万亿美元资金配置于商业养老主题金融产品,其中养老保险0.5万亿美元,占比3.9%;目标日期型基金0.29万亿美元,占比2.5%;二者合计仅占IRA总资产的6.4%。
- 养老主题金融产品资金主要来自养老相关资金。①目标日期型代表的养老主题共同基金(对标我国养老理财、养老基金)是美国养老主题金融产品市场的主要组成部分,截至2020年年底规模达1.59万亿美元,在养老金融产品市场中占比达76%;而商业养老保险产品占比偏低,至2020年规模仅0.5万亿美元,占比约24%。②养老账户资金是养老主题金融产品的主要持有者。截至2020年年底,合计85.5%的目标日期型基金由DC计划(67%)与IRA(18.5%)持有。

中美个人账户养老业态比较

美国：监管制度灵活，基于禀赋发散多种业态

美国从监管层面对展业并无限制，各类金融机构均可开立养老账户，拥有投资公司管理资质的机构即可创设养老主题产品。市场化竞争下，美国个人养老业务参与机构呈现三大类模式：

- 定位于财富管理，专注于个人养老账户经营，如嘉信理财等互联网券商、大型银行等。
- 专注于资产管理，如普信（主动管理）、先锋领航（被动管理）等大型基金公司。
- 兼顾账户经营与资产管理业务，如富达投资等综合金融服务提供商。

第二支柱个人账户竞争格局：券商保险银行组成行业头部。Plansponsor 2017年的调查数据显示，富达投资是美国最大的401（k）计划供应商，管理的资产规模达到1.6万亿美元，约是第二名的TIAA（美国教师退休基金会）的3.5倍。其余头部机构以券商、保险、银行等渠道能力较强的财富管理型机构为主。

IRA竞争格局：从投资者的个人养老账户开立渠道选择上来看，2021年美国家庭主要使用的IRA管理机构积极布局个人养老金账户的开设与账户资产的受托管理业务，成为财富管理机构规模和收益的又一增长极，竞争日渐激烈。同时，由于权益类资产在个人养老资产中

配置比例不断提升，基金公司与证券公司逐渐取代银行和寿险公司成为投资者开设个人养老金账户最主要的渠道。

- 专业机构：根据ICI统计数据，全能券商（具有银行牌照）是最主要的渠道，其次是独立投顾公司。而纯银行类机构和保险公司市场份额较小，其中银行市占率约为20%、保险公司市占率约为5%。格局的形成与账户资产投向相关。
- 直接市场：共同基金公司占比最大，超30%，而有线下网点的折扣券商比纯线上的市占率略高，体现个人养老服务面对面交流的重要性。

中国：银行把握账户入口，主题产品渠道为王

账户侧：银行把握账户及养老资金入口。现行第三支柱个人养老金政策规定：个人养老金资金账户可以由参加人在符合规定的商业银行指定或者开立，也可以通过其他符合规定的金融产品销售机构指定。这意味着商业银行把握了账户开立与养老资金入口，可能在财富管理与资金渠道侧具有天然优势。

产品侧：渠道为王，养老理财、养老储蓄规模增速或跑赢其他产品。在产品方面，养老储蓄利率将略高于同期定期存款利率，养老理财业绩比较基准与近期实际业绩表现远超同类产品，吸引力较强，此外，我国投资者储蓄养老意识较强，投资风险可能较低；在渠道方面，养老储蓄、养老理财背靠银行渠道，且认购手续简单，销售较为畅顺。我们判断养老理财、养老储蓄规模上量可能较为轻松（见表8.2）。

表8.2 中美个人账户养老相关政策对比

内容主题	中国相关规定	中国政策解读	美国相关规定	中美制度异同点
参与主体范围	在中国境内参加城镇职工基本养老保险或者城乡居民基本养老保险的劳动者	截至2021年年底我国第一支柱覆盖人口合计超10.4亿人，基本实现全覆盖	DC计划：需雇主发起设立方可参加 IRA：所有美国公民均可自愿设立	账户开立端更接近IRA，个人自愿设立
缴纳额度上限	12 000元	等于2020年社会平均工资的16.2%	DC计划：不超过20 500美元/年，等于2020年平均工资的38.4% IRA账户：不超过6 000美元/年，50岁以上人群放宽至7 000美元/年，等于2020年平均工资的11.2%～13.1%	按占当年平均工资百分比，中国试点政策额度上限低于IRA，符合于DC计划，三支柱特征
账户投资范围	个人自主选择购买符合规定的储蓄存款、理财产品、商业养老保险、公募基金等金融产品（统称个人养老金产品）	投资范围短期为养老储蓄、养老基金、商业养老保险、养老主题金融产品；远期逐步纳入策略稳定、风格成熟、运作稳健、符合养老投资需求的其他产品	DC计划：托管机构提供投资建议，个人在给定计划范围内进行配置； IRA：投向完全自由，主要配置于各类基金	若仅投向养老主题金融产品，则我国三支柱账户投资自由度可能相对更低
资金管理模式	参加人可自主选择	个人投资决策，在清单内自由配置	以个人为投资主体	管理主体均为个人

财富管理的中国实践

（续表）

内容主题		中国相关规定	中国政策解读	美国相关规定	中美制度异同点
优惠形式		个人所得税：EET式税收递延，资金提取时个人养老金收入按3%纳税；账户内资金投资收益免税	当前我国金融产品投资收益基本免税，税收优惠额度主要来自递延纳税，及高收入人群应税税率与个人养老金纳税税率的差值	DC计划与IRA存入额度均可抵扣当年个税应税额度；由于海外对金融投资征收资本利得税，个人退休账户内的投资收益亦可免税	由于中国居民直接税负较低，中国第三支柱资金存入带来的税收优惠亦较低
账户开立		个人养老金账户可以由参加人在符合规定的商业银行开立者开立，也可以通过其他符合规定的金融产品销售机构指定	养老资金账户仅能在商业银行开立，其他符合规定的金融产品代销机构可代销商业银行养老主题金融产品，商业银行把握资金入口	无相关限制	无相关限制
资金提取		参加人达到领取基本养老金年龄、完全丧失劳动能力、出国（境）定居，或者具有其他符合国家规定的情形，经信息平台核验符合条件后，可以按月、分次或一次性领取个人养老金，领取方式一经确定不得更改。	资金领取方式一旦确定不可更改；基本养老金领取年龄：男职工60岁；从事管理和科研工作的女职工55岁；从事生产和工勤辅助工作的女职工50岁；自由职业者和个体工商户男年满60周岁，女年满55周岁	DC计划：达到法定退休年龄（65岁后）可正常提取；延后（67岁后）将按比率减小/增加金额（62~65岁）IRA：59.5岁后可提取，72岁后需要强制提取（罗斯计划无限制，存满5年即可领取）	我国暂未规定强制提取年龄；暂未明确提前支取的惩罚性条款

资料来源：人社部，美国劳工部，中金公司研究部。

海外各财富管理机构个人账户养老业务展业经验

综合型金融机构：富达基金

富达在养老业务领域具有明显的优势地位，资产管理端的养老主题产品创设管理、财富管理端的客户养老账户经营都处于行业头部地位。但与普信、先锋领航等资管型机构相比，其在账户经营方面的展业经验更具特色。截至2021年年底，富达401（k）业务市场份额为30%，IRA业务市场份额为20%，是美国个人养老金市场主要的金融产品和服务的提供商。

富达的养老账户经营分为面向机构客户和面向个人客户，机构客户指的是设立雇主退休计划的企业，个人客户则指的是雇主退休计划的参与员工以及零售养老客户。需要注意的是，此处的个人客户不仅仅指IRA的客户，而是包含第二支柱企业退休计划的参与员工。从富达的展业历程来看，对于这两类个人客户没有特意区分对待，提供的服务基本类似，核心理念是，养老业务是以个人为中心的统筹规划。虽然从政府、制度设计等方面来看，一、二、三支柱是分割的，属性上也有诸多差异，但从投资者角度看，三者需要相互配合、共同服务于退休储蓄目标。因此金融机构开展个人养老业务时也必须为客户统筹考虑，而不是仅仅局限于第三支柱，尤其是在具有企业配资的第二支柱是大部分美国居民进行养老储蓄的首选的背景下。

面向雇主，富达主要凭借资管产品能力，以及全方位、一站式的员工福利管理能力成为众多企业退休计划的受托管理人。同时也批量获取了个人客户,通过日常的退休计划运作增加与计划参与者之间的互动和联系,增加客户黏性,为向其提供更多元的个人养老和财富管理服务奠定基础。2005年年底,将养老资产放在富达的1 700万个人客户中有1 290万都是通过雇主发起式养老计划,占比达76%,体现了第二支柱业务在富达的个人养老业务版图中的重要地位。

面向个人客户,富达提供全生命周期的综合养老服务供客户按需调用(见图8.4)。富达提供的个人养老服务真正做到了覆盖客户全生命周期和全流程,从退休之前的储蓄及投资规划,到退休之后的退休收入管理,从投资者教育材料,到投资产品,再到养老规划方案,各个环节既相互串联又可以独立运行,满足各类养老客户的需求。

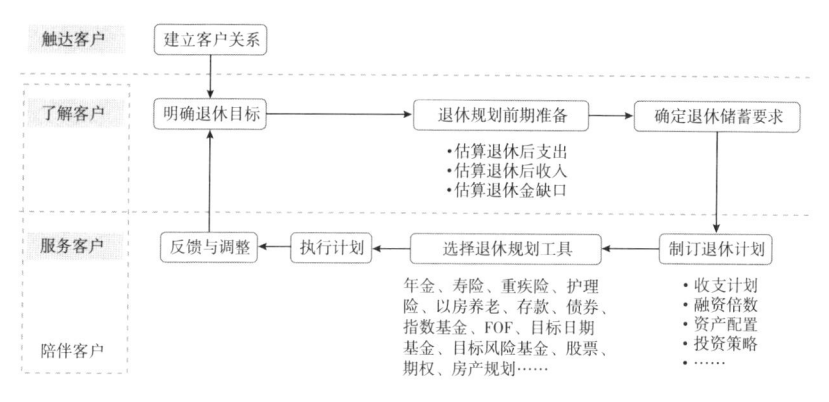

图8.4 富达养老规划业务流程

注:数据截至2019年年底。
资料来源:中国养老金融50人论坛《中国养老金融发展报告2019》,中金公司研究部。

- 富达的退休规划包含非常丰富的内容,不仅仅是产品。整体来看,富达的养老业务分为退休前和退休后两大板块,每个板块的业务流程都可概括为三步,第一步是根据客户需求制订规划方案,第二步是挑选合适的账户[包括401(k)、403(b)、IRA等]、匹配合适的投资策略和产品实施方案,第三步是围绕客户核心目标进行长期跟踪检视和账户动态调节。当然，富达并非强制为每位客户都进行如此详细的全流程服务，而是根据客户的需求提供自主交易、智能投顾、个性化规划建议三类IRA。

- 在退休前的养老规划方面，客户主要追求的是养老资金的储蓄和增值。富达面向该类人群提供的服务是"planning for retirement"（退休计划），主要引导投资者怎样更好地为退休后的生活进行储蓄，需要将多少比例的税前收入作为养老储蓄、使用哪些税收优惠账户实现这个储蓄目标、完成储蓄缴款之后应该采用怎样的投资策略、配置哪些产品，这些产品又如何在第二和第三支柱账户间进行分配。围绕这些问题，富达还提出了"3A方法"（Amount、Account、Asset mix）、"50/15/5原则"等，并推出了配套的以"Fidelity Retirement Score"为代表的一系列智能规划工具。

- 富达面向退休之后的人群提供的服务是"退休收入计划"（retirement income planning），主要的内容是帮助投资者梳理其现在及将来能从各个来源获得的退休收入总额，退休之后可能需要的各类花费，在此基础上帮助投资者设计一个综合的收支计划。规划内容包含但不限于：①稳健的投资计划，以保证退休收入的增长，降低长寿风险；②合理的税收规划、退休储蓄提款计划等，以保证最大程度地降低退休收入需要承担的税负压力；③退休后的一些关键时间节点需要考虑和规划的事项提醒、行动建议等。此外，富达也为客户提供了统一的收入管理账户，允许其根据上述退休收入计划制订财务行动计划，将客户在富达或富达之外的资产业绩表现、多种退休收入来源［401（k）及其他养老账户］、经纪账户、共同基金、支出、消费水平等纳入统一的分析和监控下，并且该账户也可以在线查看。投资者还可以要求通过电子邮件或电话的方式提醒其重要事项，例如未来预计或错过的社会保障金或 DB 计划养老金存款提取、401（k）等账户的最低要求提取资金日期、每个季度纳税的日期，以及支出现金需要补充或投资策略偏离轨道的警告。

- 全品类的交易产品，优惠的费率及研究赋能。金融投资虽然只是富达给客户提供的退休规划中的一环，不是养老业务的全部，却是最重要的一环，因为其直接决定了客户的退休收入的多少。从养老账户受托管理的投资账户的属性来看，金融投资在养老业务中的重要性也不言而喻。金融投资是富达的传统优势领域，全品类的产品货架、优惠的费率、研究赋能的产品筛选工具、便捷的交易体验，是其能够成为众多养老客户，尤其是处于退休前、追求养老储蓄增值的客户青睐的重要原因。

- 丰富的投资者教育及辅助决策工具。"授人以鱼"，也"授人以渔"。正如前文提到的，富达针对个人客户的养老业务理念是全生命周期的养老规划，包含退休前和退休后两大阶段，是非常复杂的体系。为了践行这一业务理念、帮助投资者解决养老过程中大大小小的疑惑和痛点，富达一方面通过产品和服务直接为投资者进行规划，另一方面也通过多渠道、丰富的投资者教育和引导资料帮助投资者理解养老规划的全过程。并且针对其广泛宣传的方法论和规划理念，富达一般会推出对应的智能决策工具供投资者使用。目前官网罗列的辅助决策工具共 13 款，其中大部分面向所有投资者免费开放，而不仅仅是在富达拥有账户的客户。这样的做法不仅能够增加投资者对富达业务理念的理解、提高对富达的信任，使得投顾工作开展得更加顺利，也可以扩大富达在养老业务领域的影响力，塑造养老专家的形象。而富达能够做到这一点，主要得益于其丰富的客户服务经验积累及强大的科技能力。

资管型金融机构：普信集团

定位明确：专注退休金资产管理。 从资金结构看，普信集团所管理的 DC 计划资金更多来自第三方资金委外。①第三方账户资金委外是主力。普信将此类业务称作"DC 计划退休金资产管理服务"（Investment only），即协助其他 DC 计划受托管理机构管理资金，属委外业务。2016—2021 年其资金贡献占比为 30%～40%。②自有账户资金引流占比较小。1990 年，普信推出全面账户管理服务。对于此类客户，普信在投资管理业务之外还会额外提供账户管理服务。普信为各类企业及机构提供退休计划投资管理服务，并可额外针对部分账户提供账户管理服务。普信拥有全口径的账户开立与管理能力。截至 2021 年，其 DC 全口径服务类账户资金的 AUM 占比约为 10%。

产品侧：目标日期型系列产品是普信零售养老产品主力。 普信在 2002 年表示，许多投资者欣赏瞄准特定目标并有助于简化决策的基金，普信由此推出目标日期型退休基金，此后其目标日期型产品线不断丰富。当前，普信的目标日期型产品线包括目标日期退休基金（Retirement funds）、目标日期基金（Target funds）、目标日期混合退休信托（Retirement blend trusts）、固定收入型退休基金（Retirement income funds）等多种类型。其提供的投资组合均按照精心设计的资产配置滑轨进行股债资产配置，随目标日期临近逐步调整各类资产配比，并针对不同类别投资者的投资目标对资产配置具体方案进行调整（见表 8.3）。

表8.3 普信集团目标日期型产品线

产品类别	具体产品	产品特征/设计目的	配置风格
	目标日期退休基金（2022）	—	· 投资于普信集团的其他基金产品，完全主动管理 · 股权资产占比随目标日期临近股权配置比例降低 · 在退休日达到"中性配置"，股票配比为55%
	退休平衡基金（2022）	· 在退休日提供较高的总投资回报 · 在退休日后仍可作为投资工具	
	目标日期基金（2004）	—	· 根据普信对市场的战术判断调整配置曲线 · 置，总体大类资产配置不会偏离预设曲线5%以上，退休后静态配置曲线，退休日30年后股票配比为30%，较原定曲线偏高
主动目标日期型退休基金	目标日期退休基金（2015）	· 较高的投资门槛（50万美元以上） · 较低的费率（15～20bp管理费全免）	· 整体特征与目标日期退休基金相似 · "中性配置"股票配比为42.5%，较前者更为保守 · 通过更多投资于退休日附近的长久期债券，以获得更稳健的收入，并为潜在提款需求进行提前准备
	目标信托（2007） 目标日期基金（2013）	· 在退休日提供较高的总投资回报 · 在退休日后仍可作为投资工具 · 投资策略较目标日期退休基金更保守	
混合目标日期型退休基金	目标日期混合退休基金（2019） 目标日期混合退休基金（2021）	· 通过部分投资于被动基金降低费用水平 · 较主动产品更低的费率（约15bp）	· 本基金投资于主动管理型基金和被动管理型指数基金的组合，旨在减少跟踪误差并降低总体费用 · 在目标日期达到55%的"中性配置"
固定收入型退休基金	固定收入型基金（2017）	· 月度退休人替代 · 定额分红，每年固定分红投资额5%	· 与目标日期退休基金相似的资产配置曲线

资料来源：公司公告，中金公司研究部。

领先的投研水平、突出的业绩表现、全面的投资能力是普信产品脱颖而出的关键。

- 领先的投研水平是普信核心竞争力的基础。根据公司官网披露数据，截至 2022 年 6 月，普信在美国、英国、中国、日本、新加坡等地合计派驻专业投资人员 821 人，其中美国 571 人，海外 250 人。长期主义、恒久传承的投研框架，流程化、委员会制的决策方式，结合规模庞大且分布广泛的专业投研团队，共同构成了普信的投研能力护城河。
- 领先的投研能力带来业内突出的业绩表现。这使得普信旗下产品业绩长期跑赢同业。截至 2021 年，在多数年份内，95% 以上的目标日期型产品业绩跑赢 Lipper 同类基金业绩表现。① 其中在 2013—2014 年，公司旗下所有目标日期型产品业绩均跑赢同业。而由于普信旗下目标日期型基金全部投资于普信旗下其他基金，故普信旗下目标日期型基金的优秀表现亦依赖于旗下其他基金的优秀表现。自 2003 年以来，按 3 年周期计算，普信旗下有 63%~86% 的产品跑赢 Lipper 同类基金业绩平均表现。
- 全面的投资能力为大类资产配置提供可能。普信在早期发展阶段完全聚焦于股票投资。20 世纪 70~80 年代，普信创始人普莱斯意识到，普信集团需要逐步完善固定收益投资能力，从而能够为养老需求导向投资者提供稳定、可持续的现金流。乘着这一时期美国固定收益类投资热潮的东风，普信自 1973 年开

---

① Lipper 是路孚特（母公司为汤森路透与伦交所）旗下的基金业绩评价产品品牌，其基于细致的基金分类方式，提供独立的全球基金业绩表现评价。

始布局债券投资能力,并于 1992 年开始布局多资产投资。截至 2002 年推出目标日期型投资策略前,普信已拥有横跨美国及全球股票、债券、多资产等全口径类别资产投资能力。

普信的案例表明,目标日期型基金有望为公司贡献可观的管理资金与净流入。①在净流入方面,普信官方披露,普信旗下目标日期型基金资产主要配置于普信旗下其他共同基金。2005—2010 年,在普信目标日期型产品推出初期,这一业务即已为普信带来了 20%~30% 的净流入贡献。此后随着美国主动管理业务净流入压力越来越大,纯主动管理型机构普信整体净流入亦遭遇困难,但普信旗下目标日期型产品仍然持续为公司带来了较高的净流入正贡献(见图 8.5)。②目标日期型产品为普信贡献了约 20% 的 AUM,且占比仍在不断提升。自 2013 年以来,目标日期型产品在普信总 AUM 中占比稳步提升,从 2013 年的 17.5% 提升至 2021 年的 23.2%(见图 8.6)。

产品战略:积极引导资金流入目标日期信托产品,资金沉淀实现双赢。 投资信托与共同基金的两大核心区别在于:①投资信托收益不进行再投资,而是直接进行分红,更加契合养老投资者的收入替代目

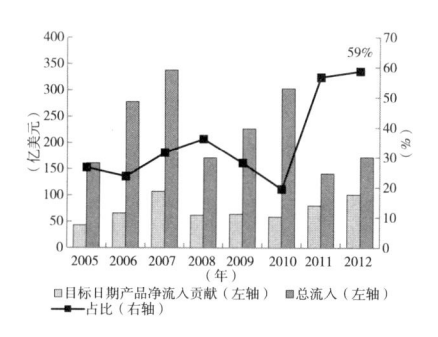

图 8.5 普信目标日期型产品净流入贡献逐步提升

资料来源:公司公告,中金公司研究部。

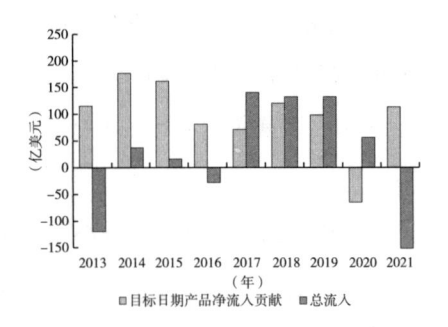

图 8.6 2013 年后目标日期产品成为主要正流入项目
资料来源：公司公告，中金公司研究部。

标；②投资信托进行封闭式运作，份额交易发生在投资者之间，而非向机构赎回，这一安排避免了投资者赎回对资产管理机构长期投资安排带来的扰乱。普信将部分资金转入养老目标投资信托，从投资者端来看，便利了投资者从中定期获取收入，其封闭式设计也有利于投资者长期持有，减少追涨杀跌，获取长期投资收益；从资产管理机构看，有助于延长资金期限、增强资金稳定性，从而更好地践行长期投资计划。对普信目标日期型产品 AUM 进行进一步拆分可见，目标日期型基金在普信全部共同基金产品中的占比较为稳定，保持在 20%~30%；而目标日期型信托产品在普信全部专户类产品中的占比则实现了快速提升，从 2013 年的 6.3% 提升至 2021 年的 25.0%。

销售渠道：转向第三方合作代销，充分发挥比较优势。 2001 年，普信的 AUM 中仅有 21% 的资金来自第三方机构代销，企业 DC 计划、零售直销资金占比均在 30% 以上，是普信早期 AUM 的主要来源；而近年来，第三方代销机构 AUM 贡献占比已突破 50%，且占比仍在持续上升；机构专户渠道规模基本保持稳定，零售直销与企业 DC 计划账户占比均有显著回落。我们认为，普信主动转向第三方合作代销，可能反映了普信倾向于通过行业分工，充分发挥投资研究领域比较优势，将相对有限的资源集中于投资研究领域，借此避免直销渠道建设及后续客户维护带来的成本冲击。

投资者服务与陪伴：效率优先，发挥比较优势。基于对普信客户服务行为的观察，我们认为其核心特征在于效率优先，主要途径为通过人力及科技手段投入（而非重资产的线下网点建设），在相对有限的资源投入前提下获取较为宽广的服务覆盖面。具体如下所述。

客户账户服务：撬动外部金融科技资源，围绕投资便利度提供可选增值服务。

- 普信集团是首批"捆绑"固定缴款计划服务的提供商之一。当雇主在20世纪80年代开始将其福利策略转向固定缴款计划时，普信通过将其共同基金产品与呼叫中心和个人投资者沟通能力相结合，推出"捆绑式固定缴款计划"，为客户提供投资咨询、投资管理、账户管理合一的一站式服务。
- 账户管理服务以金融科技为核心竞争力。为平衡投入产出比，普信选择与外部供应商进行合作。1990年，普信即开启了与金融科技供应商富达国际信息服务公司的合作，至今已长达30年。我们认为，相比自研系统，在标准化金融平台领域以外包服务或技术外采进行布局可能是更适合多数机构的途径，否则高昂的成本可能压缩边际利润。
- 提供一站式储蓄账户转账服务。2002年，普信加强了退休储蓄账户转账服务，以便为即将到来的婴儿潮退休潮做好准备。T. Rowe Price的"一次呼叫转账"服务使换工作或退休的个人，可以方便地将他们的退休资产转移到T. Rowe Price的个人退休账户。

投资者教育：技术赋能，小投入、高覆盖，改善客户投资体验。普信认为，清晰、简洁、信息丰富的沟通对客户的需求至关重要，无论是独立客户、雇主退休计划的参与者，还是通过中介介绍的投资者。普信在这一领域获得了广泛的认可。为了平衡投入产出比，作为基金公司，普信更加倾向于通过电话、互联网等技术手段，以较小的投入换取尽可能大的覆盖面（见图8.7）。

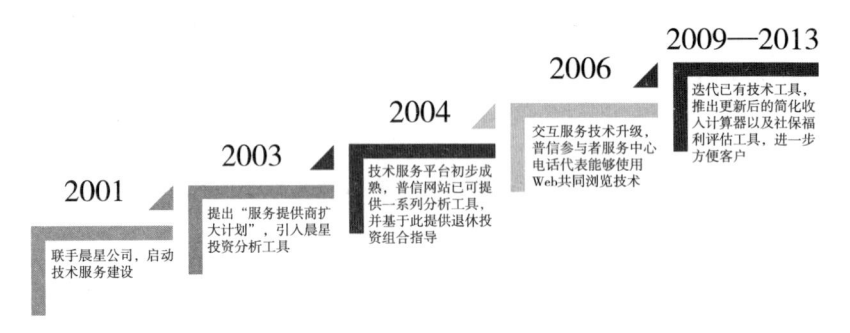

2001 联手晨星公司，启动技术服务建设

2003 提出"服务提供商扩大计划"，引入晨星投资分析工具

2004 技术服务平台初步成熟，普信网站已可提供一系列分析工具，并基于此提供退休投资组合指导

2006 交互服务技术升级，普信参与者服务中心电话代表能够使用Web共同浏览技术

2009—2013 迭代已有技术工具，推出更新后的简化收入计算器以及社保福利评估工具，进一步方便客户

图8.7　在投教方面，普信倾向于通过技术赋能
资料来源：中金公司研究部。

客户陪伴：直接渠道与间接渠道全覆盖。

- 推出一对一退休咨询。2013年，基于数十年来为个人投资者提供指导以及为DC计划客户提供服务的经验，普信推出退休计划参与者提供的一对一退休咨询。根据普信2013年年报披露数据，38%的客户在咨询过后对资产配置进行了调整。对于这些客户，普信专注于提供全面的退休指导。例如，普信面向个人投资者推出的"信心退休计划"结合了人生阶段沟通和个性化指导，包括有机会参加T. Rowe Price退休专家的免费一对一咨询。在咨询过程中，普信员工会询问每位客户的人生目标、时间范围和风险承受能力。

- 以专业团队支持财富顾问。2014 年，普信表示其专业团队同样为投资顾问提供退休专业知识，为其服务提供补充。美国金融机构分销服务部主管马克·科弗（Mark Cover）表示："顾问重视普信的观点，普信在工作场所退休计划和目标日期投资组合管理方面拥有多年的经验，这意味着普信可以为顾问提供关于如何最好地利用投资组合的宝贵见解。"

外资大行：富国银行和摩根大通

从海外大行的业务实践来看，主要是将个人养老业务融入资管与财富板块开展，尤其是与个人投资业务（含经纪业务）采用相同的账户机制、产品货架及投顾体系（见图 8.8），个人养老业务只是其为客户提供的众多生活规划中的一种，并且不仅仅包含退休前的储蓄和投

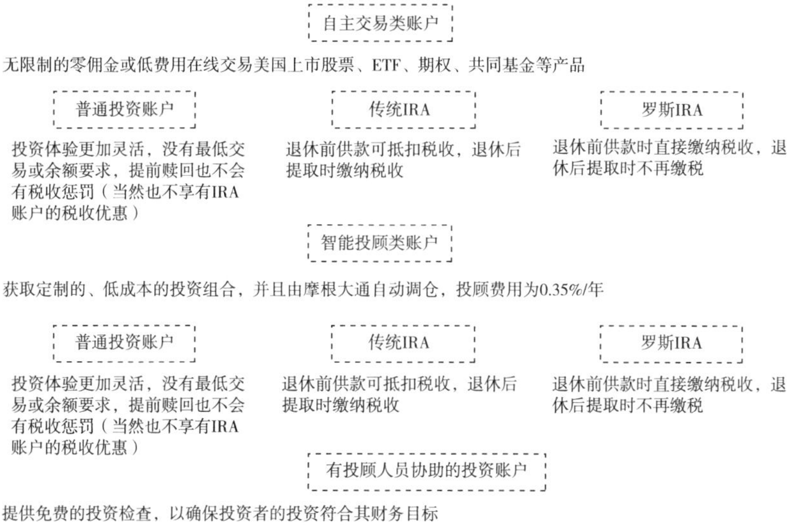

自主交易类账户		
无限制的零佣金或低费用在线交易美国上市股票、ETF、期权、共同基金等产品		
普通投资账户	传统IRA	罗斯IRA
投资体验更加灵活，没有最低交易或余额要求，提前赎回也不会有税收惩罚（当然也不享有IRA账户的税收优惠）	退休前供款可抵扣税收，退休后提取时缴纳税收	退休前供款时直接缴纳税收，退休后提取时不再缴税
智能投顾类账户		
获取定制的、低成本的投资组合，并且由摩根大通自动调仓，投顾费用为0.35%/年		
普通投资账户	传统IRA	罗斯IRA
投资体验更加灵活，没有最低交易或余额要求，提前赎回也不会有税收惩罚（当然也不享有IRA账户的税收优惠）	退休前供款可抵扣税收，退休后提取时缴纳税收	退休前供款时直接缴纳税收，退休后提取时不再缴税
有投顾人员协助的投资账户		
提供免费的投资检查，以确保投资者的投资符合其财务目标		

图 8.8　摩根大通的养老金账户设置与普通投资和顾问账户类似
资料来源：公司官网，中金公司研究部。

资，还包括退休后的提取和使用规划等。

富国银行的个人养老业务是投资与财富管理板块下的子业务，业务定位是以养老为核心需求的个人财富管理业务，开展逻辑与普通的财富管理业务类似，围绕客户的养老需求进行全生命周期的财富规划和实施。我们认为富国银行个人养老业务值得借鉴的几点经验为：

- 抓住IRA的两大需求和客户来源进行差异化设计。美国IRA的两大开立需求是直接开设IRA、通过各类雇主发起式退休金计划（QRP）转结资金的需求。针对两类需求，富国银行在展业过程中进行了区分引导和网站设计。官网的退休计划板块最直接的两个入口按客户需求划分，第一个链接到快速开立IRA的页面，服务第一类需求人群；第二个入口导流到QRP结转界面，包含丰富的投资者教育和引导资料，最终引入IRA开立界面。虽然两个入口最终都进入IRA开立界面，但呈现的内容有细微差别。从QRP结转页面进入时，列示的第一个IRA是Full Service Brokerage IRA，因为这类账户最像雇主发起式养老计划，并且对需要结转的投资者来说，多个账户的管理协调等也是重要需求，所以有专业投顾协助的IRA对他们吸引力更大；而在直接新开IRA的页面，展示的顺序相反，投资为主的经纪账户是第一个。
- 丰富的投资者教育和引导。富国银行在官网列出针对不同人群、不同场景需求的操作指南，先让投资者通过浏览这些信息和资料认识到自己需要什么服务、为什么需要、有什么方式可以实现自己的需求、各种实现方式之间有什么优劣势，最终自己选择通过富国银行开展养老业务，过程足够透明和有说服力。
- 将个人养老业务作为综合财富管理服务来提供，和其他业务、其他账户充分联动，围绕客户的养老需求进行全生命周期的财富规划和实施。富国银行为投资者提供 Traditional IRA、Roth IRA 等多种类型的 IRA，可以搭配自主操作、智能投顾、定制化投顾三种不同的投顾方案。IRA 与普通投资账户最大的不同在于税收的处理、与 IRA 相关的收费等监管要求，在产品范围、投资管理、资产配置、投顾服务等方面和普通的投资账户没有差异。并且富国银行还通过账户收费减免的方式鼓励客户将各类账户归集至其在富国银行的主账户，并且延伸至私人银行账户等其他财富管理业务。

与富国银行相似，美国大通银行（摩根大通开展商行业务的子公司）的养老金业务属于投资板块中的投资规划业务。官网中个人养老板块的两大分支是：①投资者养老教育，指导投资者如何进行养老储蓄，最终引流到 IRA 开立；②与已有的雇主发起式退休计划之间的结转服务。摩根大通提供的 IRA 类型、开户界面与普通的投资账户并列，说明了其养老业务与财富管理业务的密切结合。

个人养老业务展业建议

鉴于个人账户养老业务横跨财富管理和资产管理两大领域，且展业逻辑有所差异，我们在借鉴海外经验的基础上结合我国实际，对展业机构提出以下几点建议。

对资管机构而言，在当前制度预期下，我们推测，中短期内第三支柱个人增量资金或将主要来自商业养老金融产品，其中养老 FOF 是基金管理公司主要商业养老金融产品形式,我们建议在中短期内,重点布局目标风险型产品,承接市场主力需求;在中长期内,关注产品设计更加契合养老需求、长期收益表现更加优秀的目标日期型产品。

对财富管理机构而言,个人账户养老业务本质上是大财富体系中围绕特定需求(养老)衍生出的子业务,对应财富管理客户分类经营中的一类客户,展业逻辑与财富管理业务类似。在短期内或起步阶段,需要更加关注客户获取和优质产品供给,核心是分客群经营;而长期的核心竞争力在于资产配置和规划能力,提供全生命周期的养老规划服务。

资产管理视角的展业建议

在当前的制度安排下,我们预计中短期内第三支柱个人养老增量资金或主要来自商业养老金融产品:

- 综合考虑个人养老金账户的投资范围限制、税收优惠力度等制度安排,以及我国实际个人所得税负税人口少、个税税负整体偏低、多数个人投资收益无须纳税等实际情况,在不引入额外激励的前提下,个人养老金账户的实际吸引力可能较为有限。
- 当前个人养老金账户投资范围与商业养老金融产品资金来源范围间存在倒挂。参考个人养老金投资公募基金相关政策,短期内个人养老账户内资金或仅可投资于前期配套试点的商业养老金融产品,而商业养老金融产品目前则并无购买限制。

截至 2022 年 8 月底,养老理财产品与养老 FOF 贡献了我国商业养老金融产品的主要规模,针对上述两类养老金融产品及其管理机构,我们提出如下展业建议：

关于养老理财产品：

- 在中短期内，固定收益/固收＋类养老理财产品仍是规模上量的有效手段。观察各养老理财机构的产品结构与单只产品平均规模可见，截至 2023 年 1 月底，固定收益/固收＋类养老理财产品为主的理财机构（如中银理财、招银理财、中邮理财、交银理财、建信理财等），其单只产品平均规模均显著高于以混合类养老理财产品为主的理财机构（如光大理财、贝莱德建信理财）。
- 中长期内着眼于投研能力建设。我们观察到，配置非标资产仍是养老理财产品的两大支撑点。但是，一方面我们测算到，截至 2022 年上半年，非标债权资产年化收益率或约为 4.7%，无法直接满足当前养老理财产品 5% 以上的业绩比较基准需求；另一方面，我们预计非标资产配置空间或将持续收紧，这意味着养老理财产品通过股权类资产获取超额收益已成必然。同时我们还观察到，养老理财产品资金普遍有较高比例通过委外渠道配置。因此我们认为，从中长期看，理财子公司须着眼投研能力建设，布局全口径大类资产配置能力，为日后产品货架多元化奠定基础。

关于养老 FOF：

- 在中短期内，重点布局目标风险型产品，承接市场主力需求。截至 2022 年 12 月，全市场养老 FOF 产品总规模达 881.94 亿元，其中目标风险型产品规模达684.84亿元，市场占有率高达78%；目标日期型产品规模则仅有197.10亿元，市占率仅为22%（见图8.9）。这意味着目标风险型产品销售更为畅顺，中短期布局此类产品能更好地迎合市场偏好。

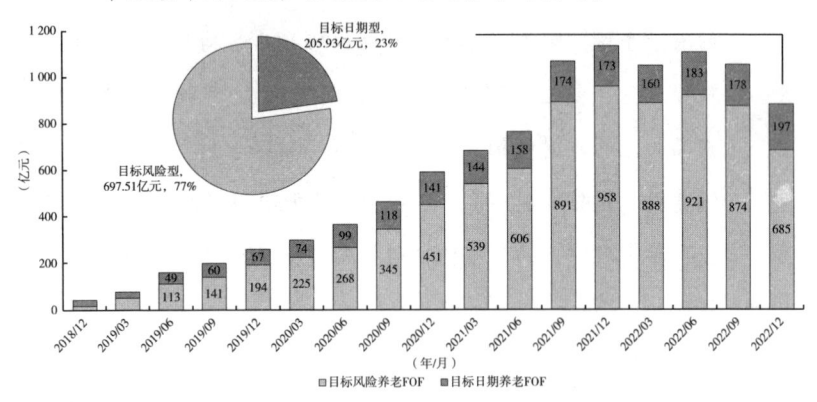

图8.9 截至2022年年底养老FOF规模及市场结构
资料来源：万得资讯，中金公司研究部。

- 在中长期内，关注产品设计更加契合养老需求、长期收益表现更加优秀的目标日期型产品。根据我们测算，养老FOF中长期（过往3年以及成立以来年化收益率为代表）收益率显著跑赢目标风险型产品。目标日期型产品在严选FOF的同时，通过分散投资与大类资产配置进一步降低波动率，提升长期收益。同时，其下滑轨道式设计也更加符合养老客户全生命周期需求，是较为理想的养老资金承接途径。但如前所述，当前长久期、长封闭期产品的市场接受度较低。尽管目标日期型养老FOF产品当前业绩表现优秀，但其规模上量较为缓慢。我们建议基金公司可在初期推出1~2只产品验证，改善投资模型，待投资者教育水平逐步提升、封闭式产品市场接受度逐步提高后，基金管理公司可考虑进一步铺开产品线。

财富管理视角的展业建议

个人账户养老业务对财富管理机构来说，是以养老为目的的个人财富管理，本质上是大财富体系中围绕特定需求（养老）衍生出的子业务，对应财富管理客户分类经营中的一类客户。在个人养老金"风险自担，投资决策权属于个人投资者"的制度设计下，养老储蓄、投资及退休后的有计划提取使用可以看作投资者众多财富管理目标中的一组特定目标，并且这个目标不针对固定客群，具有养老需求的客群很可能也具有其他的财富管理需求，因此养老金体系本质上是融入个人财富管理业务中的一部分，甚至可以当成财富机构给客户做出的资产配置规划中的一个输入约束变量（多目标求解中的一个目标）。

故对财富管理机构而言，个人养老业务在本质上和给客户提供财富管理服务差异不大，核心也是要提出投资建议、资产配置规划，并通过各类产品落实规划。因此，个人养老业务仍然可以从客群渠道、产品服务和财富体系几方面进行评估和建设。

短期或起步阶段：与财富管理业务展业逻辑类似，需要更加关注客户获取和优质产品供给，核心是分客群经营。

- 从账户功能与产品货架两方面提升个人养老账户吸引力。在账户功能方面，需要明确个人养老账户可以开展什么业务，如何优化功能，如何在合规的前提下打通养老账户与客户的主账户，虽然资金不能混同，但是否可以实现信息打通，允许客户在一个界面看到常规投资账户和养老账户的整体投资和余额情况。在产品方面，财富机构应当在充分了解客户养老需求的基础上尝试引入收益率、期限、风险水平对口的产品，也可考虑向头部资管机构定制目标日期基金等解决方案类产品，在产品维度融入一定的规划服务，弥补短期内投顾能力的缺失。

- 公私联动，挖掘存量客户。通过现有的机构客户触达其员工，尤其是企业年金、职业年金、股权激励计划、代发工资等与企业员工相关度高、联系密切的业务条线的对公客户。

- 围绕目标客群进行多渠道营销。业务发展初期需要通过集中宣传占领客户心智、建立养老专家形象，但大规模投入并不是盲目投入，而是要建立在对目标客群的深入研究之上，宣传最能吸引客户的内容，并且以最容易触达客户的方式进行宣传。从短期来看，富裕人群及中年以上接近退休养老的人群是个人养老金业务的核心目标客群。从现有渠道来讲，大众富裕人群、中年以上人群主要分布在银行和券商渠道。从长期来看，应当采用多元化的途径，尤其是在一些新媒体平台上的亮相和活跃，提高客户认知度，吸引有养老意识的年轻客户和潜在客户，同时适当布局线下渠道，满足年长客群以及客户更复杂的养老规划需求。

长期的核心竞争力：资产配置和规划能力，提供全生命周期的养老规划服务。养老规划业务天然涵盖了客户的全生命周期，财富机构要协助投资者明确供款规模、频率、投资方案、预期收益和风险、退休后的提取和使用规划等内容，这就要求机构具有扎实的财富规划能力，并且该能力同样是更大范围的财富管理业务的核心竞争力。我们认为财富机构需要加大战略性投入，一方面，引入更多具备大类资产配置、财富规划能力的专业人才，加强对前线客户经理的培训，引导其在展业过程中逐步摸索与积累经验；另一方面，通过科技能力的提升将展业经验注入智能交互工具中，提高投顾服务的可复制性，扩大客户服务边界。

第九章
银行系资管母子联动创新模式

母行是银行系资管所独有的特色,充分发挥联动优势有利于实现母子共赢。但同时,资管业务的经营理念、商业模式与信贷业务显著不同,信贷文化背景下的资管业务经营可能受到资源投入、薪酬激励、组织管理等多方面的约束。本章总结了摩根大通、东方汇理、纽约梅隆银行三家顶尖机构的成功经验,以期探索银行系资管业务的母子联动模式。我们认为,银行系资管业务的成功,须依靠管理层充分理解并尊重资产管理市场化的运行模式,在薪酬激励、金融科技方面予以战略性资源投入,同时依靠合理的联动机制以充分分享母行资源。海外资管发展经验证明,全能型资管机构才可获取更大的市场份额,而背后投研团队的建设需要得到组织架构与资源投入的双重支持。

资管市场空间广阔,早期需要得到战略性投入

资管业务将为母行带来显著的营收与利润贡献

从长期来看,资管业务拥有广阔的创收空间。资管业务是国际头

部商业银行的核心业务之一,平均能为公司带来11%的营业收入贡献。如图9.1所示,2020年,在美国地区,摩根大通、纽约梅隆银行、富国银行、高盛、摩根士丹利资管业务营收占全行的营业收入的比重分别为6%、16%、20%、18%、9%;在欧洲地区,法国农业信贷银行(东方汇理母行)、德意志银行、瑞银集团、汇丰银行资管业务营收占全行营业收入的比重分别为13%、11%、9%、2%。①

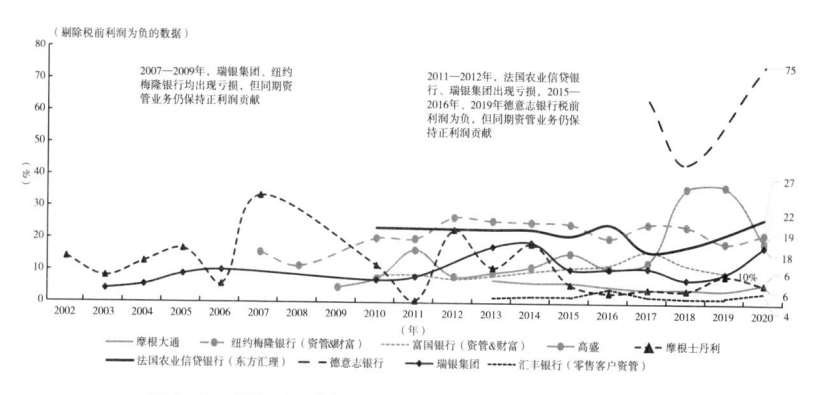

图9.1 国际大型商业银行的资管业务税前利润占比

注:纽约梅隆银行、富国银行税前利润口径为资管业务与财富管理业务税前利润之和;汇丰银行税前利润口径仅为零售客户资管业务;高盛2018—2020年资管业务税前利润口径变宽,纳入了原本归于投资和贷款部门中与资管相关的自营投资和借贷业务;剔除2007—2009年、2011—2012年、2015—2016年、2019年期间部分机构税前利润为负的数据,用平滑曲线连接前后时间段数据;全样本中,仅摩根士丹利在2008—2009年因自有资本自营交易出现巨额亏损导致资管业务税前利润为负,该两年数据剔除,用平滑曲线连接2007年、2010年数据;剔除富国银行2020年新冠疫情期间异常数据,2020年由于富国银行大幅计提资产减值损失,资管与财富业务税前利润为全公司税前利润的3.8倍。
资料来源:公司公告,中金公司研究部。

从发展历史上来看,在金融危机后的低利率时代,国际大型商业

---

① 富国银行营业收入口径为资管业务与财富管理业务,剔除财富管理业务营收之后,资管业务营收占比将低于20%;汇丰银行营收口径仅为零售客户资管业务营业收入,若考虑对公客户,则资管业务营收占比将高于2%。

银行资管业务营收增速普遍高于全行营业收入。由于资管业务具有轻资本、轻资产的属性，其成长性显著优于其他业务的综合水平。2010—2020年，摩根大通、纽约梅隆银行、富国银行、高盛、摩根士丹利、法国农业信贷银行、德意志银行、瑞银集团、汇丰银行资管业务营收复合增速分别录得6.4%、1.6%、2.2%、4.8%、7.1%、4.8%、0.6%、3.0%、-0.6%，较全行营业收入平均增速分别高出4.8ppt、0.4ppt、3.7ppt、3.5ppt、1.1ppt、5.5ppt、2.3ppt、3.6ppt、2.4ppt。同时，9家样本银行机构均实现资管业务营收贡献占比提升，其中摩根大通、富国银行、高盛、法国农业信贷银行资管业务收入占比分别较2010年累计提升2.4ppt、6.2ppt、5.1ppt、5.3ppt。

资管业务具有抗周期、低波动的属性，能为商业银行带来相对稳定的盈利贡献。资管业务对于经济周期波动、宏观事件冲击具有一定抵抗能力。在2007—2009年的金融危机、2010年后的欧洲债务危机等期间，部分国际大型商业银行出现了利润亏损，但同期资管业务保持了较高的盈利韧性及税前利润贡献（平均水平录得14%）。2020年，美国地区的摩根大通、纽约梅隆银行、富国银行（2019）、高盛、摩根士丹利资管业务税前利润占全行的比例分别为6%、22%、10%、19%、6%，欧洲地区的法国农业信贷银行、德意志银行、瑞银集团、汇丰银行资管业务税前利润占比分别为27%、75%、18%、4%。

由于业务发展的差异，大型商业银行资管业务税前利润占比、营业收入占比各不相同。样本大型商业银行在业务结构、市场竞争力、经营区域、发展特点等多方面呈现差异化的模式，导致资管业务的贡献度不同。

- 全能型银行摩根大通。摩根大通资管是全球顶尖的银行系资管，产品谱系全面，在另类投资、多资产解决方案等多方面拥有成熟的管理经验。根据晨星评级,摩根大通80%的公募产品风险调整后收益高于同业平均水平,录得优异表现。而摩根大通资管业务营收和税前利润占全行的比例分别仅为6.4%、6.3%,在样本银行中并不高,核心原因在于摩根大通在投资银行业务、商业银行业务、财富管理业务等方面都具有强大的市场竞争力,均为公司带来了相当规模的营收与利润。

- 渠道与业务影响力有限的法国农业信贷银行。尽管法国农业信贷银行是法国第二大银行,但其网点与业务布局主要聚焦于法国本地以及部分欧洲区域,成长性受到区域布局的限制,而资管业务(资管子公司东方汇理)则成为外延拓客、保持营收/利润快速增长的有效手段。东方汇理目前是欧洲第一大银行系资管,也是汇华理财的控股股东及农银汇理的第二大股东。过去十余年依靠合理的战略布局及领先的投研能力,东方汇理营业收入占母行的比重由7%提升至13%,税前利润占比保持在16%~27%的区间,是母行的核心优质业务。

- 深受法务风险、声誉风险影响的德意志银行。2015—2019年,巨额的法务赔偿导致德意志银行整体净利润连年大幅亏损,银行可支配资源严重缩水,业务扩张受限。同时,连年亏损叠加法务暴雷带来的对道德与业务质量的质疑,导致德银深陷舆论旋涡[①]。德银资管(DWS)在渠道和声誉等方面受到母行法务

---

① 2015年英国金管局诉德银操纵LIBOR、美国司法部诉德银金融危机期间违规销售住房抵押贷款证券两大案件,给德银集团带来合计近百亿美元的法务损失。2015—2019年,德银累计产生208.5亿欧元的非经常性支出,主要来自法务支出与因预期赢利能力下降导致的商誉减值计提。

事件一定程度的影响，但资管业务税前利润整体仍保持较高的韧性，2015—2020年资管税前利润分别为6.9亿美元、6.8亿美元、9.4亿美元、6.7亿美元、8.2亿美元、9.3亿美元，2017、2018、2020年占公司税前利润分别高达64%、44%、75%。

- 美国四大行之一富国银行。过去10年，富国银行资产管理与财富管理业务营收贡献占比在14%~20%的区间、税前利润占比在9%~12%的区间，成为稳定的利润创收中心。2020年，受到新冠疫情影响，公司出于审慎考虑大幅计提资产减值损失，导致当期全行税前利润仅5.8亿美元，同比降低98%；同期资管与财富管理业务税前利润录得22.1亿美元，同比仅降低7%。

把握能力建设与资源投入的窗口期

资管业务具有早期投入高、先发优势显著的特点，长期来看依靠规模效应单位AUM营业支出呈现下降趋势。资管业务具有显著的规模效应及业务壁垒，呈现强者恒强、头部机构集中度提升的趋势。参考海外头部银行系资管发展经验，资管业务在早期的资源投入力度更大，以助力公司快速扩张AUM规模、通过先发优势构建业务壁垒以获取更大的市场份额。而从长期来看，由于规模效应，单位AUM营业支出（营业支出/AUM）呈现下行趋势，单位AUM经营效率提升。2020年，摩根大通（资管+财富）、东方汇理、纽约梅隆银行（资管+财富）单位AUM营业支出分别录得36.7bp、7.8bp、12.2bp，相较2011年分别下降15.0bp、2.3bp、9.6bp①。而摩根大通资管在业务发展的早期，就在人力资源上进行了大规模投入：2011年资管与财富业务单位AUM人力资本支出为31.1bp，相较2003年累计提升9.5bp（见图9.2）。

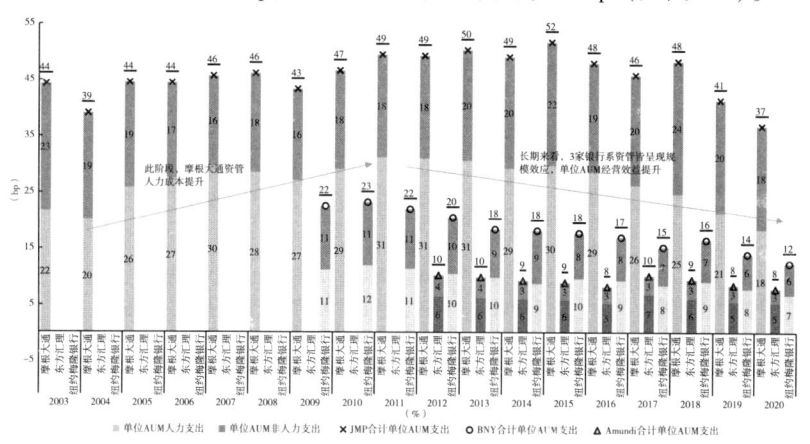

图9.2 头部银行系资管业务单位AUM营业支出
资料来源：公司公告，中金公司研究部。

资管行业的马太效应显著，头部机构的市场份额逐步得到巩固。依靠规模上量，头部银行系资管在渠道布局、投研团队、金融科技建设等方面皆建立了一定的业务壁垒，使得中部、尾部竞争对手难以与之抗衡。2020年，摩根大通资管、东方汇理、纽约梅隆银行资管占全球资管市场的份额分别为2.6%、2.1%、2.1%，近10年市占率分别累计提升0.6、0.6、0.2个百分点②。从全市场来看，以美国共同基金市场份额为例，2020年前五大、十大、二十大美国资管机构的市场份额分别为53%、64%、81%，相较于2005年分别累计提升18ppt、

---

① 东方汇理由于2011年数据缺失，故对比2012年数据。
② 东方汇理市占率数据对比节点为2011年，摩根大通资管、纽约梅隆银行数据对比节点为2020年。

18ppt、14ppt。同时，头部资管机构将持续保有更大的市场份额，2019年全球前二十大资管机构占据43%的市场份额（前五百大资管机构管理资产总和），相较2010年增长2个百分点。

错失早期资源投入发展机遇可能再无机会弥补。我们认为，银行系资管须在行业发展的早期充分把握资源投入的黄金窗口期，当头部机构发挥先发优势实现规模早期的快速增长放量后，追赶者可能很难夺回失去的市场份额。而在资管新规后时代，中国的资管市场正处于规范化快速增长的早期。从居民财富积累情况来看，中国现阶段与美国20世纪70~90年代相似，且居民资产配置正处于从房地产资产转向金融资产的拐点。目前各类机构正处于跑马圈地的阶段，也正是银行系资管能力建设的黄金窗口期。我们认为，倘若错失了现阶段资源投入的时期，在5~10年后资管行业、理财行业或已呈现一定程度的分化，届时可能再难以弥补能力以及市场份额的缺口。

市场化薪酬体系建设刻不容缓

智力资本是资管行业最核心的生产要素，资管机构应建立适配智力资本驱动型特征的行业模式。参照头部银行系资管建设经验，市场化的薪酬激励机制是保障资管业务具有行业竞争力的核心要素之一。有别于商业银行的其他业务，样本机构资管部门/资管子公司人力资源投入力度更大，人均薪酬水平显著高于母行水平，并同时设置了更具针对性且多元化的激励机制；从结果来看，资管业务人均创收、人均管理规模等方面亦录得更优表现。究其根源，我们认为市场化的薪酬激励体系本质上须依靠组织架构实现自上而下的突破，基于上层建筑对资管业务的深刻理解,给予资管业务相对自由与适配的薪酬裁定权。

高激励、高创收、高投入形成良性循环

薪酬水平决定创收能力,高激励、高创收形成良性互动。头部银行类资管充分尊重资管行业智力资本驱动的特征,在员工费用方面给予较大力度的投入。2020 年,摩根大通 AWM 部门(资产管理与财富管理部门)、东方汇理、纽约梅隆银行员工费用占营业收入的比例分别为 35%、35%、38%。以"员工费用/员工数量"衡量人均薪酬水平,头部银行系资管人均薪酬显著高于母行全体员工的平均水平。2020 年,摩根大通资产与财富管理业务条线人均薪酬录得 24 万美元,是摩根大通集团人均年薪(13.7 万美元)的 1.7 倍;东方汇理人均薪酬录得 23.5 万美元,是法国农业信贷银行人均年薪(11.6 万美元)的 2 倍。

在高激励之下,资管业务人均效能不断提升,资管业务人均创收水平领先母行整体。2020 年,摩根大通资管与财富管理、东方汇理、纽约梅隆银行资管人均营业收入规模分别为 68.8 万美元、67.5 万美元、44.8 万美元,人均创收水平分别是母行的 1.5 倍、2.1 倍、1.7 倍;2020 年人均管理 AUM 分别录得 1.3 亿美元(资管 AUM/资管+财富员工)、4.5 亿美元、3.8 亿美元(资管 AUM/资管员工),相较于 2012 年人均管理规模分别大幅提升 70%、32%、64%(见图 9.3)。

薪酬激励转型效果显著。东方汇理在 2016 年收购意大利第一大银行联合信贷银行(UniCredit)旗下的 Pioneer 资管子公司后,裁去部分重叠冗余员工,并逐步提升人均薪酬水平。2017—2020 年,东方汇理人均年薪平均录得 22.6 万美元,剔除汇率影响,较 2016 年人均薪酬

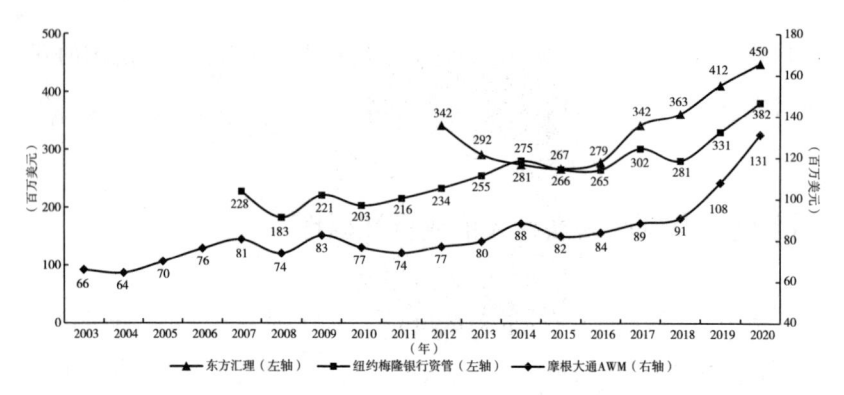

图9.3 三大资管机构人均管理规模

注：欧元兑美元汇率选用当年年末汇率；摩根大通人均管理规模计算方式为资产管理AUM/AWM部门员工人数（包含资产管理和财富管理条线员工），东方汇理和纽约梅隆银行人均管理规模计算方式为资产管理AUM/资管业务员工人数，故摩根大通计算数值受到财富管理员工计入影响，人均管理规模口径与另外两家不可比。

资料来源：公司公告，中金公司研究部。

大幅提升41%。在此背景之下，东方汇理的人均效能实现快速突破，2020年公司人均营收55.2万欧元，较2016年增长34%；同期，人均管理AUM从2.94亿欧元提升39%至4.23亿欧元。

人力资源配置丰富，保障资管业务优质产出。摩根大通资管与东方汇理在资管业务领域配置了丰富的人力资源。截至2020年年末，摩根大通资管、东方汇理全球员工人数分别录得20 683人、4 700人，占母行总员工人数的比例为8.1%、6.2%。强大的人力资源配置，有效保障了资管业务的覆盖广度与研究深度。

激励机制多元化，针对资管业务特征充分激励团队尽责管理。摩根大通资管建立了"基础薪酬+短期激励+长期激励"的薪酬激励机制，以及向关键人才的倾斜奖励机制。以摩根大通资产管理欧洲、中东与非洲地区业务条线为例，在基础薪酬之上设有现金激励、留存股权、受限股票、绩效股票、递延现金奖励与强制投资者计划六大类薪酬激励形式（见图9.4）。其中，强制投资者计划专门针对基金经理、

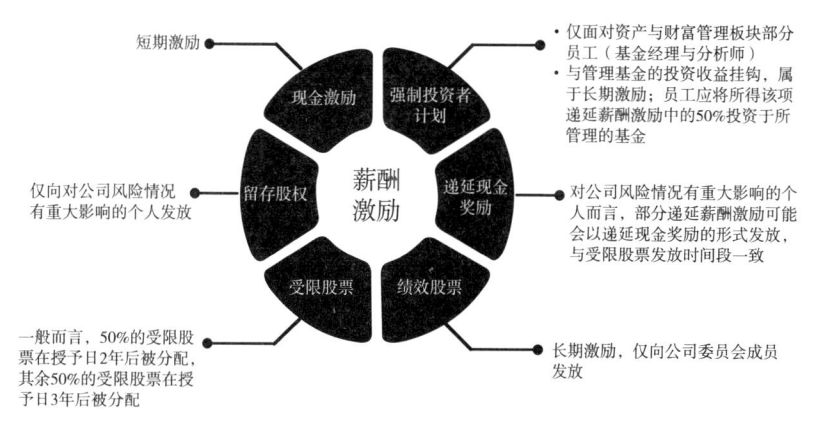

图9.4 摩根大通资产管理部门的多元化激励方案

资料来源：公司公告，中金公司研究部。

投资分析师等重点人才设立，销售等其他前台员工可自愿参加。该计划构建了与员工管理产品的长期投资表现挂钩的奖励机制，并要求员工将该项薪酬激励所得的50%继续投资于管理产品中，从而实现客户、公司与员工三方共赢的局面。

资管行业以人为核心，专业、稳定的员工团队是改善资管业绩的根本。根据公司公告披露，摩根大通杰出人才留用率自2012年以来始终高于95%，员工忠诚度保持较高水平。摩根大通全行坚持"创收能力决定薪酬水平"原则，行内各业务部门薪酬机制不拘一格，针对资管业务部门构建机制独特的市场化薪酬体系，助力构建高忠诚度、低流失率人才团队。

自上而下构建市场化薪酬体系

薪酬委员会的专业度与自主裁定权帮助决定合理的市场化薪酬体系。三家样本机构的薪酬委员会，在资管业务薪酬制定方面，都有着更接近市场发展特征、相对自主的裁定权。从委员会构成来看，根据法律要求，三家机构薪酬委员均主要由独立董事组成，委员会成员均为金融/政界领袖、商业公司高管、本公司退休高管等，对公司治理拥有成熟的经验。同时，三家机构薪酬委员会均与公司风控委员会密切协作，避免薪酬体制过于激进或短视化。各机构薪酬委员会具体运作机制又各有特色，细分来看如下所述。

摩根大通薪酬与管理发展委员会（JPM CMDC）对公司员工/高管薪酬、短期/长期激励性薪酬、股权激励等多方面拥有一定的管理权限。其薪酬委员会权力较大，权限横跨薪酬体系全流程。在提出建议、监督薪酬机制运行情况、评价CEO表现及薪资等基本权限基础上，摩根大通董事会还在一定程度上向薪酬委员会让渡了部分审批及管理权力。例如摩根大通短期、长期薪酬机制均须经薪酬委员会批准（多数其他公司为董事会批准），人力资源部门及其他领导的薪酬裁量分权机制由薪酬委员会批准，薪酬委员会必要时可直接对公司薪酬及福利体制进行修改等。薪酬委员会权力跨度较大，一方面有利于与董事会、高管等形成制衡，改善公司治理；另一方面也有利于充分发挥薪酬委员会的专业性，避免其成为"橡皮图章"。

东方汇理仅CEO的薪酬受到母行薪酬政策指引，其余员工薪酬由东方汇理裁定。公司的薪酬委员会是董事会下设的五大委员会之一，主要职责为监督薪酬政策的实施。2020年，薪酬委员会由3名董事构成，2/3的成员为独立董事，由其中一人担任主席；另一位董事为法国农业信贷银行副行长兼东方汇理董事长。两位独立董事均有资管机构的高管履历，对于资管行业市场化薪酬机制与公司治理拥有深刻理解，有能力针对薪酬制度提出合理意见，确保其市场竞争力。董事会在合规前提下充分尊重薪酬委员会提供的薪酬政策建议。尽管东方汇理董事会13名成员中，有7名董事为母行派驻，人员超半数，但在薪酬方面仅公司 CEO 需要受到母行相关政策约束，其余员工薪酬则与资管行业的市场标准更为接近。

纽约梅隆银行尊重不同资管子公司间的差异化发展模式，保留各家资管子公司差异化的薪酬体系。纽约梅隆银行对旗下 8 家资管子公司的日常经营并未多加干涉，各公司被收购之后得以保留独立薪酬体系。例如，根据薪资数据平台 Emolument.com 统计，其旗下三家主要资管子公司 Newton、Insight 与 Alcentra 新员工年薪分别为 5.9 万、8.0 万、7.5 万美元，执行总经理级别高管基本年薪分别为 12.4 万、16 万、14.7 万美元（上述数据均为基础薪酬，不包含激励性薪酬），薪资待遇并未采取统一薪资标准。允许旗下子公司保持薪资体系自由，有利于顺应各家精品店管理模式，确保薪资制度适应各子公司经营与地域特征。

在母行薪酬体系之下，理财子公司人力资源投入力度显著不足。在市场化的薪酬体系指引之下，国际头部银行类资管员工费用支出保持高位，占当期营业收入的区间为 35%～40%。而国内理财子公司受限于商业银行限薪体系的管制，资管业务员工费用支出可能难以匹配资管行业发展特征。如图 9.5 所示，2020 年，招商银行、平安银行、

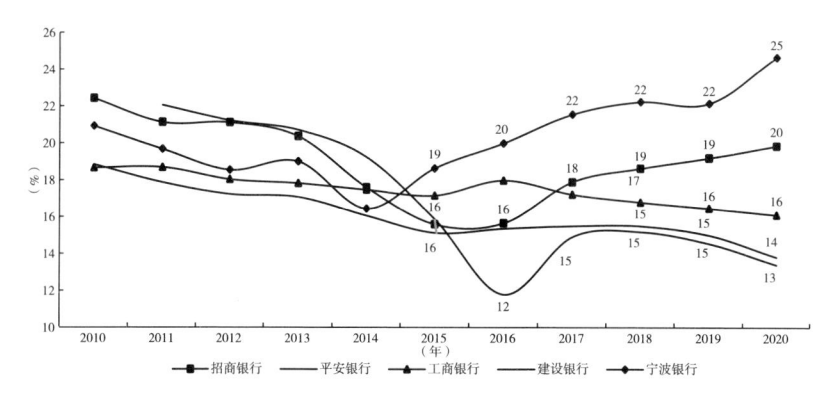

图 9.5 国内商业银行员工费用占营业收入的比重
资料来源：公司公告，中金公司研究部。

工商银行、建设银行、宁波银行员工费用支出占营业收入的比例分别为20%、13%、16%、14%、25%，理财子公司的薪酬"天花板"较国际标准仍有待逐步开放。

母行渠道与联动模式定位——实现可持续的规模增长

母行业务联动与渠道销售为资管业务放量提供广阔空间。倘若母行各业务条线具有市场竞争力、存量客群丰富、渠道实力强劲，则资管子公司可通过业务协同、渠道共享等方式，充分分享母行的资源红利。若母行渠道布局有限、其他业务条线市场影响力不足，则资管子公司须逐步通过自主拓展渠道、构建具有市场竞争力的产品谱系以实现规模的持续增长。从海外头部银行系资管发展经验来看，摩根大通资管与纽约梅隆银行资管子公司通过与母行其他业务条线的业务协同联动、客群交叉销售、渠道资源共享等方式，触达丰富的零售、机构客群，实现了规模的持续增长放量。而法国农业信贷银行的业务范围仅限于法国及部分欧洲地区，客群基础与联动空间有限，东方汇理便通过并购协议与合资企业模式实现自主渠道突破，成为欧洲第一大银行系资管。

自拓渠道能力与产品竞争力呈正相关关系。尽管母行渠道依赖可以成为大型商业银行资管业务的选择，但自拓渠道实力实则体现了产品的市场竞争力，顶尖的银行系资管通过其他渠道销售的比例可能更高。以摩根大通资管为例（见图9.6），截至2012年，摩根大通的投资银行、商业银行、财富管理业务位居世界领先地位，使资管业务具

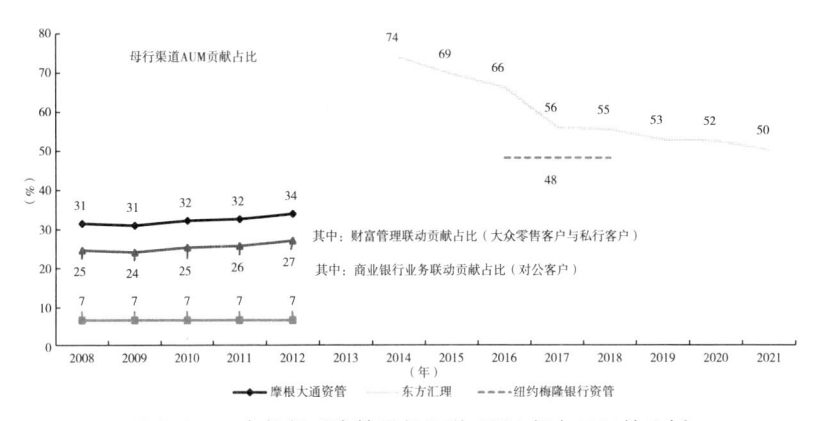

图9.6 三家银行系资管母行渠道 AUM 保有量贡献比例

注：母行渠道 AUM 保有量占比计算方式：①摩根大通资管：根据公司公告披露，2008—2012 年，由 CWM 部门（消费者与社区银行业务条线旗下财富管理部门）引流至资管部门带来的 AUM 比例分别为 1.9%、2.5%、3.4%、3.9%、4.7%；同期，WM 部门（资产与财富管理业务条线旗下的财富管理部门）为资管部门带来的 AUM 比例分别为 22.8%、21.6%、21.9%、21.8%、22.3%；2018 年商业银行业务条线贡献资管 AUM 的比例为 6.8%。假设 2008—2012 年商业银行业务条线 AUM 贡献比例等于 2018 年水平，加总估算得 2008—2012 年母行渠道 AUM 保有量贡献占比。②纽约梅隆银行资管：根据公司公告披露，2017 年公司资管业务 48% 的收入来自母行的中心销售渠道。③东方汇理：母行渠道贡献包括法国本地渠道、部分国际零售渠道、法国农业信贷银行与法国兴业银行集团保险公司，并假设 B 端/G 端客户的一半来自母行渠道。
资料来源：公司公告，中金公司研究部。

有先天丰厚的联动优势，但其通过自拓渠道销售的产品规模比例高达 66%，仅 34% 的产品依靠母行渠道进行销售。而这背后的原因，是摩根大通资管产品的业绩表现远超同业平均水平，获得广泛的市场认可，从而拥有在母行渠道外更强的销售放量的能力。

从长期来看，银行类资管是否应该形成母行渠道依赖？我们认为，银行类资管应充分利用母行的渠道、客户、业务资源，为早期的客户增长与规模放量奠定基础。但从长期来看，母行的渠道增长空间及资管行业渗透率提升的空间可能存在上限，而产品能力则成为决定市场份额更核心的因素。长期优异的业绩表现是产品规模上量的基石，也是投资者"用脚投票"的核心依据。所以对母行渠道的依赖程度降低，一方面是市场竞争力的体现，另一方面也突破了母行渠道长期增长的壁垒，为可持续增长提供了更多业务机遇。

业务联动带来协同效应，借助母行客群渠道放量

摩根大通资管：高能业务矩阵叠加强劲资管实力促成资管业务协同放量

从外部看，在全球居领先地位的全能银行是摩根大通资管业务联动的重要基础。作为全球最大的多元化商业银行之一，摩根大通的业务横跨商业银行、投资银行、资产管理、财富管理，整体分为四大业务部门：消费者与社区银行（CCB）、企业与投资银行（CIB）、商业银行（CB）、资产与财富管理（AWM）。摩根大通各业务条线实力在全球范围内处于领先地位，全能银行业务充分联动带动 AUM 规模长期强劲增长，其零售商行、投资银行、私人银行业务实力均在北美乃至全球范围内名列前茅。例如截至 2020 年，其零售存款业务市占率接近 10%，信用卡业务市占率达 22%；投行业务手续费总市占率达 9.2%，业务条线总营收市占率达 12.9%，均位列全球第一；商业银行多户建筑贷款、中间市场贷款规模位列北美第一；欧洲货币机构投资公司（Euromoney）将摩根大通私行评为北美第一私人银行等。高能业务矩阵叠加摩根资管自身强劲的资管产品业绩，使得摩根资管能够充分发挥银行类资管独有的联动优势，构建他行难以复制的护城河，助力其 AUM 规模实现长期高速增长。

从资管部门内部看，多元化产品结构与强劲资产管理业务表现是业务合作的前提。

- 摩根大通资管产品业绩表现突出,带来强劲净流入。截至 2020 年,1 年期/3 年期/5 年期分别有 55%/69%/68% 的产品跑赢同业同类产品业绩中值;自 2015 年以来历年均有 50% 以上产品获得晨星 4 星或 5 星评级(风险调整后收益位列同业排名前 32.5%/前 10%)。强劲的业绩汇报使得投资者高度认可摩根大通的资管产品,带来强劲净流入。根据年报披露,摩根大通自 2014 年以来资管业务净流入连续多年位列全球第二,仅次于全球资管巨头贝莱德,管理能力深受市场认可。

- 摩根大通资管产品结构高度多元化,且 AUM 分布均衡,为联动提供了可能。全能银行的集团属性、向私行倾斜的客户资产结构决定了摩根大通资产管理需要满足客户多样化、个性化的投资需求,因此全品类产品体系的构建必不可少。摩根大通资管产品覆盖固定收益类、股权类、多资产解决方案、另类投资、流动性解决方案等全部常见大类资产。截至 2020 年年底,流动性管理产品/固定收益类产品/股权类产品/另类投资及多资产解决方案产品 AUM 占比分别为 23%、25%、22%、30%。多元化产品货架可覆盖各类用户需求,便于承接各渠道带来的客户引流资金(见表 9.1)。

从客群基础来看,母行强劲的获客能力为资管业务增长注入持续的动能。①优质机构客户基础。摩根大通与全球 60% 的大型头部养老金、主权基金与央行存在深度业务合作关系,机构客户触达范围覆盖全球超过 130 个主权国家,叠加其强大的品牌效应,为其资管业务机构客户拓展提供重要渠道。截至 2020 年,其机构业务 AUM 在资产管理部门内部占比达 65%(不考算在财富管理业务条线下的私人银行

表 9.1 摩根大通各部门业务在全球范围内实力领先

部门	指标	2014	2015	2016	2017	2018	2019	2020
资产管理（AM）	资管净流入规模排名	1	2	2	2	2	2	2
	AUM 市占率	2.5%	2.4%	2.5%	2.6%	2.5%	2.6%	2.6%
	北美私行排名	1	1	1	1	1	1	1
	私行客户资产市占率	约4%	约4%	4.0%	4.0%	4.0%	4.0%	—
消费金融与社区银行（CCB）	零售存款市占率	7.6%	7.9%	8.3%	8.7%	9.3%	9.3%	9.8%
	零售存款市占率第一（前三）市场数	15 (40)	12 (40)	14 (38)	16 (40)	14 (40)	14 (40)	14 (41)
	信用卡业务市占率	21.0%	21.0%	21.5%	22.4%	22.0%	23.0%	22.0%
	投行手续费总市占率	8.0%	7.9%	7.9%	8.1%	8.6%	9.0%	9.2%
	投行手续费排名	1	1	1	1	1	1	1
企业与投资银行（CIB）	业务条线总营收市占率	15.5%	15.9%	11.2%	11.0%	11.5%	12.0%	12.9%
	业务条线总营收排名	1	1	1	1	1	1	1
	FICC 业务市占率	17.5%	18.3%	11.7%	11.4%	11.8%	12.3%	13.1%
	FICC 业务排名	1	1	1	1	1	1	1
	股权业务市占率	11.6%	12.0%	11.7%	11.4%	11.0%	11.3%	12.3%
	股权业务排名	3	3	2	1	1	1	1
商业银行（CB）	多户建筑贷款业务排名	1	1	1	1	1	1	1
	传统中间市场业务规模	1	1	1	1	1	1	1

资料来源：公司公告，中金公司研究部。

客户资管AUM），且历年机构客户AUM占比均高于60%，是主要的AUM来源。②零售端线上线下全渠道获客。摩根大通零售银行业务覆盖全美50%以上住户，客户触达能力强大。截至2020年年底，摩根大通在全球各地拥有4 908家线下网点，保有量位列全美前列；同时其线上获客能力快速增长，2020年年底其活跃数字客户达4 700万，其中3 000万人为活跃移动客户，两个线上渠道客户数10年CAGR分别达6.4%/17.4%。依靠消费者与社区银行业务条线的联动协助，零售AUM 2010—2020年CAGR达7.7%，略高于机构客户AUM的6.4%。③私行高净值客户AUM快速增长。摩根大通私行业务自2014年以来持续名列北美第一，其金融服务质量、品牌深受高端客户认可。截至2020年年底，摩根大通全球私行客户顾问数达2 462名，较2006年提升63.5%，客户触达与服务能力不断提升。自2014年以来，私人银行成为摩根大通AWM部门资产管理AUM增长最快的业务条线，2015—2020年私行AUM复合增速录得12%（见图9.7）。

具体至各业务条线，高能业务矩阵全方位赋能摩根大通资管。摩根大通资管部门与母行其他三大业务条线充分联动，从业务引流、产品合作、客群触达、资产组织等多角度充分赋能资管业务。

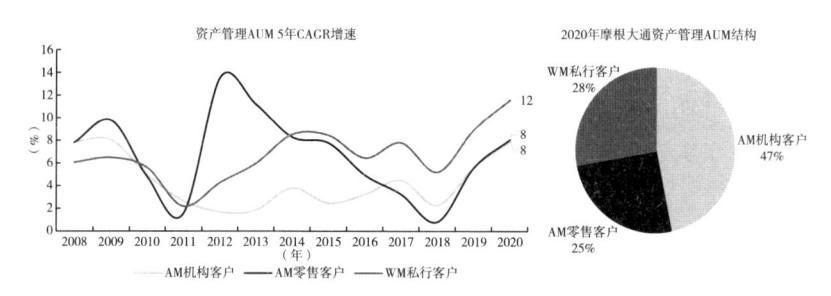

图9.7 母行强劲获客能力为摩根大通资管业务增长注入持续的动能
资料来源：公司公告，中金公司研究部。

同时，资产与财富管理条线下的资产管理部门与财富管理部门分工合作、各司其职，为不同客群提供针对性服务（见图9.8），具体如下所述。

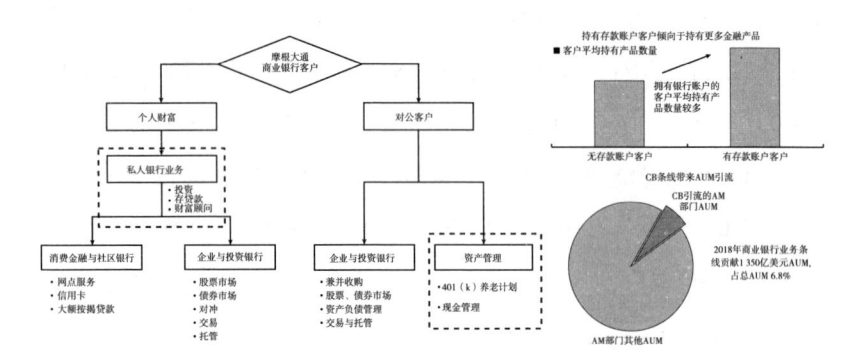

图9.8 摩根大通商业银行业务条线赋能资产管理业务展业
资料来源：公司公告，中金公司研究部。

- 消费者与社区银行条线：①本土财富管理部门并入零售银行业务条线，直接形成跨部门联动。摩根大通调整业务条线，整合集团内部力量，从组织架构上展现公司对北美零售财富管理市场的重视。2019年12月，摩根大通宣布将大通财富管理（CWM）①、摩根大通证券、You Invest（摩根大通2018年推出的免交易佣金线上交易平台）团队整合为北美零售财富管理部门，并划入负责零售业务的消费者与社区银行板块，从而通过财富管理与传统零售业务板块的协同作战来提高财富业务在大众零售客户中的覆盖率。②协助触达零售客群。截至2020年，零售银行与社区银行服务于超过6 300万户美国家庭，业务范

---

① CWM部门主要服务长尾零售客群的财管需求，AWM部门下的WM主要服务私行客群。

围覆盖率超过50%，与430万小型商户存在业务关系；拥有5 500万活跃线上客户，其中4 100万使用摩根大通移动业务平台；2014年私人客户网点2 514个，是2010年的157倍，55%的富裕家庭居住在距摩根大通零售网点或ATM机3千米左右范围内，拥有强大的零售客户触达能力。③业务深度联动。CCB部门下的CWM业务条线直接为资管部门提供业务引流。2008—2012年4年间引流规模扩大3倍，2012年规模贡献达680亿美元，相当于私行部门资产管理AUM的21.4%、资产管理部门AUM的6.1%。2012年，CWM客户带来新增净流入达110亿美元，占当年总净流入规模的18.3%。同时，CWM部门与AM部门客户相互推荐，力求实现财富客户向资产管理客户转化。

- 商业银行条线：直接渠道引流，2018年有1 350亿美元的AUM来自摩根大通商业银行部门客户，占当年年末资管AUM的6.8%。此外，摩根大通统计结果显示，拥有摩根大通银行储蓄账户的客户倾向于持有更多种类的摩根大通金融产品，有储蓄账户的客户持有的摩根大通旗下产品平均数量是无储蓄账户客户的1.5倍，商业银行业务带来的用户黏性可间接赋能资产管理部门的产品销售。

- 企业与投资银行条线：协作包括三大方面，①底层资产组织协作。摩根大通资产管理和企业与投资银行板块、公司板块在资产端与产品端充分联动。企业与投资银行、公司板块负责底层资产的获取以及部分金融产品的开发（结构化产品、IPO、私募股权等），资产管理则负责对客户的销售与资金对接。依托和企业与投资银行业务板块联动效应，摩根大通资产管理在私募股权、房地产与基建等领域业务增速较快,投资于另类产品的客户资产规模由 2014 年的 2 210 亿美元上升至 2019 年的 2 480 亿美元,2019 年占比达另类与多资产 AUM 的 33.7%、总 AUM 的 10.5%。②产品开发合作。例如 AM 部门与 CIB 部门于 2012 年合作开发了铜 ETF 产品(JPM XF Physical Copper Trust),该产品将存储超过 6 万吨铜用以支持相关交易。① ③合作服务财资客户。流动性管理是财资客户服务的重要组成部分之一,资产管理业务板块设计的流动性产品也可以服务于企业与投资银行板块中的财资服务客户。

- 资产与财富管理条线:摩根大通坚持将资产管理部门与财富管理部门(主要负责私人银行业务)划分在同一业务板块下合作经营,二者分工合作,针对不同客群提供不同产品。①摩根大通资产管理部门主要面向机构、个人客户提供批发式产品。其资产管理能力横跨股权投资、债权投资、另类资产、多资产解决方案及现金管理等多个领域,截至 2020 年,资产管理部门 AUM 达 1.96 万亿美元,占比达 72%。②摩根大通财富管理部门同样拥有资产管理职能,面向高净值客户提供定制化产品。根据年报披露,摩根大通财富管理部门向高净值与超高净值个人、家族、企业主等客户提供资产管理服务、退休计划产品、经济业务、托管、信托、存贷款等多种综合性金融服务。摩根大通财富管理部门同样是资产管理服务提供者,其投资专家直接服务于高净值客户,核心区别在于产品设计思路上,财富管理部门的资管业务提供定制化产品。截至 2020 年年底,财富

---

① 该产品至今尚未通过美国证交会的审核,仅作为业务联动示例。

管理部门提供的资管服务AUM达0.75万亿美元,占总AUM的28%。③解决方案型产品是两部门直接联动的案例之一。由财富管理部门触达客户,充分了解客户需求;双方投资专家合作,由资管部门协助设计定制化投资产品是两部门间的主要合作形式。2010—2015年,资产管理部门创设了30余种多资产解决方案投资主题,主题化解决方案AUM持续扩张,从2010年的20亿美元提升至2015年的370亿美元,占2015年另类与多资产总AUM的6.6%。④组织架构保障客户高效服务。相比零售客户,私行与机构客户金融需求更加多元化,包括投融资、财富管理、信贷、高端消费等需求。因此,资产管理部门在传统的产品、运营支持部门之外,设立客户导向的一级部门,直接向资产管理CEO汇报。这一围绕客户需求开展的服务模式有效协同了集团内部的丰富资源,为客户提供多样化、综合化金融解决方案(见图9.9)。

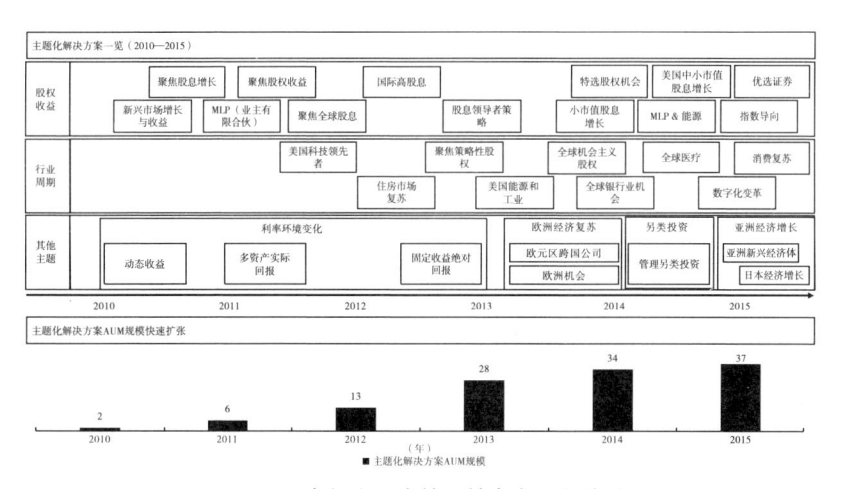

图9.9 摩根大通资管坚持客户导向战略

资料来源:公司公告,中金公司研究部。

纽约梅隆银行：强大的金融服务能力撬动资管业务发展，子公司合理布局构建全域资管实力

母行强大的金融服务能力，为资管业务提供了全球销售渠道及高净值机构客群。纽约梅隆银行是全球第一大托管银行，同时也是最大的美国国债、经纪商交易清算行，拥有强大的综合金融服务实力并积攒了大批高净值机构客群。截至2020年年末，纽约梅隆银行与世界前一百大资管机构中的93家建立了业务合作，资产规模前一百大的银行中有97家与公司成为合作伙伴，同时公司还服务了72%的世界500强公司。基于托管、清算业务等优质的机构客群基础，资管子公司依靠交叉销售触达了母行高净值的资管业务客群，依靠公司平台纽约梅隆银行资管形成了以机构客户为主的资金结构。

此外，借助纽约梅隆银行全球的销售渠道，资管子公司得以实现跨区域的业务增长放量。2017年，公司资管业务48%的收入来自母行的中心销售渠道，在资管子公司直销与代销的基础之上给予更丰富的渠道空间。

母行金融服务与资管业务形成有机协同的服务体系。纽约梅隆银行业务分为投资服务条线（包括托管、清算、外汇管理等）与投资管理条线（包括资管、财富），形成了公司部门间、母子公司间协同联动的业务体系，为客户提供高质量、综合化的金融服务，从而提升客户黏性与客户引流的空间。根据公司2018年披露，纽约梅隆银行资管与财富业务条线是投资服务条线的前五大客户之一。托管与清算等业务可帮助资管子公司推荐机构客户，同时母行全球化的布局为资管子公司提供全球销售渠道，增强资管业务客户触达能力。与此同时，资管子公司多数资产由母行托管，资管产品的增值与AUM扩张也为托管

业务带来更丰厚的营收。总体来看，多部门协同联动，塑造了纽约梅隆银行强大的金融服务品牌，持续吸引机构资金入驻（见图9.10）。

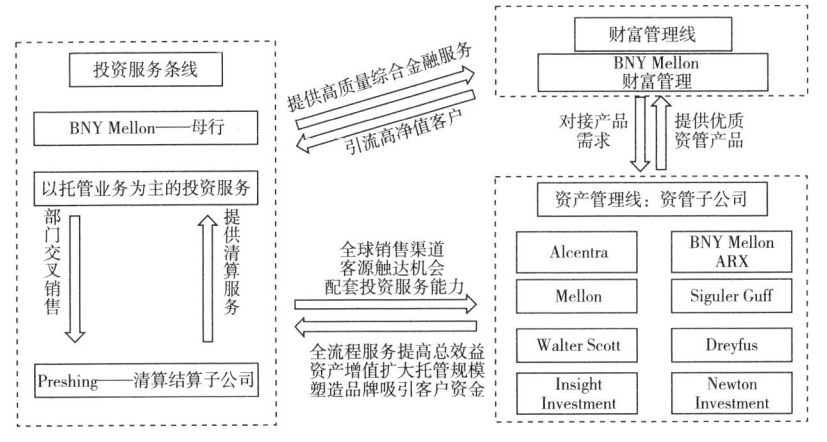

图9.10　纽约梅隆银行业务联动协同模式
资料来源：公司公告，中金公司研究部。

通过收购与统筹规划构建全域资管实力。

- 依托收购实现协同效应，同时通过精品店模式构建全域资管实力。纽约梅隆银行通过多次收购与业务整合，形成了8家资管子公司独立专营的资管体系，为客户提供全品类、全策略、全球布局的丰富资管产品。纽约梅隆银行则作为资源分配者和分销渠道的角色，对子公司管理资产进行统筹管理，使其最大化发挥专业优势，同时引荐资产服务端客户，通过全球分销渠道提升子公司资管产品影响力。"精品店"模式则使各家资管子公司专注于其专营领域、构建细分赛道的金牌资管产品。这种模式既保证了业务的多元化，又避免了资源分散与重复投入。
- 子公司被收购后保持较高的独立性与完整性。纽约梅隆在1994—2018年完成了多次资管公司的收购与出售，形成了目前

8家资管子公司的业务布局。被收购的资管子公司在经营管理方面有较大的独立性，基本保留了原有的管理层，公司经营与投资理念并未受到母行过多干预。以专营现金管理业务的 Dreyfus 为例，1994年被梅隆银行收购之后经营层保持稳定，截至目前，现任首席投资官、首席运营官、信用研究主管均为20世纪90年代以来的老员工，在 Dreyfus 有超过20年的工作经历。我们认为，资管子公司较为独立的运营管理模式有利于在各子公司建立合理的激励机制、减小融合阻力、推动细分赛道的深耕与创新。

- 8家资管子公司"各显神通"，塑造全品类、全策略、全球布局的资管能力。在母行的统筹规划之下，8家资管精品店专注于具体的子产品类、投资策略或地域分布，以构建细分赛道的核心竞争力。例如，Insight Investment、Mellon Investment 和 Dreyfus 分别是固定收益、指数基金和现金管理产品的资管专家；Newton 聚焦高净值客户，定制主题性权益投资策略；ARX 是位于巴西的资管子公司，帮助拓展南美区域的资管业务。完备的产品供给能力是纽约梅隆 AUM 持续增长的驱动力，子公司不断扩张的 AUM 不仅为托管业务创收，同时也为财富管理客户提供了丰富的产品品类，最大化实现客户资产增值。

- 母行统筹管理实现 AUM 最优化配置。纽约梅隆银行在1994—2018年完成了多次资管公司的收购、出售与整合，形成了目前8家资管子公司专营细分赛道的业务布局。母行根据各家资管子公司专营能力进行 AUM 重新分配，以充分彰显各领域的产品特色，对于提高产品辨识度和产品竞争力具有重要意义。公司2021年2月宣布，将 Mellon Investment 的2 223亿美元资产进行重新分配，固收领域专家 Insight Investment 将获得 1 052 亿美元的固定收益资产，现金管理公司 Dreyfus 将获得 400 亿美元流动性管理资产配置组合，偏股型基金管理人 Newton 将分得 771 亿美元的股权资产及多资产配置组合（同时将从纽约梅隆日本分支机构获得部分日本股票资产）；而 Mellon Investment 则将更专注于运营指数型基金。全球投资资源的合理专营化配置，有利于各家资管子公司建立有深度、有辨识度的拳头产品。

- 打造负债驱动型投资（LDI）拳头产品，持续扩张市场影响力。LDI 成为公司近 10 年内核心的业务增量。纽约梅隆旗下的 Insight Investment 是全球顶尖的 LDI 策略提供方①，在固定收益投资、风险策略解决方案、绝对收益投资领域拥有成熟的经验。Insight Investment 为客户提供丰富的、定制化的 LDI 解决方案，并可提供低成本、稳定的风险对冲策略。强大的产品创设能力，有效帮助养老金客户保障现金流支付的确定性与资产高收益，同时根据客户风险偏好制定适宜的风险波动区间。2020 年，纽约梅隆银行 LDI 投资共计 8 550 亿美元，相较于 2010 年 2 020 亿美元的水平累计增长 323%（15.5% CAGR）。

东方汇理：依靠并购协议与合资企业模式实现自主渠道突破

东方汇理作为欧洲第一大银行系资管，于 2010 年由法国农业信贷银行资管部和法国兴业银行资管部合并成立，两家银行分别出资 75%、25%；法国农业信贷银行资管部 CEO 伊夫·佩里尔（Yves Per-

---

① 曾被 Pensions & Investments 评为 2020 年全球最佳 LDI 资管机构。

rier）出任公司总经理，并在职长达10年。2015年东方汇理分拆上市，同时法国兴业银行出售了全部股权，法国农业信贷银行成为第一大股东（2020年年末持股69.7%）。母行渠道作为压舱石，是东方汇理成为全球顶尖资管机构的基础，而自拓渠道则是保障业务长期持续扩张的核心因素。

以母行渠道为发展之基，实现早期快速增长。东方汇理的母行——法国农业信贷银行和法国兴业银行——在法国和部分欧洲地区拥有丰富的网点以及集团客户资源。截至2014年年末，法农信与法兴集团旗下的保险公司是东方汇理的核心客户，累计持有公司资管产品3 870亿欧元，占公司8 780亿欧元AUM的44%。与此同时，联合法国第二、第三大银行在本地的渠道网点布局，为法国地区的市场份额打下基础；2014年年末依靠法国本地零售渠道保有量规模为1 030亿欧元，占比12%。除此之外，母行还通过海外网点、收购扩张协助东方汇理打开增量市场空间。我们测算，截至2014年年末，东方汇理AUM中依靠母行渠道销售的比例为76%，自拓渠道占比为24%（见图9.11）。

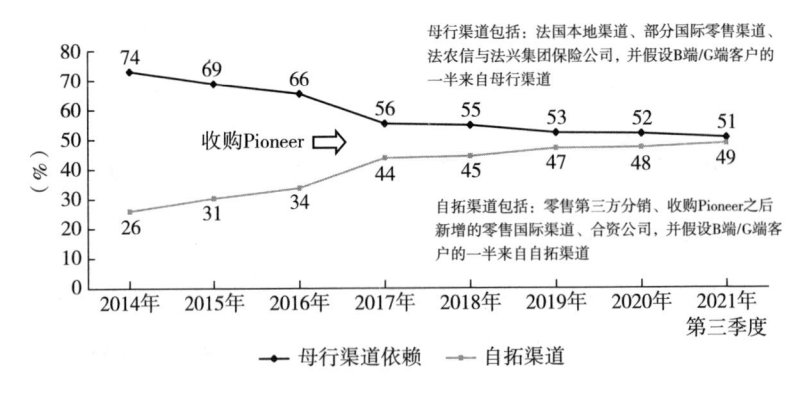

图9.11 东方汇理渠道演变

资料来源：公司公告，中金公司研究部。

- 母行网点优势开拓国际新市场。借助法国农业信贷银行和法国兴业银行在东欧地区的超 1 000 家网点，东方汇理得以在东欧市场立足，获取增量市场空间。
- 母行的收购扩张为东方汇理提供广阔渠道实现引流。得益于法国农业信贷银行在欧洲地区的并购扩张，东方汇理分享了更为丰富的异地零售渠道。2011 年 3 月，法国农业信贷银行宣布收购比利时的 Centea 零售银行（后更名为 Crelan），该银行在比利时拥有 949 个网点，并拥有 7% 的比利时零售贷款市场份额。收购完成之后，Crelan 银行指定东方汇理为比利时客户提供投资产品和流动性解决方案，满足客户的投资增值保值需求，从而为 AUM 增长注入动能。
- 机构客户引流。依靠法农信的影响力，母行为东方汇理实现机构客户引流。例如，得益于法农信亚美尼亚分行在当地具有较高的影响力（总资产位列亚美尼亚第一），东方汇理于 2013 年受到了亚美尼亚中央银行的青睐，被选为当地养老金的核心管理人之一。

依靠并购协议与合资企业模式实现自主渠道突破。随着东方汇理产品谱系完善及规模扩张，东方汇理通过外延并购与合资公司运营的形式，自主渠道能力逐步提升。公司以日趋成熟的投研能力、优质的产品供给能力以及顶尖的金融科技实力为基石，成功收购欧洲多家银行系资管机构，并与被收购方母行签订 10 年的分销渠道协议，由东方汇理为其财富客户提供资管业务服务，从而帮助其实现更广泛的国际渠道布局。另外，东方汇理还通过合资企业、设立控股公司的形式以分享快速增长的亚洲市场的红利，公司自拓渠道能力得以逐步夯实。

截至2021年第三季度末,公司自拓渠道AUM占比达49%,较2014年26%的占比累计提升23个百分点,其中国际零售渠道、合资企业AUM占比分别为9%、14%,较2014年累计增长7ppt、10ppt;同时,对母行渠道的依赖程度也从2014年的74%下降至51%。

以资管公司身份进行收购整合,东方汇理逐步获取了独立的海外分销渠道。随着东方汇理规模体量的逐步增长,成功完成一系列欧洲地区银行类资管机构的收购,在产品创设、运营成本、销售渠道、人员团队、金融科技等多方面实现协同效应。

- 2015年收购奥地利第四大银行BAWAG旗下资管子公司BAWAG PSK(AUM 48亿欧元),获得8%的奥地利市场份额,同时开启在瑞士地区的业务。
- 2016年收购意大利第一大银行联合信贷银行旗下的Pioneer资管子公司(AUM 788亿美元),扩大了东方汇理在意大利、德国等区域的影响力,通过收购产生的协同效应优化了公司的成本收入结构(基层员工裁员、金融科技系统对接)。
- 2020年收购西班牙第五大银行萨瓦德尔(Sabadell)银行旗下的萨瓦德尔AM(AUM 218亿欧元),使西班牙资管市场份额翻倍,巩固了欧洲市场的龙头地位。

以合伙协议模式,与对手方银行签约渠道协议。在收购Pioneer、BAWAG PSK和萨瓦德尔AM的过程中,东方汇理分别和联合信贷银行、BAWAG、萨瓦德尔银行签订了10年分销渠道协议,三家银行将通过其在意大利、西班牙、奥地利、德国等网点渠道帮助销售东方汇理的资管产品。对于萨瓦德尔银行、BAWAG、萨瓦德尔银行而言,其自身的资管产品无法充分满足客户的财富管理需求,而东方汇理较为成熟的产品谱系成为更好地服务财富客户的手段。

通过合资公司与控股公司分享亚洲市场的增长红利。东方汇理在早期便将亚洲地区作为公司核心的发展领域之一,公司认为亚洲地区居民财富的快速增长将为资产管理业务打开市场空间。东方汇理在成立之初便从母行承接了与中国农业银行(农银汇理)、印度国家银行①、韩国农协(Nonghyup)银行②设立合资公司,以获取亚洲地区零售客户的销售渠道和市场份额。2020年,东方汇理与农银理财设立汇华理财合资理财公司,东方汇理股权占比55%,获得控股权。截至2020年年末,公司通过合资公司③实现的AUM为2 390亿欧元,占全部AUM的14%,近6年复合增速高达37%。

自拓渠道助力触达活跃零售客群,通过优化客户结构缓解费率下行趋势。法国农业信贷银行集团与法兴银行集团旗下的保险公司作为东方汇理最大的客户,整体营收效益较低,综合管理费率为3.3~3.7bp(不考虑超额收益分成,下同),我们认为可能由于集团内部推

---

① 印度国家银行(State Bank of India,简写为SBI),为印度第一大银行(印度市场份额为25%),最大股东为印度政府(控股62%)。SBI和东方汇理的合营企业SBIFM-PL成立于1987年(2004年法国兴业银行持股37%),2011年转为SBI与东方汇理持股。SBIFMPL在印度资管市场处于行业第一,客户规模约540万,在共同基金领域有15.7%的市场份额。截至2021年3月底SBI FMPL的AUM约为5.04万亿卢比(约668亿美元,同比增长率为35.1%)。
② 韩国农协银行是韩国第三大商业银行,是农协金融集团(NHFG)全资子公司。NH-Amundi资管公司(NH-Amundi Asset Management)于2003年成立,为NHFG和东方汇理的合资企业。2003—2014年为NH-Amundi的基金产品成立、推出阶段,2015至今为持续推出新理财产品及收购其他基金的扩张阶段。目前NH-Amundi资管在韩国处于行业第七,截至2021年6月,AUM为423亿美元。
③ 汇华理财资产规模并未算在合资企业口径中。

介导致业务分润,以及集团保险公司较低风险偏好所致。公司收购的Pioneer、萨瓦德尔AM等大部分以零售客群为主,从而帮助优化客户结构,有效提升高收益贡献的零售客户占比,缓解整体费率下行的趋势。截至2020年年末,公司零售、机构客户分别占比40%、60%,零售客户占比较2014年年末累计提升16个百分点。零售客群的经营拥有更高的效益,2020年零售客群AUM平均管理费率录得41.5bp,而同期集团保险客户、其他机构客户平均管理费率仅为3.3bp、10.4bp。

在收购整合的过程中,银行系资管可能需要母行的资金支持。面对大型的收购整合,资管公司在满足各项监管要求之下,可能没有充裕的资金来实现收购,此时便需要借助外部融资或母行协助以完成收购资金的汇集。2016年东方汇理按照现金交割的方式,以35亿欧元收购Pioneer。其中,东方汇理自有资金出资13亿欧元,占2016年年末公司净资产的22.6%,依靠发行债券融资6亿欧元,即东方汇理通过自主渠道实现了60%的资金筹集;剩下的14亿欧元的筹集,通过东方汇理向母行发行认股期权,即母行可以折扣价认购东方汇理的新股,实现股权融资,融资额占2016年年末法国农业信贷银行净资产的2.2%。母行对于东方汇理业务扩张的充分理解与资金支持,是保障资管业务可持续发展的核心因素之一。对于规模体量较小的收购,东方汇理则可独立完成筹资。2020年公司以4.3亿欧元的价格收购萨瓦德尔AM,东方汇理通过100%的自有资金实现收购,占2020年年末公司净资产的4.4%。

组织架构建设——市场化竞争与母行联动的平衡

资管业务具有独特的商业运作模式,应被予以适配的管理机制。

如果商业银行通过信贷文化组织管理资管业务，则可能无法在投研能力建设、资源分配、考核激励等方面实现效率最优的配置。参考摩根大通优秀的公司组织管理经验，公司采用事业部的组织架构对资管业务进行管理。事业部制以业务条线为核心进行独立经营与业绩考核，强调各业务条线拥有充分的经营管理权限，实现财务、人力和风险管理等职能的独立，以及资源支配和权责划分的匹配。从资管业务内部来看，事业部高度独立化，运作模式更加灵活，在产品设计、销售、渠道、核算等方面高度独立。摩根大通资管的独立运作体系使其直面市场化竞争，在投资机制、风险管理、薪酬激励、产品销售上与行业顶尖机构设置统一标准，推动资管投研水平的持续提升。同时，事业部是绩效考核的主责任人，资管员工的业绩考核激励与晋升机制主要由资产与财富管理条线决定，以帮助制定合理且充分的员工薪酬激励制度。从公司整体来看，摩根大通实行双线汇报矩阵式管理，以优化各业务条线运营效率，并设置运营委员会保障各条线充分的资源共享与业务协同。综合来看，摩根大通事业部的组织管理模式予以资管业务市场化的运作空间，是资管业务实现业绩腾飞的关键，同时公司内部充分地协同为资管业务添砖加瓦，在成本端和营收端实现赋能。

各业务部门形成近乎独立的公司化运作体系，提升市场化运作空间。摩根大通旗下四个业务板块管理层对部门决策全权负责，实行相对独立的公司化运作模式。独立的运作体系为各个业务部门提供了更大裁量权，减少了母行对业务运营不必要的干涉，同时也为部门展业提供了更广阔的运作空间。独立的运作体系协助资管与财富管理部门减少了来自母行在战略规划、薪酬制定等各方面的不必要的掣肘，各部门对于单一市场竞争分析更有针对性和灵活性，有利于培养专业人才。基于集团整体战略，各业务部门人员自主制订管理方案，设定符合部门特点的专业标准，谋求自我发展，有利于业务和职能人员对业绩标准、发展方向保持更明晰的思路和更高的积极性。因此，部门独立化运作可保证单线业务战略的迅速传递和精准实施，进一步提升了团队的自主化和专业化程度。此外，摩根大通的独立公司化运作体系使得公司对各业务板块的运营情况、财务表现有更加清晰的核算能力，有助于集团及时监控与调整各业务线经营境况，促进母行统筹全局能力提升，也有益于集团整体利润提升。

除从事主营业务外，各部门均配有一套完整的职能体系来支持部门正常运转，包括财务、人力资源、风险控制、法务、合规、科技和运营等职能部门。各项支撑职能人员嵌入各业务板块内部进行高效配合并紧密调动资源，且职能人员的考核与激励主要由业务条线负责人决定，这将促进职能部门支持各业务板块进行高效率、高水平的运作。

实行双线汇报矩阵式管理，充分优化各业务条线运营效率。摩根大通采用双线汇报机制，各职能支持部门负责人先向本业务板块CEO汇报工作，同时也负责向其他职能支持部门、全集团的业务部门汇报，形成矩阵式管理模式。例如，摩根大通资产与财富管理CFO向该业务板块CEO汇报业务成果、风险事项和内控情况，该业务板块CEO向集团CEO汇报部门整体营运情况；同时，资产与财富管理CFO同时向零售银行、企业投资银行及商业银行CFO汇报和交流业绩成果，寻求未来各部门联动合作契机。各部门的双线汇报及公司的矩阵化管理模型，进一步推动了各部门间的资源共享，避免重复支出，同时信息的透明化帮助降低潜在经营风险，有利于集团业绩持续提升（见图9.12）。

运营委员会保障业务条线协同。摩根大通集团的运营委员会为公

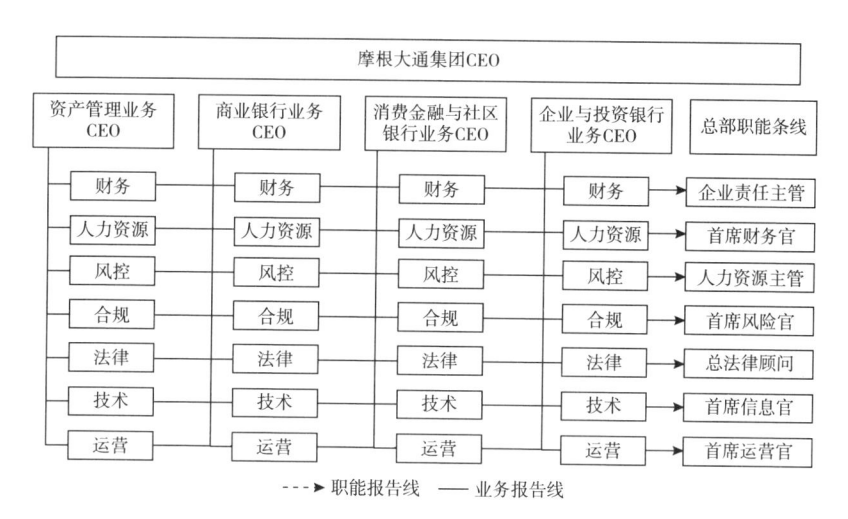

```
                          摩根大通集团CEO
┌──────────┬──────────┬──────────────┬──────────┬──────────┐
│资产管理业务│商业银行业务│消费金融与社区 │企业与投资银行│总部职能条线│
│   CEO    │   CEO    │ 银行业务CEO  │  业务CEO  │          │
```

财务	财务	财务	财务	→ 企业责任主管
人力资源	人力资源	人力资源	人力资源	→ 首席财务官
风控	风控	风控	风控	→ 人力资源主管
合规	合规	合规	合规	→ 首席风险官
法律	法律	法律	法律	→ 总法律顾问
技术	技术	技术	技术	→ 首席信息官
运营	运营	运营	运营	→ 首席运营官

---▶ 职能报告线　—— 业务报告线

图 9.12　摩根大通双线汇报矩阵式管理示意

资料来源：公司公告，中金公司研究部。

司最高级别的管理机构，由摩根大通集团首席执行官（CEO）、首席风险官（CRO）、首席财务官（CFO）、总法律顾问（General Counsel）、各业务部门首席执行官和其他高级管理人员组成。该委员会向董事会提供资料并协助董事会履行职责。基于公司基本经营原则，运营委员会旨在达到以下三个目标：获得优质客户的特许经营权，维持强劲的现金流和良好的资产负债结构，维护股东长期价值利益。基于以上原则和目的，运营委员会及集团高管团队负责统筹分配全行资源，在每年的夏季策略会上审查各部门绩效情况，评估各业务部门整体战略框架和绩效情况，并基于前年业绩表现，评估整体运营环境和决策风险，完善现有策略及提出新发展战略以适应竞争和市场格局的变化。近年来，摩根大通在不断扩大运营委员会规模，更多重点部门负责人的加入将进一步提高运营委员会的宏观调控能力。从摩根大通资产与财富管理业务条线来看，这也将推动资管部门和其他部门的资源共享和深度协作效应。

金融科技须得到资源投入与内部联动的双重支持

在数字经济时代,金融科技已成为资管行业的必选。金融科技作为重要的基础设施建设,对投资研究、风险管理、数字化运营等多方面都具有重要的意义,头部银行系资管金融科技支出占总营收的比例为5%~9%。而较大的金融科技投入力度,并不一定意味着成本收入比的提升,恰恰相反,金融科技在收入和成本端都可助力公司实现优化。一方面,高效的数据处理能力帮助投研人员获取更及时的市场信息,协助制订更准确的投资决策方案。另一方面,数字化的运营模式,可帮助优化业务流程、节省业务运营成本。从长期来看,金融科技具有显著的规模效应,随着AUM的不断扩张,单位AUM的成本支出整体将呈现下行趋势,金融科技投入的边际贡献将得到提升。

头部银行系资管保持金融科技高投入。金融科技建设是头部银行系资管的战略发展重心之一。2020年,摩根大通、纽约梅隆银行金融科技支出占营业收入的比例为8.6%、8.7%,且近5年投入力度持续提升,投入支出比例分别比2015年上升1.9ppt、2.8ppt,其中,资管业务领域的金融科技投入规模分别为4亿美元、2.3亿美元[①]。

高效的内部联动机制是保障金融科技资源充分共享的前提条件。

---

① 摩根大通4亿美元金融科技投入数据为2019年。纽约梅隆银行2020年全行金融科技投入规模为13.7亿美元,我们假设金融科技支出结构与收入结构保持一致,则按照资管业务的营收贡献(16.4%)推算,2020年纽约梅隆银行资管业务金融科技支出规模为2.3亿美元。

母行丰富的金融科技资源，为资管业务的科技建设带来了更多元化发展的可能。在运营流程上资管与母行其他业务重叠领域可由母行主要负责开发，从而避免了在资管业务端的重复投入，同时资管条线可将金融科技资源更聚焦于资管业务领域。此外，对于母行拥有的高精尖金融科技资源储备，在内部可通过相对优惠的价格与协议为资管条线提供相应的金融科技服务。而上述金融科技资源的共享，都需要高效的联动机制与组织架构得以保障。

- 在事业部的组织管理模式之下，摩根大通资管充分分享了母行的金融科技资源，使资管业务无须为客户数字安全、线上平台开发等维护性金融科技额外付费，而是将资金聚焦于投研、风控相关资管领域金融科技开发。在提升运营效率的同时，也帮助节约资管业务重复的金融科技开发与支出。2019年摩根大通资管业务金融科技支出共4亿美元，占营业收入的比重为5.5%，低于全行8.5%的水平。纽约梅隆银行在收购的过程中，将各资管公司统一整合至自身平台下，利用母行资源优势，规避小型独立资管公司面临的金融科技投入不足等问题。在得到金融科技保障的前提之下，资管子公司可更聚焦于自身的主营业务。

- 托管业务与资管业务在金融科技领域拥有一定的重叠，纽约梅隆银行投资服务条线的金融科技储备帮助增强资管业务全流程的金融科技实力。纽约梅隆银行投资服务条线（包括托管、清算等服务）的金融科技实力在全球范围内首屈一指，旗下拥有NEXEN（综合投资服务）、EAGLE（基金会计数据处理）、Albridge（数据报告生成）、Hedgemark（对冲基金数据分析）等先进金融服务平台。截至2018年，纽约梅隆投资服务部门为全球前100位资管公司中的83家、前100位养老基金管理者中的47家、前20位对冲基金中的16家、前10位主权基金中的7家提供资产组合管理服务。投资服务条线前沿的数据信息系统应用于机构客户的现金管理、资产清算及基金研究分析领域，为资产管理部门的产品研究、投资分析做出良好的支撑。从托管服务端衍生出的金融科技平台，为资管子公司实现了高效赋能。

在金融科技的加持之下，资管业务实现经营效益优化。长期来看，样本机构资管业务成本收入比的优化主要来自非人力及金融科技的其他营业费用支出的压降，包括市场营销费用、专业服务外采费用、并购产生的费用等。这一方面得益于AUM规模持续扩张带来的规模效应，另一方面源于金融科技带来数字化的赋能，帮助实现成本压降。2020年，摩根大通、纽约梅隆银行其他营业费用支出占营业收入的比重分别为18%、23%，相较2010年28%、30%的水平分别累计下降10个百分点、7个百分点，从而使得营业利润率实现提升（见图9.13）。

在发展模式上，金融科技亦可为公司实现创收。2020年，东方汇理创设了Amundi Technology战略业务线，旨在提供创新技术和服务以支持客户重塑其运营模式。Amundi Technology基于云计算提供业务解决方案，满足资产管理、财富管理、渠道销售的需求，覆盖完整的投资生命周期，为客户提供高性能工具，使他们能够专注于核心业务。

摩根大通收入结构

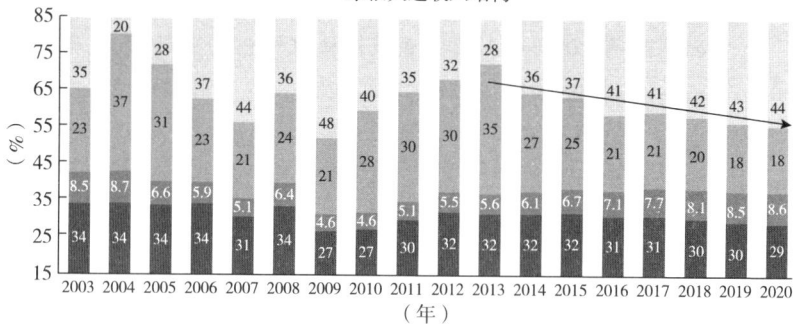

年	员工费用	金融科技支出	其他费用	税前利润
2003	34	8.5	23	35
2004	34	8.7	37	20
2005	34	6.6	31	28
2006	34	5.9	23	37
2007	31	5.1	21	44
2008	34	6.4	24	36
2009	27	4.6	21	48
2010	27	4.6	28	40
2011	30	5.1	30	35
2012	32	5.5	30	32
2013	32	5.6	35	28
2014	32	6.1	27	36
2015	31	6.7	25	37
2016	31	7.1	21	41
2017	31	7.7	21	41
2018	30	8.1	20	42
2019	30	8.5	18	43
2020	29	8.6	18	44

纽约梅隆银行收入结构

年	员工费用	金融科技支出	其他费用	税前利润
2010	37	5.2	30	27
2011	39	5.5	31	25
2012	40	5.9	32	22
2013	40	6.2	29	25
2014	39	6.3	36	18
2015	38	5.9	27	29
2016	38	5.9	26	31
2017	38	6.2	25	31
2018	38	6.5	24	32
2019	39	7.8	23	30
2020	38	8.7	23	30

图 9.13　头部银行类资管的其他营业费用支出占比长期呈现下行趋势
资料来源：公司公告，中金公司研究部。

- 四大核心产品。①ALTO 投资平台：面向资管机构、涵盖全资产管理价值链的服务平台；②ALTO 财富和渠道平台：面向分销商、财富管理机构的数字化与咨询解决方案平台；③ALTO 员工储蓄退休平台：面向金融机构的员工退休储蓄综合管理平台；④定制化解决方案：依靠东方汇理的成熟经验和专业知识，提供定制化的技术和服务（投资合规、ESG 投资等）。

- 新兴创收中心。2020 年，Amundi Technology 共实现营业收入 2 500 万欧元，占营业收入总和的 1.0%；截至 2021 年上半年

第九章　银行系资管母子联动创新模式

末，公司已与 29 家机构客户达成协议实现能力输出。得益于公司遍布欧洲、亚洲（分销渠道协议与合资公司）、美国（纽约梅隆银行的合伙协议）的渠道优势以及独特的技术策略，公司认为资管与财富的金融科技业务增长拥有广袤的空间，计划金融科技业务条线在 2025 年实现 1.5 亿欧元营收，占当期营业收入的 5%。

风险：理财子公司在商业模式变革下的转型不及预期

风险 1：上层建筑与生产关系无法理解与适应理财子公司的资管业务模式

理财子公司脱离资产池运作模式及刚兑信仰之后，其资管业务的属性得到逐步体现，商业模式相较于资管部本质上已实现了颠覆，与之对应的资源投入以及组织管理模式也应随之发生改变。我们认为，资管新规之前，由于商业银行资管部主营业务侧重非标资产投资的项目制管理，以及公司内部客户的资产承接，其信贷业务属性显著高于资管业务属性，银行资管部并非真正意义上的资产管理机构。而资管新规后新设的理财子公司，在脱离资产池与刚兑信仰并实现独立运营后，其资管的属性得到逐步体现，银行理财业务要直面资管行业更市场化的竞争，背后的商业模式本质上已实现了颠覆。而以往资管部的组织管理模式与经营理念或已不再适用，生产关系的变革将是保持理财规模可持续增长的关键。

风险2：人力资源投入不足，薪酬激励不充分

资管行业智力资本驱动的特征明显，而母行的薪酬体系无法为理财子公司提供市场化的薪酬激励。资管业务在商业银行体系内，具有特殊的商业发展模式。信贷业务、银行卡业务等更依靠商业银行的网点与信贷资源，对于个人因素的依赖程度相对有限；而资管业务更依靠人才输出经验与判断，以获取投资收益。理财子公司商业模式的变革，意味着人力资源投入须符合资管行业的市场标准。而在目前母行的薪酬体系框架之下，我们认为理财子公司薪酬投入力度不足主要有以下三大因素：

- 母行认为在现有薪酬体系标准之下，原来的资管部整体运营有序，不理解为何设立理财子公司后须实现薪酬激励的突破。
- 理财子公司整体薪酬额度拥有配额上限，分配到个体员工身上，人均薪酬水平较低，倘若用市场化薪酬招募头部基金经理，则其余员工薪酬将被大幅挤压。
- 激励性薪酬占比较低，产品绩效表现与个人奖金关联度低，无法充分激励员工发挥最大化效能。根据BCG统计，2020年理财子公司浮动薪酬占比为48%，而同期前二十大公募基金激励性薪酬占比高达70%。

上述制约都阻碍了在市场化竞争之下银行资管业务的能力建设。如前文论述，资管业务具有早期高投入、长期高产出的特征，尤其是人力资源的投入。大力发展资管业务对于母行和理财子公司而言可以

实现双向共赢，而这需要母行在以下两大方面实现突破：①在战略定位方面，充分理解中国资管行业的发展潜力，以及理财业务对于非息收入提振、零售客户揽储、资本市场形象建立的诸多优势；②在资源投入方面，充分理解智力资本驱动的发展特征，并在早期加大人力资源投入，可能需要牺牲一部分短期公司业绩，以获取长期更优厚的利润收益。

第十章
聚焦财富平台，整合产品服务体系

2021年7月招行发布"招财号"，之前2017年蚂蚁财富和东方财富也先后在其App中上线"财富号"，全面向金融机构开放。财富平台是机构开展财富管理业务的具象场景，是目标客群与产品服务的有效连接，这两端的有效对接可以提升开放平台活跃度并最终提升AUM。需要强调的是，简单的不同客群经验嫁接成功率较低，产品服务与目标客群价值诉求的有效匹配决定了平台运营模式。其中，产品服务须体现开放性，产品服务源自自身生产或第三方；针对目标客群，除专业产品服务外，趣味性与专业性有效结合也是平台运营的必选项，资讯/社交也可纳入平台范围。本章对比招行、东方财富、蚂蚁财富等平台运营情况，聚焦客群、产品和运营三要素。

不同的资源禀赋，相似的经营目标

2020年招行客均AUM约为6万元（大众客群客均约1万元）、东方财富客均AUM约为5万元（2019年数据，我们自行测算）、蚂蚁财富客均 AUM 则录得 8 000 元（2020 年上半年数据）。招行较高的客均 AUM 主要归功于其在私行、财富客群中的优势，但就大众客群和部分财富客群而言，竞争仍较为激烈，而大众客群通常更倾向于线上 App 的快捷服务。从 App 活跃客户重叠度来看，天天基金和招商银行重合活跃用户占招行 App 活跃用户比例上升趋势明显，蚂蚁财富和招商银行重合活跃用户占蚂蚁 App 活跃度比例趋势上升、占招行 App 活跃度比例则保持稳定。以上数据可能反映了以下几个问题：①更多客户进入财富领域，表现为线上客户快速增长；②大众客群有更多线上理财选择，可能同时选择银行、券商或第三方 App，尽管目前客群重合度较低；③按照财富价值链条，客户获取后，客户经营变得更加重要，源自 AUM 选择多样化。

同时，随着"以客户为中心"的服务理念逐渐成为行业共识，众多机构同时面临两大难题：一是通过线上方式对大众客群进一步获取和经营，二是庞大客群带来的对线上服务能力要求的提升。于是，各机构开始基于一个共同的目标尝试搭建开放平台，即引入资管合作伙伴，有效连接目标客户和产品服务，与资管机构共同获取和经营好客户；同时，做大 AUM 提升机构财富业务的收入，实现客户和财富管理机构的"双赢"。

然而，具体来看，行业中不同类型机构拥有的开放禀赋和打造的开放模式各不相同。通过对比具有先发性和代表性的三家机构——蚂蚁财富、东方财富和招行，我们发现，它们或强于流量基础、科技能力，希望搭建开放平台进行流量变现；或强于成熟体系和账户优势，希望通过对外开放撬动行业资源，调动各参与者的积极性，共建财富行业新生态。以蚂蚁财富和东方财富为代表的平台系机构深植互联网科技基因，通过开放平台升级财富管理能力，能更好地对由场景或资讯社交积累的庞大流量进行变现；而以招行为代表的头部零售银行机构，拥有亿级的账户客群，则是希望通过率先对外开放，与合作伙伴通过线上平台共同深度经营分层客群（尤其是大众客群），同时，作为深耕金融财富服务的头部零售银行，多元化的业务布局也赋予了其连接"客户—平台—资管"，进而打造财富管理新生态的能力与气度（见图10.1）。

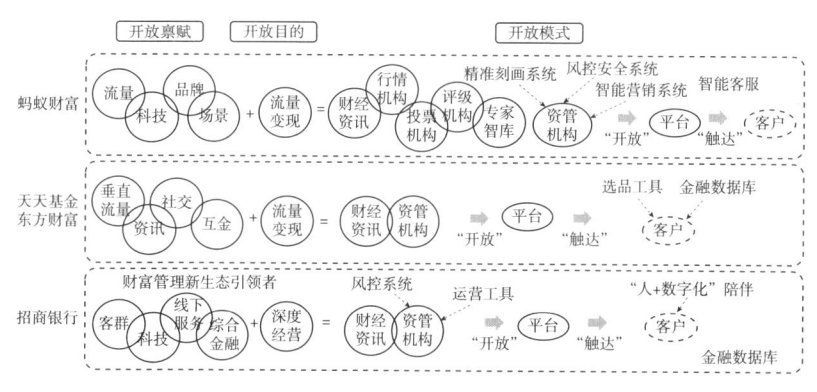

图 10.1 蚂蚁财富、天天基金（东方财富）、招商银行开放财富平台的商业模式

资料来源：蚂蚁财富 App，天天基金 App，招商银行 App，中金公司研究部。

蚂蚁财富（2017）：流量禀赋+场景转化+科技基因+集团品牌，打造 S2B2C 模式，技术服务费进一步助力流量变现

- 流量+场景+科技+品牌加持下的 S2B2C 模式。2017 年蚂蚁金服旗下的一站式理财平台蚂蚁聚宝宣布升级为蚂蚁财富，并正式上线财富号，全面向基金公司、银行等各类金融机构开放。蚂蚁财富将自己定位为科技金融公司，因此围绕开放平台概念，开放了技术和运营能力，打造了 S（平台）2B（资管）2C

（客户）的模式：基于消费者对于公司品牌的信任，通过开放蚂蚁的用户精准刻画系统、风控安全系统、智能营销系统，引入智能客服、数据共创以及整体的技术框架，搭建出一套解决方案；通过投前、投中、投后智能化、数据化的服务，洞察用户需求并开放整个场景；之后通过数据闭环的观察、洞察以及分析，全面赋能资管机构。蚂蚁财富平台开放了多种技术、运营工具聚合资管机构的能力，弥补其自身在金融服务方面的不足，我们认为，这将有助于平台更好地深度服务客户，将活跃用户转化为财富管理客户，同时做大财富客户基数和保有资产。

- 可通过技术服务费进行流量变现。蚂蚁财富是目前中国最大的线上理财服务平台，截至2020年6月30日，公司的理财科技平台促成的资产管理规模达40 986亿元，并与约170家资产管理公司合作开展业务。据招股说明书披露，蚂蚁的金融机构合作伙伴主要基于公司平台促成的资产管理规模（促成+资产增值），向公司支付技术服务费，因此，开放平台如果能增加财富客户的数量和促成资产规模，将进一步提升公司技术服务费的收入和理财板块的赢利水平。

东方财富（2017）：垂直流量＋资讯/社交引流＋互联网基因，助力一站式互联网财富管理战略升级，尾佣收入提升加速流量变现

- 在垂直流量＋资讯/社交优势下，进一步扩大内容服务。东方财富成立于2005年，2012年取得基金代销牌照，经过多次业

务领域扩张，公司已由国内领先的财经资讯网站转型为覆盖财经资讯、金融终端、基金、证券业务一体化的综合性互联网金融服务平台。2017年3月东方财富上线"财富号"，定位为旗下财经自媒体平台；同年8月东方财富又宣布针对基金公司主页进行全面升级，推出全新改版的"基金财富号"，以"自媒体+自运营"模式提供一站式金融服务解决方案，进一步满足基金公司的电商运营需求。已入驻的百余财富号，强化了平台的自媒体属性，其中"基金财富号"既满足了基金公司在平台的电商运营需求，也能为投资者提供更丰富、专业的投资资讯，提升客户转化率和黏性。

- 尾佣收入是流量变现的关键。天天基金为用户提供基金第三方销售服务，归属于东方财富的金融电子商务服务业务。此前东方财富董事长回答投资者提问时曾披露，2019年上半年金融电子商务服务向客户收取的认购、申购、赎回等费用占总收入的29.22%，向基金公司收取的尾随佣金和销售服务费占总收入的70.78%，表明东方财富的基金代销业务收入主要来自基于客户资产规模的尾佣收入。因此，财富号如果能带来客户转化率和黏性的提升，也将有助于东方财富垂直流量通过代销进行流量变现。

招商银行（2021）：庞大客群存量＋财富管理先发优势＋O2O经营，客户深度经营初心不改

- 账户客群足够庞大，提升财富管理内部渗透率是新目标。招商银行2021年7月召开财富生态合作伙伴大会暨财富开放平台发

布会，公布该行目前有1.6亿规模的零售客户，但仅有3 000万左右的财富管理客户，财富管理内部渗透率提升空间较大。因此，作为数字化转型领先的头部零售银行（两大App月活破亿），招行于当日正式发布了"招财号"，希望再次在同业中率先实现从中心化到平台化，从产品开放到运营开放，以账户客群庞大的招行App为平台，结合银行机构线下服务、综合金融产品解决方案等方面的优势，给资管合作伙伴赋予私域流量，共同激活并深度服务好分层客户，尤其是大众、年轻客户。

- 长期来看，招行放眼全行业，希望延续头部零售银行的传统金融服务优势和财富管理的先发优势，积极拥抱新兴数字科技并对外开放，担起大行职责，携手资管机构共建财富管理新生态。

财富开放平台三要素

基础：保有一定规模的大众客群

目前使用开放平台服务的主要为大众客群，因此我们认为，开放平台的基础是机构应保有的大量大众客群，并通过平台达到深度绑定和经营这类客群的目标。截至2021年年中报发布，招行统计"招财号"新增粉丝结构发现，5万元以下的金卡及以下客户约占2/3，为"招财号"粉丝的主体，也印证了"开放平台的经营主体为大众客群"这一结论。

同时，我们还强调，不同平台大众客群的基础和服务优势也有一定的差异。对比来看，蚂蚁财富主要为规模庞大的低经验用户流量，依托智能科技的优势，引入资管机构弥补其专业金融服务的短板；天天基金的流量则更多是具有交易经验的客户，对东方财富的资讯社交依赖性较强，对资管机构开放可以进一步增强客户黏性；招行分层客户中，大众客群数量占比大但客均 AUM 较低，随着数字化技术的提升，利用线上平台并聚合资管机构的能力在私域提供内容运营，还可以共建符合大众客群需求的高频场景、资讯社交等，以更低的成本更高效地实现对大众客群的触达和服务，实现全客群的深度经营。

蚂蚁财富：庞大的低经验用户流量基础，率先开放平台延伸服务能力，客群经营采用智能标签化分层 + 精准营销

截至 2020 年 6 月 30 日，在 12 个月内，超 5 亿用户使用蚂蚁理财科技服务平台进行投资，客群规模十分庞大。根据《互联网理财与消费升级研究报告》发布的数据（见图 10.2），蚂蚁财富平台的客群主要为白领和蓝领（合计占比 78%），年龄在 35 岁以下的居多（合计占比 77%），对理财的意愿和认知较低（低理财意愿和低理财认知型合计占比 74%），风险偏好程度也较低（稳健型及以下占比 75%）。

因此，面对庞大数量的低净值、低经验客群，蚂蚁财富将客群、运营工具和场景开放给资管机构，获得资管机构专业能力的反哺，延伸蚂蚁财富作为渠道方的服务能力，增加客户及其资产规模。同时依靠领先的数字化、智能化技术对获取来的大量客户数据进行深度学习，不断迭代提升平台方千人千面的精准服务质量和大数据风控水平。

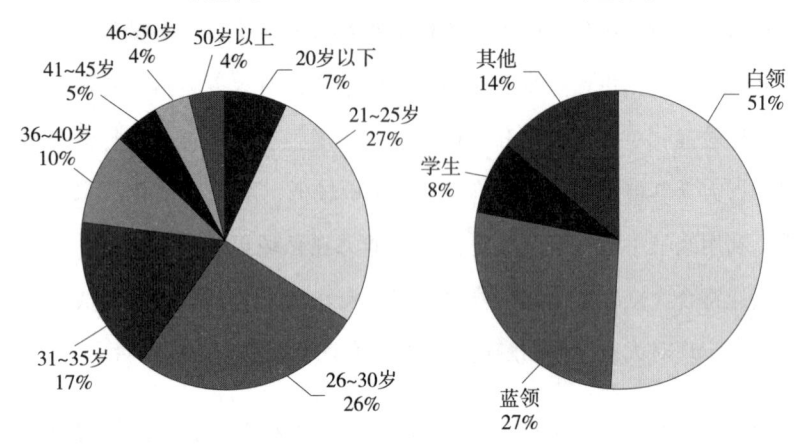

图 10.2 蚂蚁财富的客群特征

注：根据蚂蚁集团平台在 2017 年 8 月 31 日至 2019 年 7 月 31 日这两年间随机抽取的线上活跃用户数据。
资料来源：中国人民大学与蚂蚁集团研究院发布的《互联网理财与消费升级研究报告》，中金公司研究部。

天天基金：高黏性的交易用户，资讯和社交是客群经营的重点，开放平台进一步强化优势

天天基金的客群相较蚂蚁财富则更为年长，《2020 年中国基金人群报告》数据显示（见图 10.3），35 岁以下用户占比约为 46%（蚂蚁财富为 77%），主要是企业白领，占比 69%（蚂蚁财富为 51%）。天天基金客群收入分布在 5 000 ~ 10 000 元的最多，占比约为 44%。这主要是由于天天基金通过东方财富信息平台导流，引入了大量专业、有经验、高活跃度的交易型用户，而这些用户也更加重视平台的资讯和社交功能，且有较强的独立思考能力。

因此，我们认为，上线财富号将进一步强化平台的资讯社交属性，其中的"基金财富号"直接连接基金公司，由基金公司运营，相比强

年龄分布

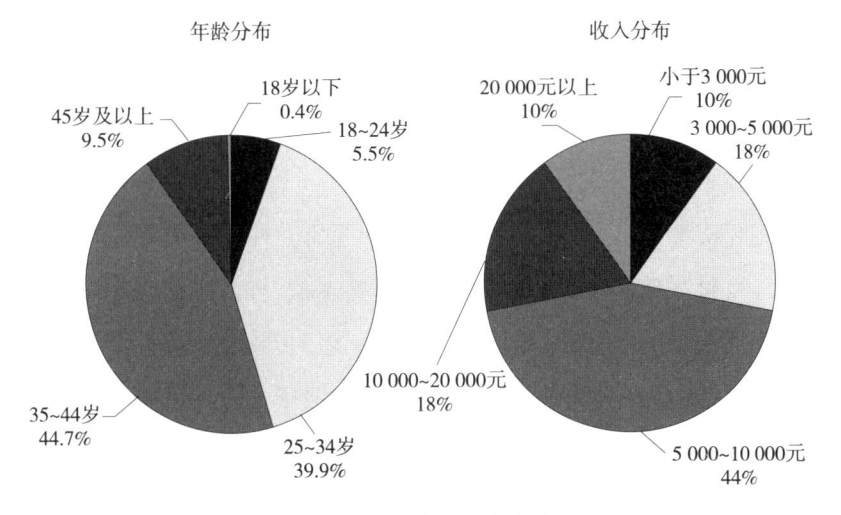

- 18岁以下 0.4%
- 18~24岁 5.5%
- 25~34岁 39.9%
- 35~44岁 44.7%
- 45岁及以上 9.5%

收入分布

- 小于3 000元 10%
- 3 000~5 000元 18%
- 5 000~10 000元 44%
- 10 000~20 000元 18%
- 20 000元以上 10%

图10.3　天天基金的客群特征

注：数据截至2020年6月。
资料来源：Mob研究院《2020年中国基金人群报告》，中金公司研究部。

调社交属性的"基金吧"，"基金财富号"进一步丰富了专业的、与产品交易相关度高的投资资讯，并连接基金经理直接为投资者解惑引导，有助于增强存量客户黏性和吸引更多的增量用户。截至2021年上半年，天天基金服务平台日均活跃访问用户数为337.99万，3年CAGR达28%。

招行：适配财富业务的银行账户，成熟体系延伸服务大众客群，助力建设财富管理大生态

相较蚂蚁财富等平台系机构，作为头部零售银行的招商银行客群基数大、谱系全面（涵盖高、中、低净值人群，即私行、财富、大众客群），其中中高净值客群（金葵花、私行）是其优势，为招行贡献了80%以上的AUM。随着国民财富积累的加速和招行数字化转型的加快，利用数字化技术、线上平台等服务好庞大的大众客群，做大财富管理业务，打造新的 AUM 增长点，也成为招行长期发展的重点方向之一。最新数据显示，招行 1.6 亿的零售客户中仅有 3 000 万左右的财富管理客户，因此有 1.3 亿左右的非财富管理客户等待挖掘，招行旨在通过开放平台深度经营该客群。

对比金融类 App，网上银行类 App 占据客户使用时长和集中度显著低于支付结算、股票交易和财经资讯类 App，且内部竞争激烈。因此，不同于蚂蚁财富先搭建非金融场景引流，后发展金融业务，招行在同样拥有庞大的大众客群基础上，利用自身强大的金融属性和财富管理的先发优势领先同业，率先开放财经内容和社区，与合作伙伴共建高频的金融场景，提升竞争力，从中心化向平台化转型，最终形成以客户为中心、渠道和资管共同服务客户的财富管理新生态。在这个生态中，不同层级的客户形成差异化的需求，开放平台主要解决的是生态中数量大但资金量少的客群，助力银行从专注高端财富管理服务，拓展至全生态的引领和经营。

核心：开放性、趣味性兼具的产品服务

开放平台以客户为导向，将服务从"产品级"升级到"客户级"，依照用户路径，为客户提供投前、投中、投后全生命周期的陪伴。

产品筛选与货架：兼具丰富度与精选性，以客户为中心，开放吸纳更多优质产品

开放平台基于产品货架为客户提供综合的财富管理服务，相比平台系机构，银行机构在产品筛选的门槛较高，但品类也更多，呈现更加"多元精选"的产品货架。平台系机构也逐渐开始重视选品，

依照客群特征和平台禀赋的不同，蚂蚁财富聚合市场上专业机构、团队的选品能力，打造"理财智库"，联合《中国证券报》推出"支付宝金选"；而天天基金则开放大量选基工具，帮助客户自主选品。同时，随着开放平台与资管机构合作的不断深化，平台产品货架的开放度也在不断提升，例如，招行平台率先向他行理财子产品开放，目前已实现引入8家他行理财子产品，累计产品余额超4 000亿元。

- 产品丰富度。①从产品数量维度来看，独立基金销售机构代销的产品数量远高于银行机构，我们认为，这是因为有部分基金产品受限于银行准入门槛。根据万得资讯数据，目前天天基金代销6 472只，排名第一，蚂蚁基金代销5 843只，排名第五，而招商银行代销3 836只，排名第四十三。②从产品保有规模维度来看，银行在整体基金保有量上依旧保持优势，但部分头部独立基金销售机构（如蚂蚁基金、天天基金）增速较快。基金业协会2021年上半年基金销售机构保有量数据显示，非货基保有量蚂蚁基金/招行/天天基金分别排名第一/二/五位，而在权益类（股票+混合）基金上招行仍居榜首，蚂蚁基金和天天基金分别为第二和第五位，反映了招行在风险收益更高、复杂程度更高的产品代销方面的能力较为突出。③虽然单从基金品类来看，银行机构总体代销只数较少，但银行总体产品种类更加丰富，且门槛更高，表现为超市场平均的收益水平。招行产品货架包含公/私募基金、保险、银行理财以及信托，收益表现均优于同类。
- 精选产品能力。对比各平台的精选产品，我们发现，蚂蚁财富进一步对外的专业能力开放，聚合强大的选品能力，为用户分类、降维呈现"支付宝金选"榜单；而天天基金则对用户开放，利用数据能力，为投资者提供丰富的选基工具；招行是优中选优，精选"五星之选"，为用户提供优质的基金产品。

蚂蚁财富："支付宝金选"以"客户为中心"，由支付宝的理财智库和《中国证券报》合作，采用"权威机构参评+专家团队筛选+多层筛查机制+紧密跟踪严控风险"的模式。"支付宝金选"层层筛选出50~60只产品（"安稳理财""稳中进取""博取更高"），持续跟踪、定期筛选、定期轮换。据蚂蚁财富介绍，"支付宝金选"不会专门选出历史收益率最高的产品，也不会推荐刚兑产品，更不会向任何资管机构收取广告费进行宣传。此外，"支付宝金选"不单设置"金选"专区，还在App的所有"基金菜单"上对"金选"产品贴上标签，采用降维的方式，更快更有效地触达潜在客户（尤其是低经验理财客群）。

天天基金：相比蚂蚁财富直接为客户推出精选产品，天天基金则更多的是为用户提供了选基工具，这主要是由于天天基金的客户更为成熟、理财投资经验更加丰富，有独立的思考能力。因此，开放更多的选基工具，能够帮助客户更快选到自己想投资的产品。此外，天天基金每天在首页的"基金优选"专栏也会更新5只"天天严选"基金供投资者参考。

招行：为解决经济周期波动、大类资产平衡问题，招行于2006年在业内首创"五星之选"基金筛选框架以及覆盖全市场的基金经理评价数据库。服务用户超140万人、有长期投研能力沉淀的"五星之选"，经过14年不断的迭代升级，建立起一套完善的基金研究筛选框架体系，对"基金公司+基金经理+基金产品"进行三位一体的刻画分析，实现"量化去劣，定性择优"。五星基金分为偏股型和偏债型，经过时间的考验，收益持续优于市场平均表现。截至2021年9月20日，"五星之选"权益类基金近一年收益上涨21.54%，较同期上证综指（14.48%）录得7.06ppt的超额收益；"五星之选"债券类基金近一年上涨6.26%，较同期中证全债指数（5.53%）录得0.73ppt的超额收益。

- 产品开放度。蚂蚁财富、东方财富和招行除了作为代销机构销售理财产品，还分别成立了天弘基金、东财基金和招银理财，设立并管理资管产品。截至2020年6月，余额宝已经向24家第三方公募基金开放，理财平台促成的资产管理规模达到40 986亿元，其中27 460亿元由天弘以外的其他基金公司管理（约2/3）。

  同时，正如前述招行产品货架具有"多元精选"的特征（见图10.4），头部银行往往保有一定数量的复杂化、定制化的产品。需要强调的是，银行不会对所有种类的产品都开放，因为银行在复杂产品的销售中还起着为客户缓释信息不对称、提供定制化的投资建议等重要作用。因此，我们判断，银行在复杂、定制产品方面的优势还将继续保持。

内容运营：外部引流+内部运营，增强对外开放，丰富平台内容属性，延伸资讯、社交等高频功能

丰富的内容是理财用户的刚需（尤其是大众客户），也是机构选择对外开放平台、聚合资管合作伙伴能力的重要原因之一。合作伙伴

丰富多元的产品货架

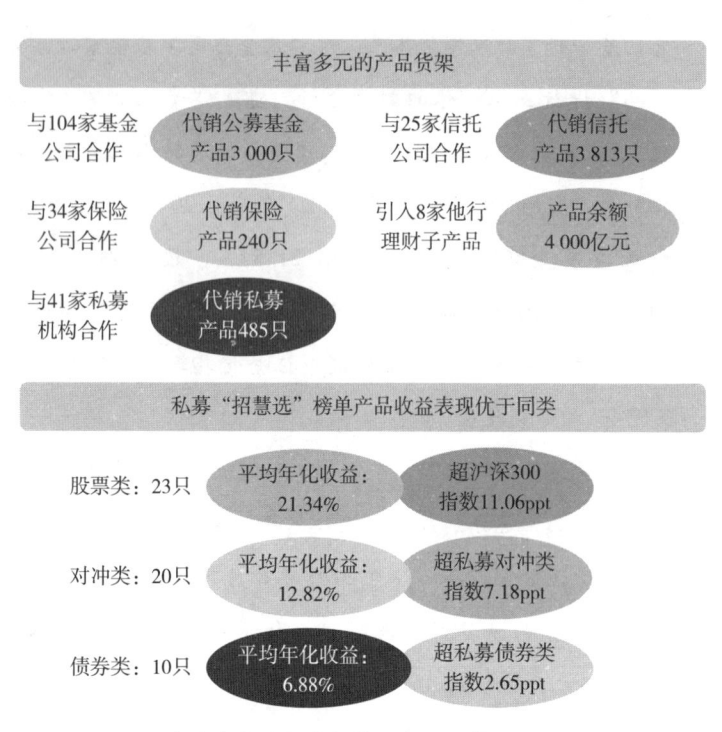

- 与104家基金公司合作 —— 代销公募基金产品3 000只
- 与25家信托公司合作 —— 代销信托产品3 813只
- 与34家保险公司合作 —— 代销保险产品240只
- 引入8家他行理财子产品 —— 产品余额4 000亿元
- 与41家私募机构合作 —— 代销私募产品485只

私募"招慧选"榜单产品收益表现优于同类

- 股票类：23只　平均年化收益：21.34%　超沪深300指数11.06ppt
- 对冲类：20只　平均年化收益：12.82%　超私募对冲类指数7.18ppt
- 债券类：10只　平均年化收益：6.88%　超私募债券类指数2.65ppt

图10.4　招商银行产品货架精选多元（截至2021年7月）
资料来源：公司官网，中金公司研究部。

不仅需要公域的引流，其在私域产生的专业内容，也需要平台结合对客户需求的识别进行处理，并在平台公域内运营，进而精准连接到客户。同时，平台还需要对资管机构以外更多的"内容生产商"开放，赋予其社交功能，共建完整的"内容生态"。因此，我们从多个维度比较了蚂蚁财富、天天基金和招行开放财富平台的内容在产生—传导—触达方面的情况，显示各平台开放的禀赋、时间各不相同，在内容经营的侧重点也有差异。

- 外部引流：蚂蚁财富在支付宝设置较多引流入口，天天基金已积累了一定的独立流量，招行通过非金融＋金融场景持续完善引流机制。

蚂蚁财富依托支付宝的支付结算和高频场景，天天基金依托东方财富的资讯社交和高频交易，招行依托银行账户的资金存贷与生活场景，积累了足够的用户，成为财富开放平台的客群基础。在此基础上，蚂蚁财富为外部引流搭建了丰富的入口，开放了支付宝域内其他模块让资管公司接入，进行活动和投放，如通过在集分宝、天天抽奖、生活服务、活动等页面投放关注财富号或小程序，让合作伙伴实现从支付宝域内获取流量增长。同时，蚂蚁财富还利用自己的运营优势，打响"理财节"等平台中心化运营活动，为合作伙伴带来了较大的流量（见图10.5）。

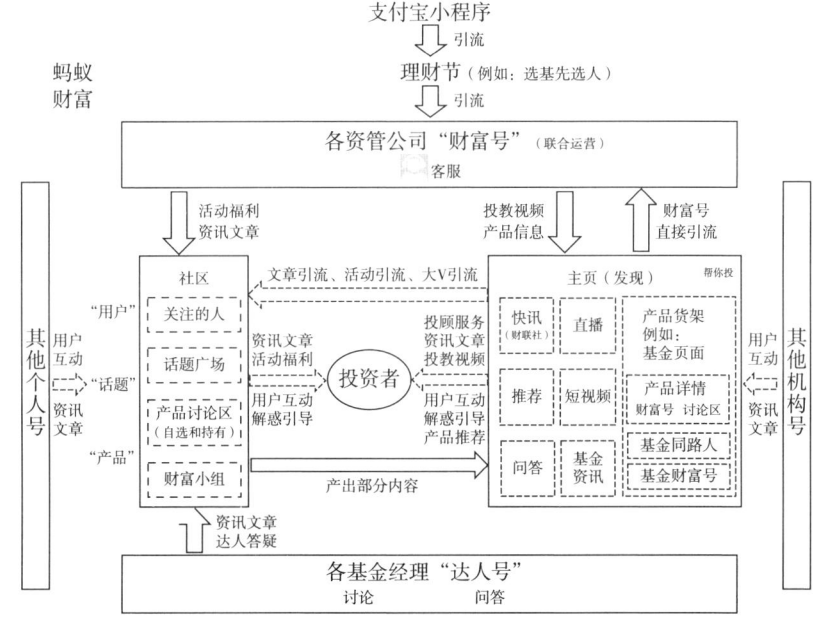

图10.5 蚂蚁财富财富开放平台的内容运营模式
资料来源：蚂蚁财富App，中金公司研究部。

相比蚂蚁财富，东方财富较早布局"基金专业版"的天天基金，已逐步形成"买基金，到天天基金专业App"的理念，为天天基金引流并积累了独立流量（见图10.6）。而招行在2021年上线"招财号"前，也已经打造了多个泛金融场景。截至2021年中报发布，招行两大App月活超1亿，已有3个MAU达3 000万的场景，6个MAU达2 000万的场景，10个MAU达

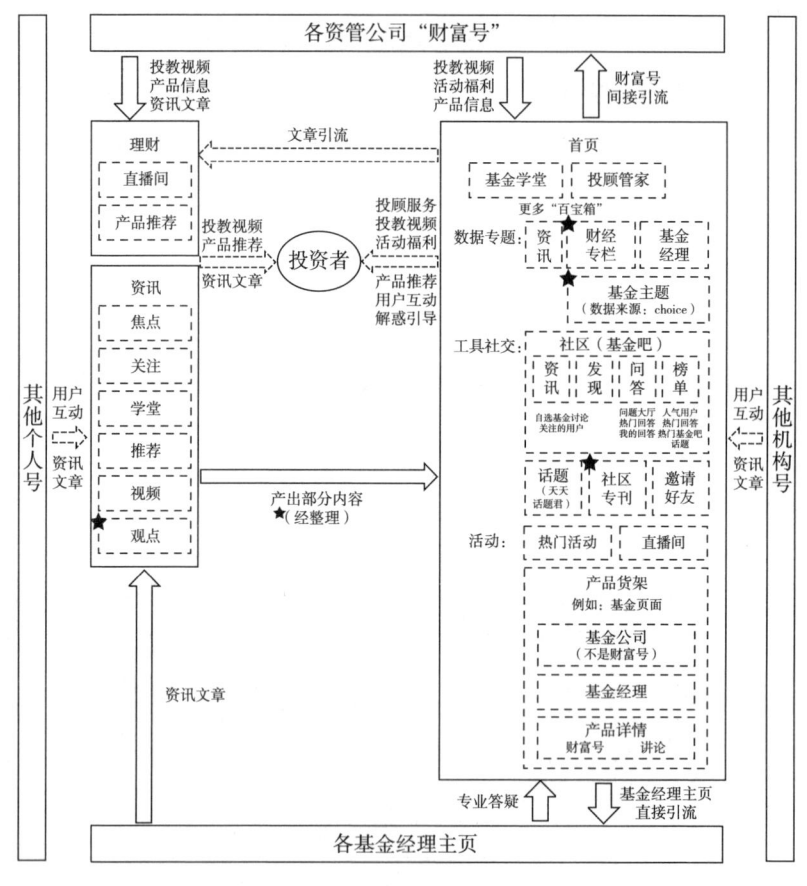

图 10.6　天天基金财富开放平台的内容运营模式

资料来源：天天基金App，中金公司研究部。

1 000万的场景,以及44个MAU达百万级的场景,电子社保卡签发也突破2 000万。未来招行将通过财富管理生态合作,与合作伙伴共建更多高频场景,实现MAU向AUM的转化(见图10.7)。

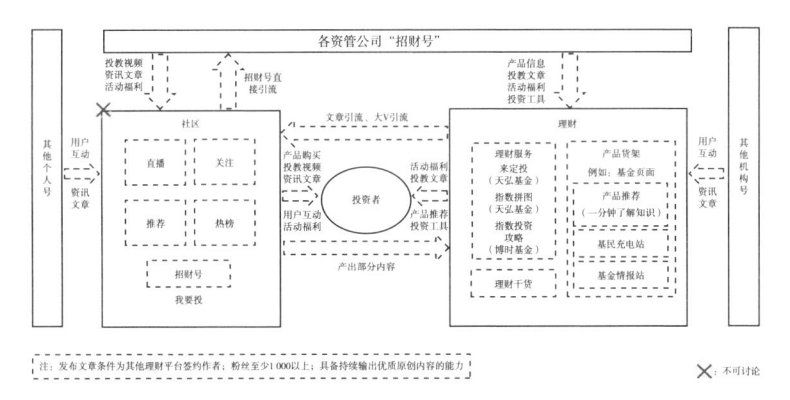

图10.7 招商银行财富开放平台的内容运营模式
资料来源:招商银行App,中金公司研究部。

- 内部板块:在内容生产方面,蚂蚁财富和天天基金对外部机构开放程度较高,天天基金的资讯社交更为丰富;在内容输出方面,各家都将直播作为重要渠道,蚂蚁财富的直播能力更强;在内容形式方面,基于客群基础,蚂蚁财富和招行更多地对内容降维呈现;在公域内容运营方面,天天基金采用整合分区,进一步提升用户体验感(见表10.1)。

——大咖用户。各机构都将平台开放给资管机构、投资经理以及其他机构/个人。但相比蚂蚁财富和天天基金,招行不能直接关注投资经理并在其主页互动。

——财经资讯。天天基金的资讯板块开放程度高,内容丰富,且在"首页"—"更多"设置了功能齐全的"百宝箱",利用

表 10.1 蚂蚁财富、天天基金、招行财富开放平台内容运营模式对比

内容传导阶段		蚂蚁财富		天天基金		招商银行	
		开放内容	开放对象	开放内容	开放对象	开放内容	开放对象
外部引流		外部支付宝小程序引流（场景积累的流量）；平台中心化活动引流	—	有东方财富的外部引流，但天天基金已形成部分独立流量	—	App 中泛金融/生活场景引流	—
内部传导阶段	大咖用户	"财富号""达人号"和其他意见领袖，可以直接在个人主页互动	资管机构、投资经理、机构/个人意见领袖	"财富号"，投资经理主页和其他意见领袖，有榜单推荐，可以直接在个人主页互动	资管机构、投资经理、其他机构/个人意见领袖	"财富号"，投资经理主页和其他意见领袖，但不能直接关注投资经理和在其主页互动	资管机构、投资经理、其他机构/个人意见领袖
内部板块	资管私域的链接	可由产品信息页直接进入	—	不可由产品信息页直接进入，但可进入基金公司信息页和基金吧	—	不可由产品信息页直接进入	—

(续表)

内容传导阶段		蚂蚁财富		天天基金		招商银行	
		开放内容	开放对象	开放内容	开放对象	开放内容	开放对象
内容传导阶段	财经资讯	"财经快讯"由财联社提供，不能评论，界面也缺乏交互性；理财智库出品"财富周报"对资讯意见领袖开放资讯文章，可以评论互动，但内容丰富度较天天基金低	资讯机构、资讯意见领袖、理财智库专家团队	对资讯意见领袖开放度高、资讯丰富度高（东方财富的资讯禀赋；重点财经资讯平台呈现，分区后呈现；可以评论互动	资讯机构、资讯意见领袖	财经资讯丰富度较低（是三家机构中最低的）；有"我要投"功能	资讯机构、资讯意见领袖
	话题广场和讨论区内部板块	可以在"社区"进行讨论；可根据"自选和持有基金讨论区""财富小组"进入专区参与专项讨论，但相较天天基金，专区分区少，"人气用户""热门问答"	资管机构、投资经理、个人投资者机构投资者	可以在"社区"（基金吧）发帖；可根据"人气用户""热门问答"进入专区参与专项讨论	资管机构、投资经理、机构投资者、个人投资者	社区发表文章设置有门槛；没有专区分区；目前讨论的内容丰富度较低	资管机构、投资经理、机构投资者、个人投资者

第十章 聚焦财富平台，整合产品服务体系 399

(续表)

内容传导阶段		蚂蚁财富		天天基金		招商银行	
		开放内容	开放对象	开放内容	开放对象	开放内容	开放对象
内部板块	直播	直播能力强,单场人数100万以上、最长5小时	资管机构/投资经理	将直播作为重点,在"理财"板块置顶	资管机构/投资经理	加强直播能力,目前可容纳50万客户同时在线	资管机构/投资经理
内部板块	投资者教育	嵌入产品信息页	资管机构/投资经理	专设"基金学堂"	资管机构/投资经理	嵌入产品信息页	资管机构/投资经理
内容传导阶段（投顾）		与先锋领航合作"帮你投"	—	对首批基金投顾试点机构开放,打造"投顾管家"	—	—	—

资料来源：蚂蚁财富App、天天基金App、招商银行App，中金公司研究部。

强大的数据处理能力对"资讯"分区的文章内容进行整理，形成"数据专题"专区的"财经专栏""基金主题"，"工具社交"专区的"社区专刊"等栏目，实现资讯内容对客户兼具广度和深度的精准触达。蚂蚁财富资讯聚合能力较强，与财联社合作提供"财经快讯"，与专业团队合作组建理财智库，每周更新"财富周报"，但目前的资讯丰富度还是较天天基金低，是由于发展较晚（天天基金有东财的资讯禀赋）。招行平台刚处于起步阶段，资讯丰富度较弱，但是招行为合作伙伴的内容文章设置了"我要投"的功能，方便投资者在进行内容阅读时，可以迅速找到关联的产品，有助于"内容—交易"转化率的提升。

——话题广场和讨论区。三家机构都搭建了社区，满足客户社交的需求。天天基金和蚂蚁财富的用户都可以在注册后直接发帖，且设有专区讨论，但天天基金将专区按"发言人""问答话题""所涉产品"分类，用户体验感更好。招行社区发表文章设置有门槛（其他理财平台签约作者；粉丝至少1 000以上；具备持续输出优质原创内容的能力），尚未设置讨论专区，内容的丰富度也较低。

——直播。直播作为平台最重要的内容输出方式之一，蚂蚁财富有淘宝直播的经验，直播能力较为突出，已实现单场人数100万以上、最长单场直播5小时（2020年9月外滩大会数据）。天天基金和招行也十分重视直播，天天基金已将"天天直播间"在"理财"板块置顶，招行也在2021年7月的生态大会上表示要在当年年底实现直播可容纳100万用户同时在线。

——投资者教育。对投资者进行正确的投资理念教育、引导和陪伴投资者长期价值投资，是各开放平台达成的共识。天天基金在首页专设"基金学堂"，蚂蚁财富和招行则更多地将投教知识以降维、简化的方式嵌入用户购买产品的信息展示页面。我们认为这主要是因为客群的差异，天天基金的客群相对成熟、有投资经验，因此单独开设投教专区，方便投资者在需要的时候自行浏览学习，集中运营也节省了平台的成本。

——投顾。随着财富管理行业的变革转型，"以客户为中心"的买方投顾也是各平台发力的重点，投顾的全包服务，转变了客户从内容获取到产品自主交易的链条。目前，蚂蚁财富和天天基金都以开放合作的形式发展投顾服务，蚂蚁财富与先锋领航合作了"帮你投"，而天天基金则是上线了"投顾管家"，打造独家投顾超市，引入首批基金投顾试点机构，全程定制委托，为投资者提供满意的服务。

客服交互：提升智能化水平，以服务庞大客群，"人的服务"为交互升温

在平台对外开放，提升能力的同时，获取到的庞大平台客群在进行理财投资时也产生了与客服进行频繁交互的需求，因此提升客服交互的时效性、准确性甚至趣味性，也成为各机构在打造开放平台时关键的一环。各平台都在积极打造人工智能以服务日益增长的客群规模，蚂蚁财富的"支小宝"已经率先打出"AI智能理财助理"的第一张牌，招行作为传统金融机构也在积极进行数字化转型，保留"人的服务"的优势，积极探索"人+数字化"的新道路。

蚂蚁财富——支小宝：智能助理"拟人化"升级，服务亿级客群。

支小宝是国内首个 AI 智能理财助理，2020 年 9 月的蚂蚁外滩大会上，智能理财 AI 支小宝升级亮相。据介绍，升级后的支小宝 1 分钟能同时对话千万人，实现毫秒级回复，并且比真人更加理性、客观、公平。蚂蚁已有高比例的用户听取支小宝的建议进行调仓、资产配置，个人对话最长纪录为 58 轮/天，单人最长为 1.5 小时/天。

升级后的支小宝推出了两项新的理财配置服务——三笔钱和理财分。①三笔钱：将客户的钱细分为"短期开销＋人生保障＋投资增值"，并基于用户持仓和资产配置需求提供财务规划方案。②理财分：基于"三笔钱"，对每个用户在支付宝上的理财行为进行评估（包括有无追涨杀跌，是否定投，投资方案是否符合年龄和承受度等）并给出理财分。《2020 国人理财趋势报告》中的数据显示，在 950 分的总分下，有近六成人理财分达到 500 分及以上，已经具备基础的理财规划；近四成人已经有了"三笔钱"的配置，其中 90 后占到近一半，显示理财配置服务升级效果显著。

支小宝专注于专业垂直领域的多轮次专业对话，其服务贯穿了客户的全流程（用户第一次接触—思考—选品—涨跌之后的操作）。同时，支小宝提供的所有内容、产品、服务都来自资管机构，支小宝自身不生产任何内容，只是进行抓取＋推送，这也激励了资管机构在财富号里多生产好的观点和内容。

招行——小招顾问：依托 AI 的全人工专属线上理财顾问，"人＋数字化"服务精细化分层下更多的大众客群。

学习支小宝等领先智能理财客服的成功经验，招行也推出了"小招顾问"，目前小招顾问是全人工一对一专属顾问模式，能在工作日的 8：30～17：30 随时为客户提供理财咨询服务。

相比于其他智能理财客服，小招顾问有几个优势，可以有效提升客户的体验。①客户经理名片认证：招行为每个小招顾问都提供了专属的名片认证，有助于客户迅速与客户经理建立起信任感；②专业、有温度的服务：小招顾问的客服都是经过长期培训的专业理财顾问；③主动与客户联系：及时更新产品情况，解析市场情况，跟进客户的意向。因此，如何在保存现有优势下，持续探索"AI＋人"的客服可能，是招行所需要思考的重点问题。

招行2021年中报显示，报告期内小招顾问服务客户745.42万次，同比增长104.99%；订单成交笔数35.81万笔，同比增长248.57%。未来，招行还计划继续完善小招顾问，将客户经理服务客户长期积累的客户偏好、客户行为等资料都灌注到人工智能中，依托AI大脑和海量数据开展推荐模型场景化训练，持续提升千人千面服务支撑能力，最终实现从客户经理管户模式到互联网智能服务流量模式的转变，走出"人＋数字化"的第三条路，以服务亿级客群（见表10.2）。

表10.2 "支小宝"与"小招顾问"的服务模式

	支小宝	小招顾问
服务模式	AI智能	人工（发展方向：AI＋人工）
服务时段	7天×24小时	工作日8:30~17:30
服务特色	·7天×24小时在线服务 ·人工智能技术领先：1分钟能同时对话千万人，实现毫秒级回复 ·升级特色理财配置服务："三笔钱""理财分" ·贯穿了客户投资全流程：用户第一次接触 ·思考—选品—涨跌之后的操作 ·比真人更加理性、客观、公平	·全人工服务、有客户经理名片认证 ·专业服务，具有温度 ·贯穿了客户投资全流程，还会主动联系客户跟进投资进度

资料来源：蚂蚁财富App，招商银行App，中金公司研究部。

投资者教育与投后陪伴：聚合资管力量进行全流程陪伴，引导投资者树立正确的投资理念

追涨杀跌现象在中国居民的投资理财行为中普遍存在，也是影响其长期投资收益最重要的因素之一。《中国居民投资理财行为调研报告》数据显示，当面临损失超过20%时，近44%的投资者一定/可能会改变投资计划；当收益超过20%时，超过50%的个体选择增持。用户缺乏专业知识和在市场波动时的理性引导，将会使他们在产品收益与预期出现偏差时，做出非理性的行为。

因此，各家打造开放平台的机构都致力于联合资管机构的力量，推广长期投资和多样化资产配置理念，引导投资者走向成熟，这也是各平台对外开放希望实现的长期目标。①平台系机构（蚂蚁财富、天天基金等）通过联合资管机构打造以"内容"为中心的陪伴服务。在App公私域（讨论区、直播间等）提供投教科普、市场解读，及时更新客户已购入的产品信息，客户可以持续与客服保持在线交流，还会定期与资管机构联合组织投资者沙龙，了解客户的需求，解答客户的疑惑。②银行系机构除了提供"内容"服务，还利用其"人的服务"的优势，提供"人+数字化"的陪伴服务。招行客服"小招顾问"采用的是全人工服务，从了解客户需求—匹配需求，提出资产配置建议—推荐产品到一键下单，都为每位客户配备了一位专属线上理财顾问，当遇到市场变化时，小招顾问还会主动与客户联系，及时更新产品情况、解析市场情况、跟进客户的意向，帮助客户在长期价值投资中实现财富的保值增值。同时，各机构通过持续陪伴留存的客户，使其与平台建立信任，随着他们年龄增长、收入增加，或将逐步意识到"财富管理不是短期的暴利，而是在投资自己的一生"，而

在进行长期投资时开放平台将可以为他们提供全生命周期的理财和陪伴服务。此外，随着年龄的增长和财富的积累，客户的风险偏好也会发生变化，客户将更愿意购买进阶型理财产品和享受综合性的财富管理服务，客户资产收益率的提高也将为平台带来长期收益。因此，开放平台的首要目标是服务好客户，并向他们传达正确的投资理念，提升客户留存率，为资管方和渠道方长期为客户进行财富管理打下基础。

目前，定投也成为各平台积极向客户宣传的长期投资方式，蚂蚁财富、天天基金和招商银行 App 都分别在产品页面和投教栏目中设置了定投专区和知识科普。定投采用基金定期定额投资的方式，不论市场行情如何波动，投资者只需自行决定投资时间间隔、投资金额，便由平台到期自动定额扣款，依基金净值计算购入的基金份额数。这样投资者购买基金的资金是按期固定投入的，投资的成本也比较平均，相比单笔的投资方式，避免了投资者自行择时的问题，对于非专业投资者而言更加友好并且降低了风险，是推广长期投资理念的第一步。

开放平台嫁接了资管的专业能力和服务能力，持续升级投教与投后服务，使用户更成熟。据 2020 年 9 月外滩大会公布，蚂蚁财富年度活跃理财用户 5 亿（有交易/持仓的用户），平均持仓天数 300 多天，其中配置型（持有两种以上的产品的用户）/定投型的用户比例是 79%。2021 年 7 月，招商银行财富生态合作伙伴大会上也公布了其客户基金平均持有时长为 16 个月，持仓时长在业内领先，展现了招行"人+数字化"客户陪伴模式的优越性。我们认为，在推出财富开放平台后，招行还将和资管机构一起持续陪伴更多的大众年轻客户，输出正确的投资观念，引导他们进行长期价值投资。

关键：平台从公域中心化经营和提供私域运营工具两方面赋能合作伙伴的业务

财富开放平台引入资管机构，赋予其私域流量和运营工具，吸纳的粉丝量是第一指标，进而要关注流量的转化和长期留存。通过对比，我们认为，同一机构在不同平台运营的内容差别不大，排除各机构流量基数差异的影响，平台从公域中心化经营和提供私域运营工具对合作伙伴的赋能也是影响私域粉丝数量的重要原因之一。相比天天基金，蚂蚁财富通过强大的中心化运营和智能运营工具赋能资管私域，为私域积累了巨大的粉丝量，GMV 和 AUM 也同步增长。招行的"招财号"尚处于起步阶段，但在平台的持续赋能下，粉丝量增速较快。我们预计，"招财号"未来有望吸引更多资管机构入驻，丰富招行财富新生态的合作伙伴圈。

蚂蚁财富、天天基金、招商银行先后开放平台，已分别入驻 130 多家、150 多家、50 多家资管机构，涵盖基金、券商资管、银行理财子公司等。蚂蚁财富和天天基金均从 2017 年开始开放理财平台，但在运营思路上有所差异。蚂蚁财富将运营的主动权完全交给资管公司，除了进行内容产出，还可以自主进行产品营销；而天天基金的财富号则更多的是为资管公司提供了一个带销售功能的自媒体平台。截至 2021 年 9 月，蚂蚁财富号已有 2 个千万级粉丝数财富号（博时基金、天弘基金），近 50 个百万级财富号；而天天基金资管类财富号个数更多，但订阅数则远低于蚂蚁财富，目前富国基金的订阅数近 20 万（在蚂蚁财富号的关注数为 605 万），位居榜首。招商银行于 2021 年 7 月 15 日举办财富生态合作伙伴大会，正式宣布推出财富开放平台，在招商银行App中发布了"招财号",目前尚处于起步阶段。截至招行2021年中报发布,平台粉丝量仅在1个多月就已突破1 000万,多家机构招财号粉丝数超50万,并在持续高速增长。

- 升级中心化公域运营赋能合作伙伴:蚂蚁搭载更多平台级的内容、活动,实现资管机构能力的聚合效应。

  平台在公域的中心化运营,可以一次性集合各板块的流量,对参与的机构赋能效果显著。相比其他平台,蚂蚁财富依托支付宝、淘宝长期的场景运营和活动营销,具备成熟的运营经验和强大的运营能力,在中心化运营方面优势突出。例如,蚂蚁财富打造了金融业的"双十一"——"818理财节"。围绕818理财节,蚂蚁财富举办多个中心化运营活动,并且在财富号上线了粉丝中心这一运营阵地。据道乐科技统计,2021年8月121个财富号共涨粉1 128万(7月合计仅增长284万),其中114家粉丝量正增长。涨粉量最高的财富号是泓德基金,单月增粉超70万,东方红资管、鹏扬基金也增粉超60万。

- 升级财富号系统赋能合作伙伴:为机构提供智能运营服务及直播平台,有效协助资管机构开展业务,蚂蚁财富直播能力领先。

  财富号系统为入驻的资管机构提供了一系列的运营工具,结合各家机构自身的运营能力,可以全面提升机构的产品销量和客户服务质量。据2020年9月蚂蚁外滩大会披露,资管机构在财富号系统上进行运营方案配置的时间已缩短至1个小时,入驻财富号的机构的GMV/AUM是非财富号机构的127倍/156倍,体现了财富号系统对机构强大的赋能效应。

同时，在内容运营方面，机构越来越重视直播的重要性。理财直播是投资者教育+产品导购+投资者陪伴的综合体，兼顾专业性、趣味性、时效性的特征，能够全程陪伴客户在进行财富管理时的长链路决策。蚂蚁财富沿用淘宝直播的技术框架，直播能力同业领先，但区别于淘宝的直播广场鼓励客户迅速决策下单，在理财领域机构要打造的是精品化的直播平台，并将携手资管机构持续在直播中产生优质内容，陪伴客户理财的全周期。

第十一章
厘清基金投顾关系，推动买方投顾转型

基金投顾监管框架逐渐明晰，规范化发展未来可期

基金投顾业务的起点

我国的基金投顾业务试点自 2019 年 10 月推出《关于做好公开募集证券投资基金投资顾问业务试点工作的通知》（以下简称《试点工作通知》）后拉开帷幕，该文件对基金投顾试点机构的资质要求、业务范围、产品构建流程与限制、业务的收费方式、从业人员的资质要求等都做出了相关规定。我们认为有以下两个要点值得关注：

第一，基金投顾业务的范围定义。《试点工作通知》定义的基金投顾业务是，"接受客户委托，按照协议约定向其提供基金投资组合策略建议，并直接或者间接获取经济利益……根据与客户协议约定的投资组合策略，试点机构可以代客户做出具体基金投资品种、数量和买卖时机的决策，并代客户执行基金产品申购、赎回、转换等交

易申请，开展管理型基金投资顾问服务"。从上述定义中可以明确，"管理型投资顾问服务"属于《试点工作通知》定义的基金投顾业务范畴，即全权委托型基金投顾服务，最终的投资决策权在投顾机构手中，基金组合的调仓由机构直接进行，无须反复征求客户同意。但上述定义中比较模糊的是咨询建议型基金投顾业务的归属，该类业务中投顾机构的角色只是为客户提供组合投资建议或策略，最终的投资决策由客户自己做出，对应到国内机构的业务模式，即基金组合产品。由于《试点工作通知》没有明确表示基金组合产品这类咨询建议型投顾也适用该规定，各机构对基金组合产品的经营未受到影响和严格监管。

第二，与海外的投顾业务相比，《试点工作通知》充分反映了监管机构对投顾业务起步阶段的审慎态度，包括：

- 将投顾业务的标的产品仅限制在基金范围内，而不包含股票、债券等其他产品。
- 对于投资组合产品的创设有严格的规定和要求，组合策略的构建和调整都必须经过投资决策委员会的统一决策，投顾人员无权改动。
- 强调对投资者的权益保护，从而对投顾机构的风控能力和业务合规性要求较高，包括要求基金投顾相关的从业人员都必须具备基金从业资格。

监管新动向

证监会 2021 年 7 月 16 日的新闻发布会信息显示，自《试点工作通知》出台以来，基金投顾业务目前合计服务资产已逾 500 亿元，服务投资者约 250 万户。时隔两年，基金投顾行业的监管政策于 2021 年 11 月起开始密集出台。其中对行业影响较大的为《关于规范基金投资建议活动的通知》，将基金组合产品也纳入了基金投顾业务范畴，除此之外还有一系列关于基金投顾展业细节的规定。

《关于规范基金投资建议活动的通知》

2021 年 11 月初，由京、沪、粤三地证监局下发的《关于规范基金投资建议活动的通知》（以下称《通知》），对基金组合投资策略建议活动和基金销售业务附带的基金投资建议活动进行了明确的区分和界定，并将此前未明确归属的非全权委托型基金组合产品也纳入基金投顾产品的范畴：

- 提供基金投资组合策略建议活动为基金投资顾问业务，管理型基金投资顾问业务与非管理型基金投资顾问业务是基金投资顾问业务的两种形态，即全权委托和咨询建议型的基金组合投资策略建议都属于基金投顾业务范畴，应当符合《试点工作通知》的各项要求。

- 基金销售业务附带提供基金投资建议活动属于基金销售业务，只能由基金销售机构为其基金销售业务客户就其代销的单一基金产品提供投资建议，并且不得就该建议单独收费。不具有基金投资顾问业务资格的机构不得提供基金投资组合策略投资建议，不得提供基金组合中具体基金构成比例建议，不得展示基金组合的业绩，不得提供调仓建议。

另外,《通知》还对基金投顾持牌机构与非持牌机构提出了明确的业务整改要求:

- 自《通知》下发之日起,各机构不得新增开展不符合《试点工作通知》的提供基金投资组合策略建议活动,同时还应当以显著的方式提示存量客户正在对提供基金投资建议活动进行规范整改,后续存在不能持续提供服务的风险。
- 其中,基金投资顾问机构于 2021 年 12 月 31 日前,将存量提供基金投资组合策略活动规范为符合《通知》要求的基金投资顾问业务。
- 不具有基金投资顾问业务资格的基金销售机构则须于 2022 年 6 月 30 日前,将存量提供基金投资组合策略建议整改为符合要求的基金销售业务。

从基金投顾行业角度来看,我们认为该通知的出台是对基金投顾行业进行的一次强有力的规范,明确利好具有基金投顾牌照的机构。《试点工作要求》对投顾试点机构及其推出的投顾组合策略服务都有严格的要求和限制,但形态类似的基金组合业务一直处于这套管理体系之外。从基金投顾业务的本源与目的来看,其主要是为了帮助投资者达到长期持有、获取收益的目的,改变"基金赚钱,基民不赚钱"的现象,这也就决定了该业务与资产管理业务不同,其更加强调对投资者的关注和研究,理解客户的风险收益水平并陪伴客户,因此《试点工作要求》中对投顾机构的基金组合策略构建和宣传等进行了严格的限制,并且在投资者研究和教育以及适当性原则等方面对投顾机构也提出了高要求。但目前市场上的一些基金组合产品的业务模式与投顾业务非常相似，但是产品端仍然存在持仓集中度高、换手率高等问题，对投资者适当性原则的落实也不到位，与基金投顾业务的初衷并不吻合。基金投顾活动的规范化将有利于管理业务风险，为投资者提供更好的投资环境。我们认为，随着投顾规则进一步细化落地，将有利于引导投资者培养更加长期、理性的投资观，在选择组合的时候更加关注组合的风险控制能力和长期风险收益水平。

另外，需要明确一系列监管政策的目的并非要将非持牌机构排除在投顾业务的大市场之外，只是在行业发展初期树立严格的规范以保证其稳健可持续发展。向前看，一方面，投顾牌照仍然在继续发放；另一方面，从基金投顾为投资者提供投资建议和陪伴式服务的本质出发，在投顾业务形态之外可以为客户创造同样价值的业务模式还有很多，例如 FOF 产品、委外投资、投顾业务平台等，各类机构可以根据自身的资源禀赋灵活选择。

《协议指引征求意见稿》《风险揭示指引征求意见稿》

2021 年 11 月 5 日，基金业协会出台《公开募集证券投资基金投资顾问服务协议内容与格式指引（征求意见稿）》（以下简称《协议指引征求意见稿》）和《公开募集证券投资基金投资顾问服务风险揭示书内容与格式指引（征求意见稿）》。

上述两项规范文件与最初的《试点工作通知》相比，没有什么新增业务限制和要求，主要是对合同应该写明哪些事项做出了要求和约定，强调了此前提到过的一些展业的限制和要求，主要目的是形成行业统一的服务协议与风险揭示书披露格式，从业务流程和形式上增加规范性，降低业务风险。

《服务业绩及客户资产展示指引征求意见稿》

2021年11月18日，基金业协会出台了《公开募集证券基金投资顾问服务业绩及客户资产展示指引（征求意见稿）》（简称《服务业绩及客户资产展示指引征求意见稿》），就基金投顾服务业绩及客户资产展示标准征求意见。

虽然是对投顾机构的服务业绩及客户资产展示要求，但主要目的在于通过投顾机构展示的业绩指标引导投资者对基金投顾业务建立正确的价值评判标准，形成基金投顾行业整体的良好氛围，回归投顾业务以客户为中心的本源。基金投顾业务不同于单只基金销售，其评价指标是千人千面的，不同的投资者对最高收益率、最低收益率、最大回撤等的要求都不同，片面地展示和对比收益率指标容易对投资者造成误导。目前大多数机构提供的基金投资组合的业绩展示界面，都不完全符合该指引中的要求与精神，这也是近期各机构进行整改的一项内容（见表11.1）。

基金投顾再辨析——服务流程视角

基金销售、基金组合、基金投顾及FOF关系图谱

FOF是一种特殊类型的基金产品，需要基金管理人拥有相关牌照才能管理创设该类产品。客户投资FOF产品与购买其他单只基金无异，需要进行资金集合。也正因为FOF是产品的概念，由基金经理管理，所以基金经理可以直接进行资产配置上的调整，不需要通知投资者。另外，负责管理FOF产品的基金经理，其主要职责是管好产品，

表 11.1 2021 年 11 月以来基金投顾相关法律法规

文件名称	发布时间	发布机构	主要内容及意义	详细内容
《关于规范基金投资建议活动的通知》	2021年11月初	京、沪、粤三地证监局	界定了基金投顾业务和基金销售业务附带的基金投资建议活动的范畴	明确基金组合策略建议属于基金投顾业务，对非持牌机构提出了"四不得"核心要求 1. 界定投顾业务与销售业务的范畴 明确指出提供基金投资组合策略建议活动属于基金投顾业务，须由专业持牌机构统一经营 不具有基金投资顾问业务资格的基金销售机构仅可按照相关规定提供基金销售业务附带的，不得单独收费提供基金投资建议活动，以基金销售业务为主体，向其客户提供该机构代理销售的基金产品的投资建议，不得提供基金组合策略投资建议，不得提供基金组合中具体基金构成比例建议，不得展示基金组合的业绩，不得提供调仓建议 2. 明确规范整改对象和时间限制 自该通知下发之日起，各机构不得新增开展不符合《试点工作通知》的提供基金投资组合策略建议活动，同时应当以显著的方式提示存量客户正在对提供基金投资建议活动进行规范整改，后续存在不能持续提供服务的风险 其中，基金投资顾问机构于 2021 年 12 月 31 日前将存量提供基金投资组合策略活动规范为符合通知要求的基金投资顾问业务 不具有基金投资顾问业务资格的基金销售机构则须于 2022 年 6 月 30 日前将存量提供基金投资组合策略建议整改为符合要求的基金销售业务

（续表）

文件名称	发布时间	发布机构	主要内容及意义	详细内容
《公开募集证券投资基金投资顾问服务协议内容与格式指引（征求意见稿）》	2021年11月5日	中国证券投资基金业协会	就投顾协议、风险提示书的必须约定的内容及涉及的内容与格式征求意见	・强调基金投顾服务必须持牌经营 ・在持仓集中度方面规定管理型投顾服务单个客户持有单只基金的市值不高于客户账户资产净值的20% ・基金投顾机构不得向客户推荐结构复杂的基金 ・对投顾服务人员资质也提出要求：直接接触客户，提供面对面基金投顾服务的基金投顾人员须具备基金从业资格证书
《公开募集证券投资基金投资顾问服务风险提示书内容与格式指引（征求意见稿）》		中国证券投资基金业协会		指出由于投顾业务尚处试点阶段，基金投顾服务存在因试点资格被取消而不能继续提供服务的风险 还须注明管理型基金投顾服务的持有风险：账户风险、调仓风险、技术风险、机构风险、账户冻结风险
《公开募集基金投资顾问服务业绩及客户资产展示指引（征求意见稿）》	2021年11月18日	中国证券投资基金业协会	就基金投顾服务业绩及客户资产展示标准征求意见	・业绩展示标准 明确投顾机构除了展示策略的收益率等回报指标外，还须披露波动率、最大回撤、夏普比率等风险指标 基金投顾可展示一年及以上的实盘服务业绩 不得进行策略表现指标排名和规模排名 应充分说明服务费用、交易费用等规则对客户实际收益的影响 基金投资顾问服务评价指标可展示盈利客户占比、客户资金留存率、客户委托管理平均时长、客户整体体验收益率等

第十一章　厘清基金投顾关系，推动买方投顾转型　　417

(续表)

文件名称	发布时间	发布机构	主要内容及意义	详细内容
《公开募集证券基金投资顾问服务同及客户资产展示指引（征求意见稿）》	2021年11月18日	中国证券投资基金业协会	就基金投资顾问服务业绩及客户资产展示标准征求意见	• 客户资产展示方面 投顾机构应每日向客户展示前日的资产市值、收益，并且以不低于季度的频率向客户展示成分基金及其交易记录、资产市值、收益、累计收益、最大卖出损益金额、基金投资顾问服务费、基金交易费用等资产信息 计算客户资产市值及收益数据时，应除基金投资顾问服务费和基金交易费费用，展示费后客户资产信息，并按约定的频率展示基金投资顾问服务费和基金交易费用明细

资料来源：京、沪、粤三地证监局，中国证券投资基金业协会，中金公司研究部。

投资者陪伴、教育和服务不是必要工作（见表11.2）。

表11.2 FOF、简单基金销售、基金组合、基金投顾多维度对比

	FOF	简单基金销售	基金组合（投顾新规前）	基金投顾
性质	单只产品	单只产品+销售服务	组合产品+顾问服务	组合产品+顾问服务
是否集合投资	是，购买的资产体现在专用基金账户中	否，购买的资产在投资者个人账户中	否，购买的资产在投资者个人账户中	否，购买的资产在投资者个人账户中
机构资质	基金管理人牌照	基金销售牌照或基金管理人牌照	基金销售牌照或基金管理人牌照	基金销售牌照或基金管理人牌照+基金投顾牌照
面向客户的收费方式	管理费等	申赎费	无	投顾服务费（类似于管理费）
投票标的范围	公募基金为主，部分养老FOF可以直接投资股票、债券或现金类资产	各类基金产品	公募基金	公募基金
是否自动调仓	是	销售单只基金，不存在调仓问题	否，需要投资者手动确认	投顾新规之前是，投顾新规之后自动调仓与需要投资者手动确认的投顾服务形式皆有
投资策略披露及解读	定期报告，无须详细解释说明	—	需要充分披露，向跟投者详细解释	需要充分披露，向跟投者详细解释，并辅助其跟上策略主理人的思路和操作
投资者教育和陪伴	非主要职能	重要	非常重要	非常重要

资料来源：中国证监会，基金业协会，中金公司研究部。

基金销售是一类业务,从销售的产品和服务出发,可以分为简单基金销售和基金投顾两种业态,而 FOF 是基金销售的产品类型之一。基金组合属于从产品维度出发比较宽泛的叫法,其含义随着监管政策的逐步出台有所改变,2021 年 11 月初京、沪、粤三地证监局下发《关于规范基金投资建议活动的通知》(以下简称"投顾新规")之前,基金组合属于简单基金销售和基金投顾之间的模糊地带,策略构建、销售服务等监管和展业更偏向简单基金销售,之后则被纳入基金投顾的范围。至此,基金组合成为基金投顾产品端表现形式的代名词,而不再是一种单独的业务形式,基金销售形成了简单基金销售和基金投顾两大业态。

- 根据投顾新规的定义,简单基金销售业务产品端的核心特征是单只基金,投资者一次申购只能买入一只基金;在配套投资建议服务方面,基金销售机构也只能就其代销的单只基金提供投资建议,不得提供组合基金投资建议,更不得提供组合中成分基金的具体配置比例,并且不得就投资建议单独收费。
- 基金投顾是"提供基金投资组合策略建议的活动"。换言之,基金投顾销售的不是单只基金产品,基金投资组合本身并不是任何形式的资产管理产品,不存在资金归集的过程,购买的资产仍然体现在投资者个人账户上,而是一种架构在多只基金产品之上的、包含配置比例、投后监控等在内的基金投资解决方案。从客户视角来看,基金投顾机构的职能包括:为客户提供投资建议,辅助客户做出投资决策,代理客户进行交易。三项职能中只有最后一部分是"投",而前两项都是"顾",即在充分了解投资者的基础上提出适合的投资建议,并在投前、投中、投后全流程陪伴客户,纠正其非理性交易行为。没有

"顾"的投顾产品给客户的体验本质上和FOF没有太大区别。从机构的角度来看,投顾的核心是要优化客户的赢利体验,需要投顾机构的投资能力与客户对投顾策略的理解两个条件都具备,前者是机构投资职能的体现,而后者是"顾"的部分,也是当前投顾需要重点发展的能力,通过投资者教育让投资者能够跟上组合管理人的思路与步伐。按照最新的监管要求,基金投顾根据投资者对机构的授权程度又可以分为非管理型投顾(原"基金组合")和管理型投顾(原"基金投顾"),简单的判断原则是投资者是否可以自主操作,多大程度上能够自主操作,本质上是全权委托与顾问委托的区别,看最终的投资决策是由谁做出的(见图11.1)。

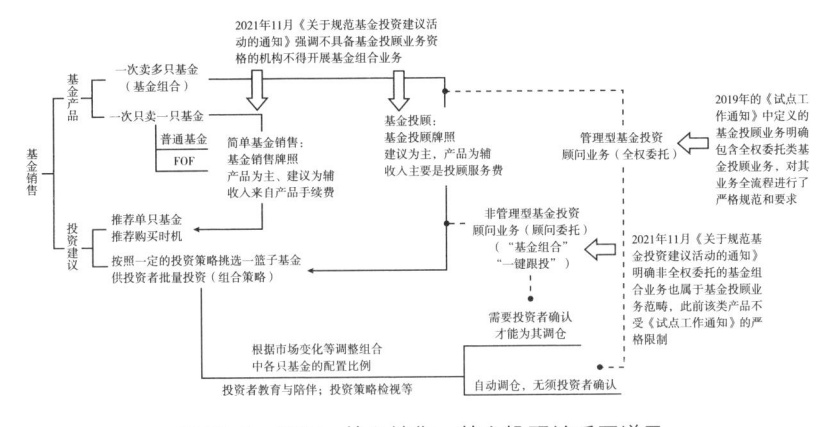

图 11.1　FOF、基金销售、基金投顾关系图谱及
基金投顾相关监管政策演变

注:统计截至 2022 年 6 月 17 日。
资料来源:中国证监会,中国证券投资基金协会,中金公司研究部。

纵观现在一些投顾持牌机构推出的基金投顾概念产品,蚂蚁基金、天天基金等第三方基金销售机构一般管理型与非管理型基金产品兼有,投顾新规之前还有大量的基金组合产品,目前都处于下架整改阶段。

基金、证券公司的产品以管理型基金投顾为主，属于标准的基金投顾产品。而银行的投顾类产品大多延续其已有的智能投顾业务，投资者可以按照策略推荐的比例一次性买卖多只基金，从调仓来看，需要投资者手动确认，属于组合产品销售的范畴，但由于没有投顾牌照，或者组合产品配置的底层产品类型、各类产品的比例等不符合基金投顾组合的要求，因此2021年11月以来普遍下架整改（见表11.3）。

投资者和机构视角的运作流程差异

投资者视角：基金投顾形式更多样

FOF对投资者来说是一类基金产品，投资流程主要是在销售渠道产品页面直接浏览单只产品，挑选目标产品购买或卖出，流程较简单。简单基金销售业务模式亦如此，也是打开产品货架挑选不同的产品种类，一次下单购买一只产品。

而基金投顾在投资者视角中的形式就更加多样，购买产品的方式有自选和导购，购买基金可以打包购买一次结算，售后服务也有不同程度的顾问委托、全权委托等丰富的选择。盈米基金深耕基金投顾领域，不主推单只基金销售，主要上架基于一定的投资策略形成的组合类产品，在为客户提供综合基金投资解决方案方面有非常多的经验值得借鉴。天天基金和蚂蚁基金的投顾管家平台上线了多家投顾持牌机构的投顾服务，其中基金公司和券商居多，研究平台上的产品有助于理解券商和基金公司的投顾服务形态。因此，我们以盈米基金、天天基金投顾管家和蚂蚁基金投顾管家平台上的投顾服务为例，详细分析当前市场上的投顾产品的运作流程，尝试深入理解投顾业务运行的内核。

表 11.3 国内头部机构的广义基金投顾产品对比（银行系提供的产品多为基金组合产品）

产品名称		产品介绍	投顾服务费	申赎费	调仓规则	性质	业务状态
蚂蚁基金	帮你投	独立的基金投顾品牌，由蚂蚁子公司与先锋领航投顾在支付宝平台上直接为用户提供投顾服务	0.25%～0.5%	根据成分基金的费率收取	自动调仓	基金投顾	正常运营
	投顾管家	平台模式，由蚂蚁提供流量和技术服务；机构直接面向用户提供投顾服务（主要发挥投研实力），可以代用户直接下单并自动调仓，收取一定的投顾服务费。目标是联合双方优势做大行业规模	依机构和产品而定，一般为0.25%～0.75%[1]	根据成分基金的费率收取（部分机构可能会对组合内自家的基金免除申赎费用）	自动调仓	基金投顾平台	正常运营
	基金精选组合	平台模式，机构或专家做组合基金推荐，但必须由用户自行下单，相对操心，但不收费。蚂蚁基金可以提供技术支持简化客户的下单流程，客户只需点击组合推荐页面的购买按钮，蚂蚁基金会按照组合配置中的比例自动批量发起购买相应基金的订单，但购买和跟随调仓的决策都需要客户自行做出	—	组合交易费用遵循单只基金的费率规则	投资者可以选择是否跟随调仓	基金组合（投顾新规前）	暂停运营

第十一章　厘清基金投顾关系，推动买方投顾转型

(续表)

产品名称		产品介绍	投顾服务费	申赎费	调仓规则	性质	业务状态
天天基金	投顾管家	平台模式，通过接入具有公募基金投顾牌照的基金公司，由基金公司为用户提供基金投资顾问业务服务	依机构和产品而定，一般为0.25%~0.8%²	根据成分基金的费率收取（部分组合内机构可能会对组合内自家的基金免除申赎费用）	自动调仓	基金投顾平台	正常运营
	组合宝	平台模式，由机构或一些"基金牛人"制定和推荐基金组合投资策略，投资者自行决定是否跟随投资及调仓	—	收取组合内各基金的交易费用	投资者需要选择是否跟随调仓	基金组合（投顾新规前）	暂停运营
招商银行	摩羯智投	智能投顾策略，内置3个基金组合投资策略，通过问卷调查形式为投资者匹配最适合的策略，投资者自行决定是否跟随投资和调仓	—	按照组合项下的所有成分基金的费用加总	投资者需要选择是否跟随调仓	基金组合（投顾新规前）	暂停运营
工商银行	AI投	智能投顾，问卷调查智能推荐基金组合策略，包括基金指数的投资组合，以及引入外部基金投资团队选特定基金投资提供的组合策略	—	按照成分基金交易费用收取	投资者需要选择是否跟随调仓	基金组合（投顾新规前）	暂停运营

（续表）

产品名称	产品介绍	投顾服务费	申赎费	调仓规则	性质	业务状态
华泰证券 省心投（原涨乐星投）	一键委托，轻松托管明星投顾管理，投前、投中、投后享受全程陪伴式贴心投顾服务	0.03%~1.2%	根据成分基金的费率收取	自动调仓	基金投顾	正常运营
易方达基金 易方达基金投顾	主要通过其他机构的平台提供投顾组合产品，目前在天天基金、蛋卷基金、京东金融、蚂蚁基金、广发证券、国信证券等销售机构开展投顾（直销暂未开展）	0.2%~0.8%	根据成分基金的费率收取	自动调仓	基金投顾	正常运营

注：1. 该费率区间为各个 App 上的抽样调查结果，只代表平台大多数基金的费率范围，并不代表所有机构的费率都将落在该区间；2. 统计时间为 2022 年 6 月 13 日。

资料来源：中国证监会，基金业协会，中公司研究部，支付宝 App，天天基金 App，招商银行 App，工商银行 App，华泰证券 App，易方达 App，易方达官网。

1. 账户设置理念：多账户功能对资金规划的意义

首先，在盈米基金开立账号后，还可以建立最多20个不同的投资账户，分为自助账户和方案账户两类。自助账户用于投资者自主购入投资策略，一个自助账户可以购买多个产品，投资者可以购买"基金组合投资策略"，对于一些复杂策略（例如"长赢指数投资计划"），还支持将平台外购买的基金品种手动添加至投顾计划内，实现一站式综合管理，也可以手动搜索，单独购买某只基金。而方案账户是通过投顾咨询流程创建的，不能买入非方案规划内的产品。此外，盈米基金的且慢平台也提供了账户资产聚合分析功能，提供所有账户合计收益、合计基金持仓等信息，不同账户之间的资产也可相互转移。

蚂蚁基金和天天基金投顾平台没有对账号与账户进行区分，在天天基金或蚂蚁基金处开设账号，即等同于拥有了一个账户，可以无数量、品种限制地购买单独的基金产品或投顾策略。略有不同的是蚂蚁基金和先锋领航合资的"帮你投"服务采用了单独子账户概念，每一个支付宝账号只能进行一次资产规划，形成单一的资产配置方案，可以多次投入资金至该方案，也可以重新规划方案，但无法同时拥有两个规划方案。在账户资产列示和分析方面，蚂蚁基金将购买的外部投顾机构提供的组合策略与其他单只基金资产合并统计，作为账户整体投资资产中的"基金"大类，而"帮你投"的资产单独列示。天天基金则将基金与投顾产品单独列示，作为两个投资品类，资产"分析"界面提供收益走势、投资行为、持仓基金大类占比等信息分析，但将投顾资产作为整体列示，无法穿透到底层持仓基金。

不同的账户体系设置反映了基金投顾服务的综合性与复杂性。多账户设置与聚合分析搭配有利于引导客户形成根据不同的使用目的进行资金规划、分批管理资金的财富规划理念，尤其是便利了客户为老人、孩子等家人建立单独的账户进行资金管理的应用场景，同时也可以对整体资产配置和风险分散等有全局把握。

2. 投顾服务的三种模式：策略与投顾方案的组合搭配

目前盈米基金、天天基金投顾管家和蚂蚁基金投顾管家平台上的投顾服务，主要有发车型、配置比例型以及目标止盈三种不同的模式，三者的区别主要在于底层的投顾策略以及搭配的投顾方案有所不同。正如此前提到的，基金投顾策略是投资者投资基金产品的综合解决方案，既包括策略本身，也包括配套的投顾服务方案，两者具体如何搭配取决于策略的投资逻辑，以及怎样使投资者更好地跟随策略这两大因素。其中根据主理人的策略设计并执行合适的投顾服务方案，就是投顾机构"顾"的主要工作和价值所在。以盈米基金的长赢计划为例，如果没有盈米基金提供的补仓和建立底仓的建议，以及个性化的发车提醒等，投资者很难靠自己跟上主理人的复杂投资操作。

第一类是定期或不定期发车型的投顾服务，该类计划也有两种表现形态。一种是以盈米基金的且慢平台的"长赢指数投资计划"为代表，主理人不提供各类产品的配置比例，而是定期或不定期动态发车，在认为适合交易的时点随时发起交易，推荐投资者买入或卖出一定数量的单只或多只基金产品。另一种以天天基金投顾平台上中欧财富的"全明星超级发车日"为代表，该类投顾服务是架构在一个投顾策略上的配套服务，主理人会根据市场情况，在合适的时间提醒投资者买入一定金额的中欧财富"超级股票全明星"策略。与"长赢指数投资计划"相比，主要差别在于其"发车"的产品是一个固定的投顾策略，而非全市场的公募基金，并且只有单向的买入操作。

- "长赢指数投资计划"这类定期或不定期"发车"的投顾服务，

从本质上来看属于顾问委托范畴，主理人便是长期为客户提供投资建议，帮客户做选择时，并详细讲解每次的投资逻辑的投资顾问，而投资者可以在此基础上结合自己的判断做出最终决策，即使开启了"自动跟车"选项，也可以随时一键关闭。一方面投资者的参与感更强，主理人与跟投客户的交流也更频繁，客户黏性较高。但另一方面，这样比主理人已经配置好产品比例的组合策略的跟投难度更大，投资者还须自己考虑如何追平与主理人的持仓差距，机构对个人收益的可控性也有所打折，适合有一定投资能力和投资热情，希望在投资过程中有更高参与度的客户。以且慢平台运营时间较长的"长赢指数投资计划"为例，开启计划及后续跟投的流程比较复杂，包括开启计划—进行资金规划—建立底仓（仅150份跟投方式需要）—不定期补仓（仅150份跟投需要）—定期或不定期发车，尤其是建立底仓与补仓环节，由于投资者可能是计划本身开启之后一段时间才开始跟投，因此实际持仓会与主理人有差距，需要在开始计划时尽量追赶主理人的持有份数，但同时还需要保证遵循策略的逻辑。因此且慢更新迭代了跟车卖出定制、品种轮动补仓、平均价补仓等很多帮助投资者更好地复制主理人组合的功能。

- 中欧财富的"全明星超级发车日"是一项投资陪伴计划，辅助投资者更科学地买入"超级股票全明星"这个配置比例型投顾组合。投顾团队每周四根据市场状况进行判断，在天天基金平台的"中欧财富投顾"账户中发布发车文章，为投资者展示当周的市场估值位置并给出适合投入组合的资金份数，进行持仓复盘、调仓和市场观点解读，力争帮投资者实现低估值时多买入摊低成本、高估值时少买入不追高的科学投资效果。投资者根据发车信号自主决定、自助操作投入资金。

  第二类投顾服务形态是配置比例型策略叠加可选全权委托或顾问委托的模式，即主理人配置好组合内全部成分基金的比例，并动态调整，投资者按照产品种类及对应比例跟投，该类策略是目前比较常见的，并且大多搭配全权委托服务，只有少数机构提供顾问委托服务选择。如果没有完善的"顾"的配合，该类策略很容易给投资者造成与投资FOF相似的体验，这正是目前投顾机构的痛点所在，相比顾问委托，全权委托更容易出现该类问题。针对配置类投顾策略，组合是最小交易单位，买入、赎回、调仓等过程相当于按照主理人给出的比例批量交易组合内所有的基金，不能单独买卖某只成分基金。虽然是组合交易，但由于基金组合并不是任何形式的资产管理产品，因此没有基金聚集过程，购买的基金仍然体现在投资者的个人账户上，在对应基金公司官方可查。相比定期或不定期发车的策略，配置比例策略跟投难度较小，较少出现受限于市场行情无法复制主理人组合的情况，但是依然可能存在投资者不愿意跟随某一次调仓导致偏离主理人组合收益率的情况，主要原因在于投资者自主操作权限的大小。并且由于投资过程客户的参与度低，因此与客户的交流无法随着业务开展自然发生，需要主理人与机构主动和客户交流，充分传达组合投资理念、调仓原因等信息，对于市场波动迅速向投资者提供反馈，或解释对组合无影响，或及时调仓，帮助投资者长期维持与机构的投顾关系。

  第三类是以目标止盈为代表的有一定设计的投顾方案，虽然产品策略仍然是配置比例型，但与投资者约定目标收益与运作期的设计决定了只能采用全权委托的投顾服务，并且巧妙地运用"预期锚"帮助投资者以更平常的心态持有组合、应对波动。从投资者端来看，该类策略比较省心，只需要转入，后续不需要进行其他操作，但其缺点同样是投资者陪伴和服务容易缺位，并且对机构的投资能力要求更高，如果全权由机构管理依然无法达到与投资者约定的收益率，则会逐渐丧失客户信任。目前市场上典型的目标止盈投顾服务包括盈米基金且慢平台的"幸福小约定"，天天基金投顾管家平台上国联证券投顾的"国联平衡小目标"，南方基金投顾的"南方小目标"，嘉实财富的"小雀幸目标盈"等。主理人与投资者公开约定在一段时间内实现某一投资收益目标，达成收益目标后资金自动赎回。

机构视角：基金投顾业务需要好的策略与投资者对策略的充分理解与执行

对基金公司而言，开展 FOF 业务本质上是发行和管理资管产品，有严格且成体系的监管要求，需要进行资金聚集、定期发布年度和半年度报告等。基金公司和基金经理开展业务时的首要任务是做好投资研究，研究对象主要是股票、债券、基金等各种品类的投资标的，考虑如何投资可以使产品获得更高的收益率，与投资者直接接触较少，且无须向投资者交代组合策略的细节。

而基金销售机构的业务没有资金归集，以中介的服务职能为主。首先要形成基金产品的研究能力，在全市场遴选优异的基金，进行严格的尽职调查后引入进行代销。其研究工作的对象是单只基金、基金经理、基金公司，较少花大力气单独研究某只股票或债券。另外的一项重要业务是在销售过程中，要面向投资者进行更多的单只基金产品的介绍、宣讲，根据投资者的情况向其推荐比较适合的基金产品。

投顾机构业务的运作流程是在基金公司管理 FOF 产品、基金销售机构解读单只产品的基础上新增了更多投资者教育和服务工作，后者是投顾机构的核心业务。与简单基金销售相比，投顾机构还具有更复杂的义务和能力要求，例如建立投资决策委员会，审议和把控基金投资组合策略的质量，以上是其"投"的职能，旨在提高自身的投资能力。此外业务中更大比例的工作还是投资者教育和陪伴，需要密切关注、及时回复投资者的疑问，高频率地直播，使用微信公众号、知乎、简书等各种平台发布投教内容，增加投资者对策略的理解和认可度，可以将上述机构"投"的能力发挥到最大，从而提高投资获得感。

业务相关主体之间的关系

投顾新规后，主理人、投顾机构与投资者之间的利益更加一致。

在主理人资质方面，投顾新规之前，对管理基金投资组合的管理人没有硬性要求，机构和个人均可从事相关活动，但投顾新规之后，要求投顾组合的管理人必须具有基金投顾业务资质，因此一些不具备资质的管理人往往通过将管理的组合移交给投顾持牌机构管理、入职投顾机构继续管理组合等方式继续保留组合，或将组合解散。

主理人与投顾机构的关系也随着投顾新规的出现发生了变化。投顾新规之前，投顾机构和多数个人主理人之间在组合管理方面没有直接的利益关系，主理人在平台上发布策略，平台帮忙开放投资者跟投，对主理人的意义主要在于获取更多的粉丝和流量、分享和实践投资理念等，不通过管理组合直接创收，对平台来说则是流量与基金销量增加带来的申赎费增收。但是机构和主理人可能会通过广告、销售分佣等其他的形式产生利益关联。投顾新规后，投顾组合主理人必须是投顾持牌机构的员工，在人事管理上由机构支付薪酬给主理人，利益关系更加直接。在投顾业务的开展上，两者也有相对明确的分工。以盈米的且慢平台的"长赢指数投资计划"为例：

- 在该项投顾服务中，主理人的职责主要是与组合管理和投资相关的服务，定期或不定期给出买卖品种及数量的发车建议，通过每月文章详细解读买入卖出的逻辑，也有每周问答来深入回答跟投用户的问题。对于主理人为投资者提供的服务，其可能通过对发布文章设置查看权限等方式来降低服务成本，将服务的价值变现。
- 且慢在该策略中扮演的主要角色是辅助客户更好地跟随主理人策略，在每次买卖中为投资者提供方便快捷的一键操作，根据主理人的策略和市场情况为每个投资者提供个性化的建立底仓、补仓建议以及定制化的发车提醒，通过且慢官方平台宣传主理人的专业文章、策略的跟投技巧和技术性的操作指南以及阶段性整理的问答。

主理人、投顾机构与投资者的关系在投顾新规前后也有所不同。投顾新规之前主理人和跟随的投资者之间没有直接的利益关系，主理人不会向客户以各种形式收费、分成，参考投资亏损了也不承担任何责任。而投顾机构则主要依靠销售基金的交易费，与投资者的利益存在一定冲突。但投顾新规之后投顾机构和主理人会直接向客户收取投顾服务费来创收，按照资产的一定比例计算，则客户资产增值成为客户、主理人和投顾机构三者共同的目标，利益趋于一致。

FOF业务中各个主体之间的关系类似投顾新规之后的投顾业务，而基金销售业务中销售机构和销售人员的关系更密切、利益更一致，反而是销售机构和销售人员两者与投资者之间存在利益冲突和背离。

中资投顾行业展望——基于中美对比视角

中美投顾行业规模与客群差异明显

中美投顾行业有四大不同：①发展阶段：中国基金投顾业务处于起步阶段，持牌机构仅58家。美国投顾行业较成熟，2021年投顾管理客户资产128.5万亿美元，SEC注册投顾管理美国客户资产占美国居民金融资产的比例高达80.4%。②资质门槛：不同于我国基金投顾牌照，美国投顾机构实行注册制，中小型投顾可在主营业务所在州注册，大型机构须在SEC注册。③客户范围：中国以个人投资者为主，美国的服务对象包含个人、企业以及集合投资工具，客户范围的多样性为参与机构提供了差异化竞争的空间。④可投产品范围：我国基金投顾组合主要投资公募基金，美国投顾机构可为客户配置股票、债券、公私募基金等各类资产。

中国：基金投顾处于起步阶段，规模增长空间大

我国的基金投顾业务试点自2019年10月推出《试点工作通知》后拉开帷幕，从持牌机构数量以及业务规模来看，都尚处于起步阶段。

- 根据资本市场标准网的基金投顾业务编码，截至2022年7月9日，共有58家机构获得了基金投顾牌照并开始展业，其中以证券公司（30家）和基金及子公司（25家）为主，整体数量显著低于我国其他资管财富类金融牌照（见图11.2）。

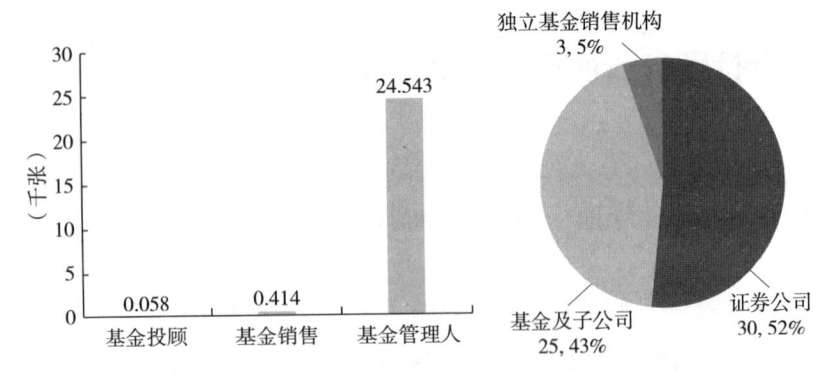

图 11.2 从 FOF、基金销售和基金投顾的业务资质来看，基金投顾牌照数量最少

注：此处的基金投顾持牌机构按照资本市场标准网上具有基金投顾业务编码的机构统计；基金投顾和私募基金管理人牌照数量统计截至 2022 年 6 月 13 日，公募基金管理人牌照和基金销售机构牌照统计截至 2022 年 5 月底。

资料来源：中国证监会，中国证券业协会，资本市场标准网，中金公司研究部。

- 从业务规模来看，持牌机构业务规模小，但增长迅速。如表 11.4 所示，证监会 2021 年 7 月 16 日的新闻发布会信息显示，自《试点工作通知》出台以来，基金投顾业务目前合计服务资产已逾 500 亿元，服务投资者约 250 万户。根据各家头部机构的披露数据，2021 年年底基金投顾业务规模至少 910 亿元，半年间增速约 80%。其中，蚂蚁基金和盈米基金签约资产规模超过 200 亿元，处于行业前列，华泰证券、国联证券、国泰君安等规模也纷纷突破 100 亿元。而从服务客户数量来看，蚂蚁基金、华泰证券、盈米基金排名靠前，分别为约 300 万户、70 万户、23 万户。
- 我国基金投顾业务客户以个人投资者为主，持牌机构客户画像略有差异。综合投顾签约资产规模与客户数量可得户均签约规模，对比来看，目前持牌机构中户均规模最低的为蚂蚁基金，约 6 700 元，最高的为中金公司，约 12 万元。客户画像的差异一方面受到机构的客户资源禀赋影响，另一方面与投顾业务质量密切相关。当前我国投顾业务处于发展初期，相比吸引新客户，打开存量客户市场较为容易，因此当前各家机构的客户画像差异更多来自客户资源禀赋，但长期来看投顾业务质量才是提高户均资产的重要保障。鉴于投顾业务以客户为中心的核心逻辑，各家机构应当结合自身优劣势找准客户定位，深耕目标客群以获取客户信任，方能实现资产规模的可持续增长。

表11.4 获得基金投顾牌照的机构业务规模一览

机构名称	签约资产规模（亿元）	客户数（万）	户均规模（万元）	盈利客户占比（%）	客户复投率（%）	留存客户比（%）	时间
易方达基金				80		70	截至2021年11月底
南方基金					60	83	截至2021年9月底
嘉实基金（嘉实财富）	约25	约6	约4.17	90	60		截至2021年9月底
华夏基金（华夏财富）	约30	约21	约1.43		50		截至2021年9月底
中欧基金（中欧财富）				80.02	75.89	65.82	截至2021年11月底
中信证券	约70	约9	约7.78				截至2021年年底
华泰证券	约100	约70	1.43				截至2021年年底
国联证券	约100	约15	6.67				截至2021年年底
银河证券		约8			70		截至2021年9月底
中金公司	约55	约4.6	约11.96				截至2021年年底
中信建投		约9			40	80	截至2021年10月底
国泰君安	约100	约17	约5.88				截至2021年年底
申万宏源	30	9.5	3.16		53		截至2021年年底
蚂蚁基金	约200	约300	约0.67				截至2021年年底
盈米基金	约200	约23	约8.70				截至2021年年底
头部机构合计	约910	约492.1	约1.85				

资料来源：公司年报，各家机构官网、App，权威媒体新闻，中金公司研究部。

参考美国投顾行业的发展情况，加之目前国内供需两端都对以基金投顾为代表的"买方投顾"模式具有迫切的需求，我们认为基金投顾业务规模增长空间大。机构应当提前建设自身的资产配置、财富规划、投资者教育、客户服务等多方面能力，以期抓住行业快速发展的机遇。

美国：在金融业中占据重要地位，客户定位是影响竞争格局的关键因素

美国的投顾资质实行州和 SEC 两级注册制，机构可向主要营业地点所在州的证券监管部门，或向 SEC 申请注册为投资顾问（RIA），其中 SEC 的注册要求更高。一般而言，管理客户资产规模（RAUM）小于 1 亿美元的中小型顾问，可以在其主要营业地点所在州注册，而 RAUM 大于 1 亿美元的机构必须在 SEC 注册。但也有例外情况会允许或要求中小型投顾在 SEC 注册，例如为投资公司提供投顾服务，主要通过互联网提供投顾服务，需要在 15 个以上的州注册等。应注意的是，向监管机构提交投顾注册申请的主体必须为机构，个人无法直接注册为 RIA。个人从事投顾业务可以通过成立个人独资企业、合伙企业等来注册，或者通过一系列考试、入职 RIA 机构后由机构为其在监管机构注册为 RIA 代表。

美国投顾行业规模大，从供需两端来看在金融行业及居民财富管理中都占据重要地位。如图 11.3 所示，2021 年投顾管理资产规模达到 128.5 万亿美元，99.7% 由 SEC 注册投顾贡献，其中全权委托资产占比达到 91%。投顾行业在美国金融行业和居民财富管理中都占据重要地位。从供给端来看，如图 11.4 所示，2021 年美国注册投顾数量达 3.25 万家，远远超过其他金融业务机构数量；从需求端来看，2021 年 SEC 注册投顾管理的美国居民资产在美国居民金融资产中占比达到

美国注册投顾管理客户资产规模及增速

美国RIA管理零售客户资产相对规模

图11.3 美国注册投顾行业管理客户资产规模

注：2021年之前的州注册投顾管理客户资产规模数据不可得；同一笔客户资产可能被不同的投顾机构重复计算。

资料来源：SEC，IAA（投资顾问协会），BEA（美国商务部经济分析局），中金公司研究部。

16.1%，与2018年相比上升3.3ppt。

- 供给端：美国投顾机构数量与从业人员数量都较多，在金融行业中占据重要地位。2021年美国投顾机构数量达到3.25万家，同比增长3.7%，显著高于证券经纪公司、银行及储蓄机构、基金管理公司等的数量。其中州注册机构1.74万家，略高于

美国注册投顾机构数量及增速

2021年美国部分金融从业机构数量

- 证券经纪公司：3.39
- 银行及储蓄机构：4.84
- 基金管理公司：0.83
- SEC注册投顾：32.49（州注册投顾 17.4，SEC注册投顾 15.1）

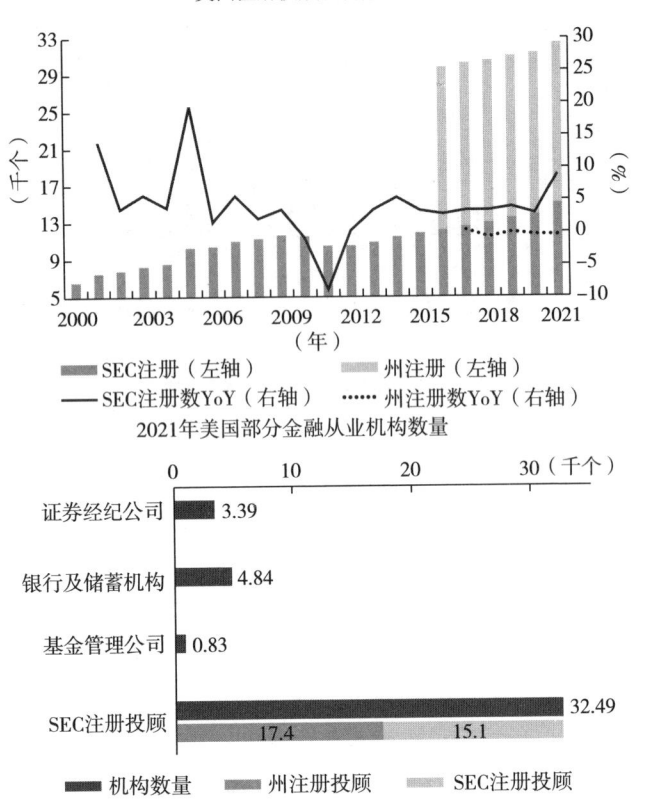

图11.4 美国注册投顾机构数量及增速

资料来源：SEC，IAA，FINRA（美国金融业监管局），FDIC，ICI，中金公司研究部。

SEC注册机构数量，与RAUM的分布结构差异明显，主要原因在于州注册投顾大多为只聚焦当地客户的小型机构，根据北美证券管理协会（NASAA）统计，2021年81%的州注册投顾仅有1~2名员工，平均管理资产规模为2 376万美元。在从业人员方面，2020年美国SEC注册投顾拥有88万名员工（2021年为93.6万名），在美国所有金融业从业人员中占比13.9%，并且持续提升，与2012年相比提高1.4 ppt。

- 需求端：美国投顾行业服务的客户类型多样，既可以是个人和机构，也可以是集合投资计划。不同的客群在数量和管理资产规模上差异较大，零售客群数量众多，但 RAUM 规模小；而集合投资计划客户数量少，却贡献了大量 RAUM。单客 RAUM 差异反映出的客户属性差异决定了客户定位不同的投顾机构业务模式与核心竞争力也有不同，为参与机构提供了更多差异化竞争的空间。2021 年美国 SEC 注册投顾服务客户数 6 479 万人，其中零售大众及富裕客户 4 381 万人，零售高净值客户 691 万人，零售客户合计占比 78.3%（见图 11.5）。此外，18.1% 的

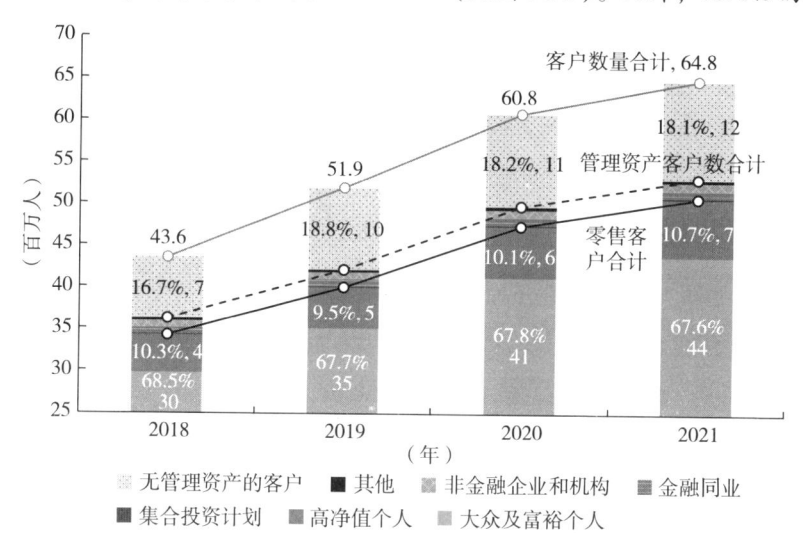

图 11.5 按客户类型划分的 SEC 注册投顾客户数量

注：数据标签中的百分比表示该类客户数在所有客户数中的占比。
集合投资计划包括各类基金、商业发展公司和其他集合投资计划；金融同业包含银行和储蓄机构、保险公司、其他投资顾问；非金融企业和机构包括养老金和利益分享计划、慈善机构、州及市政单位、主权财富基金及外国官方机构、实体企业等。
无管理资产的客户指的是没有使用投顾机构提供的资产管理服务，而仅仅接受其他类型的投资建议，例如帮助制订财务计划等。
高净值客户的标准是在该投资顾问处的 AUM 在 100 万美元以上或净财富不少于 210 万美元。
资料来源：SEC，IAA，中金公司研究部。

客户为无管理资产客户,即投顾机构仅为客户提供财富规划方案等投资建议,不帮助客户落实方案,服务该类客户对投顾机构的各项专业能力要求更高。而从RAUM的结构来看,2021年美国SEC注册投顾管理的资产规模共128万亿美元,其中61.4%来自集合投资计划客户,而数量占比最多的零售客户仅贡献了14.8%的RAUM,反映出零售客户的户均RAUM与机构客户的显著差距(见图11.6)。

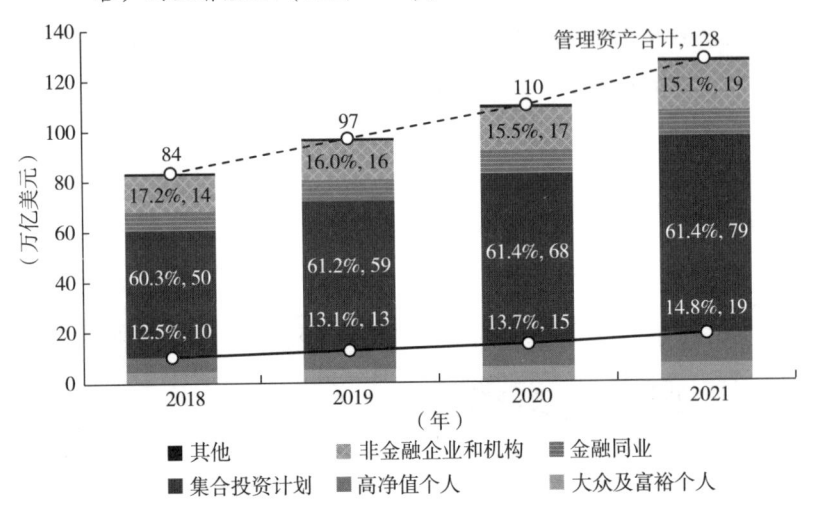

图11.6 按客户类型划分的SEC注册投顾管理客户资产规模

注:数据标签中的百分比表示该类客户管理资产在所有管理资产中的占比。
集合投资计划包括各类基金、商业发展公司和其他集合投资计划;金融同业包含银行和储蓄机构、保险公司、其他投资顾问;非金融企业和机构包括养老金和利益分享计划、慈善机构、州及市政单位、主权财富基金及外国官方机构、实体企业等。
无管理资产客户指的是没有使用投顾机构提供的资产管理服务,而仅仅接受其他类型的投资建议,例如帮助制订财务计划等。
高净值客户的标准是在该投资顾问处的AUM在100万美元以上或净财富不少于210万美元。
资料来源:SEC,IAA,中金公司研究部。

美国投顾行业参与机构从组织形式上来看以"透明实体"(pass-through entity)为主,约七成机构会同时开展投顾之外的其他资管财富相关业务，尤其是集合投资管理、保险、经纪业务等，体现了其多元业务布局。2021年美国SEC注册投顾中70.3%采用"透明实体"（普通合伙、有限合伙、有限责任合伙、有限责任公司）的组织形式，比2000年的25.5%大幅上升44.8ppt。与股份有限公司相比，透明实体经营上相对灵活，所有者与公司的财产关联度更高，人的作用更加凸显，一定程度上也体现了投顾业务以客户为中心，需要通过沟通交流建立充分信任的业务本质。除了投顾业务，2021年66.9%的美国SEC注册投顾会从事其他相关业务，其中从事机构数量占比最大的是集合投资工具管理（35.8%）、保险业务（21.4%）及大宗商品投资管理（20.5%），此外，还有8.1%和3.0%的机构从事会计、律师等业务，体现了投顾机构围绕客户需求的多元综合业务布局。

从竞争格局来看，美国投顾行业客户类型、经营地域等的多样性决定了行业长尾特征明显。管理资产在1亿美元以下的中小型投顾机构①数量众多，合计管理资产规模小，而大型投顾数量少但整体管理规模大、彼此之间竞争激烈，头部机构的市占率仅为个位数。

- 79.6%的机构管理客户资产规模处于1亿~50亿美元的区间。如图11.7所示，2021年管理客户资产规模在1亿~10亿美元的投顾机构数量最多，达到8 609家，占比59.5%，其次是10亿~50亿美元区间，占比20.1%。RAUM规模再向上或向下的机构数量占比都较少，RAUM规模在1 000亿美元以上的投顾机构仅208家（占比1.4%），但是其合计管理的RAUM占全

---

① SEC定义管理客户资产规模小于2 500万美元的为小型顾问，2 500万~1亿美元的为中型顾问，大于1亿美元的为大型顾问。

按RAUM划分的SEC注册投顾数量及占比

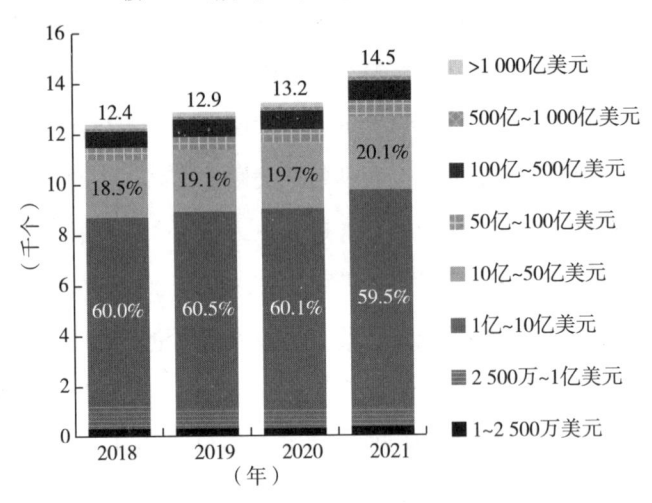

（图表：2018年12.4千个，2019年12.9千个，2020年13.2千个，2021年14.5千个；其中1亿~10亿美元占比分别为60.0%、60.5%、60.1%、59.5%；2500万~1亿美元占比分别为18.5%、19.1%、19.7%、20.1%）

按RAUM划分的SEC注册投顾RAUM及占比

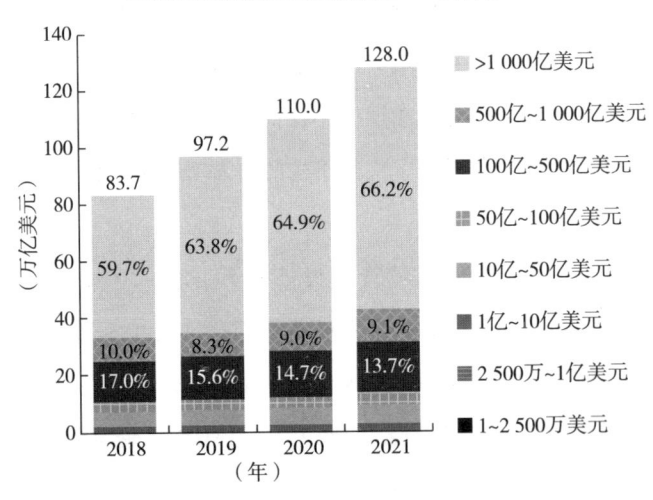

（图表：2018年83.7万亿美元，2019年97.2万亿美元，2020年110.0万亿美元，2021年128.0万亿美元；其中>1000亿美元占比分别为59.7%、63.8%、64.9%、66.2%；500亿~1000亿美元占比分别为10.0%、8.3%、9.0%、9.1%；100亿~500亿美元占比分别为17.0%、15.6%、14.7%、13.7%）

图 11.7　美国投顾行业存在明显的长尾特征

注：柱状图中的标签表示占比。计算按 RAUM 划分的投顾数量及占比时，剔除了 RAUM 为零的投顾，此类机构不为客户管理资产，仅提供咨询建议等，2021 年该类机构数量 659 个，占 SEC 注册投顾总数量的 4.4%。

资料来源：SEC，IAA，中金公司研究部。

行业的 66.2%，与 2018 年的 59.7% 相比提升了 6.5ppt。综上所述，美国投顾行业虽然机构数量众多，但存在明显的少数机构管理多数资产的情况，长尾特征突出。同样，员工人数分布也印证了这一特征，2021 年员工人数在 10 人以下的投顾机构达 8 954 家，占比 59.2%，而拥有超过 500 个员工的机构仅 242 家，占比 1.6%。

- 大型机构之间竞争激烈，行业格局分散，但金融危机以来头部机构市占率稳步提升。如图 11.8 所示，按照全部 RAUM 度量，2021 年排名前 20 位/前 10 位/第一位机构的市占率分别为 30.2%/22.3%/6.1%，与 2018 年相比分别提升 2.7ppt/2.9ppt/0.7ppt，自 2009 年以来稳步提升。

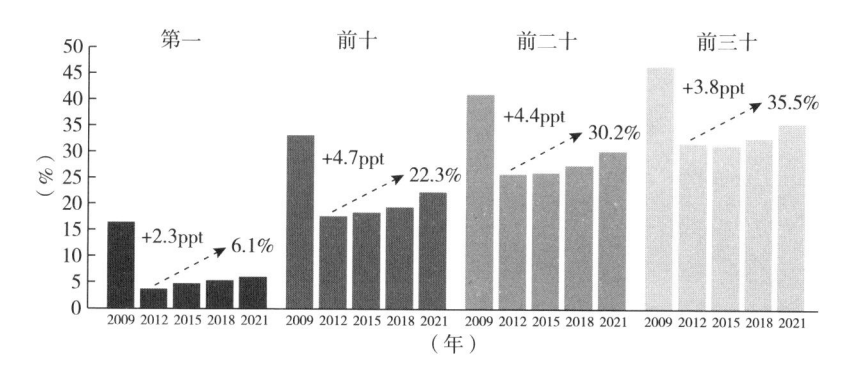

图 11.8 按 RAUM 排序的美国 SEC 注册投顾中头部机构的 RAUM 市占率
资料来源：SEC，IAA，中金公司研究部。

- 在不同的客户细分领域，集中度也略有差异。就零售客户而言，大众及富裕客户管理资产集中度高，但稳定性略差，而高净值客户 RAUM 集中度相对较低，但头部机构市占率稳步提升，竞争优势更难打破。按照投资公司客户管理资产、零售大众及富裕客户管理资产、零售高净值客户管理资产度量的排名前20位/前10位/第一位机构的市占率分别为64%/53%/18%、58%/45%/12%、41%/30%/5%（见图11.9）。细分领域集中度高于行业整体，主要原因在于，细分领域业务关键驱动因素差异性缩小，头部机构优势更牢固，差异化定位竞争空间较小。具体而言，聚焦机构客户的投顾集中度更高，得益于单客RAUM的规模大。而零售客户RAUM集中度较弱，其中高净值客户集中度更低，客户需求越复杂和个性化，集中度越低，一家机构从各个方面都能满足客户需求、适应客户偏好的难度较大，需要多样性的服务机构存在，适合精耕细作的模式，客户质量重于数量。而大众富裕客户的需求相对简单，单客RAUM低，客户数量重于质量。从头部机构竞争优势的稳固性来看，投资公司和高净值零售客户RAUM头部的机构优势更稳固，与2018年相比，2021年投资公司、零售高净值客户RAUM排名前20位/前10位/第一位机构的市占率分别提升6.5ppt/7.2ppt/1.7ppt、5.5ppt/4.2ppt/0.2ppt，而零售大众和富裕客户的集中度则有所下降。

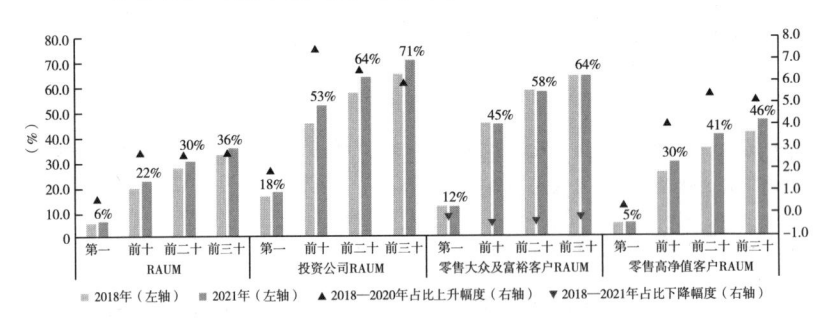

图 11.9 按细分领域 RAUM 排序的美国 SEC 注册投顾中头部机构的 RAUM 市占率

注：此处的高净值客户的划分标准是在该投资顾问处的 AUM 在 100 万美元以上或净财富不少于 210 万美元。

资料来源：SEC，IAA，中金公司研究部。

客户定位不同的机构的特征画像也有显著差异。2021年投资公司客户RAUM排名前三位的机构分别是先锋领航、富达管理与研究公司（Fidelity Management & Research Company LLC）、资本研究与管理公司（Capital Research And Management Company），管理投资公司客户资产分别为7.8万亿美元、3.4万亿美元、3.0万亿美元，客群内市占率为17.8%、7.7%、6.9%，整体RAUM在投顾行业排名也为行业前三。该类机构的典型特征是大型资产管理机构或其母公司，客户数量少但RAUM高，其中仅服务集合投资工具客户的投顾一般客户数量更少，平均仅拥有40个员工和2个网点，但2020年平均RAUM达74亿美元。而以零售大众和富裕客户为主的机构，客户量一般比较大，但是整体RAUM不高，2021年零售大众及富裕客户RAUM排名前三位的机构分别是摩根士丹利、美林银行子公司PFS（Merrill Lynch，Pierce，Fenner & Smith Incorporated）以及爱德华·琼斯公司（Edward Jones），管理该类客户RAUM分别为8 432亿美元、5 066亿美元、3 859亿美元，对应客群内市占率11.9%、7.1%、5.4%，整体RAUM的排名是11、12、28。这类机构一般员工数量、网点数量都较多，员工中注册为投资顾问代表的数量也更多，但如果是仅服务零售客户的小型投顾，则员工人数和网点数量都会大幅减少，业务灵活性更高。按照零售高净值客户RAUM来排序，排在前三名的机构又有所变化，2021年为美林银行子公司PFS、瑞银金融服务公司（UBS Financial Services Inc.）、富国银行清算服务公司（Wells Fargo Clearing Services，LLC），整体RAUM排名分别为12、25、29，这类机构与零售大众及富裕客户RAUM排名靠前的机构有很多相似的特征，但由于客户数量相对少，需要精耕细作，对投顾人员的专业能力要求更高，故投顾人数、网点数量都略少。

线上线下相结合，围绕客户需求进行多元化渠道布局

中国：线上为主，传统渠道端与基金投顾机构合作较多

目前国内各个基金投顾机构都处于展业的初期阶段，基于自身的资源禀赋进行渠道布局和业务模式选择较为合理。

- 基金公司做投顾业务的主要优势之一在于专业的投资能力，这也是目前各家公司开展投顾业务的抓手，即利用做FOF产品的既有经验，推出品类众多的投顾策略。但过分重视产品的推出，延续以往面向机构投资者的专业和精深的投资者教育内容，而不考虑目标客群的特点和需求，尤其是投顾业务面向的大量没有专业金融知识和投资经验的新手客户，则难以达到基金投顾业务的真正效果。因此相比专业的产品构建和资产配置，基金公司开展投顾业务的难点在于客户触达、陪伴和教育。
- 银行以及第三方基金销售机构等传统的渠道端机构拥有大量客户、用户数据以及客户服务的经验与技术，但投研能力尚处于投入建设初期，难以满足基金投顾业务对组合策略构建的高要求。并且在当前中国资本市场中仍有较多创造超额收益机会的背景下，为客户提供与其风险水平相匹配的超额收益仍然是吸引客户的重要因素，缺乏该能力是渠道端机构参与基金投顾市场的难点所在。

综合以上因素，合作或许是当前基金投顾业务发展的破局之选。

基金公司强"投"弱"顾",渠道端机构强"顾"弱"投",我们认为两者的合作有望实现双赢。当前各家持牌机构的渠道布局也印证了这一观点,大多数基金公司选择在银行和独立基金销售平台上线投顾产品,部分基金公司也将券商机构作为重要的合作渠道。该方式不仅能帮助基金公司触达更多的零售客户,并且当前众多渠道端机构都在致力于打造开放财富平台,一定程度上向资管机构开放客户信息和客户经营权限,有助于资管机构拉近与客户的距离,并借助平台的公域活动或流量经营好自身的私域流量,培养客户经营和服务能力。从传统渠道端机构来看,独立基金销售机构的财富平台更加开放,在投顾业务方面布局也更加积极,天天基金、支付宝、且慢、蛋卷基金等平台都开放给基金投顾机构。部分银行和券商,如交行、中信银行、国信证券、广发证券等也与基金投顾机构达成合作,通过上架持牌机构的投顾组合来弥补自身没有基金投顾牌照的劣势或加强投顾组合的吸引力,也有利于其满足自身客户的需求,留住客户(见表11.5)。

从线上线下渠道布局来看,国内基金投顾机构目前渠道布局仍处于初期阶段,以线上为主。通过App、官网等实现投顾产品的推荐和交易,投资者教育和陪伴也多通过线上文章、视频直播和录播的形式实现。在客户交流方面,大多数机构采用人工智能顾问回答客户的常见问题,辅之以远程的人工客服电话解答客户的个性化问题,仅小部分机构会为高净值客户提供人工投顾面对面交流服务。未来,随着业务规模和覆盖客户范围的扩大,面对客户更加复杂的需求,投顾机构需要逐步增加客户服务中人工的参与,通过人机结合、线下网点等方式增强与客户的信任关系。

表11.5 目前各类基金投顾持牌机构展业的渠道布局

投顾名称	官网	自有App	微信公众号	独立基金销售平台	银行	券商
华夏财富—查理智投	华夏财富	华夏基金管家、华夏财富	华夏财富	支付宝、天天基金、且慢、陆金所	中信银行App	—
南方基金—司南智投	南方基金	南方基金	司南投顾	支付宝、天天基金、京东金融、陆金所、交通银行所	交通银行	国信证券、广发证券
嘉贝智投	嘉实财富	嘉实理财、嘉实财富	嘉实财富	支付宝、天天基金	—	国信证券
中欧财富—水滴投顾	中欧财富	中欧财富	中欧投顾	支付宝、天天基金、京东金融、陆金所、平安银行	中信银行App	国信证券、广发证券
易方达基金—易方达投顾	—	—	易方达投顾	支付宝、天天基金、京东金融、蛋卷基金、好买基金	交通银行、招赢通（招行）、宁波银行	东北证券、国信证券、西部证券、江海证券、广发证券
广发基金—广发基金投顾	广发基金	广发基金	广发基金投顾	且慢	—	—
蚂蚁基金—帮你投	—	支付宝	—	支付宝	—	—
腾安基金—一起投	—	微信理财通	腾讯一起投	理财通	—	—

（续表）

投顾名称	官网	自有App	微信公众号	独立基金销售平台	银行	券商
国联证券—基智投	—	国联证券	国联证券	支付宝、天天基金、京东金融	—	—
银河证券—财富基金管家	—	中国银河证券	—	天天基金、陆金所	—	—
国泰君安—君享投	—	国泰君安君弘	—	—	—	—
中信建投—蜻蜓管家	—	蜻蜓点金App	中信建投基金微管家	京东金融、支付宝	—	—
中金财富—A+基金投顾	—	中金财富	—	支付宝	—	—
申万宏源证券—星基汇	申万宏源证券	申万宏源大赢家	—	陆金所、支付宝	—	—

注：表中为不完全统计，统计时间截至2022年7月3日。

资料来源：各家机构官网、App，中金公司研究部。

美国：线上线下相结合，社交媒体使用较多

美国的投顾业务发展历史较长，各家机构渠道布局相对完善，业务规模大的头部机构大多自身渠道也较为完善，线上与线下渠道相结合，具体更偏重哪一类取决于客户需求。而规模较小的投顾则倾向于使用全托资产管理平台（Turnkey Asset Management Program，简写为TAMP）展业。

- 线下渠道方面，由于美国投顾行业参与机构的长尾特征，2021年，98.7%的SEC注册投顾网点数量少于50个，其中9 173家机构（占比60.7%）没有线下网点布局，纯线上经营或不以网点为主要客户服务场地。而网点数量在1 000个以上的机构数量仅19家，其中最多的是以社区投顾服务闻名的爱德华·琼斯公司（14 762个）。头部机构的网点数量也依目标客户而异，2021年零售及富裕客户RAUM排名前十的机构平均网点数量为3 773个，而投资公司客户RAUM排名前十的机构平均网点数量仅29个。
- 线上渠道也越来越成为美国投顾机构的重要客户获取和经营渠道，并且不局限于自建渠道，而是在各大社交媒体网站也有官方账号。根据IAA统计，2020年同时使用多个网站或社交媒体进行线上展业和宣传的机构数量增加，在SEC注册投顾机构中的占比从2017年的43.3%上升到56.1%，其中，使用领英（LinkedIn）、脸书（Facebook）、推特（Twitter）等社交媒体的机构数量占比也分别上升15.4ppt、6.5ppt、16.2ppt至48.4%、23.0%、20.5%。部分投顾机构还允许其注册投顾代表运营个人网站，并为其提供官方认证（见图11.10）。

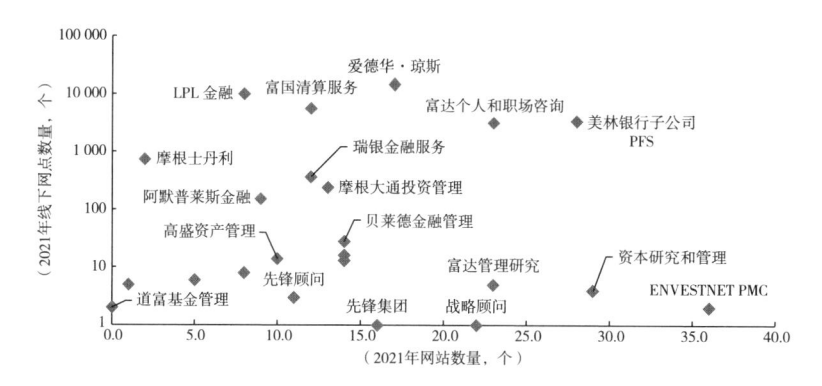

图 11.10　2021 年美国 SEC 注册投顾中头部机构管理规模和网点数量对比
注：此处的头部机构指的是分别按全部 RAUM、投资公司客户 RAUM、零售大众及富裕客户 RAUM、零售高净值客户 RAUM 排序的前十名机构，去除重复机构。
资料来源：SEC，中金公司研究部。

为客户创造价值是投顾业务收费的基础

中国：投顾服务收费方式单一，收费难度大

整体来看，投资者使用基金投顾服务会产生两类费用，第一种是投顾服务费，第二种是底层配置基金的申赎费等交易费用。其中第一种是投顾服务的主要费用，是投顾机构为客户提供投资策略、账户检视、投资者教育和陪伴等服务的对价，而交易费用仅仅是方案执行过程中产生的成本，非投顾业务所特有，也不应是投顾机构主要的盈利来源。

- 在投顾服务费方面，根据证监会基金投顾《试点工作通知》的要求，基金投资顾问服务费按照规模来收不得高于客户账户资产净值的5%，以年费、会员费等方式收取则每年不超过1 000元。当前国内的基金投顾业务刚起步，各家机构的收费形式比

较单一，没有突破《试点工作通知》中提到的两种，大多数采用第一种，即按照持有资产规模收取一定比例费用，并且实行单一费率，少数机构例如南方基金在天天基金投顾平台的部分策略实施阶梯费率。此外，嘉实财富尝试在自有 App 上采用会员费模式，但也于 2022 年 4 月开始改为按资产规模收费；而盈米基金就其"四笔钱"策略中的大多数采用固定年费模式，并且使用交易费中归属于且慢的部分直接抵扣，无须客户额外支付。从投顾服务费费率水平来看，样本机构基本为 0.2%~1.0% 每年。现金管理等低风险策略各家机构的费率水平相似，大部分为 0.1%~0.3%；中高风险策略证券公司的投顾服务费率一般为 0.5%~1.0%，基金公司为 0.5%~0.8%，独立基金销售平台一般为 0.5% 或更低，且慢部分策略的投顾服务费使用交易费抵扣，可以视为 0 费率。此外，部分机构对在不同平台上提供的投顾策略收取的投顾服务费存在一些差异，可能受平台影响。

- 底层配置基金的申赎费一般按照成分基金合同收取，但是大多数机构会对申购费提供一定的优惠，基金公司大多对于自有基金不收取交易费。机构自愿降低交易费让利客户，主要原因在于担心客户不愿为投顾服务这种"新事物"单独付费，因此将本应收取的基金交易费减免，转而收取投顾服务费，整体来看没有过多增加投资者使用投顾产品和服务的额外费用负担（见表 11.6）。

总结来看，当前国内投顾机构的收费思路主要是使用投顾服务费替代交易费用，而本身不收取交易费的基金公司，则一般收取较低的投顾服务费或对非本公司基金的交易费用实施优惠。从投资者角度来看，在互联网金融平台纷纷对基金申赎费用打一折的情况下，即使投

表11.6 我国不同基金投顾机构的收费方式及费率情况

机构	投顾品牌	业务平台	投顾服务费（年化）	申购费率	赎回费率
南方基金	司南智投	南方基金App	双月宝：0.2%/年；股债平衡：0.5%/年；多因子成长：0.5%/年	自有基金不收取赎回费，其他根据成分基金合同收取	根据平台的成分基金合同收取
		天天基金	绝对收益组合：0.4%/年，思南安鑫一号：阶梯费率，最高0.5%/年，司南锐进：阶梯费率，最高0.6%/年	一折起	根据平台的成分基金合同收取
		支付宝	绝对收益组合：0.4%/年；股债平衡蓝筹：0.4%/年；股债进取：0.5%/年	根据成分基金合同收取	根据平台的成分基金合同收取
		交通银行	绝对收益平衡型：0.4%/年；策略积极成长型：0.5%/年	根据成分基金合同收取	费用遵循每只基金的费率规则
华夏财富	华夏财富投顾	华夏基金家App	货币增强：0.1%/年；固收增强：0.5%/年；权益优选：0.5%/年	0费用	根据平台的成分基金合同收取
		天天基金	步步赢：0.2%/年；平衡宝：0.4%/年；权益优选：0.5/年	一折起	根据平台的成分基金合同收取
		天天基金	华南增强：0.2%/年；平衡增长：0.4%/年；激进投资：0.8%/年	一折起	根据平台的成分基金合同收取
易方达基金	易方达智投	支付宝	余额佳Pro：0.2%/年；股债平衡：0.4%/年；激进投资：0.5%/年	限时0费用	根据平台的成分基金合同收取
		交通银行	货币增强：0.2%/年；稳健理财：0.25%/年	根据成分基金合同收取	费用遵循每只基金的费率规则

第十一章 厘清基金投顾关系，推动买方投顾转型

（续表）

机构	投顾品牌	业务平台	投顾服务费（年化）	申购费率	赎回费率
嘉实财富	嘉实投顾	嘉实理财 App	股 26%固收 50%：0.2%/年；股 84%固收 5%：0.5%/年	0 费用	0 费用（合同中约定赎回费计入基金资产部分无法免除）
		天天基金	货币增强：0.2%/年；固收优选：0.3%/年；全明星精选：0.5%/年	一折起	根据平台的成分基金合同收取
		支付宝	小福气：0.25%/年；攻守道大板：0.4%/年；全明星精选：0.5%/年	根据成分基金合同收取	根据平台的成分基金合同收取
中欧财富	水滴智投	中欧财富 App	闲钱宝：0.25%/年；经典股债全明星：0.55%/年；超级股票全明星：0.75%/年	自有基金不收取赎回费，其他根据成分基金合同收取	自有基金不收取赎回费（计入基金财产的除外），其他根据成分基金合同收取
		天天基金	闲钱宝：0.25%/年；经典股债全明星：0.55%/年；超级股票全明星：0.75%/年	一折起	根据平台的成分基金合同收取
广发基金	广发基金投顾	广发基金 App	添利 30 天：0.2%/年；股债平衡大师：0.4%/年；一起幸福长增：0.5%/年；奔跑吧牛基：0.6%/年	自有基金不收取赎回费，其他根据成分基金合同收取	自有基金不收取赎回费（计入基金财产的除外），其他根据成分基金合同收取

（续表）

机构	投顾品牌	业务平台	投顾服务费（年化）	申购费率	赎回费率
广发基金	广发基金投顾	且慢	超级理财加：0.3%/年；小小的太阳：0.3%/年	0.06%	取决于持有期限，期限越长费率越低
蚂蚁基金	帮你投	支付宝	股20%固收80%：0.25%/年；股50%固收50%：0.4%/年；股70%固收30%：0.5%/年	根据平台的成分基金合同收取	根据平台的成分基金合同收取
盈米基金	且慢	且慢App	"四笔钱"投顾策略（除幸福小约定、超级理财加和兴证全球进取优选外）投顾服务费采用固定年费模式，使用归属目慢部分的交易年手续费抵扣，不高额外支付；幸福小约定：0.2%	根据平台的成分基金合同收取	根据平台的成分基金合同收取
国联证券	基智投	天天基金	睿安盈：0.2%/年；睿平衡：0.6%/年；睿精选：0.8%/年	0.11%，折后0.01%	根据平台的成分基金合同收取
		支付宝	增强稳健：0.25%/年；偏股优选弹性：0.4%/年；股票精选：0.5%/年	一折起	根据平台的成分基金合同收取
中信建投	蜻蜓管家	京东金融	目标盈：0.4%/年	根据平台的成分基金合同收取	根据平台的成分基金合同收取
		支付宝	股债菁品汇：0.8%/年；价值金字塔：0.8%/年	一折起	根据平台的成分基金合同收取

(续表)

机构	投顾品牌	业务平台	投顾服务费（年化）	申购费率	赎回费率
中国银河	财富星—基金管家	天天基金	混合偏债收益增强、A股股票基金精选：1%/年	一折起	根据平台的成分基金合同收取
		陆金所	股基债基2 575养老目标：0.25%/年；混合偏债收益增强：0.25%/年；A股股票基金精选：原1%/年（折后0.5%/年）	一折起	根据平台的成分基金合同收取
华泰证券	涨乐星投	陆金所	稳稳90天：0.15%/年；省心投复利滚滚：0.5%/年	一折起	根据平台的成分基金合同收取
中金财富	A＋基金投顾	支付宝	中金财富配置加力-稳健型：0.25%/年；中金财富配置加力-积极型：0.4%/年、中金财富配置加力-进取型：0.5%/年	根据平台的成分基金合同收取	根据平台的成分基金合同收取
申万宏源		支付宝	申万宏源稳一点：0.25%/年；申万宏源高一点：0.4%/年；申万宏源牛一点：0.5%/年	根据平台的成分基金合同收取	根据平台的成分基金合同收取
	星基汇	陆金所	星选货币一货币+：0.2%/年；星选理财一目标小康：0.4%/年；匠心配置一均衡：1%/年；星选权益-全明星：1%/年	一折起	根据平台的成分基金合同收取

注：统计时间截至2022年7月9日。

资料来源：各家机构官网，App，中金公司研究部。

顾机构减免了组合底层基金的申赎费用,但与直接购买基金相比仍有一定的额外成本。在当前大多数基金投顾是"投顾前置"、策略为主,投资结果和体验都没有明显优于直接购买基金时,投资者为投顾服务付费的意愿低迷。从机构端来看,投顾服务费和交易费的收费逻辑和基础差异较大,投顾服务费应当是客户为机构提供的投资策略、建议、财富规划等服务支付的费用,从本质上来看与基金公司收取的管理费性质类似,而非交易渠道价值。机构通过短期减免交易费用吸引投顾客户,而不重视自身投顾能力建设,无异于饮鸩止渴。以上因素综合导致我国基金投顾业务收费难度大,业务规模长期可持续扩张受阻。

美国:收费方式多元化,费率水平与机构投顾能力挂钩

当前美国投顾机构收费方式以"AUM的一定比例"为主,辅之以按小时收费、固定费用等多种形式,收取交易佣金的机构数量明显减少。2021年美国SEC注册投顾中采用"AUM的一定比例"收费方式的机构数量占比95.5%,与2003年相比提高1.1ppt,而采用交易佣金收费方式的基本占比从2003年的11.5%下降9.2ppt至2021年仅为2.3%。另外,按小时收费、收取固定费用、基于业绩表现收费的投顾数量占比整体呈现上升趋势,投顾机构采用的收费方式更加多元化,契合不同类型客户的需求。就头部机构来看,主要服务投资公司客户的机构一般采用"AUM的一定比例"以及按业绩收费的方式,而注重零售客户的投顾机构采用的收费方式更多元化,除了常规的收费方式,还会采用按小时收费、会员费等(见图11.11)。

美国投顾机构收取的费率水平与其提供给客户的服务种类与复杂程度挂钩。以富达投资为例,其为客户提供智能投顾、人机结合以及纯人工投顾三大类投顾服务,复杂度和个性化程度逐步上升,对应的

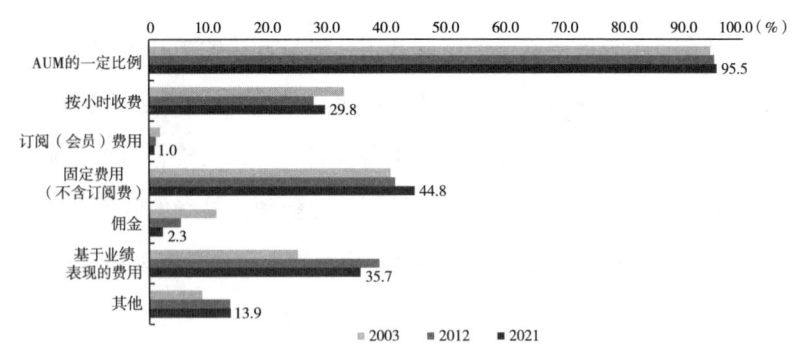

```
                    0    10.0  20.0  30.0  40.0  50.0  60.0  70.0  80.0  90.0  100.0(%)
AUM的一定比例                                                                    95.5
    按小时收费          29.8
订阅(会员)费用   1.0
      固定费用
   (不含订阅费)                          44.8
          佣金   2.3
      基于业绩
      表现的费用                    35.7
          其他      13.9
                        ■ 2003  ■ 2012  ■ 2021
```

图 11.11 美国 SEC 注册投顾采取各类收费方式的数量占比

资料来源：SEC，中金公司研究部。

费率也从 0.35% 上升到最高 1.5%。但由于客户定位仍然是大众富裕客群，因此高费率的复杂投顾服务较少被调用。而摩根士丹利这样的综合类财富管理机构能为客户提供的服务种类更加丰富，收费类账户大多有人工投顾提供持续的咨询和账户管理服务，依托中后台的投资研究和账户管理能力，可以为投资者创造更高的投资收益和更优的体验，因此最终实现的费率较高，在 0.7% 上下。

为客户创造价值的能力成为收费的核心

重申一下我们在前文中的观点：包括基金投顾在内的投顾业务，以及更广义的财富管理业务，核心都是通过金融/非金融产品匹配客户核心价值诉求。为客户创造价值，才能赢得其信任，是财富管理机构商业模式的核心点，也是其产品和服务定价的关键前提。总结而言，财富管理机构对客户的价值体现在以下几点：①提高客户的投资收益率；②降低客户的投资成本，包含显性成本和隐性成本；③改善客户的投资体验和问题解决体验。其中第一点更依赖机构的投研能力、资产配置能力等，而后两点则要求机构具有较强的投资者教育能力、建立在充分理解客户前提上的方案规划能力。

首先，投顾服务要能够真正为客户创造价值才有收费的基础。回顾美国的投顾行业诞生和崛起的历程，不难发现主要驱动因素在于资本市场效率提高，简单的资管产品尤其是主动管理产品无法为客户创造超额收益，因此投顾机构为客户提供的金融和非金融、传统资本市场投资与另类投资等相结合的大类资产配置，全市场遴选产品等服务，在一定程度上扮演了一部分资管机构的职能，再结合对客户需求的充分理解和把握，最终形成的投资方案是另一种形式的"产品"，能够从多方面实现客户投资收益和投资体验的提升。既然本质上是对资管机构职能的补充和替代，那么投顾服务的费用自然会取代部分原来资管产品的管理费。以瑞银、摩根士丹利和嘉信理财为例，2004—2020年，三者客户资产的增长中来自市值提升的比例分别是72.0%、41.3%和34.0%，相对应地，三者2020年在财富管理业务上实现的综合收益率分别为0.87%、0.71%和0.54%，印证了为客户创造价值的能力是机构收取高费率的基础（见图11.12）。从整个行业来看，美国投顾机构为客户提供的服务也不仅仅是组合管理，约43.2%的投顾会

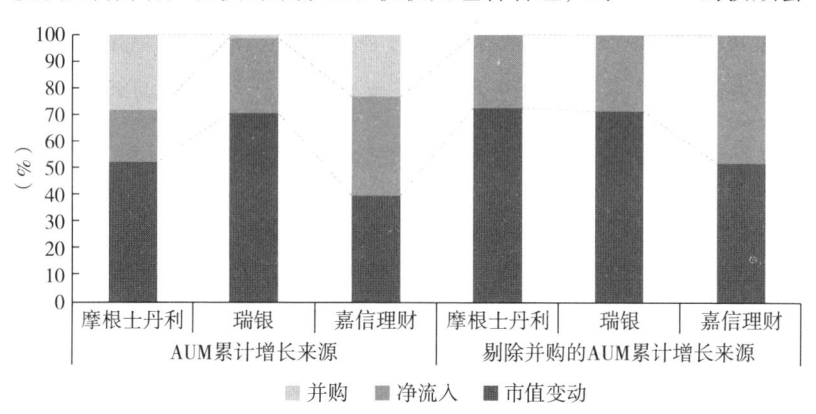

图11.12 2004—2021年瑞银、摩根士丹利和
嘉信理财客户资产增长来源拆分

资料来源：公司公告，中金公司研究部。

为客户提供财务规划服务，对客户的价值超越了金融投资收益的范畴，涉及全生命周期的财务规划、生活质量提高等（见图11.13）。

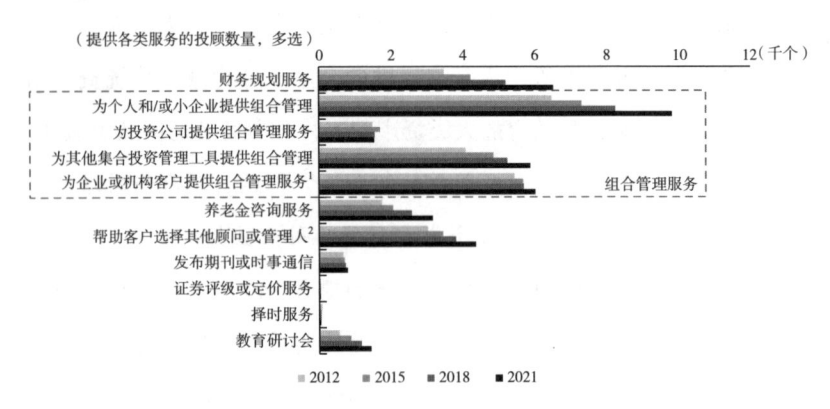

图11.13　美国SEC注册投顾为客户提供的咨询服务类型
注：1. 小企业、注册投资公司和其他集合投资计划除外；2. 包含私募基金管理人。
资料来源：SEC，IAA，中金公司研究部。

当前我国投顾机构面临的内外部环境都对其收取投顾服务费形成了阻力。从外部来看，我国资本市场有效性尚有待提高，资管机构依然可以通过单个产品的形式为客户创造超额收益。从内部来看，国内的投顾机构缺乏投研能力，无法通过包含金融、非金融产品在内的大类资产配置、组合方案给客户创造更多超额收益，不具备收费基础。

其次，从资产管理机构从事投顾业务的角度来看，全市场遴选产品，卖服务而不是卖产品送投顾服务，是其倾向于收取管理费还是投顾服务费的重要影响因素。海外资管系投顾机构提供的投顾服务也会收取与其他机构同等的投顾服务费，主要原因是其投顾策略和方案中的产品是全市场遴选，不局限于自家的产品，外部产品没有管理费收入，因此其具有收取投顾服务费的迫切需求。而国内虽然大量基金公司获得了投顾牌照，但短期内难以做到真正的全市场遴选优质产品，更倾向于使用自有产品，因此没有收取额外的投顾服务费的迫切需求，按以往的模式收取管理费即可。从本质上来看，投顾服务是买产品赠送的附加服务，核心创收逻辑是卖产品不是卖服务。

最后，在讨论基金投顾收费时，还应当考虑到国内投资者没有为投资咨询服务付费的习惯。我国历史上的保本类产品投资难度低、收益高，投资者对投资建议没有迫切需求；资管新规以来净值化产品重要性提升，投资者需要一定的体验和积累才能认识到投资建议的价值，从而愿意为此付费。

未来，我国基金投顾收费困境的破局之选或在于以下几点：①政策层面推动投顾牌照广泛化，适度放开投顾业务目标资产和客户范围，明确收费基础；②财富管理机构加大战略投入和提升资产配置能力；③从投资者教育和服务入手，降低投资者的非理性行为导致的隐性成本，实现投资净收益和投资体验的改善。

- 加快买方投顾模式转型已成为行业共识，但要实现这一点，不仅需要战略层面的重视和人力科技等资源投入，还须培养以客户为中心的买方投顾文化，形成机构与客户利益一致的赢利模式较为迫切。投顾牌照广泛化更具迫切性，主要体现在覆盖资产类别和机构类别，给予参与机构商业模式选择权（维持销售驱动模式还是转型买方投顾），从制度层面保证部分转型成功机构可以依赖投顾收费实现商业可持续。投顾行业的多样性体现在客户类型、收费方式、资产类别几大方面，不同类型的机构根据自身客户属性、擅长的资产类别等创设投顾服务，并根据服务形式采取合理的收费方式，方能实现百花齐放。

- 除政策因素外，要实现后两点，离不开高质量的投顾人才以及科技能力的加持，"人+数字化"方能实现千人千面的顾问服务。2021 年美国 SEC 注册投顾机构的投顾相关人员（含研究）占全部员工的比例达 54%，而重视零售客户的机构注册投顾代表平均占比为 65.3%。除了需要智力资本要素做出胜率更高的决策、与客户进行更深度的交流外，还需要有科技能力将客户经理和投顾人员沉淀的经验数字化、线上化，以服务新老客户的已知需求，赋能投顾人员提高客户服务效率。从人均管理超客户资产规模来看，2021 年美国 SEC 注册 RIA 投顾相关人员人均管理客户资产规模为 2.5 亿美元，与 2020 年相比提高了 7.5%（见图 11.14 和图 11.15）。

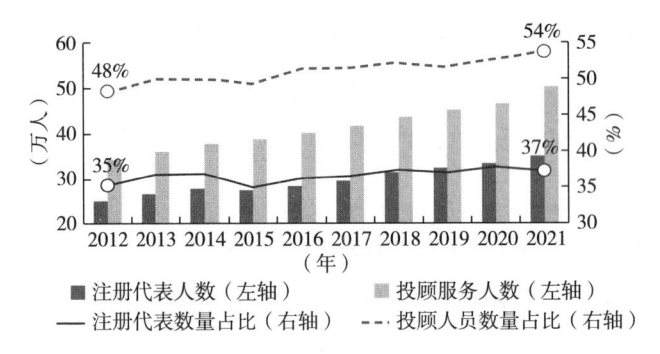

图 11.14 SEC 注册 RIA 投顾相关员工数量

注：投顾服务指的是从事投资咨询相关工作的员工，包含研究人员。
资料来源：SEC，IAA，中金公司研究部。

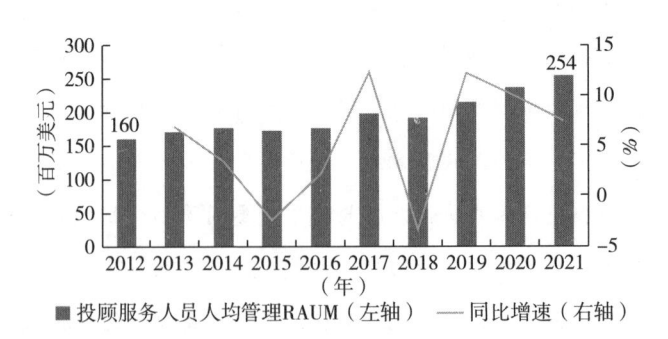

图 11.15 SEC 注册 RIA 投顾人员人均管理 RAUM

资料来源：SEC，IAA，中金公司研究部。

加强投资者教育，构筑财富管理机构核心竞争力

财富管理客户收益受到贝塔、阿尔法、情绪反馈影响，其中情绪反馈不仅影响投资者个人，还具有外部性。财富管理客户的最终收益可部分类比资管产品，一方面受到市场整体景气度（贝塔）的影响，另一方面也取决于个人的资产配置和投资产品选择（阿尔法）。但与资管产品收益明显不同的是，个人投资者的实际收益还受到情绪和投资行为的较大影响，即情绪反馈，不仅是缺乏相关知识的人群，甚至很多经验丰富的投资者在市场波动面前也无法做出足够理性的决策。基金业协会的调查显示，2020年接近70%的投资者无法做到理性交易、及时止盈止损避免追涨杀跌，可能因为缺乏必要的专业知识，也可能因为难以"对抗人性"，无论何种原因，都需要借助一定的外界力量辅助方能真正将这些投资理念落地。基金投资者的非理性交易行为不仅造成其个人投资收益降低，还对整个基金行业产生了负向激励。主要体现在：①投资者持有期限短、频繁买卖基金，迫使基金经理需要预留大量以备赎回的现金，无法将更多资金投入高收益的资产中，资金使用效率低；②投资者频繁的申赎行为给基金带来过多的交易成本等额外的负担，侵蚀基金投资收益；③投资者过分关注短期历史业绩，对基金经理产生了错误激励，助推其冒更高的风险博取短期内的高收益，导致基金业绩可持续性差。改变投资者非理性行为给基金经理带来的不当激励，是改善我国基金行业收益波动大、持续性差的重要抓手。

我们认为，投顾机构的作用主要体现在客户端"千人千面"的阿尔法和情绪反馈两方面，通过直接影响客户的投资行为来改变资本市场资金端的属性，从而改变资管机构投资端的行为，进而促进整个资

本市场效率提升。而要做到"三分投，七分顾"，投资者教育便是财富管理机构必须修炼的内功和核心竞争力。基金业协会发布的《全国公募基金市场投资者状况调查报告（2020年度）》披露了一系列基于问卷调查的数据，为财富管理机构提供了观察中国基金投资者画像和行为的全景视图。我们结合历史报告对最新一期数据进行对比研究，尝试描绘在快速发展的共同基金行业中个人投资者的画像、投资理念与投资行为的变迁[①]，为财富管理机构提供一定参考。

2020年公募基金个人投资者画像呈现出与2014—2019年历史趋势差异明显的结构性变化，具体而言如下所述：

- 整体来看，我国公募基金个人投资者的成熟度、投资热情和投资力度都有所提升。从投资者的特征画像来看，个人投资者整体成熟度提高。金融投资年限逐渐拉长，投资经验积累越来越多。如图11.16所示，2020年从事金融投资3年以下的投资者占比29%，与2016年相比下降了13ppt，而投资经验长达10年以上的投资者占比迅速提升，2019年在受调查的个人投资者中的占比跃居第一，2020年年底达到26%，与2016年相比提高了7.8ppt。从年龄上来看，30~45岁正值壮年的人群是主力投资者，2020年占比39%，除此之外，2017年起30岁以下的年轻人与45岁以上人群占比出现此消彼长的趋势，反映了共同基金投资人群范围的向上扩张。而在受教育程度方面（见图11.17），2020年63%的投资者都拥有本科或以上学历，完全

---

① 风险提示：问卷调查数据结果无法代表全体基金投资者，问卷设问不当可能会对投资者产生错误引导导致数据失真。

受调查个人投资者的金融投资年限
（个人投资者数量占比，合计为100%）

受调查个人投资者年龄分布
（个人投资者数量占比，合计为100%）

――― 1年以内　―― 1~3年　······ 3~5年
――― 5~10年　―― 10年以上

······ 30岁以下　――― 30~45岁
――― 45~60岁　―― 60岁以上

图11.16　受调查个人投资者的金融投资年限及年龄分布

注：为了展示清晰，部分使用平滑线连接各年份数据点。
资料来源：基金业协会，中金公司研究部。

受调查个人投资者教育程度分布
（个人投资者数量占比，合计为100%）

学历	比例(%)
初中及以下	3
高中	7
中专	6
专科	20
本科	48
硕士	14
博士	2

■ 2019年　+ 2020年

完全没有金融相关教育的投资者数量占比

2015: 19%　2016: 20%　2017: 35%　2018: 26%　2019: 20%　2020: 21%

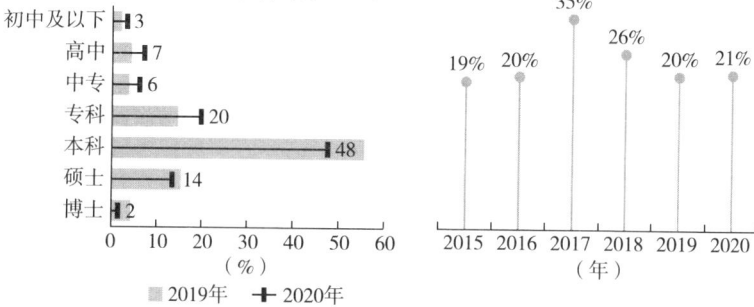

图11.17　受调查个人投资者的受教育程度

注：此处未展示报告中"其他"项的数值。
资料来源：基金业协会，中金公司研究部。

没有接受相关教育的投资者占比逐渐下降。另外，在收入积累与资产配置结构改变的双重推动下，公募基金投资者的投资热情与投资力度也明显提升。公募基金投资者财富增长明显，税后收入、金融资产规模主群体都向更高水平切换，如图11.18所示，2019年税后收入10万~50万元的投资者占比55%，首

受调查个人投资者税后收入分布
（个人投资者数量占比，合计为100%）

受调查个人金融资产规模分布
（个人投资者数量占比，合计为100%）

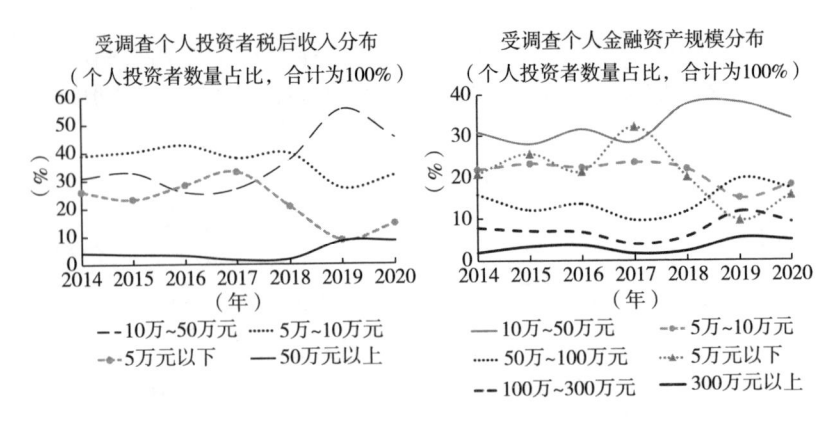

- - 10万~50万元   ······ 5万~10万元
- ▲- 5万元以下   —— 50万以上

—— 10万~50万元   - ●- 5万~10万元
······ 50万~100万元   - ▲- 5万元以下
- - 100万~300万元   —— 300万元以上

图11.18 受调查个人投资者税后收入及金融资产规模分布

注：为了展示清晰，图中使用平滑线连接各年份数据点。
资料来源：基金业协会，中金公司研究部。

次超越5万~10万元人群成为占比最大的群体，而金融资产规模也以10万元为界限呈现上移趋势。随着财富水平增长，投资者也将更多比例的收入投入金融市场，虽然投资比例在10%~30%的投资者数量占比仍然最大（2020年为36%），但拉长时间来看可以发现，投资比例30%以上的投资者占比呈现明显的上升趋势（见图11.19）。而在金融投资中，投资者的资产配置结构也出现变化，2020年将从存款、银行理财、股票转入作为投资公募基金重要资金来源的投资者占比分别为76.3%、37.6%、35.8%（见图11.20）。

- 上述投资者特征大多在2020年出现小幅反向波动，可能的原因是特殊的市场环境下一批新的新手投资者进入基金市场。根据基金业协会数据，2020年我国场外/场内自然人投资者数量分别同比增长10%/28%。对比投资者画像可以发现，这批投资者税后收入和金融资产规模以10万元以下为主，收入进行金融投资的比例多在30%以下，投资年限大多低于3年，本科

（个人投资者数量占比，合计为100%）

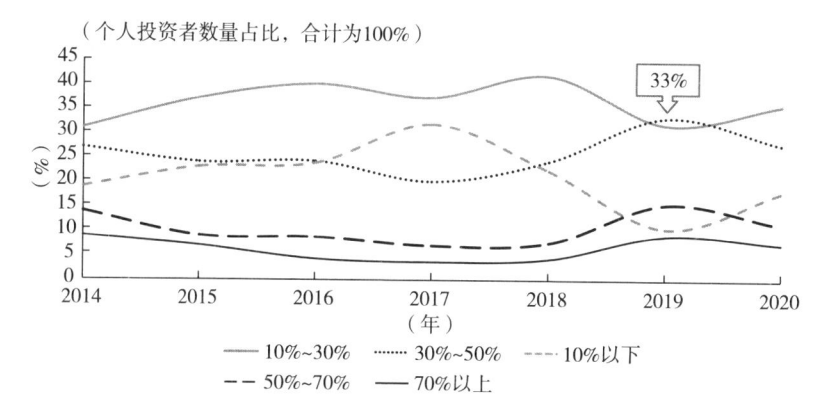

图 11.19　受调查个人投资者金融投资金额占家庭年收入的比重分布

注：为了展示清晰，图中使用平滑线连接各年份数据点。
资料来源：基金业协会，中金公司研究部。

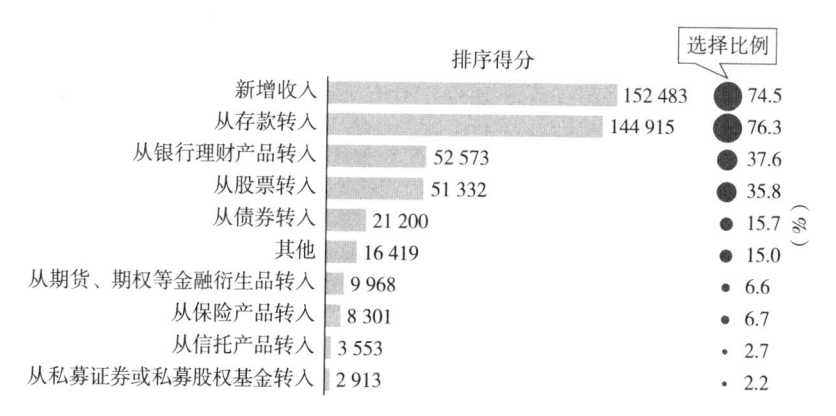

类别	排序得分	选择比例(%)
新增收入	152 483	74.5
从存款转入	144 915	76.3
从银行理财产品转入	52 573	37.6
从股票转入	51 332	35.8
从债券转入	21 200	15.7
其他	16 419	15.0
从期货、期权等金融衍生品转入	9 968	6.6
从保险产品转入	8 301	6.7
从信托产品转入	3 553	2.7
从私募证券或私募股权基金转入	2 913	2.2

图 11.20　2020 年受调查个人投资者公募基金资金来源

注：调查问卷中本题目要求选择三项并按照重要程度进行排序，计算排序得分时，第一选择赋值为3，第二选择赋值为2，第三选择赋值为1。而选择比例则为选择了该选项的投资者数量占比。
资料来源：基金业协会，中金公司研究部。

以下学历、年龄45岁以上的居多。新的投资者进入，一方面为公募基金注入了新的血液，充分说明了其作为大众理财产品的发展空间，但另一方面这些新手投资者也给投资者教育工作带来了不小的挑战。

公募基金投资者教育能够有效帮助投资者建立正确认知，但在切实改变投资者非理性交易行为方面的作用仍然有待提升。不考虑2020年大量新手投资者进入基金市场的影响，我们不难发现，自负盈亏、风险收益相匹配、产品适配性、长期持有等投资理念已经得到越来越多的投资者认可。

- 2020年，60%的投资者能够正确认知其与基金公司之间的契约关系，即"基金管理公司应按基金合同管理资产，投资者承担相应投资风险和享有投资收益"，该比例与2016年时的低点相比上升了25ppt，说明投资者已基本形成自负盈亏的观念。
- 投资者在购买公募基金时也更加关注产品说明书等文件，并且会考虑产品的风险收益特征与自身的风险承受能力是否匹配。2020年，约79%的投资者购买基金时会看基金招募说明书和合同等文件，99.6%的投资者都会衡量自身投资偏好与基金是否匹配，反映出风险测评、风险收益相匹配、产品适配性等原则已被投资者普遍接受。
- 从购买基金后的态度来看（见图11.21），2020年89%的投资者表示自己注重长期收益，不会频繁查看账户盈亏，或即使查看也不会进行频繁交易，并且从2014年以来比例不断上升，2019年达到高点99%。2020年大幅下滑，但值得注意的是，该变化可能是2020年新进入大量新手投资者造成的，也可能是问卷设问方式的改变对投资者的错误引导。2020年前问卷在频繁交易一项的表述中使用了"短期套利"这一略显负面的字眼，可能引发投资者本能地避开该选项，而2020年使用更加客观的表述后遵循真实情况选择该比例的投资者占比可能上升。出于上述两个原因，我们认为2020年存量投资者的长期投资意识仍是相对稳定的。另外，2020年表示自己已经持有或愿意持有设封闭期或最低持有限制公募基金的投资者占比90%，其中已经持有的占比与2019年相比提高了3ppt（见图11.22）。总体来看，我国共同基金个人投资者的长期投资意识已经形成。

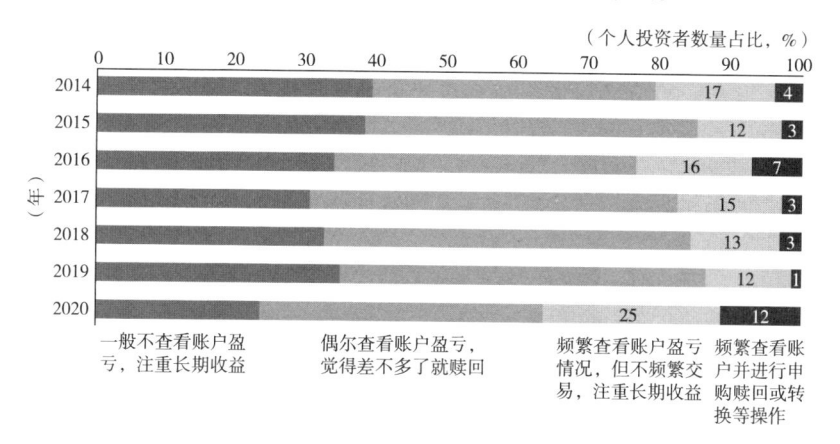

图 11.21 受调查个人投资者购买基金后的态度

注：2020年调查问卷设问方式与之前稍有差别，2020年前最后一项表述为"频繁查看、频繁申购赎回以短期套利"，2020年表述改为"频繁查看账户并进行申购赎回转换等操作"，可能隐性影响投资者的选择。
资料来源：基金业协会，中金公司研究部。

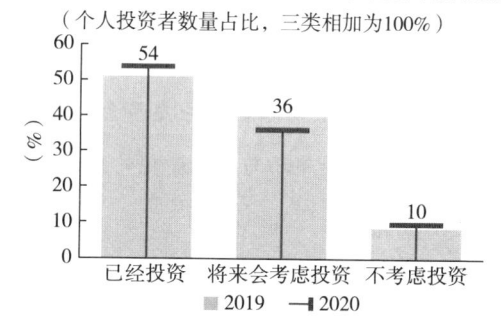

图 11.22 受调查个人投资者对设封闭期或最低持有期限公募基金的态度
资料来源：基金业协会，中金公司研究部。

但从实际行为结果来看，真正能够践行这些理念的投资者却非常少，非理性投资行为仍然较普遍，生动体现了这些正确却"反人性"的投资理念对大多数投资者来说知易行难。

- 如图 11.23 所示，2014—2020 年，我国公募基金投资者单只基金的平均持有时间有所延长，但呈现出向 0.5~3 年收敛的现象，2020 年仍有 79% 的投资者持有期限在 3 年以下，与 20 世纪 90 年代美国家庭共同基金的平均持有期限 7 年①相比仍然偏短。

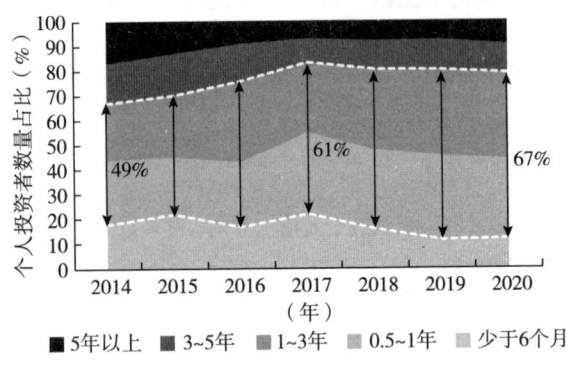

图 11.23 受调查个人投资者单只基金持有时间分布
资料来源：基金业协会，中金公司研究部。

- 虽然投资者深知产品适配性原则，但 2020 年仍然有很多投资者认为阻碍其长期持有共同基金的主要因素是投资收益与自身预期不符（54%）、投资市场与自己希望的周期不匹配（50%，见图 11.24）。

---

① 资料来源：Sirri, E. R. and P. Tufano, Costly Search and Mutual Fund Flows. The Journal of finance (New York), 1998. 53 (5): p. 1589-1622.

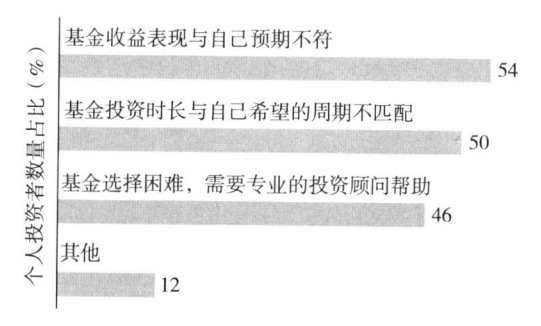

```
个人投资者数量占比(%)
  基金收益表现与自己预期不符                               54
  基金投资时长与自己希望的周期不匹配                      50
  基金选择困难,需要专业的投资顾问帮助                 46
  其他                  12
```

图11.24 2020年影响投资者开展中长期投资的阻碍因素
资料来源:基金业协会,中金公司研究部。

- 理性交易、及时止盈止损避免追涨杀跌,对于投资者来说更加困难。如图11.25所示,接近70%的投资者无法有效止盈止损,并且不设置止盈止损点、看行情买卖的投资者占比呈上升趋势,2019年为56%,与2015年相比上升了11ppt。

```
投资者数量占比(%)
    设置止损/止盈点并能够严格执行
74     69      69      70      73
    设置止损/止盈点但无法执行
    没有设置止损/止盈点,看行情买卖
  2015   2016   2017   2018   2019
              (年)
```

图11.25 受调查个人投资者止盈止损情况
资料来源:基金业协会,中金公司研究部。

- 投资者虽然具有风险收益相匹配的概念,但实际上还是存在期望收益过高、风险估计不足的问题。如图11.26所示,从长时间序列的投资者预期收益和风险承受能力的数据来看,个人基金投资者对基金投资的收益率预期大多为10%~30%,风险容

受调查个人投资者购买基金的预期收益率　　受调查个人投资者对亏损的容忍度

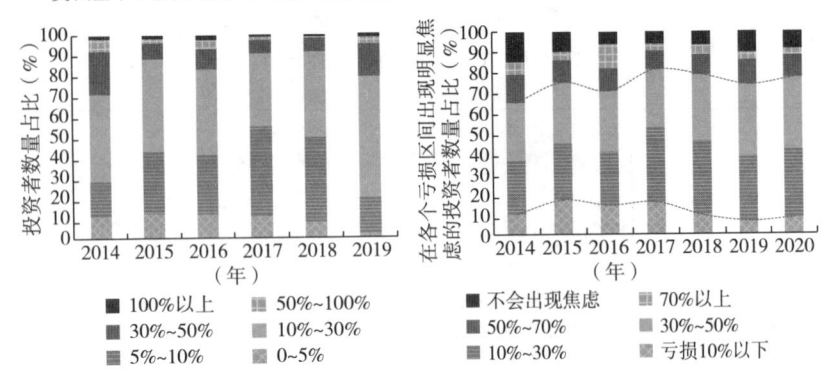

图 11.26　受调查个人投资者对基金投资的收益率预期和对亏损的容忍度
资料来源：基金业协会，中金公司研究部。

忍度自 2014 年以来有所提升，但呈现出向 10%～50% 收敛的趋势，2020 年 34%/35% 的投资者亏损 10%～30%/30%～50% 时会出现明显焦虑。结合我国基金行业的风险收益特征分析不难发现，投资者的期望收益还是高于其风险承受能力，或者说在中国基金市场当前的环境下，投资者的上述风险收益预期并非能够使其长期持有基金的均衡点。如图 11.27 所示，过去 5 年中国开放式股票型公募基金中，年收益率在 5%～10%、10%～30% 这两个匹配大多投资者期望收益区间的基金对应的最大回撤中位数分别为 15% 和 14%，已经触达了会使约一半投资者产生明显焦虑的亏损范畴，更何况还有一半以上的基金最大回撤在该水平之上。

投资者无法践行正确的投资理念，可能是因为缺乏必要的专业知识，也可能是因为"有限理性"，无论何种原因，都需要借助一定的外界力量方能真正将这些投资理念落地。2020 年，在被问及

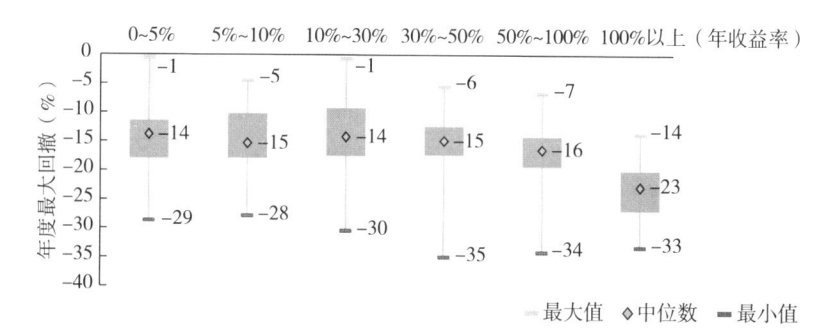

图 11.27　2016—2020 年开放式股票型公募基金在
不同年收益率区间上的最大回撤分布情况

资料来源：万得资讯，中金公司研究部。

对投顾服务的需求时，73% 的投资者对基金投顾服务有兴趣，其中，67% 的投资者明确需要投顾服务；在阻碍投资者长期持有基金的原因中，46% 的投资者提到"基金选择困难，需要专业投资顾问的帮助"。

　　投教工作道阻且长，但我们认为这是以客户为中心的财富管理机构必须攻克的难题，长远来看会成为财富管理机构构筑核心竞争力、提高上下游议价能力的关键。一方面，财富管理机构应继续加强投资者理念教育，尤其是面向近年来明显增加的大量对基金领域涉足未深的新手投资者。在投教形式方面，线上媒介形式是投资者最偏好的投教形式，但诸如"现场讲授、交流、座谈"等线下投教活动也有其广泛的受众（见图 11.28）。各类机构应当结合自己的目标客群定位选取投教服务的主要投放渠道。另一方面，财富管理机构应大力发展投资建议和全权委托类产品，加强对投资者的长期陪伴，以在其基金投资过程中扮演更加积极的角色，引导投资者改变非理性交易行为，获取长期投资收益。对财富机构而言，为投资者创造收益则意味着可以收取更高的费率、吸引更多投资者，同时，拥有大量长期稳定资金渠道的财富管理机构对上游资产管理机构的议价能力也将得到提升。

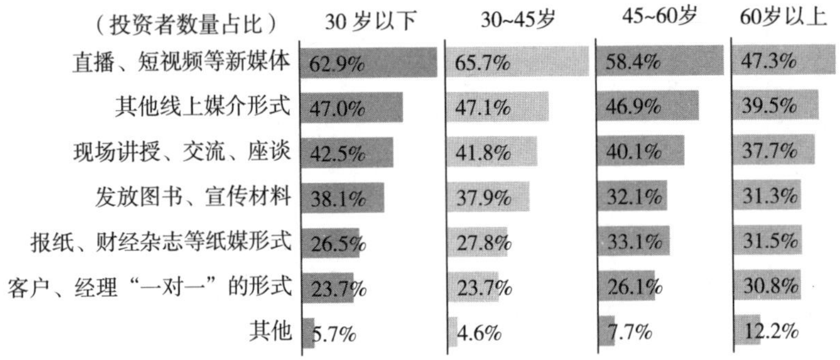

（投资者数量占比）	30岁以下	30~45岁	45~60岁	60岁以上
直播、短视频等新媒体	62.9%	65.7%	58.4%	47.3%
其他线上媒介形式	47.0%	47.1%	46.9%	39.5%
现场讲授、交流、座谈	42.5%	41.8%	40.1%	37.7%
发放图书、宣传材料	38.1%	37.9%	32.1%	31.3%
报纸、财经杂志等纸媒形式	26.5%	27.8%	33.1%	31.5%
客户、经理"一对一"的形式	23.7%	23.7%	26.1%	30.8%
其他	5.7%	4.6%	7.7%	12.2%

图 11.28　2020年受调查个人投资者最喜欢的投资教育形式

资料来源：基金业协会，中金公司研究部。

第十二章
异军突起的第三方机构

基金保有量数据是一个很好的观察财富管理机构展业的窗口,除了传统牌照的银行、券商和平台巨头,以盈米基金、基煜基金、汇成基金为代表的第三方财富机构异军突起,为行业商业模式演化创新提供了参考价值。它们聚焦特定客群,盈米布局 C/B 端,基煜、汇成则聚焦 B 端,融合线上渠道能力、投顾能力,为目标客群解决痛点和提升服务体验,使 AUM 取得了超出行业水平的高速增长。

除了具备流量优势的平台型机构外,业务模式具备特色的独立基金销售机构值得关注。从基金业协会披露的基金保有量数据来看,独立基金销售机构占比提升趋势明显,2022 年第一季度股票及混合型基金及非货币基金保有量中,独立基金销售机构占比分别达到 25.1% 和 34.8%,较上一年同期提升 2.6ppt/7.7ppt。其中,除了具备客群基础和流量优势的头部机构,如蚂蚁基金、天天基金、腾安基金外,基煜基金、盈米基金、汇成基金等机构保有量在过去一年也有明显增长。我们认为,在单纯依赖流量竞争的模式之外,针对 B/C 端特质化需求的第三方财富机构展业情况值得关注(见表 12.1)。

表 12.1 独立基金销售机构基金保有量前 10 名

机构简称	基金保有量（亿元）			市场份额			各类机构内部排名					五个季度排名变化
	2022年第一季度	QoQ	YoY	2022年第一季度	QoQ (bp)	YoY (bp)	2021年第一季度	2021年第二季度	2021年第三季度	2021年第四季度	2022年第一季度	
股票及混合型基金												
蚂蚁基金	6 142	−15.6%	7.4%	8.34%	−18.2	48.8	1	1	1	1	1	
天天基金	4 639	−13.6%	23.7%	6.30%	1.0	115.0	2	2	2	2	2	
腾安基金	817	−10.5%	29.1%	1.11%	4.0	24.0	3	3	3	3	3	
基煜基金	566	−2.4%	100.0%	0.77%	8.9	38.0	5	6	5	4	4	
盈米基金	476	−1.7%	33.3%	0.65%	8.0	15.6	4	4	4	6	5	
汇成基金销售	455	−7.0%	411.2%	0.62%	4.5	49.6	11	11	7	5	6	
同花顺基金销售	354	1.7%	30.1%	0.48%	7.3	10.7	6	5	6	7	7	
雪球基金销售	262	—	—	0.36%	—	—	—	—	—	—	8	
肯特瑞基金销售	217	−9.6%	37.3%	0.29%	1.4	7.8	10	8	10	9	9	
陆金所基金销售	175	−14.6%	−1.7%	0.24%	−0.2	−0.7	8	9	9	10	10	
非货币市基金												
蚂蚁基金	11 971	−7.8%	34.5%	7.99%	−12.1	94.5	1	1	1	1	1	
天天基金	6 175	−8.4%	42.8%	4.12%	−8.8	69.9	2	2	2	2	2	

(续表)

机构简称	基金保有量（亿元）			市场份额			各类机构内部排名					五个季度排名变化
	2022年第一季度	QoQ	YoY	2022年第一季度	QoQ (bp)	YoY (bp)	2021年第一季度	2021年第二季度	2021年第三季度	2021年第四季度	2022年第一季度	
基煜基金	2 205	18.0%	263.3%	1.47%	30.4	99.2	4	4	4	3	3	
腾安基金	1 798	0.8%	72.9%	1.20%	8.6	37.7	3	3	3	4	4	
汇成基金	1 639	8.2%	409.0%	1.09%	14.8	83.9	7	6	5	5	5	
盈米基金	918	−4.3%	58.0%	0.61%	1.4	15.3	5	5	6	6	6	
好买基金销售	509	−12.4%	81.8%	0.34%	−2.3	11.8	9	9	9	7	7	
肯特瑞基金销售	415	11.6%	98.6%	0.28%	4.5	11.2	11	11	10	10	8	
同花顺基金销售	397	0.3%	36.9%	0.27%	1.8	3.5	8	8	8	9	9	
雪球基金销售	353	—	—	0.24%	—	—	—	—	—	—	10	

注：QoQ指季营收增长率。

资料来源：基金业协会，中金公司研究部。

C 端：以盈米为代表，深耕个人投顾业务

盈米基金发展历史较短，但已形成丰富的业务体系。盈米基金成立于 2015 年 5 月，总部位于广州，尽管成立时间不长，但公司已形成了三大业务体系：专注于个人服务的理财平台"且慢"、面向买方投顾机构的"啟明"、面向专业资管机构的"蜂鸟"。其中"且慢"平台已经建立较强的影响力，截至 2021 年年末，盈米基金投顾资产管理规模就已经超过 200 亿元，市场份额接近 25%，成为国内最大的基金投顾服务机构之一。

首创"四笔钱"概念，重视投资者教育与陪伴

且慢首创"四笔钱"概念，为投资者规划资产属性，以"长钱、稳钱、活钱、保险保障"四笔钱区分投资者整体资产。对于初次接触且慢的个人投资者，且慢会引导其根据资金用途将可投资资金划分为四类：①长钱定义为可用于三年以上时间配置的资金，比较适合用来配置公募基金中波动性较高的品种，为投资者匹配了指数基金投资计划"长赢 ETF 指数投资计划"和严控回撤的不择时策略"春华秋实"。②稳钱定义为预计使用时间在半年到三年之间的资金，匹配的策略是由交银施罗德基金提供的"我要稳稳的幸福"组合、"南方基金梦想佳"组合以及后续不断补充的例如华夏基金马拉松固收增强等。③活钱则是可随时取用的日常支出资金，由货币基金承接，策略为"货币三佳"组合。④保险保障则是用来规避未来可能发生的疾病和意外风

险，匹配"保险服务"策略。

通过细致的入门引导，且慢有效完成了KYC工作。在向客户介绍了"四笔钱"的功能之后，且慢会引导客户根据自身资金属性选择投资方案。以长期投资为例，在客户确认选择以长钱参与投资后，且慢会根据客户投资方式以及投资策略，为客户提供差异化的投资方案，并针对具体方案向客户进行介绍，包括资产投向、交易策略、主理机构、历史业绩等。通过前期对客户投资需求的了解，且慢能够在KYC的基础上为客户推荐合适的产品，实现客户需求与产品供给之间的匹配（见图12.1）。

且慢采取问答形式与投资者交流，用户体验感更好。目前投顾机构在了解客户信息时多采取问卷形式，即由投资者直接填写预期收益、投资期限、可投资资产情况，在客户交互上形式较为简单。而且慢在了解客户信息过程中通过"小顾"机器人对投资者进行引导，在交流过程中采用问答形式，并根据客户可能关心的产品情况进行更细致的

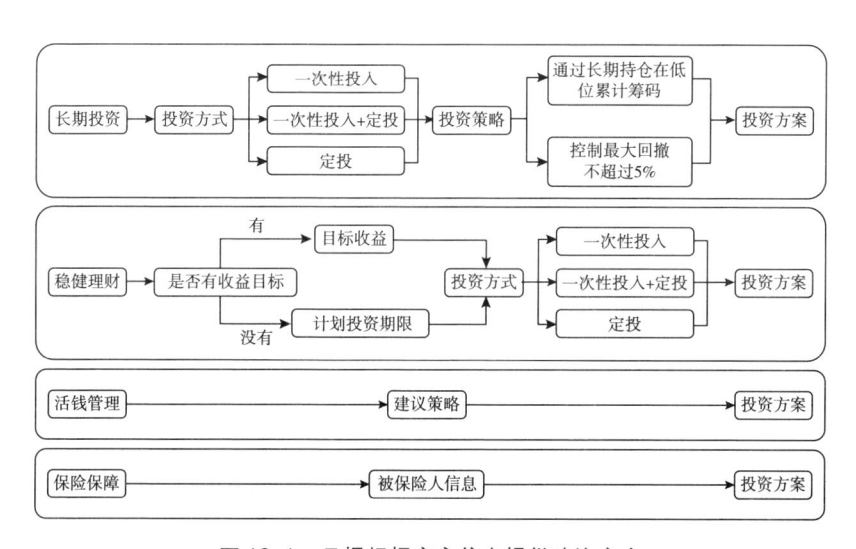

图 12.1　且慢根据客户信息提供建议方案
资料来源：且慢 App，中金公司研究部。

讲解，在交流形式上更贴近用户心理，有助于提高用户的接受度。

为客户提供差异化投顾方案及费率政策

且慢为客户提供的投顾方案包括自营方案、资管机构方案及个人投顾方案。依据投顾主理方的区别，且慢提供的方案主要包括三类：①自营方案：包括针对"活钱"的盈米宝、货币三佳，针对"稳钱"的幸福小约定，针对"长钱"的周周同行等。②资管机构方案：且慢与资管机构展开广泛合作，合作机构包括广发基金、南方基金、兴证全球等基金公司，以及华夏财富这类基金公司旗下的财富管理平台。③个人投顾方案：除了自营方案和资管机构方案，且慢也为客户提供由个人投顾主理的投顾方案，如长赢投资计划、春华秋实等。需要注意的是，在2021年11月《关于规范基金投资建议活动的通知》下发后，从事投顾相关业务的意见领袖需要持有投顾牌照，意见领袖需要将组合交给具有投顾资质的机构进行管理，或入职具有资质的投顾机构（见表12.2）。

通过多种方式降低个人投顾面临的信息不对称问题，提升投资者信任度。相比盈米自营投顾及合作资管机构投顾，投资者对个人投顾方案的接受度相对较低，主要原因在于个人投顾目前在国内尚不普及，信息不对称问题较为严重。且慢与个人投顾合作，通过多种方式降低信息不对称问题：①主理人跟投：针对个人投顾方案，主理人会以自有资金跟投，从而保证主理人与客户利益一致。②详细介绍投资策略及历史收益：个人投顾方案展示界面会详细介绍主理人投资思路，以及过往策略收益情况，提升投资者对投顾方案的理解。③定期复盘：主理人会定期对投资情况进行复盘，如"春华秋实"系列以月报

表12.2　且慢提供的部分投顾方案

主理人类型	主理人	投顾方案	针对资金
盈米自营	盈米 盈米 盈米 盈米	货币三佳 盈米宝 幸福小约定 周周同行	活钱 活钱 稳钱 长钱
资管机构	交银施罗德 广发基金 华夏财富 南方基金 进取派优选	我要稳稳的幸福 超级理财加 马拉松固收增强 南方梦想佳 兴证全球	稳钱 稳钱 稳钱 稳钱 长钱
个人投顾	ETF拯救世界 静静聊吧	长赢指数投资计划 春华秋实	长钱 长钱

资料来源：且慢App，中金公司研究部。

形式与投资者沟通投资情况，有助于在市场波动时安抚投资者情绪，稳定投资者交易行为。

且慢针对部分方案提供优惠费率。在收费方面，且慢对不同投顾方案采取差异化的费率政策，对于部分投资策略，由交易手续费抵扣投顾服务费，对于交易产生的手续费，在扣除归属基金资产、基金公司部分后，若自然年内累计手续费超过当年投顾费用（500元×实际持有天数/当年天数），超额部分将全额返还给投资者（见图12.2）。这种费率政策的好处在于，投顾主理人会谨慎考虑交易策略，避免过高频率的交易对投资者收益造成损失。依据《公募权益类基金投资者盈利预测洞察报告》，基金投资者投资收益与交易频率间有一定的负相关关系，交易频率过高会对投资收益造成较为明显的负向影响。

其他投顾策略收费参照市场情况。目前且慢采取优惠费率的策略主要集中于自营及个人投顾策略，以及风险较低的资管机构策略，包

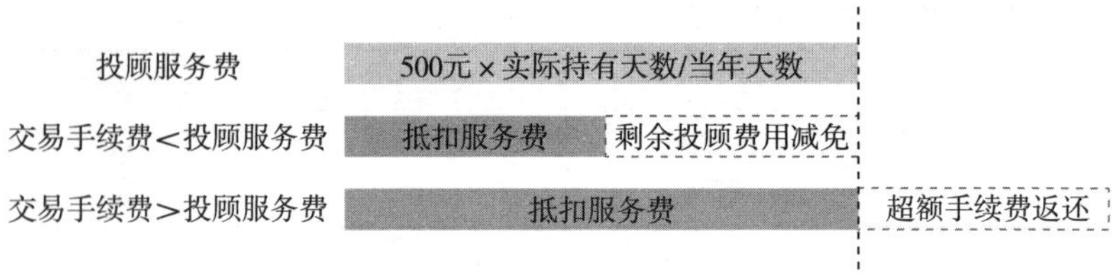

投顾服务费	500元 × 实际持有天数/当年天数	
交易手续费＜投顾服务费	抵扣服务费	剩余投顾费用减免
交易手续费＞投顾服务费	抵扣服务费	超额手续费返还

图 12.2 且慢对部分投资策略提供交易手续费返还权益
资料来源：且慢 App，中金公司研究部。

括自营策略货币三佳、周周同行，个人投顾策略长赢计划、春华秋实，资管机构策略南方梦想佳、我要稳稳的幸福等。对于其他投顾策略，盈米主要参照市场投顾收费情况，费率标准在 0.15%~2.50% 的水平，同时收取一定的交易费用。

在选定投资方案后，且慢为投资者提供"自动跟车"服务。即客户无须担心错过最佳的交易时间，无须亲自动手进行买卖、调仓等操作，即可完成调仓动作，帮助解决客户过往由于策略更新不及时而导致的收益偏差。

重视投顾业务价值，着力打造投顾品牌

相比同业，盈米对于投顾业务重视程度更高。蚂蚁基金、腾安基金、盈米基金三家独立基金销售机构获得了基金投顾牌照，从展业情况看盈米基金优势明显，截至 2021 年年末投顾资产管理规模已经超过 200 亿元，市场份额接近 25%。对比同业，我们认为盈米的优势主要来自对投顾业务的重视程度。

- 投顾业务入口优先级高。投顾业务在且慢 App 中以一级入口的形式列示，便于投资者快速点击并开展相关服务，而在蚂蚁财富及腾

讯理财通中，投顾业务均以二级入口形式列示，且排序在理财、基金、股票等业务之后，反映出各家机构在重视程度上有所区别。

- 投顾策略呈现方式存在差异。①盈米主要基于客户资金属性，为客户提供各类投顾策略，策略来源包括盈米自身、资管机构和个人投顾。②蚂蚁基金投顾策略目前全部来自资管机构，在进入投顾业务界面后还要选择相应资管机构界面，才能根据投资者自身情况继续选择策略，蚂蚁基金本身并不提供策略筛选方面的建议。③腾安基金投顾业务界面会根据投资者情况为投资者推荐策略，优势在于可以为投资者匹配较为合适的策略，而不足之处在于投资者无法快速查看所有可投资策略，只能根据自身情况选择相应方案。我们认为，盈米的投顾策略呈现方式兼顾了投顾策略与客户属性的匹配，以及策略展示的全面性，对于投资者而言便捷度最高。

市场波动下盈米基金保有量增速相对稳定。2022年第一季度，盈米股票及混合型基金保有量环比上季度下降1.7%（见图12.3），非货

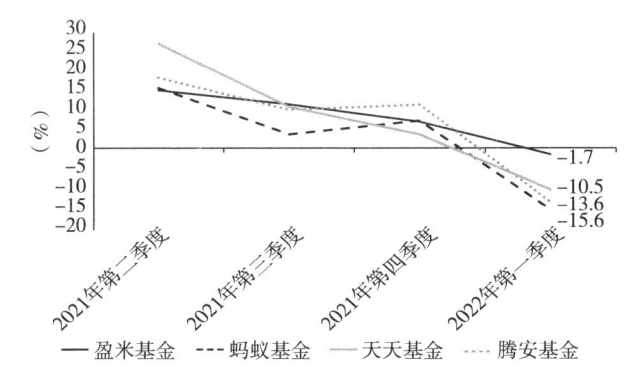

图12.3 部分独立基金销售机构股票及混合型基金保有量环比增速
资料来源：基金业协会，中金公司研究部。

币基金保有量环比上季度下降 4.3%（见图 12.4），环比降幅在独立基金销售机构中较低。同时，与大多数同业相反，盈米股票及混合型基金保有量增速快于非货币基金保有量增速。相对于债券型基金，股票及混合型基金销售对于财富管理机构的资产配置、投资研究等能力要求更高，财富管理机构需要在市场波动下为投资者提供合理的投资建议，盈米前期的投顾工作积累为应对资本市场波动打下了基础。通过有效的投顾服务，盈米帮助投资者提高了对短期波动的容忍度，避免了"追涨杀跌"行为导致的权益型资产大量赎回。盈米基金用户基数较低，但用户转化率较高。从 App 月活用户数来看，截至 2022 年 3 月，且慢 App 月活用户数约为 28.8 万户（见图 12.5），在同业中处于较低水平，反映出目前且慢在用户覆盖面上仍然有较大发展空间。但从户均资产角度看，且慢用户户均基金保有量在可比同业中优势明显（见图 12.6），反映出在前期投顾业务积累下，实现了较好的客户资产留存。通过为客户赢利及社区文化打造，提升用户黏性。截至 2021 年 10 月，且慢用户的复投率达到 87.11%，较高的用户黏性主要来自两

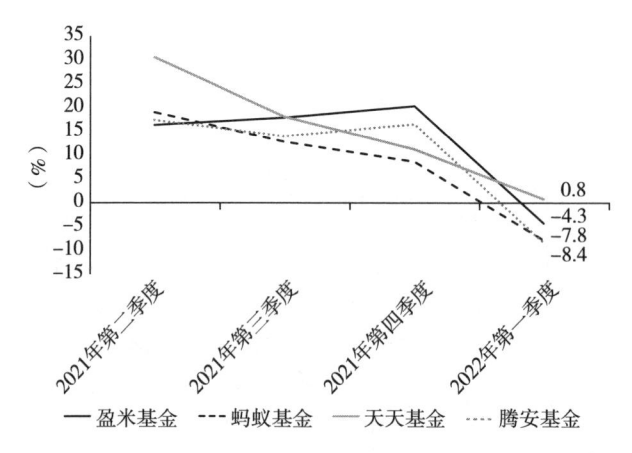

图 12.4 部分独立基金销售机构非货币基金保有量环比增速

资料来源：基金业协会，中金公司研究部。

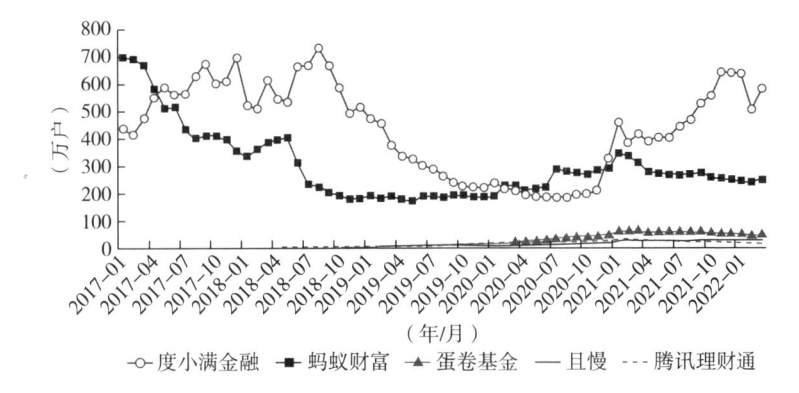

图 12.5 独立基金销售机构 App 月活用户数

资料来源：Questmobile（贵士移动公司），中金公司研究部。

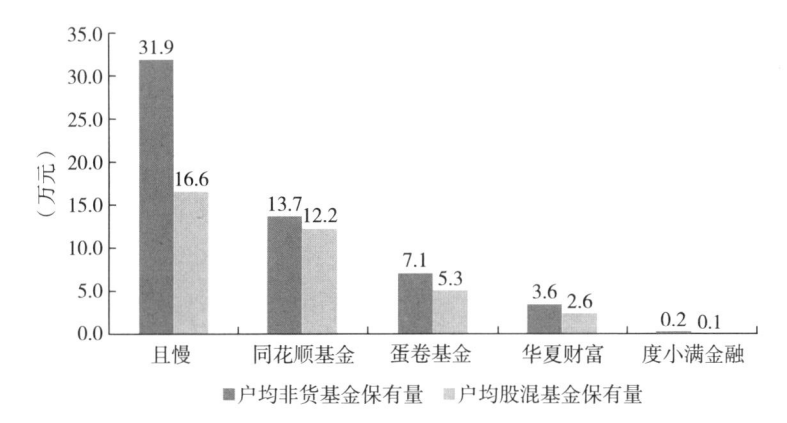

图 12.6 且慢户均资产规模高于同业

注：户均保有量根据基金保有量/月活用户数计算。
资料来源：Questmobile，基金业协会，中金公司研究部。

个方面：①重视客户赢利情况：盈米重视帮助客户赚钱的目标，2021年盈米客户中赢利客户占比在80%左右，良好的业绩表现有助于老客户的留存。②积极打造社区文化：除了为客户提供投顾服务之外，盈米积极打造社区文化，为投资者提供投资资讯，并为投资者提供交流互动的平台。社区文化的形成有助于激发用户分享欲望，提升用户黏性。

第十二章 异军突起的第三方机构

B 端：针对机构客户的投顾服务及技术支持

机构投资者持仓占比有所下降，但交易行为稳定

近年来基金投资者中机构持仓比重小幅下降。如图 12.7 所示，2016 年以来基金净值中机构投资者比重呈现下降趋势，截至 2021 年年末，机构投资者持有基金净值比重约 46%，较 2016 年的高点下降约 13ppt，主要源于个人投资者对公募基金的接受度持续提升，尤其是 2019—2020 年资本市场繁荣带来新的投资者进入。从各类型基金投资者结构看（见图 12.8），机构投资者在债券型基金中占比明显较高，达到 87%；其次为另类投资基金，占比 63%；而股票及混合型基金中机构投资者占比较低，混合型基金投资者中机构投资者持仓占比不足 20%。

投资专业性及投资资产属性决定了机构投资者交易行为相对稳定。

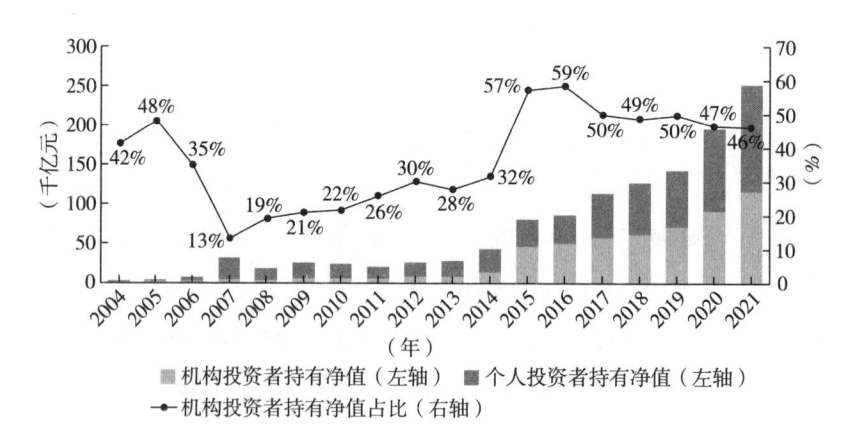

图 12.7 个人和机构投资者持有基金规模占比

资料来源：万得资讯，中金公司研究部。

图 12.8　2021 年年末各类基金投资者结构
资料来源：万得资讯，中金公司研究部。

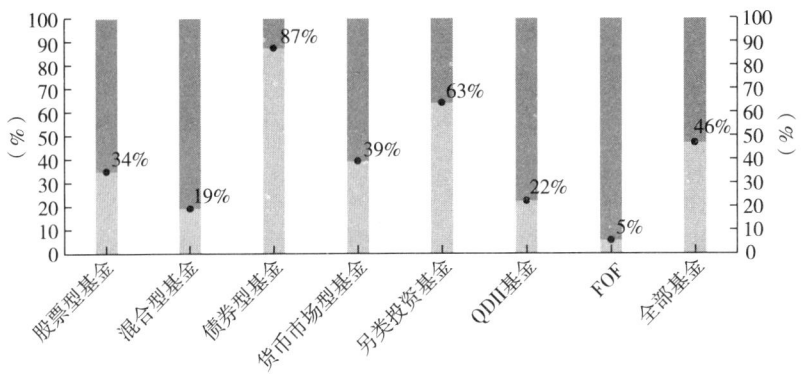

相对于个人投资者，机构投资者的投资行为整体上更加稳定，从基金业协会披露的数据来看，排名前 100 的基金销售机构非货币基金保有量增速快于股混基金增速（见图 12.9），尤其是在 2021 年年末资本市场波动加大之后，股混基金规模下降幅度大于非货币基金（见图

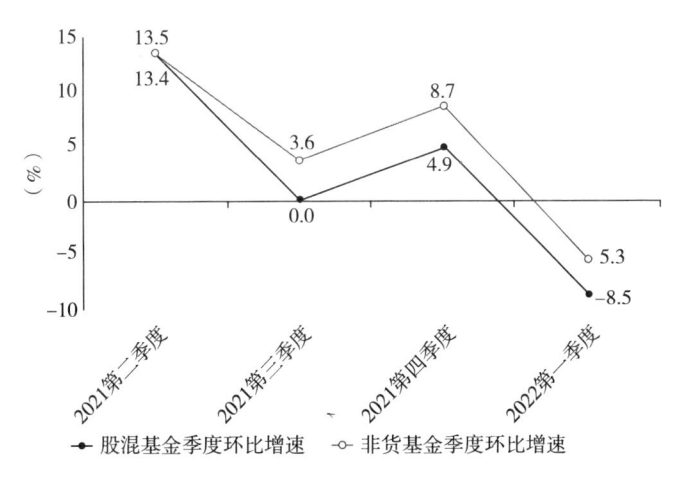

图 12.9　排名前 100 基金销售机构基金保有量增速
资料来源：基金业协会，中金公司研究部。

第十二章　异军突起的第三方机构

12.10)。从基金市场结构看,2021年年末以来债券及其他类基金规模增速超过股混基金,作为债券型基金的主要投资方,机构投资者的专业性更强,对短期波动的容忍度更高,我们认为短期市场波动后机构投资者的持仓比重较前期或将有所提升。

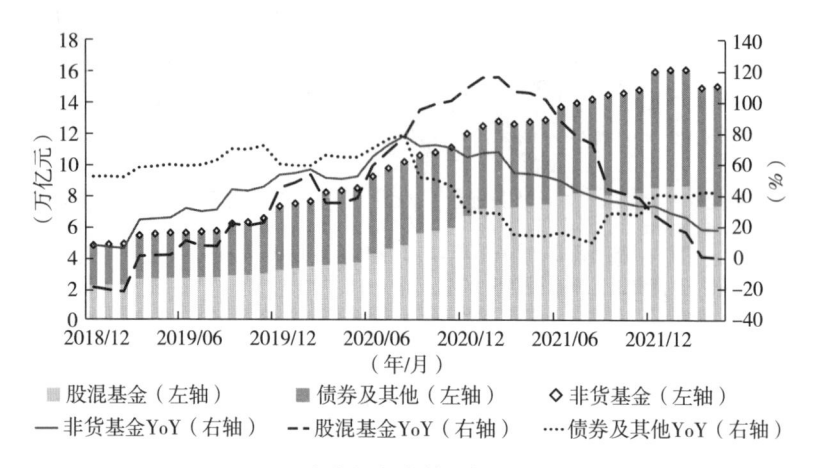

图 12.10 全市场各类基金规模及同比增速

资料来源:基金业协会,中金公司研究部。

基煜、汇成及盈米旗下"蜂鸟"在 B 端业务布局上较为领先

基煜基金和汇成基金聚焦 B 端业务,保有量保持平稳增长。目前基煜基金及汇成基金在机构业务方面布局较为领先,从基金保有量增长情况来看,基煜及汇成基金保有量增速均快于整体独立基金销售机构增速。同时,在 2022 年第一季度独立基金销售机构非货币基金保有量环比有所下降的情况下,基煜及汇成非货币基金保有量环比分别增长 18.0%/8.0%,反映出市场波动下 B 端业务的韧性(见图 12.11 和图 12.12)。

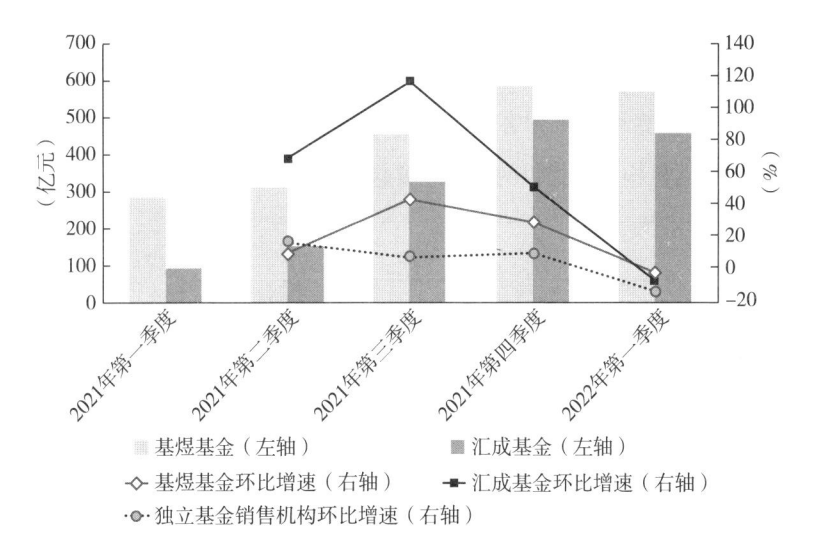

图 12.11 基煜及汇成股混基金保有量

资料来源：基金业协会，中金公司研究部。

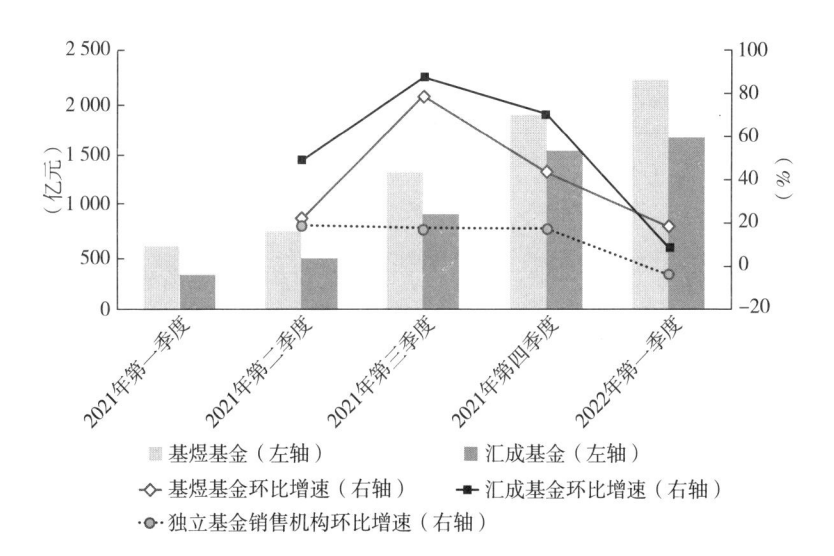

图 12.12 基煜及汇成非货币基金保有量

资料来源：基金业协会，中金公司研究部。

第十二章 异军突起的第三方机构

目前基煜、汇成及盈米等机构针对 B 端业务的布局如下所述。

基煜基金"基构通"平台为客户提供综合解决方案。 基煜基金的"基构通"平台聚焦机构客户在日常交易中面临的痛点，积极拓展机构客户，为机构客户提供的服务主要包括：

- 创新产品功能，提升客户运营效率。如"基构通"推出行业首个"智能拆单"功能，将大额货币基金申购拆成几十个小单，分散到不同基金公司，解决了客户线下一人一天的工作量，同时避免了对单家基金公司的流动性冲击。
- 提供基金投研相关服务。"基构通"为资管机构提供基金投研服务，包括基金经理调研及投研活动等，并形成《基煜基金研究手册》，为机构投资者提供基金风格分析、基金经理画像、定制化基金筛选和基金组合构建等服务。
- 输出科技能力，为客户提供模块化服务。基煜为客户提供科技工具，主要是特定场景中的工具、流程和系统辅助，实现科技赋能（见图 12.13）。

汇成依托"汇成一账户"平台，与资管机构及交易所建立广泛合作。 汇成基金旗下的"汇成一账户"平台为资管机构提供投研服务、基金交易、资金清算等全方位服务，截至 2022 年 5 月，汇成基金合作基金公司达到 146 家，年交易量超过 5 000 亿元，对接公募基金超过 11 000 只。同时，汇成与上海保交所合作推出面向保险行业的"保险基金通"，与中国信托登记公司合作推出面向信托行业的"信托基金通"，持续强化科技能力输出（见图 12.14）。

盈米"蜂鸟"服务资管机构 FOF 投资业务。 2016 年 3 月，盈米

```
                    基煜基金为机构客户提供综合解决方案
                           │
            ┌──────────────┴──────────────┐
        投资交易平台                    基金投研服务
            │                              │
      "基构通"基金交易平台              基煜基金研究团队
```

机构投资者用户超1 000家	上线10 000多只不同类型的公募基金产品	与140多家公募基金管理公司合作	• 每年调研基金经理100多人次，组织投研活动50多场	
累计基金交易60 000多笔	非货币市场公募基保有规模达1 313亿元	安全稳定运营47 000多个小时	• 为国有大型和股份制银行、头部FOF管理人与保险资管等客户提供持续的基金研究服务	

"基构通"平台开发了在线开户、智能拆单、权限管控体系、批量开户、授信池管理、O32+FISP直连等近100个功能，帮助节约交易开户时间和人工、提高交易和账户运营效率、提高交易风险管理能力

形成《基煜基金研究手册》，为机构投资者提供基金风格分析、基金经理画像、定制化基金筛选和基金组合构建等服务

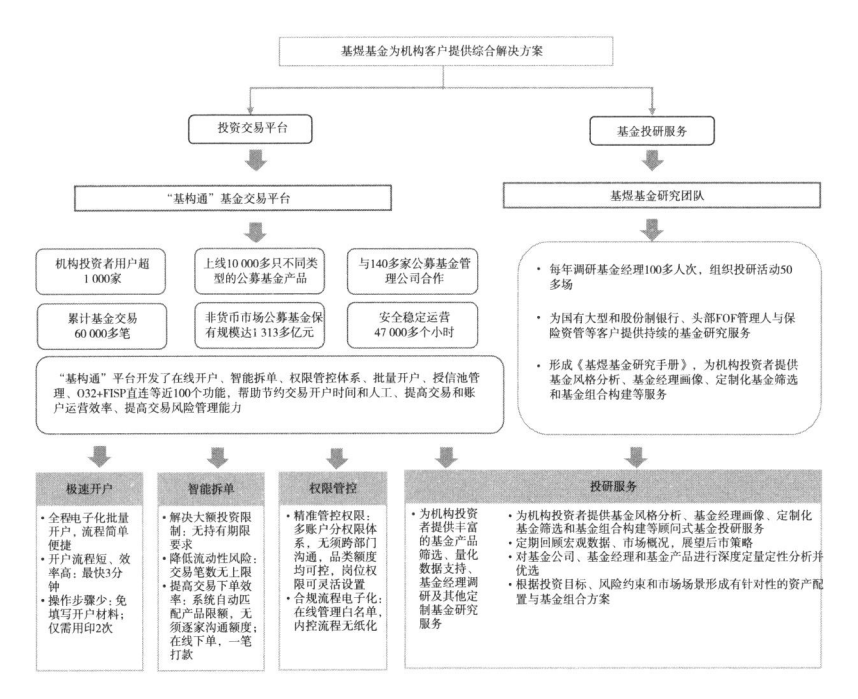

极速开户	智能拆单	权限管控	投研服务	
• 全程电子化批量开户，流程简单便捷 • 开户流程短、效率高；最快3分钟 • 操作步骤少；免填写开户材料；仅需用印2次	• 解决大额投资限制；无持有期限要求 • 降低流动性风险；交易笔数无上限 • 提高交易下单效率；系统自动匹配产品限额，无逐笔沟通额度；在线下单，一笔打款	精准管控权限：多账户分权账体系，无须部门介入，品类额度均可控，岗位权限可灵活设置 合规流程电子化：在线管理白名单，内控流程无纸化	为机构投资者提供丰富的基金产品筛选、量化数据支持、基金经理调研及其他定制化基金研究服务	为机构投资者提供基金风格分析、基金经理画像、定制化基金筛选和基金投研服务 定期回顾宏观数据、市场概况，展望后市策略 对基金公司、基金经理和基金产品进行深度定量定性分析并优选 根据投资目标、风险约束和市场景气有针对性的资产配置与基金组合方案

图12.13　基煜基金为客户提供平台支持及投研服务
资料来源：公司官网，中金公司研究部。

```
              自主研发"汇       推出面向保险资管      "汇成一账户"   "汇成一账户"系统      与首家大型国有        与中国信托登记公
              成一账户"系统    行业的基金投研交      落地首家公募FOF 落地首家大型国有银行  银行理财子公司       司战略合作，推出
                              易通"基金一站通"                                          达成业务合作         信托基金通平台

    2015.7  2016.6  2016.9  2016.10  2017.6  2017.11  2018.4  2018.5  2019.10  2020.2  2021.4  2021.7

    汇成基金成立   在首家大型专业   "基金一站通"平     "基金一站通"落   与上海保交所战        与首家大型股份制理
                   资管机构上线     台正式上线，落    地首家大型保险   略合作，推出保       财子公司达成业务合作
                                   地首家保险养老    资管行业客户     险基金通平台
                                   行业客户
```

投研服务	基金开户	基金交易	运营清算	开放式接口	资金安全
线上定量化投研系统与线下基金经理调研访谈结合	实现一次提交材料，一键开户，提升用户效率	电子化交易下单，实现人工智能批量下单	电子化持仓查询与系统对账	可与机构本地系统进行数据交互	投资资金严格封闭运作，由资金监督银行严格监管

图12.14　汇成发展历史及"汇成一账户"主要功能
资料来源：公司官网，中金公司研究部。

推出专门服务资管机构FOF投资管理的产品"蜂鸟"。目前"蜂鸟"已经形成"机构场外基金交易系统"及"基金及组合量化分析系统"

两大核心产品,为机构客户提供涵盖基金开户、基金交易、运营支持、投研服务等多项服务。截至 2020 年 12 月,"蜂鸟"已投产的专业投资机构达到 120 家,其中已交易的专业投资机构达到 100 家,累计执行机构交易金额超过千亿元。

相对于 C 端业务,B 端业务对综合化能力的要求更高。与个人投资者相比,机构投资者的专业性更高,同时需求也存在差异。B 端客户交易流程高度复杂,涉及的决策人较多、决策周期更长,对于交易稳定性、安全性和及时性的要求更高。目前 B 端竞争处于起步阶段,但我们认为未来 B 端客户间的竞争将趋于激烈,较早布局 B 端市场的基煜、汇成,及盈米旗下的"蜂鸟"等将占据一定的先发优势。

面向 B 端的产品存在一定同质化现象,未来需要更多差异化竞争。从目前基煜、汇成及盈米面向 B 端提供的产品来看,基本涵盖了基金开户、基金交易、资金监管、投研服务等功能,在满足 B 端客户共性需求的同时,面向 B 端客户类机构也需要考虑一些 B 端客户的特质化需求,如针对基金公司与理财子公司风险偏好差异,推荐合适的资管产品。随着 B 端业务竞争趋于激烈,差异化的优势将有助于此类机构获取更多市场份额。

第十三章
保险公募渠道降费与财富资管机构的选择

公募保险降费对大财富产业链的影响与应对措施

公募基金费率改革仍在演进。2023年9月7日，证监会发文，开启了公募基金费率改革，主要包括基金费率改革、证券交易佣金费率改革、公募基金销售环节收费改革、公募基金行业费率披露机制改革，分阶段实施。9月7日起，主动权益基金率先下调管理费率和托管费率，10月以来部分基金公司也开始自发下调ETF产品费率。

2023年10月底，监管部门加强了对银行渠道代理销售的保险产品"报行合一"的要求，银行代销保险佣金率面临压降，这是继公募基金降费后银行财富管理业务迎来的又一个挑战。据媒体报道①，3/5/10

---

① 资料来源：韩宋辉. 险企拟下调银保渠道手续费 多家公司已关闭银保销售系统[EB/OL]. 中国证券报, 2023-09-20. https://www.cs.com.cn/bx/202309/t20230920_6367469.html.

年期缴保险的银行代销佣金率自律上限约为9%/14%/18%，而目前3年期缴保险实际佣金率为12%~25%，更长期限的产品可能达到40%以上。佣金率降低的影响难以一概而论，主要原因在于：

- 不同品类、不同期限的保险产品佣金率差异较大，一般期限越长佣金率越高，因此银行代销保险的结构对综合费率的影响大。降幅较大的超高费率产品规模占比有限，代销长期限保险多的银行一方面佣金率降幅更大，另一方面拉长新销售保险期限的能力也更强。
- 各家银行的议价能力不同，相似产品在不同银行的分佣率可能也有差异。
- 保险公司向银行支付佣金的方式不同也会导致佣金率有差异，分期支付则佣金率较一次性支付会适当上浮。

综合而言，代销保险收入占比高的银行短期内边际压力大，我们预计影响会在2023年第四季度开始体现。

我们认为，降费的信号意义在于，资管、财富机构商业模式须回归本源，其商业可持续的基础在于服务客户财产性收入。从产业链角度看，资管机构负责构建资产组合为客户提供优质产品，财富机构作为客户与金融市场的连接点，应该做好基于客户需求的金融方案服务，两者协同合作，推动资管机构高质量发展和财富管理买方投顾转型。我们认为当前中国大财富市场的核心矛盾在于资金端，如何做好客户与产品服务的适配，投顾牌照广泛化更具迫切性。

资管机构的应对选项有：中短期做大规模，金融科技或是重要变量；长期来看费率是核心竞争因素。费率的基础是投研能力支撑下的差异化业务模式,参考海外资管机构,以被动产品见长的贝莱德费率较低,专注主动管理的普信则录得相对较高的综合费率,业务延伸至上游资产组织的黑石费率水平更高。此外,美国资管机构在产品之外,也不同程度参与到投顾这一下游高附加值环节中。

财富机构从产品端收费的空间收窄趋势逐渐明确,短中期可通过以量补价、调整结构、开放货架应对;长期来看,在投顾牌照等基础设施具备的前提下,投顾费用逐步替换、取代产品相关的销售费用,开辟新的商业模式与盈利来源,买方投顾能力成为核心竞争力。

- 以量补价,调整结构。银行可通过增加销量,以及调整产品结构部分对冲费率下行的影响。居民保障意识的觉醒、长期限保险锁定收益等特征都有利于保险的销售,但短期也应考虑上半年3.5%收益率的产品退出前期的稀缺效应导致的需求透支,相对来看,拉长保险产品期限或成为各银行的主要应对策略。在基金层面,则随着资本市场的修复上量,以及部分资产配置能力强的机构抓住底部机会为合适的客户配置权益类产品或部分稀缺私募和信托产品,从而提高整体费率。

- 开放且有竞争力的产品服务货架。当前银行财富管理的狭义产品货架从产品形态角度来讲,包括存款类、保险类、银行理财产品、公募基金类、私募基金类、信托计划等,品类相对全面,但主流产品仍然以存款、理财、公募基金等为主,在自身能力范围内更多引入保险、私募基金、家庭服务信托等复杂产品,有利于提升整体费率。从底层资产类别来看,仍主要以国内资产为主,适当突破区域限制,布局境外优质资产,或许能够为客户创造更多价值。

- 政策端加速推进投顾牌照广泛化。在此基础上，财富管理机构在加快买方投顾转型，帮助客户实现核心诉求的前提下，投顾费用逐步取代渠道费用，实现财富客户、财富机构和资管机构的价值一致化。要实现此种商业模式的转变，一方面需要机构自身建立客户洞察、大类资产配置、财富规划等为客户创造价值的核心能力，财富管理业务链条的关键环节从选品变为投研策略构建；另一方面也离不开监管层面的基础设施建设，包括投顾牌照的整合与广泛化，以及投资顾问展业相关的规范、信息披露要求、诉讼处理机制等。

公募降费影响在大财富产业链上传递

收入视角的中国大财富产业链

财富管理的核心是以客户为中心，根据与客户的关系可以分为经纪+投顾咨询。广义财富管理的内涵丰富，既包含基础类的账户管理、经纪业务、金融产品销售，也包含更加复杂定制化的资产配置、财富规划、非金融权益等，有时也将与财富管理密切相关的资管、托管等中台、后台业务一起纳入大财富管理行业范畴。

根据以上定义，中国的大财富管理产业链产品维度主要包括公募基金、私募基金、保险、保险资管、银行理财等产品类型；从业务流程来看，包括投顾服务（仅公募基金）、销售、产品投资管理、托管、股票交易。其中投顾服务、零售股票经纪、销售是前台直接面向客户的业务，也是最直接的财富管理业务范畴，资产管理/产品投资管理、托管、机构股票交易则更多偏向中后台。根据各行业协会公开的数据，我们测算2022年中国大财富产业链收入达到1.5万亿元，其中投顾、销售、资管、托管、股票交易环节分别创造收入5亿元、7 071亿元、6 145亿元、758亿元、1 114亿元。

从以上环节出发，可以描绘出大财富产业链上的各类角色，例如前台的销售机构、投顾机构，中台的资产/产品管理人，后台的托管机构、交易、清算结算、科技系统提供商等，这些角色的扮演方则是各类金融机构，牌照越高能的机构在产业链上扮演的角色可能越多。商业银行可以涵盖除公募基金投顾外的大财富全产业链的角色，而券商一般履行销售或投顾机构、产品管理机构与交易等职能，独立基金销售机构一般扮演销售或投顾机构角色，基金公司、期货公司、保险公司一般扮演资产/产品管理人角色。

公募基金费率改革的影响与传导

证监会发文开启的公募基金费率改革，时间安排上整体分为三个阶段。2023年7月9日起，新注册的主动权益类公募基金产品管理费率、托管费率分别不超过1.2%、0.2%；2023年年底，存量基金管理费率和托管费率统一调降至1.2%、0.2%，完成公募基金证券交易佣金费率相关改革措施及修改相关法规，完善公募基金行业费率披露机制；2024年年底，完成销售费率体系相关改革措施涉及规则修订，包括调降尾佣比例、加大认申购费打折力度、规范销售机构公募基金销售服务费的收取、按投资者基金期限设置阶梯下降的费率模式（见图13.1）。

政策落地和执行节奏整体较快。按照2023年7月7日的管理费率与托管费率统计，共有6 797只基金需要调降费率、规模合计4.8万亿元，占全市场基金数量/规模的36%、17%，其中5 633只管理费率与托管费率均超过上限、533只仅管理费率超过上限、631只仅托管费率

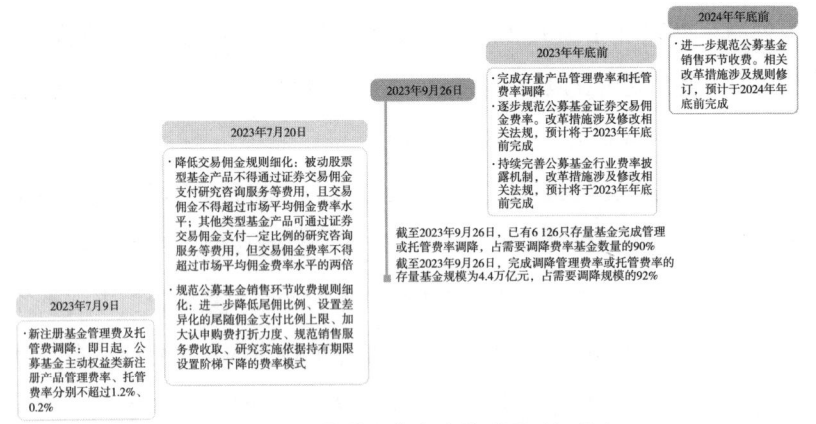

图 13.1　公募基金费率改革重要时间节点

资料来源：程丹. 证监会宣布重大改革！公募基金管理费率上限降至 1.2%……来看七大看点［EB/OL］. 证券时报网，2023-07-08. https：//www.stcn.com/article/detail/913977.html；李树超. 刚刚，证监会重磅发布！多家基金公告：下降！又一次见证历史［EB/OL］. 中国基金报（微信公众号），2023-07-08. https：//mp.weixin.qq.com/s/yXJ9TrWf31eKp-BcLYfV7w；王建蔷，陈墨. 最新，重磅来了［EB/OL］. 中国基金报（微信公众号），2023-07-20. https：//mp.weixin.qq.com/s/B0K87pXD--XO3js2RAkCtQ；中金公司研究部。

超过上限，对应总规模分别为 4.2 万亿元、0.2 万亿元、0.4 万亿元。截至 2023 年 9 月 26 日，已有 6 126 只存量基金完成管理或托管费率调降①，占需要调降费率基金数量的 90%（见图 13.2），对应总规模 4.4 万亿元，占需要调降规模的 92%（见图 13.3）。

我们根据公募基金费率改革的三个阶段，假设三种情景来测算对全行业的影响及传导：基金公司最先受到影响；随着后续认购费率和尾佣比例的改革，对销售机构的影响更大，若假设渠道端议价权保持不变，基金公司或受益于尾佣比例的调降，而销售机构中银行和券商申购费率相对更高，因此受冲击更大，独立基金销售机构由于申购费

---

① 完成调降指的是管理费率已经降至不超过 1.2%，且托管费率已经降至不超过 0.2%。

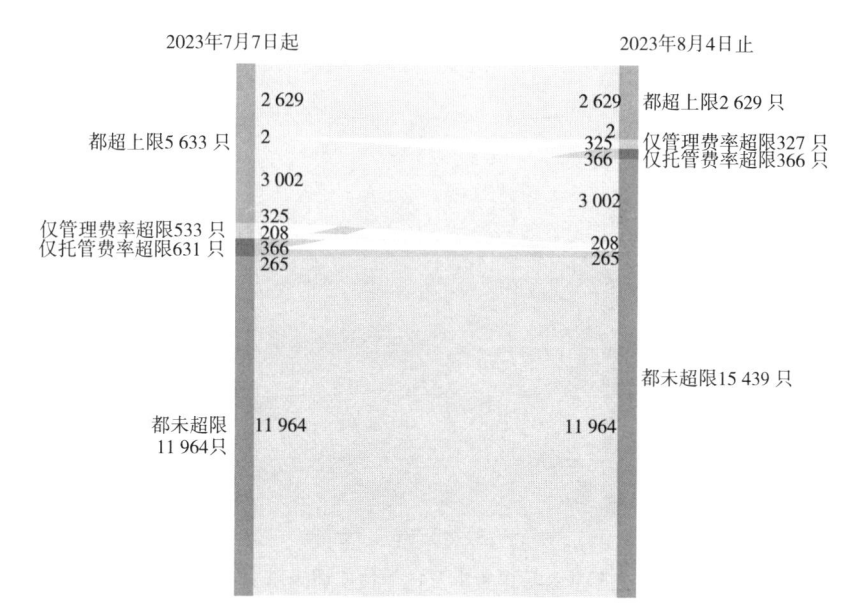

```
2023年7月7日起                              2023年8月4日止
                    2 629                   2 629        都超上限2 629只
都超上限5 633只      2                          325
                    3 002                      2
                                            366          仅管理费率超限327只
                                                         仅托管费率超限366只
                    325                     3 002
仅管理费率超限533只   208
仅托管费率超限631只   366                       208
                    265                     265

                                                         都未超限15 439只

都未超限            11 964                    11 964
11 964只
```

图 13.2　公募基金管理费率及托管费率调降情况：基金只数

注："上限"指的是公募基金管理费率1.2%、托管费率0.2%；2023年7月7日~8月4日成立的基金按照其成立日费率计算。

资料来源：万得资讯，基金公告，中金公司研究部。

率已经普遍一折，因此所受影响主要来自尾佣比例调降；若第三阶段继续调降销售服务费率和赎回费率，则销售机构受冲击最大，从收入绝对降幅来看银行和券商受影响更大，从收入相对整体收入来看第三方机构受影响最大。

- 情景一：考虑管理费、托管费及股票交易佣金的下降，结果显示 2022 年静态测算下全行业收入将降低 219 亿元，降幅 -7.2%，其中纯管理费、尾佣、股票佣金、托管费分别下降 96 亿元、48 亿元、50 亿元、25 亿元，降幅分别为 -9.2%、-11.7%、-26.5%、-8.1%。从分机构类型来看，全行业 219 亿元的创收降低量中，基金公司承担 96 亿元，占比 44%；商业银行承

2023年7月7日起　　　　　　　　2023年8月4日止
都超上限4.2万亿元　　1.3　　　　　　　1.3　　都超上限1.3万亿元
　　　　　　　　　　　　　　　　　　　　　　仅管理费率超限0.1万亿元
仅管理费率超限0.2万亿元　2.9　　　　　2.9　　仅托管费率超限0.2万亿元
仅托管费率超限0.4万亿元

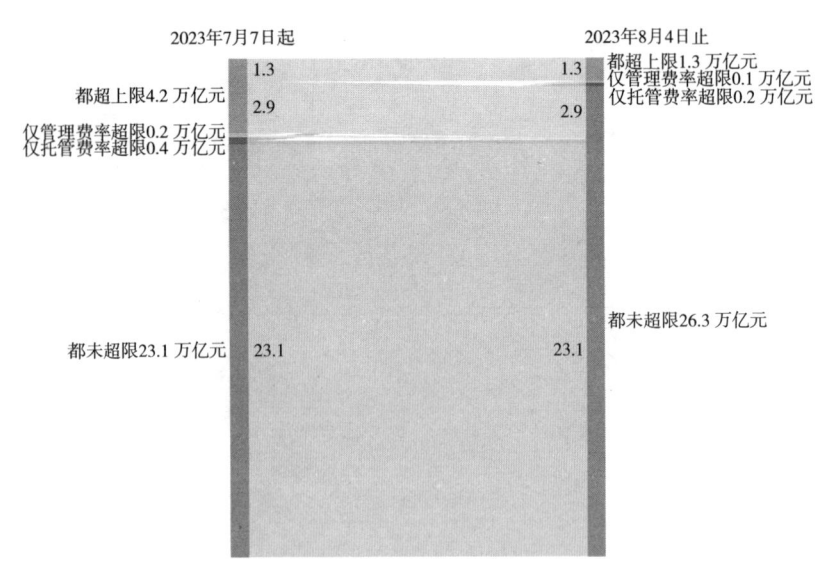

都未超限23.1万亿元　　23.1　　　　　23.1　　都未超限26.3万亿元

图13.3　公募基金管理费率及托管费率调降情况：基金规模

注："上限"指的是公募基金管理费率1.2%、托管费率0.2%；2023年7月7日~8月4日成立的基金按照其成立日费率计算；基金规模数据使用2023年中报数据。
资料来源：万得资讯，基金公告，中金公司研究部。

担52亿元，占比24%；证券公司承担59亿元，占比27%；独立基金销售机构承担12.1亿元，占比6%。若考虑银行、券商、基金销售机构等参控股基金公司的情况，则银行、券商、独立基金销售机构的收入损失将分别增加到65亿元、100亿元、12.3亿元，占各自2022年全部营收的0.1%、2.5%、3.7%。

- 情景二：在情景一的基础上增加了尾佣比例下调、申购费折扣率增加两种假设，由于目前细则尚未落地，且基金销售格局复杂，涉及的机构众多，因此多方博弈下可能存在多种结果，我们分为悲观、中性、乐观三种情形进行测算。①悲观假设下，尾佣比例上限打七折，除直销和独立基金销售机构外的其他渠道申购费率折扣率提高三成，结果显示2022年静态测算下全行业收入将降低338亿元，与情景一相比，增加的金额主要是认申购费降低 119 亿元。而尾佣比例的调整会使管理费率整体降低的 144 亿元在基金公司及销售渠道间重新分配,与情景一相比,基金公司从损失 96 亿元管理费到实际增加 14 亿元管理费,渠道承担的尾佣损失从 48 亿元增加到 158 亿元。②中性假设下,尾佣比例上限打八折,除直销和独立基金销售机构外的其他渠道申购费率折扣率提高两成,结果显示 2022 年静态测算下全行业收入将降低 298 亿元,其中认申购费降低 79 亿元,基金公司承担管理费损失 23 亿元,渠道承担管理费损失 121 亿元。③乐观假设下尾佣比例上限打九折,除直销和独立基金销售机构外的其他渠道申购费率折扣率提高一成,结果显示 2022 年静态测算下全行业收入将降低 259 亿元,其中认申购费降低 40 亿元,基金公司承担管理费损失 59 亿元,渠道承担管理费损失 85 亿元。

- 情景三:在情景二中性假设的基础上,进一步将赎回费率、销售服务费率均下调 20%,2022 年静态测算结果显示,全行业收入将减少 445 亿元,其中赎回费、销售服务费分别减少 103 亿元、44 亿元。该情境下基金公司整体收入减少 87 亿元,考虑参控股基金公司情况,银行、券商、独立基金销售机构收入分别减少 171 亿元、169 亿元、70 亿元,分别占 2022 年总收入的 0.2%、4.3%、20.9%。

中国资管财富机构的可选路径

财富管理机构的可选路径、可行性与竞争格局

从短期来看,降费对各类财富管理机构的影响程度是第三方 > 券

商＞银行。根据前文不同情景的静态测算，得出公募基金费率改革带来的 2022 年行业总创收下降 219 亿～445 亿元，其中银行、券商、第三方分别承担 52 亿～159 亿元、59 亿～127 亿元、12.1 亿～69.5 亿元，若再考虑银行、券商及第三方参控股基金公司的情况，则三者的收入损失分别增加至 65 亿～171 亿元、100 亿～169 亿元、12.3 亿～69.6 亿元，占 2022 年总收入的比重分别为 0.1%～0.2%、2.5%～4.3%、3.7%～20.9%。从收入绝对损失数额来看，银行和券商更多，但如果从这三类主体自身出发，由于大财富业务对其重要性不同，短期来看整体影响为第三方＞券商＞银行。

- 独立基金销售机构代销持营基金为主，加之申购费率打折力度大，因此代销产品收入结构中存量收费（尾佣）占比相对高，公募基金降低管理费率对其收入影响较大；另外，独立基金销售机构的收入来源中公募基金产业链占比接近八成，缺少其他收入来源来弥补。

- 券商受到的影响体现在代销金融产品业务收到的尾佣减少、基金产生的股票交易佣金下降、持股基金子公司利润受损等多方面，该部分收入占总收入的比例为 30%～60%，各家券商有所不同，占比更高的机构受到的拖累更大，但相较第三方仍有投行等其他收入来源。

- 银行受到的影响体现为托管收入下降、代销基金尾佣收入下降，但由于这部分业务在银行整体收入中占比普遍较低（招行 2022 年财富+托管+资管收入占比 14.3%，已居银行首位），因此短期来看对银行的营收影响更小。我们静态测算公募降费对招行 2022 年的营收、净利润的影响上限分别为 -0.8%、-1.6%。

从中长期维度来看，随着销售费用体系改革落地，销售机构从公募产品上获取收入的空间进一步收窄，可能的应对措施包括：①做大AUM规模；②买方投顾转型，将财富管理的赢利模式从向产品供给方收费到直接向客户收费，但仍需监管支持，推动投顾牌照广泛化。基金销售费用体系相关政策调整完成的时间节点是2024年年底，相较管理费率和托管费率的2023年有一定过渡期，加之资本市场好转之后的"以量补价"都为销售机构提供了转型空间，从体制机制灵活性、发展财富管理业务的紧迫性以及投顾业务进度来看，券商及独立系机构略优于银行，但从资源组织能力来看，银行具备后发优势，关键在于制度演进和各家银行的战略重视度。根据我们的测算，若全部降费改革措施在2024年年底均落地，静态测算下（情景三），就基金销售全行业而言，2024年相比2022年代销公募基金保有量规模需要增长29%来抵销尾佣的下降，若假设基金直销、代销格局不变，则公募基金总规模需要增长29%，此外，基金交易额需要增长21%来对冲认申购、赎回费率的下行，其中还涉及基金类型差异。具体到各家机构，则还需考虑相对竞争力变化影响下的份额分配：①对第三方机构来说，销售费率下行后在一定程度上会降低第三方渠道的低成本相对优势，规模提升更多依靠市场修复、投资者热情修复下带来的规模增长，较为被动，非长久之计，需要寻求更多元的业务结构。②对券商而言，公募降佣导致传统经纪业务盈利空间收窄，影响到了主业，且手握ETF产品和基金投顾两大优势，大概率会作为新的利润增长点发展，从近几年基金保有量市占率提升幅度可见一斑。③银行的优势在于线下人力及网点，但更加依赖线下人力做大规模的模式，在收入下降、成本端人力较为刚性的情况下，若无新的收费模式或来源，财富管理业务，尤其是为客户配置基金的"性价比"进一步降低，对于资源有限、不聚焦财富管理业务的中小型银行，或许发展财富管理业务的动力将减弱；而对于将财富管理业务放在战略高度的银行，则会倒逼其从过去依靠产品产生收入的卖方销售模式转型，寻找新出路，可能会经历一段时间的摸索期。

从长期来看，随着券商财富管理转型加码、基金降费以及投顾业务发展，我们认为基金代销行业最终的格局或将从银行主导转变为银行、券商、独立系机构三足鼎立，但不排除头部财富管理银行成功转型，继续维持高市场份额。银行代销基金的优势在于客户基础及客户经理人力干预，需要克服的痛点则是简单基金代销盈利空间收窄的情况下如何摆放产品货架、如何维持财富管理转型动力。券商的优势在于客户相对高风险偏好的属性以及ETF产品，而痛点则是客户资源获取和如何摆脱传统经纪业务思维。独立基金销售机构的流量优势和多元差异化的发展模式或将为其挣得一席之地，但过分追逐热点对客户盈利体验的伤害，以及基金降费后如何实现创收方式的多元化是值得思考的问题。投顾业务或是以上三类机构面临问题的共同解法，从体制机制灵活性、发展财富管理业务的紧迫性以及投顾业务进度来看，券商及独立系机构略优于银行。而扩大至财富管理业务，则需考虑投顾监管体系和基础设施的建设、各类机构买方投顾转型、投顾产业链的演化等因素，基础设施支持度高的情况下可能出现"百花齐放"、大中小机构各取所长参与到投顾行业中形成良性竞合关系，从客户端较为根本地解决"基金赚钱、基民不赚钱"的问题。

资产管理机构的可选路径、可行性与竞争格局

在降费的压力下，公募基金公司经营承压，成本刚性或导致利润下行幅度较大。基于各家基金公司的产品结构以及原始费率情况，我们根据2022年机构经营数据进行静态压力测试，以分析目前现有的费率改革政策对基金公司营收、利润的影响幅度（主要考虑管理费的调整，暂不考虑销售费率/尾佣/券商佣金的影响）。我们将管理费超过1.2%的产品统一下调至1.2%，基于2022年年末非货基金规模排名前60位机构的经营数据来看：费率改革对公募基金公司营收加权平均影响幅度为-5.2%，对净利润影响的幅度为-18.3%；从利润率来看，将下行4.3ppt。其中，主动股混型产品规模占比较高、成本率较高的基金公司的营收利润下行压力较大，而固收类/被动型产品占比较高、原利润率较高的基金公司营收利润的压力较小。

我们预计公募基金行业规模效应的优势将更为明显，规模增长更为关键。由于基金公司的成本相对刚性，短期难以实现大规模节约，我们预计基金公司利润降幅将更高；尤其是规模较小的基金公司，其在人力资源投入、营销付费、金融科技支出上的成本压力将进一步凸显。而规模较大的头部基金公司，能一定程度依靠规模效应，摊薄科技等领域的成本支出，利润端的压力相对较小。我们认为这意味着公募基金行业规模效应的优势将更为明显，为了"生存"，基金公司可能更注重未来几年的规模增量，"以量补价"的商业逻辑更为重要。

短期来看，公募基金的应对方式包括：①为抢占规模，公募基金行业可能呈现更为激烈的价格战，方式包括进一步降低费率、给渠道更多让利等；②券商佣金分仓竞争更为激烈，"软佣"的比例可能更高；③被动型产品是规模上量的有效方式之一，叠加考虑近期个人养老金业务顺利启航、理财子等机构客户增配ETF产品，我们预计被动型产品的发展节奏可能较快；④中尾部公募基金可能会裁员，产品更为聚焦细分领域。

在中期维度，①公募基金行业可能面临出清。短期来看，由于公募基金牌照仍具备一定的稀缺性，牌照价值可能支撑部分机构亏损经营。但行业可能逐步呈现尾部机构出清、行业内部整合的趋势。这意味着头部公募基金机构有望享有更高的市场份额，这也符合欧美资管市场集中度提升的发展趋势。②投顾牌照广泛化是行业破局之策，预计投顾业务盈利性有望在中长期搭建。"基金赚钱，基民不赚钱"是当前我国大财富市场的痛点所在，费率改革是解决行业痛点的初步尝试，有利于提升客户投资体验。但我们认为，从产品设计等入手改善客户体验，仍只是解决核心矛盾的第一步，费率的降低可能仍无法弥补客户行为偏差带来的影响，因此效果可能会大打折扣，我们认为财富管理业务或许是改善客户体验的突破口。当前，我国资本市场很多问题的根源在于机构化深度不足，个人投资者分析、处理信息能力有待提升，投资决策可改善空间大，这恰恰是财富机构需要解决的问题。我们认为，投顾牌照广泛化，是兼顾"普惠性"与"市场化"的有效手段；投顾业务的落地，有利于解决负债端困境，并提升资管机构的自律性。

这一趋势也符合监管政策导向，根据《证券时报》报道①，在近期公募基金费率改革的趋势中，"支持基金公司拓宽收入来源，推动基金投顾业务试点转常规，支持基金公司申请基金投顾业务资格，实施业务转型"。向前看，随着中国财富业态的逐步成熟，投顾牌照数量以及专业投顾人员都实现快速突破，我们预计投顾业务的盈利性有望在中长期得到搭建，投顾业务端可能将分享部分资管机构的"蛋糕"。

---

① 资料来源：程丹. 证监会宣布重大改革！公募基金管理费率上限降至1.2%……来看七大看点［EB/OL］. 证券时报网, 2023-07-08. https://www.stcn.com/article/detail/913977.html.

买方投顾转型下资管财富机构的竞合之路

在基础设施具备的前提下，参考美国投顾行业，中国投顾产业链或将会出现进一步的细化与分工合作。投顾业务链条足够长，可以容纳的产业链角色多，是大财富产业链下游的高附加值环节，主要基于为客户创造的价值收费，对机构投研能力及客户服务能力都提出了更高的要求。所以从中长期来看，财富管理机构也需要具备一定程度的基金等大买方的投研投顾能力，但目前各类财富管理机构大都缺乏该部分能力，尤其是占有中国居民六七成财富的银行以及流量优势明显的互金机构。相反地，基金公司具备较强的投研实力，但客户服务能力较弱，券商也具有一定的投研能力，但客户资源亦有限。各类机构禀赋明显，各取所长，积极参与到投顾业务中形成良性竞合关系，或许是推动我国投顾行业百花齐放的可行之法（见图13.4）。

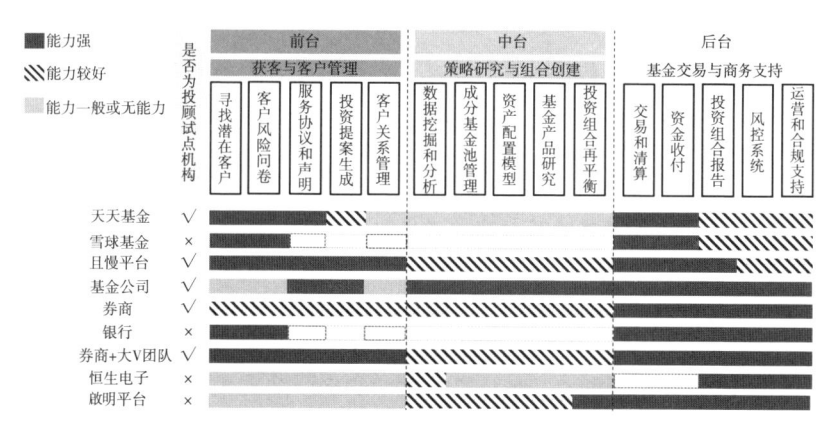

图13.4 不同金融机构在投顾业务前中后台的资源禀赋分布
注：虚线代表此机构暂未获得展业资格，无法开展相关业务。
资料来源：各机构官网和App，中金公司研究部。

- 财富管理和资产管理两种业态有其相似性，但我们认为，资产管理和财富管理的核心业务逻辑有根本差异。资产管理机构的收费基础为产品的AUM，围绕产品，解决的核心矛盾是产品收益、流动性和波动性匹配；而财富管理机构的收费基础为客户的AUM，围绕客户体验，解决的核心矛盾是客户与产品及服务的匹配。投顾业务作为大财富产业链下游的高附加值环节，要求资管机构有更强的客户服务能力。头部资管机构需要从本质上改变展业思路，从自身专业的角度出发为改善客户体验做出努力，进行战略性投入来构建相应能力。在降费的背景下，头部的资管机构或更有能力持续性地建设投顾业务。

- 监管有意将投顾机构对外合作纳入监管范围。2023年6月9日，证监会发布《公开募集证券投资基金投资顾问业务管理规定（征求意见稿）》，将投顾机构对外合作纳入监管，同时就基金投顾机构与其他基金投顾机构、与基金销售机构、与基金托管机构、与其他金融机构及其面向投资者发行的产品四大类主体进行合作的情况进行了规范，覆盖的业务场景包括基金投顾机构为合作机构提供投资类服务（基金研究、基金组合策略、算法和模型设计和运营等）和完整的投资顾问服务，以及基金托管机构对客户授权账户进行监督。

2019年10月基金投顾以来，各家投顾试点机构自主选择投顾展业方式，已经自发形成了一些分工合作的雏形，随着未来监管基础设施进一步健全和完善，例如投顾牌照广泛化、投顾机构信息披露要求、行业数据统计披露等，则可能在不损害投资者利益的前提下实现投顾业务的进一步分工细化。

- 参考美国投顾行业，投顾产业链细化与分工合作或许是推动买方投顾转型的重要因素。在B2C的模式中，资管机构如何直接增加与客户的接触程度，如何掌握客户信息以提供更多个性化的顾问服务，实现"投顾策略—顾问服务"的良性循环，或许是各家机构合作的主要方向。投研能力更强的机构或可将重心放至优选基金产品，完成策略的资产配置；而已有客户基础的顾问人员做好客户陪伴，及时传达主理人的投资理念、投资策略，与客户双向交流，收集客户需求；销售平台发挥客群优势，与投顾机构和顾问人员密切合作，合力为投资者提供高质量的顾问服务；技术基础设施提供商为投顾业务全流程提供系统支持。

- 在B2B2C模式中，各家机构或可选择在投顾产业链中某一环节深耕，打破"大而全"的业务模式，依据资源禀赋分别在前台获客经营、中台策略提供、后台基金交易和商务支持上有针对性地投入和建设，培养专长，实现不同机构在全产业链的密切分工合作，为投资顾问人员提供综合性的支持，最终为客户提供多样化底层策略、满足多种需求的顾问服务，这或许是未来投资顾问服务实现"千人千面"、提升客户体验的发展方向。

以零售渠道端为中心的简单分工

在此种合作模式中，传统渠道端仅扮演获客的角色，个人投资者在线上自行选择和购买投顾机构提供的投顾策略，"投"与"顾"的功能均由策略提供方——基金投顾机构完成。该模式目前最为常见，因为其简单直接地解决了基金公司客户资源少、渠道构建基金组合能力弱的阶段性痛点。但该模式下容易出现"投顾产品化"，投顾机构无法全面掌握客户信息和动态,和客户的接触面少,继而缺乏为其做全面规划的基础,因此只能从"投顾组合"这一产品视角出发提供顾问服务,而真正从客户出发的投顾服务更多需要渠道来承担。

不同的渠道对这一职能的理解定位与践行直接影响了该模式下客户接受投顾服务的体验。具体而言,比较有特色的分工模式有盈米基金的且慢平台、天天基金,两个平台的客户群体不同,渠道主推投顾策略的逻辑不同,投顾机构能够提供的顾问深度也不同。

- 天天基金延续其基金超市的模式,作为流量入口,投顾策略上架多,对各投顾组合的画像做得好。平台主要扮演投顾策略的展示和对比职能,客观全面地分析策略的投资业绩与顾问服务质量,为客户提供做出决策所必要的产品信息。
- 盈米基金的且慢平台同时拥有基金投顾试点资格和基金销售资格,较好地将二者结合起来。且慢针对投资者的"四笔钱"自主开发了7个投顾策略,并引入3个其他投顾机构的投顾策略进行主要推荐,设计出多种模式增加策略主理人和投资者的互动,不断地向投资者传达主理人的投资理念,以投资者的认同感增强客户黏性和持有时长。

向前看,我们认为零售渠道端与投顾机构的合作模式想要进一步发展壮大,需要解决的核心问题是投顾服务的"顾"这一端,弄清投顾机构与渠道分别承担何种职能。若渠道仅是第三方基金代销机构,根据《公开募集证券投资基金投资顾问业务管理规定(征求意见稿)》,销售机构可提供的"顾问"服务有限,所以需要销售机构或向投顾机构提供进行"顾问"服务所需的足够的客户信息，或向投资者展示更多关于投顾机构的"顾问"内容，或通过引流等方式增强投顾机构和投资者的连接，这均需要渠道具有很强的开放性，做好保存核心商业资源与机构合作的权衡。若零售渠道也有基金投顾牌照，则可以考虑承担部分顾问职能，与投顾机构合作完成顾问服务，做好各个策略投资理念的传达，及时回应投资者疑问，在提升客户满意度和黏性的同时推动投顾组合的规模增长，实现合作双赢。

前台获客新模式

客户作为财富管理业务的核心资源，如何获客与服务客户是各家机构买方投顾转型的最大痛点，尤其是对于券商、基金公司等客户资源相对较少的机构来说，一直积极探索新的获客模式，例如在社交平台上孵化投顾业务的自营IP（知识产权），通过流量获客。

自从2021年11月互联网财经KOL（Key Opinion Leader，指"关键意见领袖"）暂停"投资顾问"业务以来，不少券商主动参与线上客户引流工作，带领券商内部的投资顾问在社交媒体平台上开展业务。在近两年的时间里，出现了一些关注度较高的投顾账号，主要内容为知识分享和直播陪伴，但整体上仍处于起步阶段，停留在"引流获客—投资者购买投顾策略—持续性顾问服务"全流程的第一步。打造投顾账户IP或有难度，因为打造IP需要在监管的框架内进行，注重风控和客户管理。在投资者对理财内容的需求逐步多样化的情况下，如何精准找到目标客群并针对性输出，这涉及的挑战不仅限于对社交媒体平台的运营技巧，还要求投资顾问本身在理财行业中的洞见深度和专业技能。同时，将投资顾问打造成一个在线"明星"绝非一蹴而就的事情，业务变现的时间漫长，且运营投资顾问账户需要特定的考核和激励机制。

向前看，若投资顾问的个人账户能成功发展为获客的生态，则未来的发展趋势可能为：投资顾问扮演投顾策略和客户之间的"桥梁"角色，与客户关联度更高，投资顾问对客户的影响力发生了改变，独立性增强。"顾问服务"所要求的信任关系需要建立在投资顾问与投资者同频率的沟通上。现有"同频沟通"有所缺失，投资顾问的个人账号或许能够改变这一现状，因为和潜在客户接触面更大，投资顾问人员更有能力了解客户需求，可将客户需求与投顾策略相连接，输出个人投资者能理解、感兴趣的专业投顾内容。若投资顾问的客户资源不再主要依靠公司内部资源禀赋，而是依靠个人账户的流量与互联网成熟获客模式，投资顾问的独立性得以增强，那么中国投资顾问是否可以脱离平台独立展业？独立投顾对于中后台支持的需求是否又会同时催生出中国版的TAMP平台？个人独立投顾是否能真正发展起来取决于投顾个人能力和客户口碑，也取决于未来中国投顾业务是否能从机构牌照拓展到个人持牌执业。

客户需求挖掘职能的"觉醒"

目前绝大多数的投顾组合，基本上是从"资产配置"投资端出发设计策略，出现了从"客户需求"顾问端出发设计的策略，其服务形态是股债均衡型策略加上"周度或月度定期赎回"的模式。以南方基金的钉钉宝月薪投顾为例，其底层的股债均衡型策略沿用南方基金已在管理的投顾组合，而每月从持有的投顾资产中定期赎回0.5%左右的比例，满足客户对定期现金流的需求。在此投顾策略中，"定期现金流"设计是由"银行螺丝钉"挖掘投资者需求后实现的模式创新，而投顾组合的投资策略和管理由南方基金全权负责,雪球基金是该策略的首发平台,充分发挥了雪球基金用户客群对投顾新模式的接受度。以上新模式将挖掘客户需求、底层策略设计、产品销售与执行几大环节分离,投顾产业链分离的雏形初现。顾问、策略师、销售平台三类主体各司其职,将各自在客户服务、投资研究、科技与平台方面的能力最大化,而这样的分工之所以可以存在,也反映出投顾服务的上述三个主要环节都有其存在的必要和专业性。

B2B2C 模式的雏形

目前国内也出现一些可能发展成为 B2B2C 模式的雏形:一类是投顾机构与对公基金销售平台进行合作,为对公客户提供投顾服务。

据财新网消息①,易方达基金投顾业务中有针对机构客户的两支业务条线:与招商银行招赢通合作,主打针对机构客户的投顾服务业务;与第三方独立销售机构上海基煜基金销售有限公司合作,主打面向中小城商行的投顾服务业务。除提供通用策略组合以满足机构客户不同风险等级的需求外,易方达投顾还能根据机构的实际情况制定不同风险等级、不同风格的个性化策略。此种模式延长了现有"投顾机构—零售客户"的链条,在其中加入机构客户的角色,形成了"投顾机构—机构客户—零售客户"产业链。未来条件成熟之后,这些机构客户中可能有一些具备投顾牌照者会使用该投顾服务,指导内部投顾人员构建对客服务的组合策略。投顾机构提供"原始"的组合策略,

---

① 资料来源:全月. 首个机构投顾产品上线 易方达瞄准招行同业客户[EB/OL]. 财新网, 2020-09-21. https://finance.caixin.com/2020-09-21/101607790.html.

而持牌的机构客户在其基础上根据自有客户偏好进行个性化组合，则会发展成为组合策略订阅模式。

另一类是同时服务投顾人员与零售客户的盈米基金。

盈米基金"启明"平台采用 B2B2C（盈米—机构—C 端用户）模式赋能"投"和"顾"。"启明"开发设计了盈米 TAMP，为拥有财富管理能力和客户资源的线上 KOL、线上或线下的财富管理团队提供一站式投顾服务解决方案，以便让理财团队专注于客户的开拓和管理。此外，盈米基金旗下面向零售客户的投顾平台"且慢"也是其发展 B2B2C 模式的一大优势，若将来可实现两个平台的打通，使得零售客户可以接触到"启明"平台的投顾产品与服务，投顾亦可以通过盈米基金的推荐服务于有更复杂财富管理需求的客户，可在一定程度上弥补盈米没有线下顾问的劣势。

后台职能的外包：恒生电子

在投顾业务方面，2019 年恒生率先推出基金投顾解决方案，并为第一批获得试点资格的 3 家基金公司提供方案支持。目前恒生基金投顾业务一体化解决方案已经在证券、银行、三方销售等超过 45 家多类试点机构得到了应用。截至 2023 年 3 月底，服务资产规模 1 400 多亿元，客户总数超 500 万户，恒生公募基金投顾一体化解决方案涵盖全业务流程支持，覆盖策略研究和策略构建、组合交易、客户服务、费用计算、风控体系等各个环节，支持自营模式、投顾策略输出、投顾策略输入、建议型组合等多种业务模式，持续进行多种创新业务的升级，如投顾止盈、组合定投、定向销售、自动化清算等。

美国大财富产业链的价值转移

美国共同基金费率变化演进史

美国共同基金费率下行的三大阶段

阶段一：资管产品综合费率呈现温和下行的态势（20世纪80年代至90年代前段）。 20世纪80年代，美国经济的蓬勃发展使优质的可投资资产快速累计，同时养老金入市推动居民财富转向资本市场，为资产管理行业带来充沛的资金需求。在此阶段，投资资金的需求总体大于产品的供给，推动资管产品管理费率趋于上行。但在渠道端，美国基金销售体系进入快速发展阶段，渠道的竞争趋于激烈，全能券商、折扣券商、独立投顾等纷纷入局，促使基金销售佣金率下行，从而推动资管产品整体费率温和下行。

截至1990年年末，权益型基金运营费率为0.86%（以管理费为主），较1980年提升18bp；债券型基金运营费率为0.76%，同期提升3bp。在销售佣金方面，1990年权益型基金、债券型基金年化销售佣金率分别为0.99%、1.00%，较1980年分别降低65bp、32bp。综合各类费率，权益型基金、债券型基金加权平均总持有成本为2.32%、2.05%，较1980年分别降低33bp、16bp（见图13.5）。

阶段二：各类费率下行，一次性销售费率快速压降（20世纪90年代前段至21世纪头10年前段）。

资管端：从20世纪90年代中后期开始，美国资管行业增量资金

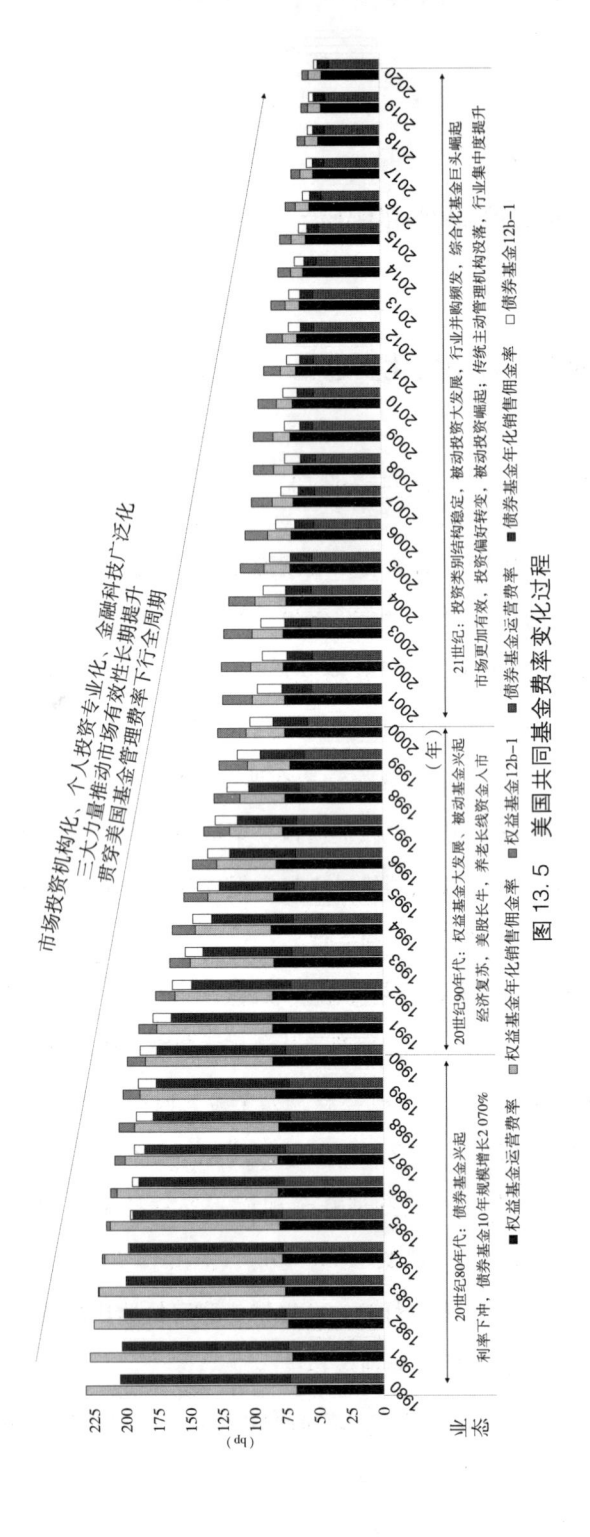

图 13.5 美国共同基金费率变化过程

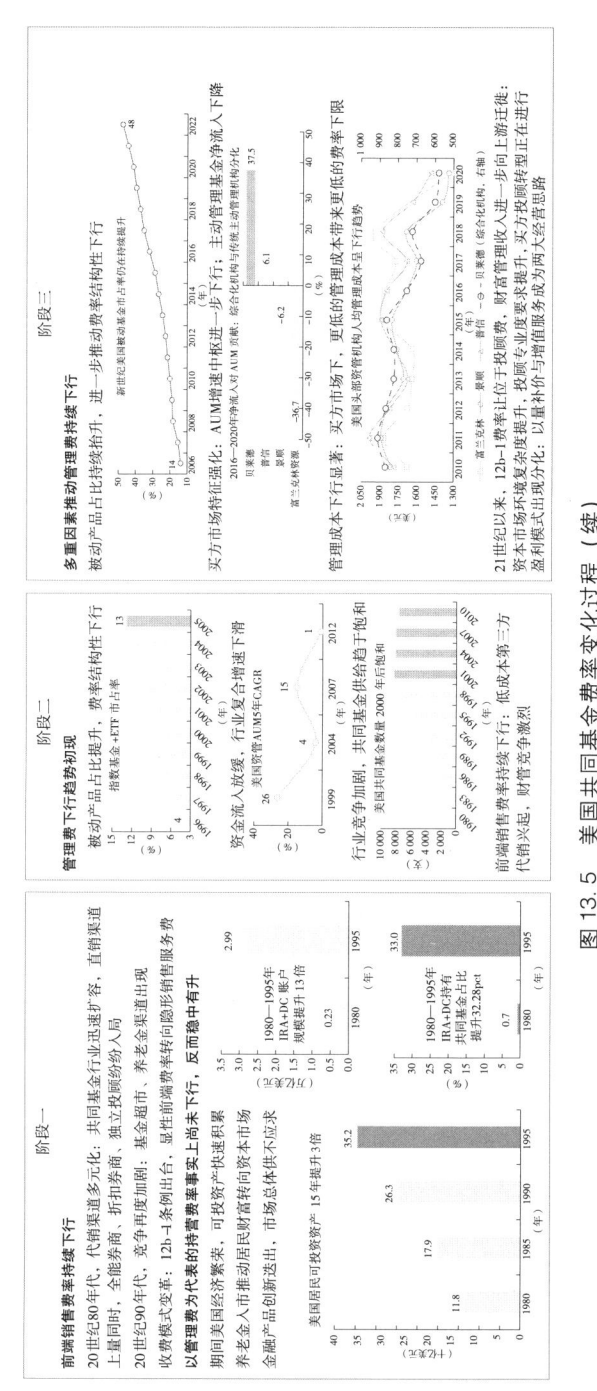

图 13.5 美国共同基金费率变化过程（续）

注：图中运营费率包括管理费、托管费以及各项杂费（12b-1）以及一次性销售费用。
资料来源：ICI，中金公司研究部。

流入放缓，资管机构纷纷开始通过降低费率吸引客户，同时市场有效性提升导致低费率被动投资备受推崇，被动型产品的兴起与快速发展拉低了全行业的平均费率水平。此外，产品结构的影响并非全部，费率下行自20世纪90年代中期开始，已成为各类资管产品的偏普遍现象。具体而言，早在1996年，债券型主动共同基金费率已进入下行通道；2000年以来，主动管理股票基金平均费率同样掉头向下。而美国ETF、指数基金等被动管理型产品在市场竞争趋于充分后，21世纪头10年中期费率同样进入下行通道。

渠道端：基金销售竞争进一步加剧，低成本第三方代销兴起。各类机构"百家争鸣"，促使基金销售竞争趋于白热化，从而推动销售费率快速下行。另外，基金超市的出现与互联网技术的发展，也为基金公司提供了低成本、覆盖全网和全国投资者的销售渠道，降低了运营成本，为费率压降提供了更大空间。尽管12b-1费用（销售服务费）承接了部分一次性佣金的职能，但整体来看，对于仅提供简单基金销售服务的渠道端而言，在激烈的竞争环境中其议价权快速减弱。

截至2004年年末，权益型基金运营费率为0.75%（以管理费为主），较1990年小幅降低11bp；债券型基金运营费率为0.55%，同期降低21bp，降幅较权益型产品更大。在销售佣金方面，2004年权益型基金、债券型基金年化销售佣金率分别为0.24%、0.20%，较1990年大幅降低75bp、80bp，降幅为75%~80%；但同期，12b-1费率的兴起（销售服务费）转移了部分一次性销售佣金的费用。综合各类费率，权益型基金、债券型基金加权平均总持有成本为1.19%、0.92%，较1990年分别降低80bp、97bp（见图13.6、图13.7、图13.8）。

阶段三：费率下行趋缓，高附加值环节从资管端向财富端转移(21世纪头10年中期至今)。资金净流入趋缓，资管机构间竞争加剧。

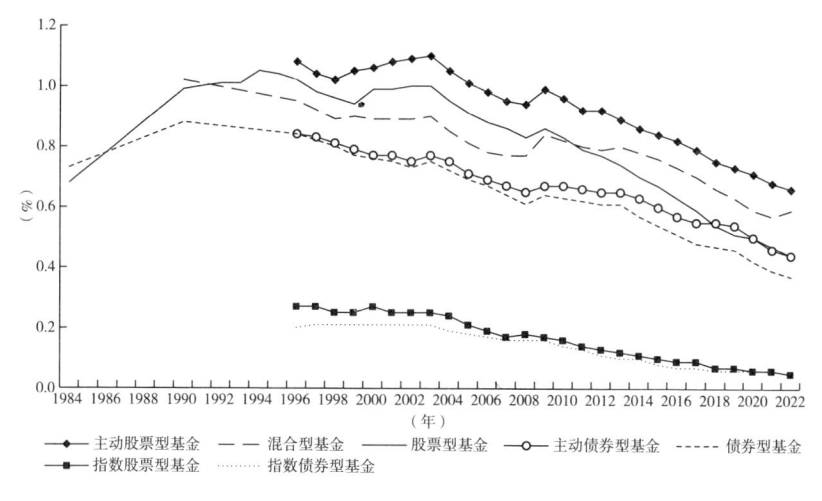

图 13.6 美国各类共同基金综合费率变化趋势

注：基金费用率指的是从基金资产中计提的各项费用率，包含管理费率、托管费率、销售服务费率等，按照资产规模加权平均计算；股票型基金包括指数股票型基金和主动股票型基金，债券型基金包括主动债券型基金和指数债券型基金。

资料来源：万得资讯，ICI，中金公司研究部。

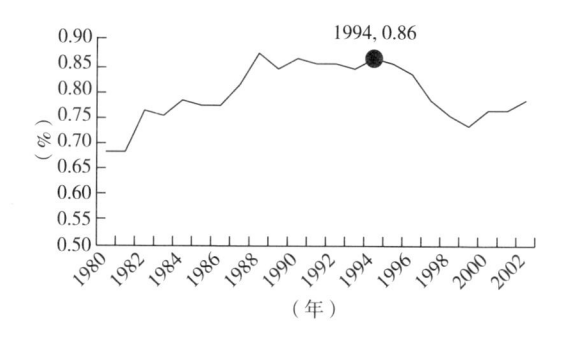

图 13.7 权益基金的运营费用率在 1995 年出现下降趋势

注：运营费用率 = 综合费用率 -（12b-1）费率。
资料来源：ICI，中金公司研究部。

2000 年以来，市场增量资金有所减弱，共同基金规模增速中枢进一步下降，美国资管行业的供需格局进一步向买方市场倾斜，资管产品总持有成本延续下行趋势。从竞争格局来看，随着管理费率逐步下行，"以量补价"成为多数资管机构做大做强的核心模式，而头部资管机

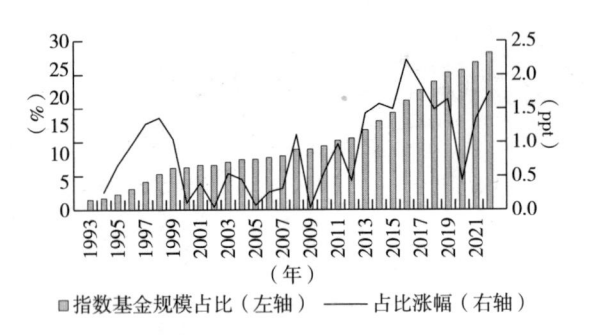

图 13.8　指数基金占比上升

资料来源：ICI，中金公司研究部。

构规模效应强、单位 AUM 成本低，使其在拥有相对充裕盈利空间的同时，也具备了通过价格竞争压低产品费率，从而吸引更多资金流入的可能。从竞争结果来看，共同基金行业资金集中于低费率资金，呈现"二八效应"，同时资管行业的集中度也迎来快速提升。

财富生态趋于完善，产业链高附加值环节向投顾端转移。为了应对投资者日益复杂的需求，加之基金销售行业竞争加剧、免佣基金盛行大幅压缩了简单基金代销的盈利空间，基金销售渠道自身的发展也更加纵深化，围绕投资者的投资过程发展其他多元化的金融服务，从简单的基金销售向围绕投资者的泛财富管理业务转变。随着美国财富生态趋于完善，投顾业务切实为投资者创造了较大的价值，也奠定了较为坚实的收费基础。由于美国市场有效性逐步提升，超额收益空间压降，美国财富管理业务的创收空间及费率水平逐步领先于资产管理业务，部分资管业务的营收空间向财富业务转移。

截至 2020 年年末，权益型基金运营费率为 0.45%（以管理费为主），相较于 2004 年降低 30bp；综合销售费率为 0.15%（0.10% 年化销售佣金率，0.05% 12b-1 费率），较 2004 年降低 29bp；综合来看，2020 年权益型基金总持有成本为 0.60%，为 2004 年的一半。

截至 2020 年年末，债券型基金运营费率为 0.39%，相较于 2004 年降低 16bp；综合销售费率为 0.12%（0.09% 年化销售佣金率，0.03% 12b-1 费率），较 2004 年降低 25bp；综合来看，2020 年债券型基金总持有成本为 0.51%，较 2004 年降低 45bp（见图 13.9）。

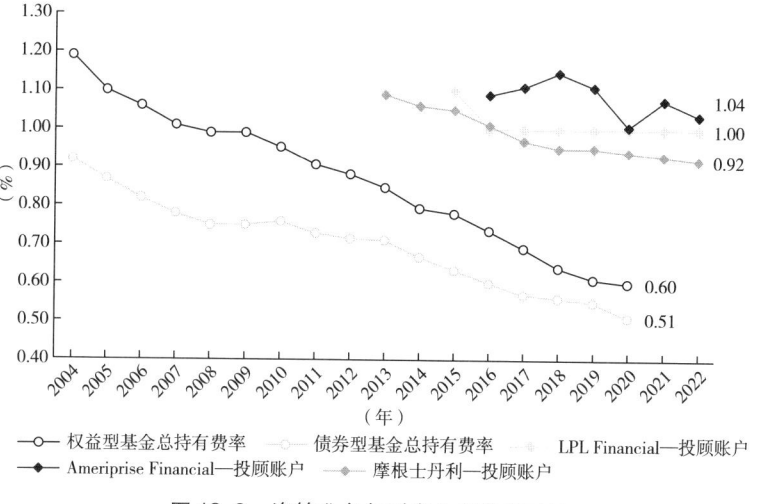

图 13.9 资管业务与财富业务费率对比
资料来源：ICI，美国金融机构公司公告，中金公司研究部。

费率下行的七大核心因素

行业生态：供需格局变革，从蓝海到红海。20 世纪 80～90 年代，美国经济转向繁荣周期，居民财富快速积累，同时养老金入市形成增量资金，资管行业呈现欣欣向荣的态势。但步入 21 世纪后，以公募基金数量达峰为标志，资管行业资金净流入趋缓，且市场中买方的议价权逐步提升，存量竞争成为市场主题，从而驱动管理费下行。

竞争格局：规模效应凸显，价格竞争加剧。资管行业具有明显的规模效应，随着部分头部资管机构做大做强，其单位管理成本显著低于同业，使其有能力通过压降费率的形式提升行业竞争力。规模效应凸显让以量补价成为可持续的商业模式，从而推动资管行业费率下行，尤其是规模较大的资管机构，资管行业的集中度亦随之提升。

市场有效性提升：金融科技大发展、资产管理机构化、个人投资专业化等因素带动的市场有效性持续抬升。 20 世纪 80 年代以来，互联网与个人电脑普及率快速提升，使投研交易自动化水平得到提升，从而推动了市场主体信息处理效率提升。此外，叠加美股机构化持续提升、投顾普及化带来的个人投资专业化，均使得市场有效性得以持续抬升，而超额收益下行也侵蚀了管理费收费的底层逻辑。

产品结构：被动产品盛行。 我们观察到，20 世纪 90 年代以来被动产品兴起，此后被动型产品占美国非货币基金规模比例长期持续稳步提升，从 1996 年的约 4% 提升至 2022 年的 48%，且提升趋势仍未停止。

基金销售格局演变：基金销售渠道格局演变推动销售费率下行。 回溯历史，20 世纪 20 年代至 60 年代，简单直销和传统银行、保险机构代销诞生；70 年代至 80 年代，在共同基金行业迅速扩容的大背景下，全能券商、折扣券商、独立投顾强势加入基金销售队伍；80 年代至 90 年代，基金超市和企业退休计划出现并实现份额阶段性快速增长。进入 21 世纪，多层次的基金销售渠道已显露雏形，包括成本低、门槛高的直销渠道，便捷与相对低成本的基金超市，提供咨询建议但费率较高的投顾渠道，同时服务企业与其员工的退休计划渠道。我们认为，多层次的销售格局推动基金销售行业竞争加剧，使得更为显性的销售佣金率持续走低；同时，为了应对投资者多元的需求变化，基金销售机构从仅提供基金销售向提供多元金融服务的泛财富管理业务还在持续演进，这也减少了从产品端收费的趋势，使基金公司及客户支付的渠道费用持续下降。

财富生态蓬勃发展：大财富产业链高附加值环节向投顾端转移。在资本市场效率提高、客户财富管理需求日益复杂的趋势下，简单的资管产品尤其是主动管理产品无法为客户创造超额收益，因此投顾机构为客户提供的金融和非金融、传统资本市场投资与另类投资等相结合的大类资产配置，全市场遴选产品等服务，在一定程度上扮演了资管机构的职能；再结合对客户需求的充分理解和把握，最终形成的投资方案是另一种形式的"产品"，能够从多方面实现客户投资收益和投资体验的提升。既然本质上是对资管机构职能的补充和替代，那么投顾服务的费用自然会取代部分原先资管产品的管理费，成为大财富产业链上的又一个高附加值环节。

产品营销成本降低：基金超市出现，基金对比和筛选难度下降，基金公司成本压降。为解决中小机构销售痛点以及投资者投资效率低的痛点，由嘉信理财和富达财富分别在1992年和1989年推出的基金超市应运而生。其一方面以一个账户投资多家基金公司产品、零费率或低费率、不提供投资建议服务为主要特征，解决了个人投资者的痛点；另一方面也为基金公司提供了低成本、覆盖全网和全国投资者的销售渠道，并且承包了后期的投资者服务工作。因此大量基金公司愿意以失去与投资者的直接联系为代价，从基金直销转向了依靠基金超市等第三方机构代销。随后互联网技术的发展使基金超市渠道进一步降低运营成本，为投资者提供更多便捷的增值服务。

销售佣金率下行中美国财富管理机构的竞争格局演变

美国共同基金的不同分销渠道在客群、交易方式、交易服务提供方、基金份额及收费方式、投资者服务上均有所区别。在美国头部基金销售机构中不同类型的机构数量保持均衡，具体可分为以下几类：①基金超市模式类，如嘉信理财、NFS（国家金融服务有限责任公司）；②大型综合型券商，如美林、摩根士丹利、瑞银；③私人银行，如摩根大通、北方信托公司；④面向独立投顾或区域性的经纪人的平台，如爱德华·琼斯和阿默普莱斯金融；⑤养老金平台，如富达养老金投资；⑥银行，如富国银行。多种类型的销售机构面向不同客群展业，说明了不同类型的金融机构可凭借不同客群和资源禀赋来差异化竞争（见表13.1）。

渠道的集中度：为什么是销售佣金率率先降低

美国基金销售以顾问渠道为主，其他渠道阶段性高增长，且逐步纵深化发展。①早期阶段：20世纪20年代至60年代，简单直销和传统银行、保险机构代销诞生。②快速发展阶段：70年代至80年代，全能券商、折扣券商、独立投顾强势加入基金销售队伍；80年代至90年代，基金超市和企业退休计划出现并实现份额阶段性快速增长，此时美国基金销售机构竞争加剧、集中度下降，导致前端销售佣金率先下降。③成形阶段：进入21世纪，多层次的基金销售渠道已具雏形，包括成本低、门槛高的直销渠道，便捷与相对低成本的基金超市，提供咨询建议但费率较高的投顾渠道及同时服务企业与其员工的退休计划渠道。此外，为了应对竞争加剧以及投资者需求变化，基金销售机构从仅提供基金销售，向提供多元金融服务的泛财富管理业务持续演进。

我们试图从基金资产规模、客户数、头部投资公司和投顾机构RAUM三个角度刻画美国共同基金销售渠道的集中度及变化趋势，虽然机构类型层面的集中度下降，但每类机构内部头部机构仍占有较高份额。

表 13.1 美国共同基金分销渠道的主要特征

渠道	主要投资者	交易服务提供方	交易方式	共同基金范围	基金份额及收费方式	投资者服务
直销渠道	个人投资者	共同基金公司	通过邮件、电话、互联网或客户服务中心直接向共同基金公司下达交易订单	提供直接交易的基金公司的共同基金	一般是单独的直销份额，不收取前后端手续费，只收管理费	投资资讯
机构渠道	信托、企业、金融机构、捐赠基金和其他机构投资者	共同基金公司	与共同基金公司的代理人基金公司直接联系	提供直接交易的基金公司的共同基金	机构份额：Inst/I/Y 类份额，不收取销售费用，只收管理费	投资资讯
基金超市	个人投资者、代表个人投资者的注册投资顾问	折扣券商	向折扣券商下达交易订单，由其将订单传输给基金公司	来自大量基金公司的共同基金	大多是没有前后端手续费的份额，如 D 类、C 类份额	• 投资资讯 • 在同一个账户内交易多个基金公司的产品 • 部分头部机构提供少量单独收费的咨询服务

第十三章 保险公募渠道降费与财富资管机构的选择 525

（续表）

渠道	主要投资者	交易服务提供方	交易方式	共同基金范围	基金份额及收费方式	投资者服务
投顾渠道	个人投资者	全能型券商、注册投资顾问公司、保险机构	向投顾公司代表下达交易订单，投顾公司将订单发送给基金公司	来自大量基金公司的共同基金	一般是多份额结构的基金，同时销售 A、B、C 类份额；A 类份额基金主要收取前端费用；C 类收取基于资产规模的 12b-1 费用；B 类一般收取 12b-1 和递延赎回费用，但 ADV 没有前后端费用，一般会收取 0~50bp 的 12b-1 费用	• 投资资讯 • 在同一个账户内交易多个基金公司多个产品 • 投资建议、持续的协助
退休计划	固定缴款退休计划的参与者	计划发起人或雇主	向计划管理人下达交易订单，这些计划管理员将订单发送给基金公司	计划发起人选择的数量有限的共同基金	多份额结构，除了 A、B、C 等份额外，还有专门为退休计划设计的 R 份额，通常没有任何销售佣金。这类基金收取的费用范围很广，不同计划之间差异较大，一些 R 份额是超低成本的，而另一些则包含了与运行该计划相关的记录保存和其他管理成本	• 投资资讯 • 部分计划管理人的合作金融机构（雇主选择机构）提供可选的咨询建议服务

资料来源：ICI、晨星、中金公司研究部。

- 目前美国各渠道的保有量市场份额大体为专业投资顾问（约52%）＞固定缴款退休计划（约23%）＞折扣券商和基金超市（约15%）＞基金公司直销渠道（约10%），从趋势上来看，线上的折扣券商/基金超市模式保有量占比上涨，机构类型层面集中度下降。

- 依据选择基金购买主渠道客户数量计算，客户数量占比排序为：雇主发起式退休计划（55%）＞顾问咨询渠道（33%）＞直接购买基金（13%），退休计划还是众多投资者首次购买基金的渠道，在新获客方面具有重要地位。美国通过退休计划购买基金的投资者占比从1998年的64.4%增加到2021年的81.2%。在新增共同基金投资者中，退休计划的份额更高。2021年首次购买共同基金的投资者中63%是通过退休计划购买的，与1998年的47%相比提高16ppt。雇主发起式退休计划设立时公对公的运行方式决定了其集中度会较高，以401（k）计划为例，计划管理机构主要由企业进行选择。根据Plan Sponsor数据，2022年美国401（k）资产管理规模排名前十的机构中，富达养老金投资市占率达到了34.6%，排名第二的Empower Retirement市占率为11.0%，行业CR3达到了52.8%。在费率层面，与在其他渠道购买基金不同，401（k）计划中个人参与者直接支付的费用可总结为两大类，第一大类为个人投资者为基金公司等资管公司支付的基金费用率，在投资者总成本率中占比较大；第二类为个人参与者为账户管理人（退休计划的提供商）支付的账户管理费和交易费，大多数退休计划渠道也是由传统顾问渠道提供商、折扣券商等作为计划管理人提供服务，且退休业务的复杂性决定了服务类型多数包含咨询建议，账户管理费即包含该部分服务对价。据 ICI 统计，按照计划数量简单平均计算，401（k）计划 2019 年的平均总费率为 0.87%；按照资产加权平均计算，平均总费率为 0.35%。

- 投顾渠道内，头部机构的 RAUM 集中度整体呈现上升趋势，其中零售大众及富裕客户 RAUM 集中度更高，排名第一的机构的市占率为 12%，排名前十的机构市占率为 45%；零售高净值客户的 RAUM 更为分散，排名第一的机构的市占率为 5%，排名前十的机构的市占率为 30%。

头部渠道的流量客群优势对基金公司具有议价权，在销售费率下降的背景下，各类"收入分享计划"的出现是市场化的行为。除去基金直接支付的前后端销售费用、12b-1 费用，分销机构和基金公司之间也会达成"收入分享计划"，基于销售金额或销售基金资产价值收取费用。部分基金销售机构披露了"收入分享计划"的最高分成比例，瑞银为 0.2%，摩根士丹利 2017 年之前为 0.16%，2017 年后下降到 0.10%。普尔（2020）[①] 等人对 2009—2013 年美国最大的 1 000 个 401（k）计划中的"收入分享"进行研究，平均而言，约 55% 的第三方（非附属）基金向账户管理人（即产品分销商）提供收入分享回扣，平均返佣约为 0.18%。2019 年，美国证券交易委员会修改最佳利益（Reg BI）具体原则，加强对"收入分享计划"信息披露要求，虽然监管趋于严格，但仍然出现了头部机构为了避开信息披露要求，将"收入分享计划"换成其他名称的收入的现象。

---

① 资料来源：Pool V. K., Sialm C, Stefanescu I. Mutual fund revenue sharing in 401（k）plans [J]. SSRN Electronic Journal, 2020.

投顾转型：产品销售费率转移成为更加显性、服务对价更加明确的投顾费用

高附加值的服务从基金销售往泛财富管理、投顾服务费转移。随着资本市场效率提高、居民财富管理需求上升，叠加基金销售行业竞争加剧、免佣基金盛行大幅压缩了简单基金代销的盈利空间，基金销售渠道自身的发展纵深化，围绕投资者的投资过程发展其他多元化的金融服务，从简单的基金销售向围绕投资者的泛财富管理业务转变。由于简单的资管产品尤其是主动管理产品无法为客户创造超额收益，因此投顾机构为客户提供的金融和非金融、传统资本市场投资与另类投资等相结合的大类资产配置，全市场遴选产品等服务，在一定程度上扮演了资管机构的职能；再结合对客户需求的充分理解和把握，最终形成的投资方案是另一种形式的"产品"，能够从多方面实现客户投资收益和投资体验的提升。财富管理业务的发展本质上是对资管机构职能的补充和替代，也因此投顾服务的费用会取代部分原先资管产品的管理费，部分资管业务的营收空间向财富业务转移，从而使投顾成为大财富产业链上的又一个高附加值环节。

以美国最常见的投顾产品——Fund Wrap 账户为例，投资顾问会为客户的 Fund Wrap 账户提供各类金融资产的配置比例并进行管理，该部分费率 2002 年以来保持相对稳定。具体而言，Fund Wrap 账户的平均总费率（包括底层金融产品的费率与投顾费率等各类费用）从 2002 年的 2.25% 下降至 2017 年的 1.84%，共下降 0.41ppt，而 Fund Wrap 账户中的投顾费率则保持平稳，从 2002 年 1.18% 下降到 2017 年的 1.08%，15 年内仅下降 0.10ppt。这说明投顾业务为客户提供的资

产配置和金融服务所创造的价值长期得到了客户和市场的认可，成功取代了资管产品的部分管理费用（见图13.10）。

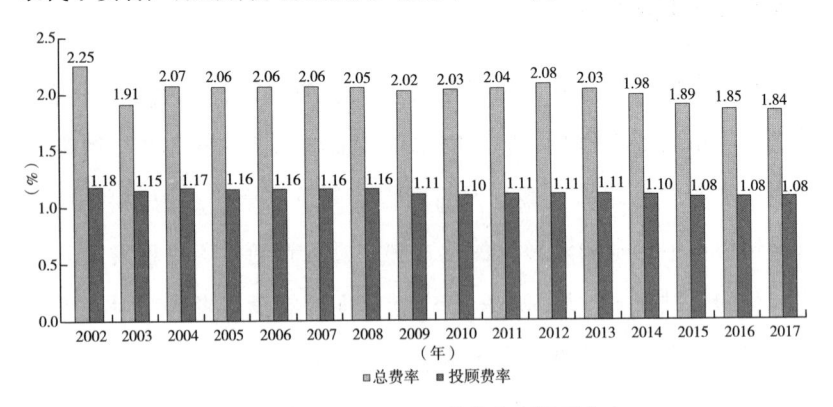

图13.10 Fund Wrap总费率和投顾费率

资料来源：MMI，Cerulli Associates，中金公司研究部。

从客户资产综合费率的角度来看，主要从事投顾业务和资管端主动管理两大高附加值环节的机构费率水平更高、韧性更强。从绝对水平来看，注册投资顾问2022年资产综合收益率处于0.54%~0.75%的水平，瑞银和摩根士丹利的资产综合收益率也达到了0.67%和0.58%，小型资产规模的投资顾问资产收益率可达到0.75%。而头部资管机构的资产综合收益率整体低于投顾的收益率，分化明显，处于0.11%~0.64%的水平，主要原因在于资管机构主业在资产管理，业务模式差异化，以被动产品见长的贝莱德费率更低，而专注于主动管理的普信则录得相对较高的综合费率。此外，美国资管机构亦不同程度地参与到投顾这一下游高附加值环节中。从变动情况上看，投资顾问和头部财富管理机构的收益率在波动中上行，而资产管理机构的资产收益率呈现下降趋势，体现部分资管业务的营收空间向财富业务转移，投顾提供的综合金融服务能够真正为客户创造价值，使其成为资产综合收益率更高的高附加值业务（见图13.11）。

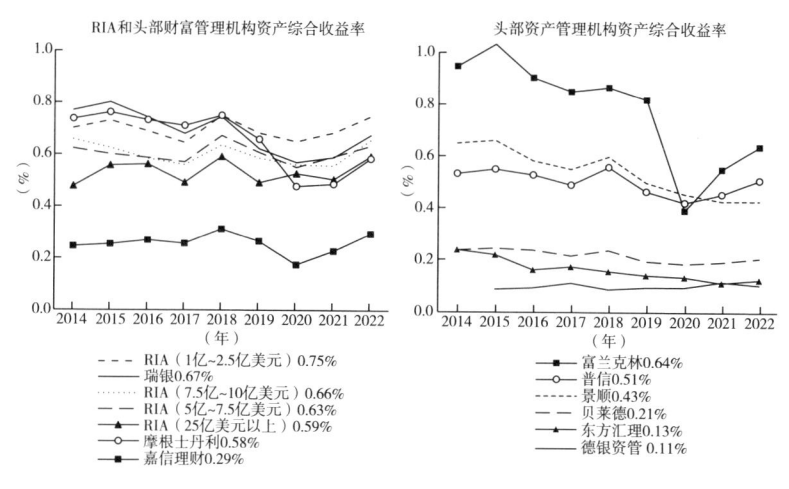

RIA和头部财富管理机构资产综合收益率　　　头部资产管理机构资产综合收益率

图 13.11　注册投资顾问（RIA）、资产管理机构、
财富管理机构客户资产综合收益率比较

资料来源：嘉信理财，各公司公告，中金公司研究部。
资料来源：Capital IQ，中金公司研究部。

投顾产业链分工细化及价值转移

财富管理行业的流程长且环节复杂，能容纳足够多的业态和参与机构，而产业链的分工细化与各个环节的高度专业化，或许才能达到整个行业的效率最大化。以美国面向零售客户的投顾行业为例，主要包括综合类和平台类两大商业模式，其中，平台类机构不仅有直接面向终端客户的平台（如嘉信理财、富达投资等），也有面向投顾的平台（阿默普莱斯金融、LPL Financial 等）、为投顾提供中后台服务的 TAMP 组合管理平台（Envestnet、AssetMark 等）、仅提供组合策略的组合策略师（贝莱德、先锋领航）。上述多样化的商业模式在 2000 年前后集中出现，丰富多元的探索推动了美国财富管理行业从产品代销为主的卖方模式向以客户需求为中心的买方投顾模式转型，各类机构可以根据自身定位和资源禀赋在上述商业模式中选择一类或几类开展业务，相互合作赋能，共同推动财富管理行业快速发展。

TAMP即全托资产管理平台，旨在为投资顾问提供一站式展业服务。TAMP提供的服务覆盖投顾工作的全流程，从前台的客户风险偏好调查、投资提案生成，到中台的投资经理研究、投资组合搭建，再到后台的交易、组合再平衡、业绩报告和收费，其作为第三方技术平台，为投顾展业的各个环节提供支持，使其能更加专注于获客、客户长期关系的维护并提供更加贴近客户需求的服务。通过TAMP，投顾可以根据自身需求在平台上选择所需的服务，并将部分工作外包给TAMP公司以提高工作效率。与传统的捆绑式模式相比，TAMP相当于顾问可按需调用的"独立工具箱"，灵活度高，因此受到越来越多投顾的青睐。根据WealthAdvisor报告，2022年TAMP行业规模为2.2万亿美元。

TAMP以独立投顾和经纪人为核心目标客户，也服务财富管理机构。TAMP的直接客户是投资顾问（投资顾问代表，Investment adviser representatives，简写为IAR），包括财富管理机构的员工顾问和独立顾问，通过公对公的合作服务于大型银行、券商、银行、家族信托等的IAR，或与独立投顾公司合作服务于其IAR，或直接吸引个人顾问挂职于公司名下作为其IAR开展财富管理业务。TAMP的间接客户是个人投资者，需要协助顾问与其他财富管理服务提供方竞争终端客户资源。每个使用平台的顾问业务规模扩大和使用平台的顾问数量增加这两个因素共同促进TAMP平台的可持续发展。

TAMP行业的分化及五大业务模式

顾问工作流程的环节较多，TAMP平台根据其覆盖的顾问工作环节的不同逐渐分化出多种模式，除了专门从事TAMP业务的公司，各类机构也会依据自身禀赋参与到行业中。参考 TAMP 公司 First Ascent Asset Management 的创办人斯科特·麦基洛普（Scott MacKillop）的文章，行业中的各类机构及其所提供的服务拆分到最小维度，依据服务内容、为投顾赋能的环节以及客制化程度，可分为全方位服务组合管理平台、客制化组合管理平台、投资组合策略师、策略超市、账户管理科技基础设施提供商五大业务模式。当工作环节本身的复杂度和专业度越高，分工就会变得更加细化，所能拆分出来的角色也就越多。例如，在对专业度要求较高的"策略研究和组合搭建"环节中，除了常见的组合管理平台，还衍生出了投资组合策略师和策略超市等角色。上述五大业务模式并非独立互斥，大多数的 TAMP 公司同时经营两种以上的业务，如 Orion Advisor Solutions 在提供客制化组合管理服务的同时，亦推出 Orion 社区作为策略超市平台，此外，其子公司 Brinker Capital 还作为投资组合策略师在 Orion 自营策略超市和其他 TAMP 平台上架投资组合。

从量和价来看，五大业务模式根据其专业度和客制化程度的不同，拥有不同的商业模式。具体而言有：

- 全方位服务组合管理平台：由于主要提供中后台服务，且提供的投资组合通常也较为基础，有一定的附加价值，但低于可实现定制组合或服务的客制化组合管理平台；同时，此类平台规模范围广，存在 Envestnet、AssetMark 等大型 TAMP，亦存在"小而全"的平台。
- 客制化组合管理平台：附加价值为五类商业模式中最高的，提供高度客制化的产品和服务并深度参与投顾工作，但也因此费率较高，主要由具有一定账户管理规模的投顾所使用，从而难以快速上量。

- 投资组合策略师：面向的账户类型广泛，既有面向共同基金、ETF、SMA（独立管理账户）等账户较为简单的组合，也有针对UMA（统一管理账户）的较为复杂的组合，策略复杂其附加价值越高。由于面向的投顾环节单一，投资组合策略师的规模通常小于全方位服务组合管理平台。
- 投资组合策略超市：作用主要为策略师和投顾提供连接的平台，整体附加值相较上述三类业务模式低，需要规模的支撑。整体而言，超市的附加价值会随着策略师的增加而提高，能吸引来的投顾流量也就越多，从而有更大的规模。
- 基础设施提供商：主要从事科技输出，为投顾机构及人员提供展业全流程需要的前中后台各类系统、数字化解决方案等。与前述几类模式的不同之处在于，基础设施提供商的核心能力是科技和数字化，而非金融，其费率取决于提供产品的标准化程度，一般规模效应较强（见图13.12）。

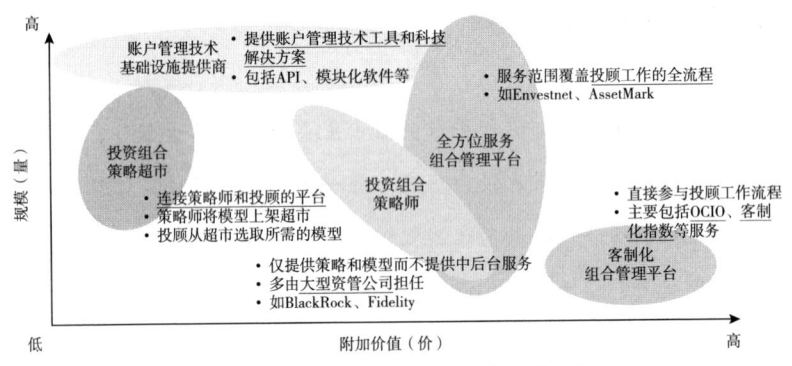

图13.12　五大业务模式量价关系示意

注：OCIO为外包首席投资官，全称为outsourced chief investment officer，API为应用程序接口，全称为application program interface。

资料来源：Scott MacKillop. Let's Bury the Term "TAMP" [EB/OL]. Advisor Perspectives, 2021-06-08. https://www.advisorperspectives.com/articles/2021/08/06/lets-bury-the-term-tamp.；中金公司研究部

一站式综合统包资产管理平台的产品服务与收费方式

以最复杂和传统的一站式综合统包资产管理平台（"All in one" TMAP）为例，此类平台多采用 B2B2C 的模式，根据面向的对象不同，其提供的产品和服务可分为两大类：一类仅面向投顾，包括合规和风险相关支持、软硬件、展业咨询、客户资源推荐、投研支持等，此类服务收费方式标准化程度低，由投顾按需购买；另一类面向投顾和其客户，包括各类可投产品、投资组合策略、管理账户，此类产品和服务通常基于管理账户资产规模收费，根据 AUM、账户复杂程度、投资工具的不同，整体费率为 0.75%~2.5%，由 TAMP 收取所有费用后再将其中属于投顾的咨询费全部返还投顾。

TAMP 面对投顾及其客户的服务以账户为载体，投资者能直接拥有账户投资的底层资产，因此相比共同基金等集合投资工具有更高的透明度、灵活性及个性化程度，可以根据投资者的需求定制、交易和管理。不足之处在于有一定的起投门槛、整体费率可能高于集合投资计划、交易耗时较长，且由于个性化程度高，需要投资者有一定的参与度。使用较为广泛的账户类型有"共同基金打包账户"（Mutual fund wrap）、"交易型开放式指数基金打包账户"（ETF wrap）和"独立管理账户"（Separately managed accounts，简写为 SMA）。其中，"独立管理账户"可与其他投资产品和账户类型结合，或是将多个个人账户进行整合，进一步衍生出"统一管理账户"和"统一管理家庭账户"。

以面向个人投资者的典型账户 SMA 为例，费用包括账户管理费、咨询费、经纪交易费、托管费、策略师费、基金管理费、交易商佣金、境外证券交易费等。其中，账户管理费为投资者在 TAMP 平台上开设账户所需的费用，用于平台维护、管理账户、为账户安排交易和托管，费率通常为0.45%~2.5%；咨询费为投顾向投资者提供投资建议、制订投资计划、选择策略和投资组合等服务所收取的费用，费率通常为0.8%~1.1%；经纪交易费和托管费则是由TAMP向投资者收取，再分给经纪交易商和托管服务提供商；模型提供商费用又可称为策略师费用，由TAMP收取再分给提供投资组合的第三方策略师，此费用只有在账户中使用来自第三方策略师的模型时才会产生，其费率会根据模型复杂程度和账户规模事先订立。此外，根据账户投资工具的不同，还可能会产生基金管理费、交易商佣金、境外证券交易费等费用。除了根据每个服务项目单独收费，也存在以"打包费用"（wrap fee）形式收费的打包费用计划，此收费方式强调将所有与账户管理相关的费用涵盖在打包费用中向客户一次性收取，包括上述提到的各类费用，据SmartAsset的数据，年费通常为1%~3%（见图13.13）。

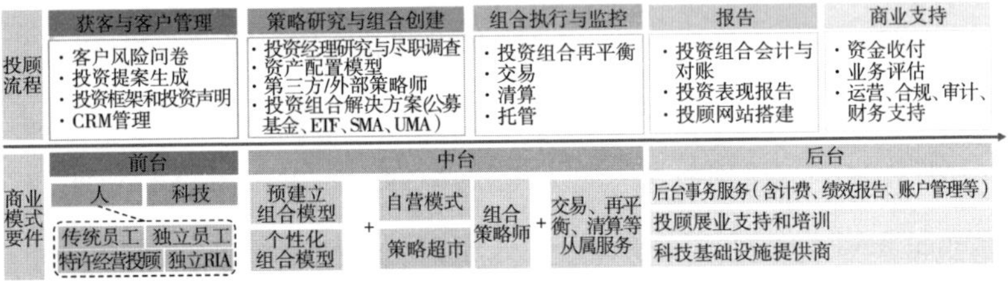

图13.13　美国投顾行业产业链高度分工细化

资料来源：嘉信理财，Raymond James，Kitces，中金公司研究部。

资管产品费率创新模式展望

中国的此轮公募基金费率改革坚持以固定费率产品为主，推出更多浮动费率产品。根据《证券时报》报道①，在当前的市场环境下，固定费率模式既符合国际成熟市场惯例，也与我国资本市场发展阶段特征较为契合，应在坚持以固定费率产品为主的基础上，研究推出更多浮动费率产品试点，完善公募基金产品谱系，为投资者提供更多选择。

与业绩挂钩的浮动管理费未能成为市场主流

头部机构普遍未采用与业绩挂钩的浮动管理费设计。Refinitiv Eikon披露，在美国规模排名前十的基金公司中，仅有富达基金旗下的部分主动管理型含权基金会依据业绩表现调整管理费，且采用与业绩挂钩浮动管理费设计的基金占富达产品的比例较低。公司公告披露，截至2023年上半年末，富达仅有225只采用业绩调整费机制的共同基金，按规模统计占比为主动管理型基金的12%。采用浮动管理费制度的基金主要为权益型基金，其中220只基金为权益类基金，5只为转债类基金（见图13.14）。

总体而言，与业绩挂钩的浮动管理费机制可分为两种：①对称式调整：业绩表现超越基准则上调管理费；业绩表现不佳则相应下调固定管理费；②非对称式调整：只有业绩表现优秀，才会上调管理费或对超额收益按比例抽成，若表现不佳，并不会下调固定管理费。富达采用对称式调整机制，在披露管理费率的1 248只（按照子份额统计）

---

① 资料来源：程丹. 证监会宣布重大改革！公募基金管理费率上限降至1.2%……来看七大看点［EB/OL］. 证券时报网，2023-07-08. https：//www.stcn.com/article/detail/913977.html.

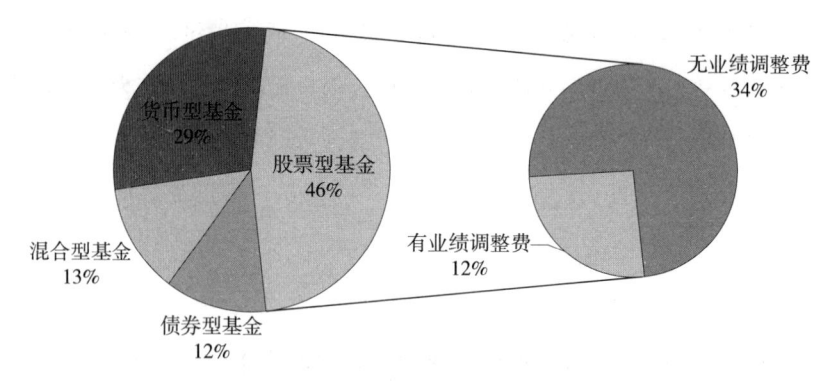

图 13.14　富达主动管理型基金中实施浮动管理费
制度的基金规模占比和类型

注：统计时间截至 2023 年 5 月 31 日。
资料来源：Refinitiv Eikon，中金公司研究部。

富达主动管理类共同基金中，共有 225 款产品在 2022 年 4 月 30 日~2023 年 3 月 31 日实施了浮动管理费制度。此类产品的管理费由"基础费率"与"基于业绩的管理费调整"两部分组成。具体机制详见表 13.2。

表 13.2　富达共同基金计算浮动管理费的步骤

步骤	富达计算浮动管理费的方法
1	设定基金的年化基础费率
2	当月基础管理费 = 基础费率 × 1/12 × 基金当月平均净资产
3	选取业绩调整比较基准，通常为标普 500 指数或罗素 3 000 指数
4	每个月底，计算业绩比较期内（通常为距今 36 个月）本基金和比较基准的业绩表现
5	本基金业绩和基准相差 ±n%，年化业绩调整费率为 ±n × 0.02%，调整费率的上下限为 ±0.2% 或 ±0.25%
6	当月业绩调整费 = 调整费率 × 1/12 × 基金在业绩比较期内的平均净资产
7	当月管理费 = 当月基础管理费 + 当月业绩调整费

资料来源：富达基金产品说明书，中金公司研究部。

与业绩挂钩的浮动管理费机制为何未能成为市场主流选择？我们判断，其未能大规模推广的潜在原因可能包括以下几点：

- 可能变相激励风格漂移与基金追求短期业绩。假设一种情景：某使用与业绩挂钩的浮动管理费机制的行业型基金拥有高于同业的阿尔法，但由于基金所处行业贝塔过低，导致业绩相对表现反而跑输大盘，则根据规则，该基金尽管进行了尽职管理，却仍需调低管理费。由此，基金经理存在激励通过其他赛道的贝塔弥补其原本产品赛道的不足的可能。即这一机制可能变相激励风格漂移问题。另外，埃尔顿等人（2003）[①] 的实证分析还表明，有激励费用的基金承担了更多风险，若持续业绩不佳，则风险会继续上升。

- 公募基金架构下，与业绩挂钩的激励性费用传导链条更长。即在公募基金架构下，"投资者"与"管理团队"之间还存在另一主体"公司"。与业绩挂钩的激励性费用直接受益人是公司而非投资管理团队。例如，根据富达基金业绩挂钩浮动管理费型产品说明书约定，超额激励带来的管理费收入首先进入公司营收而非团队奖金，富达基金对管理团队的业绩考核仍主要集中于管理团队的税前相对回报与富达公司整体业绩表现。相比之下，私募基金的"投资者"与"管理团队"之间直接发生互动关系，更加适合采用与业绩挂钩的浮动管理费机制。

- 实际激励效果可能有限。我们以富达为例的测算结果显示，激

---

① 资料来源：Elton E J, Gruber M J, Blake C R. Incentive fees and mutual funds [J]. The Journal of Finance, 2003, 58 (2): 779-804.

励性收入占比可能较低。截至2023年上半年末，225个样本的加权平均管理费率为0.58%，其中的业绩调整费率为0.03%，即业绩调整费率在总共同基金管理费中占比仅为4.6%，实际激励幅度较为有限。也说明采用浮动管理费制度的产品与其他产品在管理费层面并未显著拉开差距（见图13.15）。

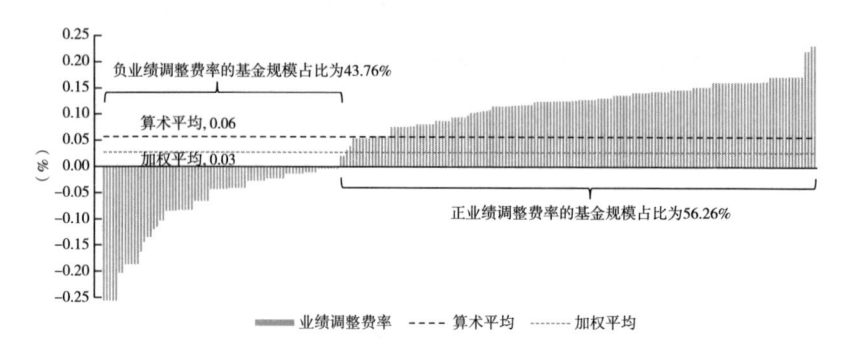

图13.15　富达业绩调整费率的分布情况

注：业绩调整费率的统计时间区间为2022年4月30日~2023年3月31日，基金规模数据截至2023年5月31日。

资料来源：Refinitiv Eikon，中金公司研究部。

就中国市场而言，截至2023年6月5日，浮动管理费收费方式在公募基金中较为少见。按照主份额基金统计，共有127只公募基金使用浮动管理费率方式，主要包括三种基本模式。

- 第一种最为常见，采用"固定管理费+附加管理费"模式。这种模式通常会设定业绩标准，最常见的业绩标准是股票型基金或混合型基金年化收益超过6%~9%，债券型基金年化收益超过4%~6%，管理人可从超额收益部分抽取一定比例作为业绩报酬，抽取比例为10%~30%。还有少数基金会将基金的累计净值作为判断标准进行抽成。另外，少数基金还会根据业绩表现，整体上调管理费率，例如某基金的基准管理费率为 1%，年化收益超过 6.5% 时，管理费率为 1.5%，年化收益超过 10% 时，管理费率为 2.5%。

- 第二种模式不设定固定管理费，如果业绩表现不佳，管理费会下调至 0。表 13.3 展示了 18 只设置了零管理费的基金产品。其中主要为债券型基金和混合型基金，管理费率为零的门槛约为年化收益率小于 4% 或累计份额净值小于 0.95。

- 第三种模式较为特殊，会根据业绩表现上调或下调管理费率，设定管理费的波动范围。以某基金为例，当基金净值增长率高于业绩比较基准，但不超过业绩比较基准 20% 时，适用 0.7% 的基准管理费率。当净值增长超过业绩比较基准收益率 20% 及以上时，基金会将其管理费率调整至使得基金净值增长等于业绩比较基准的 120%，即全额收取超额收益，但管理费率的上限为 0.84%。当净值增长低于业绩比较基准时，管理费率会下调至基金净值增长率等于业绩比较基准收益率，即减少管理费弥补损失，但管理费下调的下限为 0.56%。

- 除了三种基本模式，也会有多种模式混合使用，例如同时使用"零管理费"和"附加管理费"模式，某基金在净值小于 0.95 时不收取管理费，当年化收益超过 5% 时，抽取 20% 的超额收益作为业绩报酬。

表 13.3　采用浮动管理费率的公募基金中管理费率可能为零的情况示例

基金名称	投资类型	收益率小于以下标准，管理费率为 0%
基金一	债券型基金	1% + 1 年期定期存款基准利率
基金二	债券型基金	1.25% + 1 年期定期存款基准利率
基金三	债券型基金	1% + 1 年期银行定期存款税后利率

（续表）

基金名称	投资类型	收益率小于以下标准，管理费率为0%
基金四	债券型基金	A份额，4%
基金五	混合型基金	A份额，5%
基金六	混合型基金	A份额，5%
基金七	债券型基金	B份额，4.2%
基金八	混合型基金	D份额，0%
基金九	债券型基金	3%
基金十	债券型基金	4%
基金十一	混合型基金	5%
基金十二	混合型基金	5%
基金十三	货币市场型基金	业绩比较基准
基金十四	混合型基金	业绩比较基准
基金十五	混合型基金	前一日累计份额净值小于0.95
基金十六	混合型基金	前一日累计份额净值小于0.95
基金十七	混合型基金	A份额，前一日累计份额净值小于1
基金十八	混合型基金	A份额，前一日累计份额净值小于0.95

注：按照主份额基金统计；统计时间截至2023年6月5日。
资料来源：万得资讯，中金公司研究部。

与产品规模挂钩的浮动管理费机制是可行选项之一

多数美国头部基金公司会在部分产品中，根据基金每日净资产水平，对应调整管理费率。简单来说，规律为：基金净资产规模越大，管理费率越低。这是规模经济在共同基金中的体现。在竞争激烈的行业中，随着管理资产的扩大，边际成本下降，基金公司选择降低管理费以吸引资金流入。

哪些产品更倾向于使用与产品规模挂钩的浮动管理费机制？我们观察头部基金机构的实际产品布局情况发现，与产品规模挂钩的浮动管理费机制在股票型基金中应用相对广泛，在债券型、货币型基金中也有一定应用，而在 ETF 等被动管理型基金中较为罕见（见表 13.4）。

表 13.4　美国头部基金公司是否会依据基金规模调整基金管理费

基金公司	股票型基金	债券型基金	货币型基金	ETF
美国基金	√	√	√	×
贝莱德	√	√	√	×
景顺	√	√	√	×
美富信	√	√	√	×
富达基金	√	√	×	×
普信	√	√	×	×
富兰克林邓普顿	√	×	×	×
先锋领航	×	×	×	×
道富银行	×	×	×	×
摩根大通	×	×	×	×

注：数据截至 2023 年上半年末。
资料来源：各机构共同基金产品说明书，中金公司研究部。

在美国市场有效性提高、超额收益难创造的情况下，低投资成本对于投资者来说即意味着高收益。资产规模大量集聚在少数费率低的基金上，拉低了整体的基金费用率。基金费率和基金规模之间存在"二八定律"，以股票型基金为例，根据 ICI 在 2021 年的统计，费率最低的 25% 股票型基金资产规模占全部股票型基金的 78%（见图 13.16）。

不仅如此，在各种类型的共同基金中，除了货币基金，均出现了相似的情况，加权平均的费用率远小于中位数和简单平均的费用率。根据 ICI 在 2021 年对不同类型的公募基金费用率的统计，以股票型基金为例，虽然股票型基金根据资产规模加权平均后的费用率降至

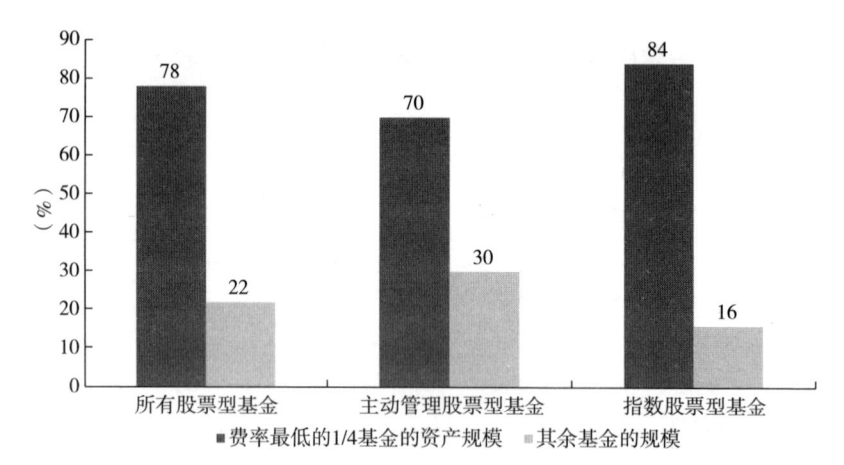

```
 90 ┐     78                              84
 80 ┤  ■                                ■
 70 ┤  ■       70
 60 ┤  ■    ■
 50 ┤  ■    ■
 40 ┤  ■    ■
 30 ┤  ■    ■     30
 20 ┤  ■ 22 ■                             ■
 10 ┤  ■ ■  ■  ■                          ■  16
  0 ┴
     所有股票型基金  主动管理股票型基金  指数股票型基金
       ■ 费率最低的1/4基金的资产规模   ■ 其余基金的规模
```

图 13.16 2021 年费率较低的股票型基金资产规模占比更大

注：基金费用率指的是从基金资产中计提的各项费用率，包含管理费率、托管费率、销售服务费率等。

资料来源：ICI，中金公司研究部。

0.47%，但是中位数和简单平均仍然超过了 1%，这说明大部分股票型基金的费用率在 1% 以上，只是少数费率低、资产规模大的基金拉低了加权平均的费用率（见表 13.5）。

表 13.5 美国共同基金加权平均费率低于中位数与算术平均值　　　　（%）

基金类型	中位数	加权平均	简单平均
股票型基金	1.04	0.47	1.13
成长	1.00	0.65	1.08
行业	1.17	0.66	1.27
价值	1.00	0.57	1.08
混合	0.88	0.27	0.94
全球	1.10	0.60	1.18
混合型基金	1.05	0.57	1.16

注：数据时间为 2021 年。

资料来源：万得资讯，ICI，中金公司研究部。

从架构看，海外头部基金公司管理费收取机制也有所不同。

- 第一类机构采用传统架构，即产品只收取一层管理费，所有管理费均随基金产品的规模扩大而下降。
- 第二类机构采用双层管理费架构，即产品总管理费 = 集团管理费（Group fee）+ 产品管理费（Individual fund fee），其中产品管理费固定，各产品的集团管理费随公司总管理规模上升而下降。

单层管理费架构：以美国基金为例

美国基金旗下产品管理费每日累计一次，以当日净资产所在区间，确定对应的年化管理费率，计算当日净资产 × 年化管理费率 × 1/365，得到当日的管理费，按月支付。这种模式也是大部分头部基金公司调整管理费的方式。具体而言，股票型基金的管理费率调整幅度更大，随着净资产的扩大，管理费率下降幅度递减；货币型基金的管理费率调整幅度则相对较小；而债券型基金的管理费调整模式进行了更加细化的分类。

具体来看，债券型基金可分为两种子模式：两阶段"断点"模式和"基金净资产+投资收入"双基数模式。

- 两阶段"断点"模式出现在成立年限更短、规模更小的债券型基金中。以 Inflation Linked Bond Fund 为例，当规模为 0~150 亿美元区间，收取 0.252% 的管理费率，一旦基金规模超过 150 亿美元，整体的管理费率将下调 2.2bp 至 0.230%。8 只采用此模式的基金平均规模仅为 80 亿美元，只有 1 只基金稍稍超过了

150亿美元的规模，适用更低的管理费率。这种机制通常以150亿美元作为断点，仅设置两个规模区间，初始管理费处于0.2%~0.4%区间，规模超过150亿美元后的管理费大约降低2bp~4bp。使用两阶段"断点"模式的债券型基金平均成立年限（算术平均）仅为9.57年，管理费率为0.31%（算术平均），使用其他计费模式的债券型基金的平均成立年限（算术平均）达到了31.3年，管理费率为0.21%（算术平均）。这或许说明美国测算基金的规模经济发生在债券型基金资产净值大于150亿美元时，基金净值大于150亿美元后，基金整体的费用才会有所下降，使用这种模式的管理费率也高于第二种模式的管理费率。

- 双基数计费模式出现在成立年限更长、规模更大的债券型基金中。以 The Bond Fund of America 为例，此基金目前规模为770亿美元。基金的管理费来自两部分：一部分为以基金净资产为基数的管理费，另一部分为以总投资收入为基数的管理费。基金设置了12个净资产区间和对应的管理费率，目前770亿美元规模对应0.105%净资产的管理费率（见图13.17）。此基金总管理费为0.18%，剩下的部分0.075%来自基金对每月总投资

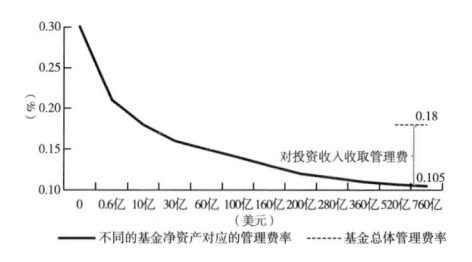

图 13.17 The Bond Fund of America 基金规模与对应的管理费率
资料来源：产品说明书，中金公司研究部。

收入的抽成。月总投资收入处于0~833.33万美元时，这部分的管理费＝当月总投资收入×对应年化管理费率×1/12，对投资收入抽成的比例为1.75%~2.25%（见表13.6）。随着投资收入进入更高的区间时，管理费率会相应降低。我们对样本的统计结果表明，同时使用基金规模和投资收入为基数计算管理费的基金平均成立年限（算术平均）达到了31.3年，平均规模达到了190亿美元。使用两个基数同时计提管理费的原因可能有：①管理大规模债券型基金的成本，能够因为规模经济压降到基金净资产的0.1%左右，从而使用超低的管理费率吸引投资者资金流入；②固收类基金可以收取票息作为投资收入，使用总投资收入作为管理费计费基础有一定的合理性。以投资收入作为管理费计费基础，可以长期激励基金经理选择优质的高收入债券。

表13.6　The Bond Fund of America的管理费收取标准

年化管理费率（%）	净资产区间（美元）	
	最小值	最大值
0.115	280亿	360亿
0.110	360亿	520亿
0.107	520亿	760亿
0.105	760亿	
年化管理费率（%）	每月总投资收入区间（美元）	
	最小值	最大值
2.25	0	833.33万
2.0	833.33万	4 166.6万
1.75	4 166.67万	

注：限于篇幅，仅列示净资产大于280亿美元时的情况。
资料来源：产品说明书，中金公司研究部。

双层管理费机制：以普信与富达基金为例

普信和富达基金的股票型、债券型基金管理费由集团管理费和产品管理费组成，集团管理费随着基金公司管理的所有基金净资产扩大而下降，产品管理费采取固定费率制，不同基金对应不同的个体基金费用。

双层管理费机制设计与基金公司设置子公司有关。富达基金是FMR（富达管理与研究）负责提供机构投顾服务的子公司，普信会授权子公司 Investment Services 对旗下所有公募基金进行代销和运营。子公司发行的共同基金能够共享集团内部的研究、交易和客户服务资源，享受集团声誉为基金带来的"品牌效应"。这些职能相关的成本由集团层面承担，基金规模越大，集团付出的边际成本越会递减，这同样是基金公司层面的规模经济的体现。因此，普信和富达基金股票型和债券型基金需要为集团提供的资源和服务等付费，管理的规模越大，集团费越低。

普信对股票型、债券型产品采用一致的累进靠档计费机制。普信股票型和债券型基金的集团管理费率一致。具体计算方法上采用累进靠档计费，其中第一个十亿美元的净资产适用 0.48% 的集团管理费率，第二个十亿美元的净资产适用 0.45% 的集团管理费率，以此类推，每日依据 T. Rowe Price 旗下所有基金①的净资产总和累进靠档计费，按月支付。具体到每个产品上，则所有采用该机制的产品集团管理费率均完全相同。截至 2022 年 12 月底，普信所有股票型和债券型基金对应

---

① 不包括 FOF、TRP 储备基金、多部门账户投资组合、指数或自有品牌（private-label）基金。

的集团费率为0.29%。例如，普信旗下的Price California Tax-Free Bond基金的管理费率为0.39%（由集团管理费0.29%和产品管理费0.10%加总得到），All-Cap Opportunities基金的管理费为0.64%（由集团管理费0.29%和产品管理费0.35%加总得到，见表13.7）。

表13.7　普信股票型基金和债券型基金的集团管理费计算机制

集团费率 (年化,%)	对应资产 规模区间 (十亿美元)	集团费率 (年化,%)	对应资产 规模区间 (十亿美元)	集团费率 (年化,%)	对应资产 规模区间 (十亿美元)
0.480	1	0.340	9~14	0.290	160~220
0.450	1~2	0.330	14~24	0.285	220~300
0.420	2~3	0.320	24~34	0.280	300~400
0.390	3~4	0.310	34~50	0.275	400~500
0.370	4~5	0.305	50~80	0.270	500~650
0.360	5~7	0.300	80~120	0.265	650~845
0.350	7~9	0.295	120~160	0.260	845以上

注：比率为年化集团管理费率。
资料来源：产品说明书，中金公司研究部。

富达基金则对股票型和债券型基金设置了不同的集团管理费率计算机制。其中，债券型基金的集团管理费率会显著低于股票型基金的集团管理费率。

- 2022年12月，富达基金旗下需要缴纳集团管理费的股票型基金总净值为29 450亿美元，对应每只股票型基金的集团费率为0.2271%。以Fidelity Advisor New Insights基金为例，2022年12月其管理费为0.227%（集团管理费）+0.300%（产品管理费）=0.527%。

- 2023年4月,需要缴纳集团管理费的债券型基金总净值为32 050亿美元,对应每只债券型基金的集团管理费率为0.097%。以 Fidelity California Municipal Income 基金为例,2023年4月其管理费为0.097%(集团管理费)+0.250%(产品管理费)=0.347%(见表13.8)。

表13.8 富达基金股票型基金和债券型基金的集团管理费计算机制

股票型基金 平均资产 (十亿美元)	股票型基金的 集团费率 (年化,%)	债券型基金 平均资产 (十亿美元)	债券型基金的 集团费率 (年化,%)
0~3	0.52	0~3	0.37
3~6	0.49	3~6	0.34
6~9	0.46	6~9	0.31
9~12	0.43	9~12	0.28
12~15	0.40	12~15	0.25
……	……	……	……
1 389~1 525	0.21	1 389~1 525	0.09
1 525~1 677	0.21	1 525~1 677	0.09
1 677~1 845	0.21	1 677~1 845	0.09
1 845~2 030	0.20	1 845~2 030	0.08
2030以上	0.20	2030以上	0.08

注:比率为年化集团管理费率。
资料来源:产品说明书,中金公司研究部。

共同基金阶段性费率减免较为常见

阶段性费率减免是美国共同基金的常见政策。我们的统计表明①,

---

① 本章节所涉及的所有统计均剔除了规模在1 000万美元及未披露管理费信息的共同基金,剔除后样本合计规模22.3万亿美元,约为美国共同基金协会披露2021年年底美国共同基金规模的82.7%,考虑市场下跌后实际样本覆盖率更高。未披露产品规模数据截至2022年5月底,产品费率减免政策信息截至各基金最新报告期。

美国有55.6%的货币市场基金、28.0%的债券型基金、27.5%的混合型基金、18.0%的股票型基金在产品说明书中明确约定了费率减免政策（见图13.18）。

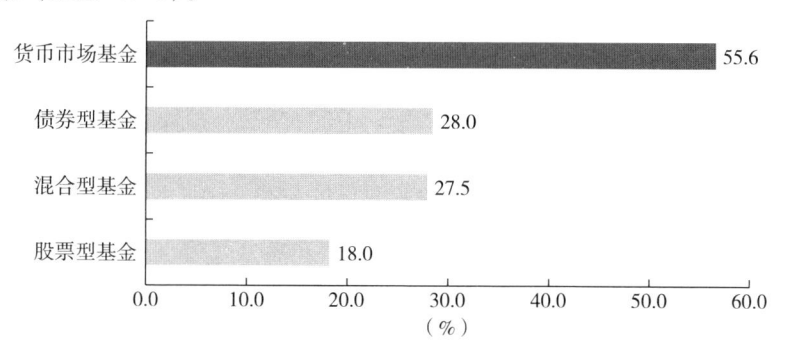

图13.18 产品说明书中明确约定费率减免的美国共同基金产品规模占比
资料来源：Refinitiv Eikon，中金公司研究部。

三大动力驱动产品主动减免费率：①改善产品业绩表现。部分业绩表现不达预期或录得负收益的产品会主动提供费率减免以增强产品竞争力。由于股票配置比例较高的基金类产品预期收益上/下限幅度更大，费率减免对其业绩表现的影响比率相对于债券型、货币市场基金更小，一定程度上导致了货币市场基金、债券型基金费率减免政策使用率更高。②进而改善资金净流入情况。产品业绩表现改善有助于刺激资金流入、避免资金流出。③激励基金经理提升产品业绩表现，投资者与基金经理收益共轨。

美国共同基金阶段性费率减免幅度如何？我们测算的结果为：

- 从管理费角度看：股票类产品平均实际管理费减免绝对值最大，达0.111%（见图13.19）；但货币市场基金是总费率减免比例最高的产品类别，其管理费率减免幅度可达减免前管理费率的46.6%（见图13.20）。

- 从总费率角度看：混合类产品平均实际总费率减免绝对值最大，达 0.185%（见图 13.21）；货币市场基金仍然是总费率减免比例最高的产品类别，其总费率减免幅度高达减免前总费率的 42.1%（见图 13.22）。

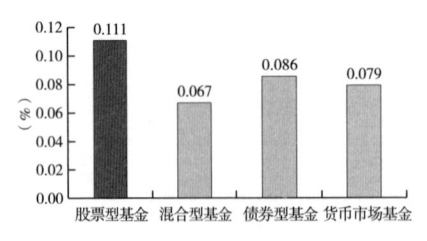

图 13.19　有减费政策产品平均实际减免管理费率

资料来源：Refinitiv Eikon，中金公司研究部。

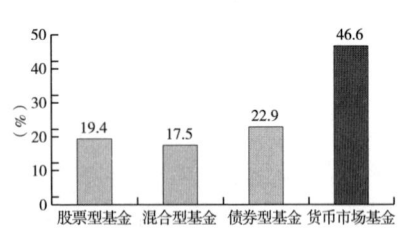

图 13.20　有减费政策产品平均实际减免管理费率比例

资料来源：Refinitiv Eikon，中金公司研究部。

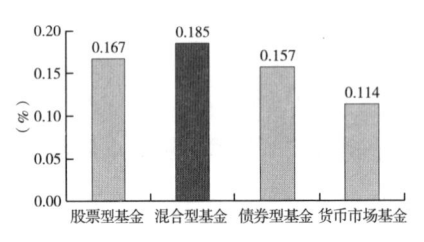

图 13.21　有减费政策产品平均实际减免总费率

资料来源：Refinitiv Eikon，中金公司研究部。

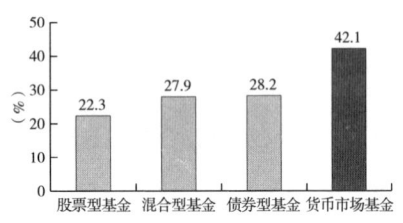

图 13.22　有减费政策产品平均实际减免总费率比例

资料来源：Refinitiv Eikon，中金公司研究部。